江苏

调查年鉴 2024

JIANGSU SURVEY YEARBOOK

国家统计局江苏调查总队
江　苏　省　统　计　局　编

中国统计出版社
China Statistics Press

© 中国统计出版社有限公司 2024
版权所有。未经许可，本书的任何部分不得以任何方式在世界任何地区以任何文字翻印、拷贝、仿制或转载。

© 2024 China Statistics Press Co., Ltd.
All rights reserved. No part of the publication may be reproduced or transmitted in any form or by any means, electronic or mechanical, including photocopying, recording, or any information storage and retrieval system, without written permission from the publisher.

图书在版编目（CIP）数据

江苏调查年鉴. 2024 = Jiangsu Survey Yearbook 2024 / 国家统计局江苏调查总队，江苏省统计局编. 北京 : 中国统计出版社，2024. 11. -- ISBN 978-7-5230-0571-2

Ⅰ. C832.53-54

中国国家版本馆 CIP 数据核字第 2024833AT2 号

江苏调查年鉴 2024

作　　者 / 国家统计局江苏调查总队 江苏省统计局
责任编辑 / 冯诗萌
封面设计 / 李雪燕
出版发行 / 中国统计出版社有限公司
地　　址 / 北京市丰台区西三环南路甲 6 号　邮政编码 /100073
发行电话 / 邮购（010）63376909　书店（010）68783171
网　　址 / http://www.zgtjcbs.com
印　　刷 / 北京捷迅佳彩印刷有限公司
经　　销 / 新华书店
开　　本 / 890mm×1240mm　1/16
字　　数 / 534 千字
印　　张 / 22.25
版　　别 / 2024 年 12 月第 1 版
版　　次 / 2024 年 12 月第 1 次印刷
定　　价 / 280.00 元

版权所有，侵权必究。
如有印装差错，请与发行部联系退换。本书附 CD-ROM 一张，如有差异，以图书内容为准。

《江苏调查年鉴 2024》

编委会和编辑人员

主　　编：安平年　王显东

副 主 编：韩爱兵　丁志平　许家东　孙洪娟　张晓卫　周国强　费丽明

康长进　刘学军　张　明　唐　纪　陈长华

编　　委：（按姓氏笔画排序）

王　成　刘　恒　刘　烨　杨文生　张　瑜　张桂红　韩　原

蔡　群

编辑人员：（按姓氏笔画排序）

石荣杰　白　慧　刘　杰　孙　精　杨　扬　佘家玥　张橙金

陆　雯　陈　曦　胡　月　徐晓东

执行编辑：韩　原　杨　扬

编者说明

一、《江苏调查年鉴2024》是一部反映江苏省经济社会发展情况和人民生活状况的资料年刊。本书收录了全省和市、县（市、区）2023年经济和社会发展有关方面的大量统计调查数据，以及重要历史年份的全省主要统计调查数据。

二、本年鉴正文分为11个部分：1. 年度工作报告；2. 年度分析报告；3. 综合；4. 农业；5. 畜牧业；6. 消费价格；7. 生产价格；8. 农产品价格；9. 居民生活；10. 全国及各省（市、区）指标；11. 工作大事记。数据篇末附有《主要统计指标解释》。

三、本年鉴部分数据合计数或相对数，由于单位取舍不同产生的计算误差未作机械调整。

四、本年鉴各表中，有关对全表的注解均在该表上方，对表中部分指标的注解则在该表下方。凡带续表的资料，对部分指标的注解一律在最后续表的下方。

五、本年鉴表中的符号使用说明：“空格”表示该项统计指标数据不详或无该项数据；“#”表示其中的主要项；“…”表示数据不足最小保留单位。

六、本年鉴的编辑出版和其中部分相关数据的提供，得到了国家统计局和江苏省统计局的大力支持和帮助，值此出版之际，特致谢忱。

由于编辑水平所限，加之编辑时间仓促，本年鉴中不当之处，敬请读者批评指正。

江苏调查年鉴编辑部

二〇二四年十二月

目录

六、消费价格

七、生产价格

八、农产品价格

九、居民生活

1

年度工作报告

接续奋斗 砥砺前行
奋力开拓江苏统计调查事业新局面

国家统计局江苏调查总队党组书记、总队长　仲柯

2023年，国家统计局江苏调查总队紧扣党的二十大战略部署，深入扎实开展学习贯彻习近平新时代中国特色社会主义思想主题教育，认真学习贯彻落实习近平总书记关于统计工作重要讲话指示批示精神和党中央、国务院关于统计工作重大决策部署，围绕国家统计局贯彻落实党的二十大战略部署21项统计专项任务，守牢统计数据质量生命线，筑牢统计数据质量根基，积极推进统计现代化改革，为服务国家宏观治理和科学决策提供坚实统计信息支撑。

在全省调查队系统的共同努力下，2023年江苏调查总队在国家统计局业务考核中获得17个优秀，优良率100%，并列全国第二。总队连续第3年获评"国家统计局创建模范机关先进单位"，连续第15年获评全省党委系统和全省政府系统信息先进单位。总队机关被授予南京市"健康机关"称号，总队机关工会被确定为省直机关工会"模范职工之家"，总队机关党支部获评"省级机关先进基层党组织"。

一、学深悟透笃行，2023年江苏统计调查工作取得新成效

2023年是全面贯彻党的二十大精神的开局之年。在以习近平同志为核心的党中央坚强领导下，我国经济回升向好，高质量发展扎实推进，全面建设社会主义现代化国家迈出坚实步伐。江苏调查队系统坚持以习近平新时代中国特色社会主义思想为指导，以全面贯彻党的二十大、二十届二中全会精神、习近平总书记关于统计工作重要讲话和指示批示精神、习近平总书记对江苏工作重要讲话重要指示精神为主线，扎实开展学习贯彻习近平新时代中国特色社会主义思想主题教育，认真落实党中央、国务院关于统计工作重大决策部署，按照国家统计局党组部署安排，团结实干、担当作为，牢牢守住数据质量生命线，精准发力提升统计服务，奋楫争先推进改革创新，全面加强党的建设，各项工作迈出新步伐、取得新成效。

（一）深入学习贯彻落实党的二十大精神，始终走好践行"两个维护"第一方阵，系统党的建设继续加强

锚定学习宣传贯彻党的二十大精神这一首要政治任务，把"学"的基础打得更牢、"悟"的内核找得更准、"做"的关键抓得更紧。举办学习贯彻党的二十大精神轮训班，实现系统县处级以上干部轮训全覆盖。对照国家统计局贯彻落实党的二十大战略部署21项统计专项任务，结合实际制定8个方面51条具体措施，适时调度、经常盘点，综合运用巡察、调研、第二批主题教育指导等强化督导落实，确保党的二十大精神在江苏调查队系统落地见效。高标准推进学习贯彻习近平新时代中国特色社会主义思想主题教育，牢牢把握"学思想、强党性、重实践、建新功"的总要求，坚持"五学联动"抓实理论学习、"四下基层"开展调查研究、由点及面推动事业发展、见行见效强化检视整改、衔接联动抓好第一批、第二批主题教育。总队党组开展6次理论学习中心组集体学习，举办4期专题读书班，开展28项调研，制定完善27项制度，推进40项整改措施，解决了一批堵点淤点难点问题。严格落实"第一议题"制度，全年召开党组理论学习中心组学习21次，跟进学习习近平总书记重要讲话指示批示精神90篇次，开展专题交流研讨9次。大力推进政治机关建设，加强对党忠诚教育，持续推进模范机关建设，严肃党内政治生活，扎实开好主题教育专题民主生活会和组织生活会，做好意识形态工作，加强对内外网和微信公众号等意识形态阵地的管理。

（二）深入学习贯彻落实习近平总书记关于统计工作重要讲话和指示批示精神，始终坚守数据质量生命线，防治统计造假共识空前凝聚

坚持不折不扣抓落实，深入领会习近平总书记关于统计工作重要讲话和指示批示精神，第一时间专题学习习近平总书记关于防治统计造假重要批示精神，第一时间传达学习国家统计局统计造假屡禁难绝专项治理行动动员部署会精神，第一时间印发《关于深入学习贯彻习近平总书记关于统计工作重要讲话指示批示精神的通知》，持续推进学习习近平总书记关于统计工作重要讲话和指示批示精神以及《意见》《办法》《规定》《监督意见》常态化制度化。坚持雷厉风行抓落实，精心开展专项治理行动，在系统系列重要工作会议上，跟进部署、持续推动专项治理行动。印发《关于进一步开展统计数据质量核查的通知》，在全系统全专业全领域开展统计数据质量全面自查排查、重点抽查检查。认真落实《领导干部干预统计工作记录报告制度》，常态化开展全面清理纠正违反统计法律法规文件和做法工作。坚持求真务实抓落实，形成防治统计造假高压态势，把“刀刃向内”和向外延伸结合起来，强化对市县队调查工作规范化的监督检查，持续探索对住户调查、畜牧业调查等专业进行执法检查，全年开展3轮“双随机”执法检查，覆盖9个市县队、22家企业、68个调查户。规范受理统计违法举报，与部分县级部门、乡镇机关领导和工作人员进行谈话、问询，依法提出统计监督意见并督促落实。坚持敢作善为抓落实，营造依法统计良好氛围，新增41人通过统计执法证考试，目前，全系统共有347人持有统计执法检查证，持证比例超40%，其中12人入选国家统计督察检查人才库，8人次参加国家统计局2023年专项统计督察。大力推行全员全专业全过程普法，抓住《统计法》颁布40周年等关键时点，开展形式多样的统计普法活动，借力“江苏调查”微信公众号，制作发布有声有色的统计法治宣传产品。

（三）深入学习贯彻落实习近平总书记关于江苏工作重要讲话重要指示精神，始终聚焦主责主业开展统计调查，服务中国式现代化步履坚实

围绕建设新时代鱼米之乡，顺利完成全省畜禽监测抽样调查样本轮换，高质量完成农产量、畜禽、农产品价格等调查，准确反映江苏粮食生产情况。围绕富民增收，努力探索构建全面完整、重点突出的民生保障改善监测评价体系，连续三年对江苏全省设区市全民生领域进行监测评价，展现“幸福指数”与“经济实线”同向上扬的稳健态势。围绕就业优先战略，补充8个设区市样本量，提高分市样本代表性，强化分市失业情况监测，顺利完成半年度分市城镇调查失业率测算，按季度对外发布全省城镇调查失业率数据。围绕保供稳价，编制重要民生商品价格指数（iCPI），并作为内部资料每月在全省通报，开展全省新建商品住宅和二手住宅价格指数计算方法研究。围绕强链补链延链，联合省工信厅和省制造强省办共同完善以先进制造业集群和产业链为基础的“1650”产业发展体系监测工作，正式编制江苏数字经济产业指数，持续提升实体经济的监测预警水平。围绕重大战略任务，继续做好江苏全面从严治党、乡村振兴战略实施情况、农业农村现代化发展成果满意度及公共服务水平监测、居民出游情况等调查，积极参与高质量发展绩效评价考核、美丽中国建设、“十四五”规划实施中期评估、长三角一体化监测等相关工作。

（四）立足高质量发展这一首要任务，始终胸怀“国之大者”强化信息分析和课题研究，统计服务工作硕果累累

“数库”能量稳定输出。聚焦提振信心，通过主流媒体、门户网站和新媒体平台定期发布主要调查数据，深度解读数据走势，高质高效完成年度统计公报、季度经济社会发展情况通报、半年度新闻发布会、省两会及政府工作报告数据服务等工作。首次出版调查年鉴《江苏调查年鉴2023》。线上线下立体联动开展第十四届“中国统计开放日”活动。“智库”活力持续激发。围绕党政中心工作和经济高质量发展，总队开展各类专题调研94项，其中国家局各司室约稿49项，省两办约稿16项，自主选题29项。报送信息分析678篇，被国家局、省两办采用337篇，政务信息采用居省级部门第二、中直驻苏单位第一，获省级以上领导批示32篇。与省政府研究室共同打造“江苏民企直通车”品牌，围绕促进民营经济高质量发展开展多次调研，撰写的6篇报告均获省委省政府主要领导批示。总队开展立项课题39项，其中5项入选国家局分析研究课题，1项被确立为“学习贯彻党的二十大精神”专项资助项目，10余项获社科联立项；《民企“智改数转”亟待破解“四重挑战”》荣获中央和国家机关“关键小事”调研攻关活动三等奖，国家局“关

键小事”调研一等奖，《民生全领域调查监测体系研究》被纳入《深化统计现代化改革 在推进中国式现代化中走在前、做示范战略合作项目（2024—2026 年）》。总队选派的 2 支代表队分获 2023 年（第九届）全国统计建模大赛一等奖、三等奖。

（五）抢抓统计现代化改革发展机遇，始终立足实际积小胜为大胜，“五个现代化”稳步前行

坚持强化应用和理论研究并重，推进制度方法研究现代化。全面推进行政记录、电子扫描数据在居民消费价格调查中的应用，开展主要粮食作物单产整收整测调查方法试点，积极参与国家局房价统计改革工作。探索开展新型农业经营主体统计方法研究、基于城市区位优势的房价指数编制方法研究和未设国家调查队的国家样本县调查业务情况研究等。《江苏总队积极构建高质量企业调查监测体系》一文被国家统计局《全面深化改革工作简报（2023 年第 9 期）》采用。坚持安全防护和优化升级并行，推进信息技术手段现代化。成立网络和数据安全工作领导小组，制定《网络安全管理实施细则》等 8 项制度，开展网络和数据安全专项检查、网络和数据安全应急演练，防范化解安全隐患。正式部署上线 AI 慧飞无人机调查系统，深化遥感应用，首次利用遥感影像对油菜播种面积进行核实，基本实现小麦米级空间分布测量全覆盖；探索开展畜禽监测数据电子化采集；进一步优化办公自动化平台、PMI 省级直报平台等应用系统；助力国家局统计云工程建设。坚持微观感受和宏观数据同轨，推进统计服务方式现代化，完善“三情”观察员队伍，表彰 151 名优秀“三情”观察员，进一步激发“三情”观察员进企入厂、进镇入村、进门入户的“前沿哨”作用。用好“江苏调查”宣传阵地，进一步优化数据发布解读、创新制度方法科普，提升政务新媒体公信力、传播力、引导力、影响力。坚持统筹推进和重点突破同步，推进管理效率效能现代化，印发《总队党组成员分管调查队工作制度》《关于优化市县级调查队管理更好发挥市县领导班子职能作用的意见》，强化总队分管领导主管主抓的直接管理，细化总队部门负责人“蹲点式”协助管理，优化市级队“带动式”委托管理，汇聚三级力量提升县级队管理水平和管理能力。健全内部控制机制，聚焦经费预算和资源绩效管理，提高资源配置使用效率，聚焦周严制度、规范流程、严格审核、优化县账市管，提升财务管理水平。坚持培养培训和管理监督同向，推进干部能力水平现代化。严格选拔条件、加大培育力度，建立省级高层次人才基础库，1 名正处级干部选拔为全国统计高层次人才培养工程第二期学员；通过统计建模大赛、课题评比、多类型技能竞赛、劳模工作室技能培训等不断打造能力业绩突出、勇于改革攻坚的业务骨干人才队伍。坚持以“关键少数”带动“绝大多数”，用好日常监督、巡察监督、审计监督、干部考核等方式，切实加强对“一把手”和领导班子监督，大力开展谈心谈话，统筹推进干部队伍教育整顿和纪检干部队伍教育整顿。

（六）深入贯彻落实新时代党的组织路线，始终站稳人才为本的战略基点，基层战斗堡垒更加坚强

选优配强系统各级领导干部，突出政治素养高、全局能力强、能担当善管理的导向，完善“一把手”产生机制；将单位内推荐、系统外选调、异地交流任职相结合，不断优化市县队班子年龄和专业结构，提升整体功能。实施优秀年轻干部成长计划，聚焦后继有人这个根本大计，通过轮岗、上挂下派、跟班学习等，强化干部培养锻炼。全年全系统共 15 人次参加中央、国家局的专项工作，19 名干部到上级部门帮助工作，2 名干部开展援疆帮扶工作，1 名干部驻村帮扶，8 名干部赴基层锻炼。加强正面典型激励，联合省人社厅、省统计局开展全省统计系统先进集体和先进工作者评选表彰，系统 3 个单位、3 名干部分获全省统计系统先进集体、先进工作者称号。开展“国调尖兵”评选表彰，系统 98 名干部分获道德尖兵、实干尖兵、敬业尖兵、担当尖兵、业务尖兵称号。深化党支部标准化规范化建设，持续推动“一支部一品牌”建设，创新开展党建业务融合发展书记项目，深入开展“四强”党支部创建暨优秀案例“述、比、评”活动，在总队机关开展 2 轮“推磨式”互学互查，在全系统召开 2 次党建基础工作现场推进会。探索建立“市带县党建工作整体推进”示范点，促进系统各支部优势互补。《江苏总队立足支部标准化规范化建设推进“党建 +”》一文受到国家统计局副局长盛来运批示，分别被国家局《党建工作情况交流》和省级机关工委《江苏机关党建工作简报》采用推介；党建创新案例《以“四有”推“四强”全面提升党支部政治功能和组织功能》被省级机关工委选为优秀案例（全省 8 个）。

（七）深入学习贯彻落实习近平总书记关于党的自我革命的重要思想，始终坚持全面从严、一严到底，系统良好政治生态不断巩固发展

健全全面从严治党体系，以贯彻落实全面从严治党主体责任清单为抓手，不断优化“一个平台、两次督导、三类会议、四季清单、N 项制度”监管体系。打好新一轮巡察“开局战”，坚守政治巡察定位，全面谋划江苏调查队系统二十届中央任期巡察工作，出台今后 5 年巡察工作规划，修订 3 项巡察工作制度，以“巡察 +”方式完成对 13 个市县队的常规巡察，深化巡视巡察成果运用。持续加固中央八项规定堤坝，制定总队党组关于深入贯彻落实中央八项规定实施细则实施办法的具体措施，修订总队公务出差用餐管理办法和公务用车管理办法，巩固拓展“三项清理”成果，研究制定并严格落实整治形式主义为基层减负具体举措。把纪律建设摆在更加突出位置，深入开展“纪法教育月”活动，聚焦“关键少数”强化经常性纪律教育，加强年轻干部教育管理监督，不断擦亮“‘青’廉有为”年轻干部廉政教育品牌，开展以家风家教为主题的廉洁文化建设系列活动，严肃查处违规违纪违法问题。

（八）市县队认真贯彻落实总队和地方党委政府工作要求，始终因地制宜、找准自身优势，“两个活力”进一步释放

在加强党的建设方面，泰州队结合“调查研究提档升级年”持续深化三务融合；睢宁队、通州队、启东队、盱眙队、泗洪队加强党建与业务融合阵地建设；张家港队组建“薪火相传”理论宣讲先锋队；海门队、大丰队加强复合型年轻干部队伍建设；赣榆队连续 4 年获评区级机关“五星级党组织”；泰兴队、兴化队积极开展党员志愿服务活动。在提升数据质量方面，扬州队建立直接到调查样本点的考核机制；江宁队“大课堂 + 小课堂”开展业务培训；江阴队编发《统计数据质量全流程管理汇编》；常熟队制定《居民收支调查工作质量考核细则》；丹阳队开展劳动力调查“嵌入式”陪访和交叉回访；靖江队在数据质量核查中压茬推进“专业自查”和“本队抽查”。在强化统计法治方面，南京队将《监督意见》纳入市委党校主体班培训内容，主要负责人 5 次进党校开展宣讲；无锡队建立“三全嵌入”式防治统计造假纪检监督机制；宿迁队持续推进“四季普法”工程；宜兴队一体推进法治培训、普法宣传、执法监督。在夯实基层基础方面，徐州队开展非国家抽中县基层基础示范点创建；连云港队、东台队、姜堰队对辅调员、“三情”观察员进行量化积分管理；涟水队推动有关镇政府对辅调员进行约谈提醒；仪征队建设“六有”辅调员工作站。在开展统计服务方面，高淳队各类信息撰写、采用均实现跨跃式提升；高邮队获 2022 年市级机关服务高质量发展成效考评先进单位、市政务信息工作先进单位。在推进智慧统计方面，苏州队建立“苏州 5G 消息专项调查云平台”，南通队建成“智慧调查服务系统”，铜山队探索构建新型智慧电子台账管理系统。在优化保障机制方面，昆山队、溧阳队分别推动市政府出台关于进一步加强国家调查工作的通知；淮阴队、邗江队分别推动将调查工作开展情况纳入区、镇街考核体系。在深化作风建设方面，常州队抓好“四廉”强化教育提醒；淮安队实施廉洁机关建设四项行动；盐城队打造“1148”统计调查文化体系；镇江队、沭阳队分别开展“作风建设深化年”“制度建设年”活动。

二、把握形势任务，明确推进统计调查事业高质量发展的思路方法

全省调查队系统要把推进中国式现代化作为最大的政治，牢牢把握以统计现代化服务中国式现代化的重要意义，以“数据之治”助力全面建设社会主义现代化国家。牢牢把握以统计现代化服务中国式现代化的根本要求，从坚定拥护“两个确立”、坚决做到“两个维护”的政治高度，不折不扣贯彻落实习近平总书记关于统计工作重要讲话和指示批示精神，坚定不移提高统计数据质量，以真实可信的统计数据服务推进中国式现代化。牢牢把握以统计现代化服务中国式现代化的重大任务，完整、准确、全面贯彻新发展理念，统筹开展统计调查，以“民生之数”丈量“共富之实”，服务物质文明与精神文明协调发展，反映美丽中国建设新格局，用统计语言讲好中国故事、展示中国形象，为推动高质量发展提供扎实信息支撑。牢牢把握以统计现代化服务中国式现代化的实现路径，把党的领导落实到统计工作全过程各方面，努力构建与中国式现代化相适应的现代化统计调查体系。

（一）始终坚持以人民为中心

要把以人民为中心体现在调查工作上，发扬调查队在民生领域统计监测的优势，聚焦省委省政府关于着力实现更高水平“民生七有”的决策部署，扎实做好各项调查工作；围绕党政决策落实情况和经济社会重点热点难点问题，深入开展调查研究，重点反映群众期盼、企业困难、改革呼声，为江苏在推进中国式现代化中走在前做示范提供统计信息支撑。要守好意识形态阵地，聚焦提振信心，统筹向上生长和向下扎根两个要求，精心组织开展统计新闻宣传，通过统计数据发布解读，引导社会公众更好认识中国式现代化江苏新实践，唱响中国经济光明论。要把以人民为中心体现在日常管理服务上，在日常管理中更加突出以调查队人员为本意识，加强谈心谈话，畅通沟通渠道，积极回应干部关切，用心用情做好服务，尽己所能排忧解难，着力营造团结的而不是一团和气的、奋斗的而不是盲目攀比的干事创业氛围，打造一支领导干部引领示范、中坚力量能为善为、年轻干部接续奋斗的有“胸怀、情怀”的硬核队伍。要把以人民为中心体现在尊重人民首创精神上，用好“四下基层”这一重要抓手，深入调查队工作、干部和调查对象找办法，鼓励干部群众大胆创新，创造可复制、可推广的江苏调查经验。

（二）始终坚持问题导向

着力精准发现问题，要自觉对标党章党规党纪和规章制度文件，自觉对照巡视巡察等反馈问题和反面典型案例，把自己摆进去、把职责摆进去、把工作摆进去，深入查找班子、队伍、管理、业务上存在的问题；要善于从干部群众的言外之意、弦外之音中察觉问题，不回避、不遮掩、不推脱、不敷衍。着力精准解决问题，要科学分析问题，善于从各类问题中把握事物的倾向性、规律性、风险性，分类施策、精准施治；要坚持抓重点、抓关键、抓矛盾的主要方面，从事关全局的重大问题、根本问题出发，从涉及最大多数人核心利益的问题出发，抓住解决问题的“牛鼻子”；要狠抓落实，在定好盘子、理清路子、开对方子的前提下，脚踏实地、一抓到底、常抓不懈，持之以恒解决问题。

（三）始终坚持系统观念

坚持系统观念要做到思想统一。新征程上推进统计现代化改革，必须用党的创新理论统一思想、统一意志、统一行动，特别是要深入学习贯彻落实习近平总书记关于统计工作重要讲话和指示批示精神，认真贯彻落实国家统计局贯彻落实党中央关于统计工作重大决策部署的具体安排，做到如臂使指，确保全系统步调一致、行动一致。坚持系统观念要做到由点及面。要善于从个性问题中寻找共性问题，做到触类旁通、举一反三、标本兼治，不断坚持好、完善好“点到点”“点到面”“面到面”的发现、治理、教育、防范、整治一体化闭环管理机制。要统揽全局，把着力点放到加强系统集成、协同高效上，巩固和深化这些年来我们在推进调查队管理体制改革、推进统计现代化改革、推进全面从严治党等方面形成的经验做法，进一步总结好、提升好、推广好，避免单打独斗、重复劳动，整体提升系统管理水平和管理能力。坚持系统观念要做到统筹联动。要立足一域谋全局、放眼全局谋一域，从总队党组的角度考虑问题、谋划工作，既要“精、实、细、严”抓好各自领域工作，又要落实好优化市县级调查队管理、总队部门负责人“协管”、总队监督工作联席会议等贯通协同机制，把统筹联动体现在信息共通、问题共研、制度共建、协作共进、成果共享上。

（四）始终坚持守正创新

要守住初心使命，始终保持在理想追求上的政治定力；要深刻领悟“两个确立”的决定性意义，坚决做到“两个维护”，始终坚定政治立场；要学懂弄通做实党的创新理论，始终坚持好、运用好贯穿其中的立场观点方法；要吃透国家统计局核心要求，始终紧跟国家统计局中心工作、重点任务。要把坚持解放思想、弘扬科学精神、加强调查研究紧密结合起来，不断汲取基层调查实践新鲜经验，深入学习借鉴兄弟单位实践成功经验，尊重客观工作规律，精准把握本地、本队实际，找准优势和突破点，因地制宜、因队制宜，聚焦实实在在发挥作用、真真正正推动工作，在具体工作上集中发力，蹄疾步稳开展创新。要有功成不必在我的精神境界和功成必定有我的历史担当，不能闭门造车、向壁虚构，不能好高骛远、急于求成，不能华而不实、虚应故事，要以求真务实的态度和笃行不怠的实干精神，扎扎实实、踏踏实实，一笔一画、工工整整推进各项工作。

三、唯实唯干唯先，大力推进2024年重点工作

2024年是中华人民共和国成立75周年，是实现“十四五”规划目标任务的关键一年。全省调查工作的总体思路是：以习近平新时代中国特色社会主义思想为指导，全面贯彻落实党的二十大和二十届二中全会精神，深入落实中央经济工作会议部署和全国统计工作会议暨国家统计局党建工作会议要求，坚持稳中求进工作总基调，紧紧围绕国家统计局各项任务，以提高统计数据质量为中心，纵深推进防治统计造假，大力加强民生统计监测，不断提升统计服务水平，持续夯实统计基层基础，深入推进统计现代化改革，筑牢调查工作安全防线，为服务推进中国式现代化、谱写“强富美高”新江苏现代化建设新篇章贡献调查力量。

（一）全力落实习近平总书记重要讲话指示批示精神

深入学习贯彻落实习近平总书记重要讲话指示批示精神，全面推进依法统计依法治统，持之以恒深化巩固防治统计造假工作成效。巩固深化统计造假专项治理行动。以学习贯彻新修订的《中国共产党纪律处分条例》为契机，深入学习贯彻落实防治统计造假刚性制度和纪律约束。加强统计源头数据质量监督管理，深化开展统计数据质量核查。持续加大统计执法力度，加强对居民可支配收入等重点民生指标数据的检查核查，探索对农业、畜牧业、劳动力调查等专业的统计执法检查，组织开展执法检查“回头看”。扎实开展统计执法突出问题专项排查治理。把排查治理工作与持续深入学习贯彻习近平总书记关于统计工作重要讲话和指示批示精神结合起来，与巩固深化统计造假专项治理行动结合起来，切实增强思想自觉、政治自觉和行动自觉，有效解决工作中存在的执法监督主动性不强、能力水平不高、工作不规范等问题。深入开展统计普法宣传。围绕重大主题，抓住关键节点，坚持普法对象全面覆盖和重点盯牢相结合，在全社会掀起统计普法宣传高潮，突出统计领域党内法规和国家法律的宣传内容，创新宣传形式，不断增强统计普法宣传的针对性、有效性。

（二）着力推进各项常规调查

围绕中央经济工作会议部署和省委十四届五次全会工作要求，扎实有序推进统计调查工作，更好服务经济发展大局。高质量开展农产量调查，完善粮食生产动态监测机制，强化实割实测，开展农产品价格调查手机采集数据试点工作。高质量开展畜禽调查，做好新旧样本衔接。高质量开展居民收入调查，分阶段分批次进行市县交叉互查，推广数据审核、访点访户、数据质量检查等标准化流程。高质量开展劳动力就业调查，深化事前、事中、事后三位一体全流程质量控制体系。高质量开展价格调查，认真做好基期轮换准备工作，配合做好统计云上线试运行。高质量开展企业调查，进一步推动采购经理特色指数等工作。高质量开展专项调查，不断完善调查方案设计，进一步强化现场调查的组织管理。

（三）着力强化统计调查服务

聚焦巩固和增强经济回升向好态势加强分析研究，积极转变统计分析理念，强化综合研判系统观念，创新统计分析方法，建立新的经济形势分析框架，做好常规调查数据的分析研判和超预期因素影响判断，为持续推动经济实现质的有效提升和量的合理增长提供有力信息支撑。聚焦国家重大战略部署和省委省政府决策部署落实情况加强分析研究，突出稳增长、稳就业、稳物价，强化对加快构建现代化产业体系、深入推进长三角一体化发展、加强民生保障等重点领域的统计分析，为增强宏观政策针对性和有效性提供统计信息支撑。聚焦唱响中国经济光明论做好数据发布解读，丰富数据发布内容，用权威的数据、生动的语言讲好江苏高质量发展故事，推动正确认识经济形势，稳定发展预期，提振发展信心。

（四）着力夯实统计基层基础

进一步加强制度建设，健全数据质量保障体系，推动专业调查工作管理办法、数据质量控制办法、数据质量审核评估办法等管理制度落地见效，确保统计调查工作全流程管理的科学性、标准性、规范性。进一步加强辅助调查员、“三情”观察员管理，总结前期聘用、使用、培训、管理、考核、激励等经验，探索加强辅助调查员分级分层管理，进一步提升“三情”观察员队伍效能。扎实开展新一轮优秀调查员评选表彰。改进未设国家调查队的县（市、区）国家调查工作，落实好进一步加强未设国家调查队的县（市、区）国家调查工作的通知要求。出台并落实好总队、省局进一步加强乡镇（街道）国家调查工作管理的意见。

强化对地方委托统计调查项目的管理，规范审批地方委托统计调查项目，适时对项目执行情况开展监督检查。

（五）着力深化统计现代化改革

围绕提升工作权威性，深入推进制度方法研究现代化，持续稳妥推进 CPI 大数据应用，重点提高扫描数据的应用比例，探索行政记录在医疗保健、旅游交通通信等类别中的应用；深化新兴产业、重要行业以及产业链、供应链分析研究，开展全省商品住宅销售价格总指数和绝对价格水平测算，探索开展房价指数编制方法研究。围绕提升工作时度效，深入推进信息技术手段现代化，深化遥感应用，优化无人机智能调查系统，探索基于 AI 慧飞平台的实割实测调查；推进主要畜禽监测调查手持采集系统落地应用，依托国家局畜牧业可视化展示平台，对大型养殖场（户）进行“上图”管理；依托综合数据管理系统，建立健全数据发布库，提升数据服务的自动化智能化水平，实现年鉴等传统统计资料的一键生产和数据核校的自动化。围绕提升工作影响力，深入推进统计服务方式现代化，完善江苏特色“智慧调查平台”建设与管理，提升问卷生成、数据收集、处理和分析能力；积极拓展统计服务内容，提供多样化、多元化、定制化、个性化统计服务；积极适应当前新闻传播格局出现的新变化、新技术，不断拓展宣传工作渠道。要围绕提升工作精细度，深入推进管理效率效能现代化，进一步深化总队部门负责人协管县级队机制，进一步发挥市级队带动作用，探索分两步建立总队机关和全省调查队系统党建电子管理系统，力争构建融管理贯通化、学习智能化、分析数智化和考核便捷化于一体的“智慧党建”平台。围绕提升工作支撑力，深入推进干部能力水平现代化，坚持提升统计专业能力“硬实力”和下足统计职业道德建设“软功夫”共同发力，用好无锡党校和劳模创新工作室两个培训基地，开展好多类型主体班次；加强青年学堂建设，开展情景式、沉浸式、体验式、案例式学习；抓好统计建模、课题研究，加快统计科研人才队伍建设。

（六）着力筑牢网络和数据安全防线

坚持总体国家安全观，强化底线思维，立足防范化解风险挑战的大前提谋划部署安全保密工作。全面落实国家统计局统计网络和数据安全责任，建立健全并严格执行安全保密制度规范，配合国家统计局建设互联网安全代理系统和终端安全管理系统，做好数据防泄漏系统试点，优化数据防护策略，深入开展网络和数据安全检查，完善网络安全应急预案，组织开展网络和数据安全应急演练，常态化开展安全保密教育。

（七）着力提升管理效率效能

坚持参谋有道、协调有方、督促有效、保障有力、高效有序，全面提升系统综合管理水平。强化政务管理，聚焦第一要务、第一时间强化督查督办，扎实做好公文管理、值班值守、综合治理、安全管理等工作。建好信息化重点项目，做好机房改造升级，将省市县三级网络节点全部并入由总队统一管理的电子政务外网，有序推进统计云建设工程省级节点建设任务。牢固树立过“紧日子”思想，厉行节约、反对浪费，严控“三公”经费支出，精打细算办公运行、会议差旅、后勤保障等经费支出，勤俭办事，把钱花在刀刃上，切实提高预算绩效，加强财会监督和审计工作。持续优化外部环境，积极争取地方党委政府支持，加强与统计局协调配合、与地方部门联合联动，形成工作合力。

四、全面从严从紧，一以贯之加强党的建设

全省调查队系统要深入学习宣传贯彻党的二十大精神，认真贯彻落实二十届中央纪委三次全会精神特别是习近平总书记重要讲话精神，以永远在路上的坚韧执着把党的自我革命进行到底，引领保障江苏统计调查事业行稳致远。

（一）加强政治领导，突出党的政治建设的统领作用

把准政治方向，把坚定拥护“两个确立”、坚决做到“两个维护”作为最大政治责任，不断提高政治判断力、政治领悟力、政治执行力，始终在政治立场、政治方向、政治原则、政治道路上同以习近平同志为核心的党中央保持高度一致，确保统计调查事业始终沿着总书记指引的方向笃定前行。强化凝心铸魂，把学习贯彻习近平新时代中国特色社会主义思想作为党员干部教育培训的主题主线，建立健全以学铸魂、以学增智、

以学正风、以学促干的长效机制，健全并严格执行“第一议题”制度、集体学习制度，提升各级党组中心组学习质量，努力把学习成果转化为推进工作的思路举措。突出政治属性，严格遵守新形势下党内政治生活若干准则，严格落实民主集中制，严格落实意识形态工作责任制，扎实开展对口援藏援疆援青工作，强化“四个落实”，健全完善传达学习、贯彻落实、督促检查、跟踪推进机制，确保党中央决策部署在江苏调查队系统落地落实落细。

（二）严格政治标准，突出担当作为锻造过硬干部队伍

抓好选贤任能这一关键性、根本性问题，强化重实干重实绩的用人导向，始终围绕江苏调查队系统大局和调查事业发展全局选干部配班子，着力建强市县队领导班子。抓好提升干部素质能力这一战略性、基础性工程，配合做好高层次人才培养工程，加强年轻干部教育管理，灵活运用分层分类干部培训、帮助工作、基层锻炼、多岗位历练、参与专项工作等方式，推进业务骨干人才培养，夯实基层后备人才储备，探索建立业务骨干人才和基层后备人才库。抓好干部监督管理这一保障性、经常性工程，健全干部考核评价体系，完善激励机制，坚持“三个区分开来”，推动党员干部特别是领导干部树牢正确政绩观，构建担当作为、心齐劲足的干事环境，积极践行习近平总书记对江苏干部群众“汇通江淮之气概、畅达黄海之辽阔，以当表率、做示范、走在前的果敢担当，上下一心、真抓实干、奋发进取”的殷切嘱托。

（三）强化政治功能，突出互融互促建强基层战斗堡垒

坚持大抓基层，把稳组织建设“定星盘”。着眼党支部标准化规范化建设，持续推进“四强”党支部优秀案例评选等互学互鉴、互促互进活动，把基层党组织建设成为有效实现党的领导的坚强战斗堡垒。促进深度融合，下好党建业务“一盘棋”。坚持围绕中心抓党建、抓好党建促业务，建立与基层党组织实际情况相适应的党建工作责任落实清单，照单履责、按单问效，推动党建工作和业务工作同谋划、同部署、同落实、同检查。优化“党建品牌＋调查口碑”的“一支部一品牌”建设，深化党建业务融合发展书记项目，重点推进以业务部门牵头的子系统党建业务融合工作。坚持条块结合，发挥系统地方“两优势”。完善“抓机关带系统”党建工作大格局，推动党建工作市带县和地区融合发展。坚持党建带群建，充分发挥工青妇等群团组织作用。积极争取地方培训、表彰资源，推动系统党建和地方党建相互融合、相互促进。

（四）压实政治责任，突出严的基调涵养勤廉生态

牵牢主体责任“牛鼻子”，坚持以上率下，层层传导压力，健全各负其责、统一协调的责任格局，系统各级党组及其领导班子成员特别是“一把手”要严于律己、严负其责、严管所辖，推动全面从严治党向纵深发展。找准纪检监督着力点，聚焦贯彻落实习近平总书记关于统计工作重要讲话和指示批示精神，聚焦“一把手”和领导班子，推进政治监督具体化、精准化、常态化。聚焦同向发力、形成合力，强化纪检监督与其他各类监督贯通协调。用好政治巡察利剑，深化“巡察＋”工作机制，探索开展专项巡察，持续推动巡察向深拓展、向专发力。加强整改和成果运用，推动巡视巡察上下联动。深化落实中央八项规定精神，常态化规范公务接待、公务外出活动，持续整治违规发放津补贴、违规套取资金设立和使用“小金库”等顽瘴痼疾，坚决纠治“四风”特别是形式主义官僚主义，抓好整治形式主义为基层减负工作。全面强化纪律建设，深入学习贯彻新修订的《中国共产党纪律处分条例》，按照党中央统一部署，扎实开展集中性纪律教育，持续加强新时代廉洁文化建设。保持正风肃纪高压态势，深化运用监督执纪“四种形态”，一体推进不敢腐、不能腐、不想腐。加强纪检干部队伍建设，完善市县队“大纪检组”工作格局，提升纪检工作规范化、法治化、正规化水平。巩固拓展纪检干部队伍教育整顿成果，打造敢于、善于斗争的纪检铁军。

历史照亮未来，征程未有穷期。江苏调查队系统将更加紧密地团结在以习近平同志为核心的党中央周围，沿着高质量发展的大道脚步不停、步履铿锵，奋力开拓江苏调查事业新局面，为推动统计现代化改革、服务中国式现代化江苏新实践作出新的更大贡献。

2

年度分析报告

2023年江苏省国民经济和社会发展统计公报

江苏省统计局 国家统计局江苏调查总队

2023年，全省上下坚持以习近平新时代中国特色社会主义思想为指导，全面贯彻党的二十大、二十届二中全会精神和习近平总书记对江苏工作重要讲话重要指示精神，认真落实党中央、国务院部署决策，按照省委、省政府工作安排，坚决扛起"走在前、挑大梁、多作贡献"的责任担当，全面落实"四个走在前""四个新"重大任务，面对复杂多变的外部环境和经济恢复进程中的矛盾问题，千方百计强信心、稳预期、促发展，全省经济运行率先整体好转，内生动力显著增强，质量效益持续提升，民生保障有力有效，高质量发展迈出坚实步伐。

一、综 合

经济总量稳步增长。初步核算，2023年全省地区生产总值128222.2亿元，按不变价格计算，比上年增长5.8%。其中，第一产业增加值5075.8亿元，增长3.5%；第二产业增加值56909.7亿元，增长6.7%；第三产业增加值66236.7亿元，增长5.1%。全年三次产业结构比例为4：44.4：51.6。全省人均地区生产总值150487元，比上年增长5.6%。

经济活力有效释放。全年非公有制经济增加值96551.3亿元，占GDP比重为75.3%；民营经济增加值占GDP比重为57.9%。年末市场监管部门登记的私营企业397.6万户，全年新登记私营企业53.1万户；年末个体经营户998.9万户，全年新登记个体经营户116.9万户。扬子江城市群、沿海经济带对全省经济增长的贡献率分别为71.4%、20.3%。

新兴产业发展壮大。全年工业战略性新兴产业、高新技术产业产值占规模以上工业比重分别达41.3%、49.9%，比上年分别提高0.5个、1.4个百分点。全年规模以上战略性新兴服务业营业收入比上年增长9.4%，互联网和相关服务业营业收入增长18%。全年数字经济核心产业增加值占GDP比重达11.4%。

就业创业有力保障。全年城镇新增就业138.29万人，同比增长5.1%。全年城镇调查失业率均值为4.6%，低于5.2%的全国平均水平。落实社保降费、稳岗返还、扩岗补助等政策231亿元；重点群体就业保障有力，帮扶20.52万名就业困难人员实现就业；累计开展政府补贴性技能培训118.66万人次；支持成功自主创业30.77万人。

居民消费价格小幅上涨。全年居民消费价格比上年上涨0.4%。分城乡看，城市上涨0.5%，农村上涨0.3%。分类别看，食品烟酒价格上涨1.0%，衣着价格上涨1.4%，生活用品及服务价格上涨0.6%，教育文化娱乐价格上涨1.8%，医疗保健价格上涨3.2%，其他用品及服务价格上涨3.9%，交通通信价格下降3.3%，居住价格与上年持平。食品中，粮食、食用油、鲜奶、鲜果、鲜菌价格分别上涨1.8%、2.1%、1.0%、5.5%、1.6%；猪肉、鸡蛋、鲜菜价格分别下降10.6%、0.1%、0.8%。

工业生产者价格同比下降。全年工业生产者出厂价格比上年下降3.3%，其中生产资料出厂价格下降3.9%，生活资料出厂价格下降0.8%。全年工业生产者购进价格比上年下降3.6%，其中燃料动力类购进价格下降5.3%，农副产品类购进价格下降6.9%。

表 1　2023 年居民消费价格指数及其构成情况（以上年为 100）

指　标	全省	城市	农村
居民消费价格	100.4	100.5	100.3
食品烟酒	101.0	100.9	101.1
衣着	101.4	101.6	100.3
居住	100.0	100.1	99.7
生活用品及服务	100.6	100.6	100.6
交通通信	96.7	96.8	96.5
教育文化娱乐	101.8	101.7	101.8
医疗保健	103.2	103.0	103.7
其他用品及服务	103.9	104.1	103.2

二、农林牧渔业

粮食生产再获丰收。全年粮食总产量 759.5 亿斤，比上年增产 0.8%。其中，夏粮产量 281.4 亿斤，增产 0.5%；秋粮产量 478.1 亿斤，增产 0.9%；粮食亩产 463.8 公斤，增产 0.5%；粮食总产、亩产均创历史新高。全年粮食播种面积 545.9 万公顷，比上年增加 1.5 万公顷；棉花种植面积 0.3 万公顷；油料种植面积 31.2 万公顷；蔬菜种植面积 148.4 万公顷。

林牧渔业生产总体平稳。全年造林面积 1.6 万公顷。全年猪牛羊禽肉产量 329.9 万吨，比上年增长 4.4%；禽蛋产量 235.3 万吨，增长 0.8%；牛奶产量 72.9 万吨，增长 6%。水产品产量 517.8 万吨（不含远洋捕捞），比上年增长 2.9%，其中淡水产品 379.8 万吨，增长 2.8%；海水产品 138 万吨，增长 3.3%。

农业现代化水平显著提升。全年完成 120 万亩高标准农田新建任务。农作物耕种收综合机械化率 87.2%，特色机械化率 62%，农业科技进步贡献率达 72%。全省有效灌溉面积 385.7 万公顷，新增有效灌溉面积 2 万公顷。年末农业机械总动力达 5360 万千瓦，比上年末增长 1.8%。

表 2　2023 年主要农产品产量情况

产品名称	产量（万吨）	比上年增长（%）	产品名称	产量（万吨）	比上年增长（%）
粮食	3797.7	0.8	蔬菜	6135.6	2.7
棉花	0.5	-13.3	茶叶	1.1	0.1
油料	103.4	7.4	水果（含瓜果类）	1015.2	1.3
# 油菜籽	61.3	10.1	猪牛羊禽肉	329.9	4.4
花生	40.7	3	水产品（不含远洋捕捞）	517.8	2.9

三、工业和建筑业

工业经济稳中有进。全年规模以上工业增加值比上年增长 7.6%。分经济类型看，国有企业增加值增长 6.4%，股份制企业增长 11.2%，民营企业增长 11.6%，外商及港澳台商投资企业增长 0.8%。分门类看，采矿业增加值增长 8.8%，制造业增长 7.6%，电力、热力、燃气及水生产和供应业增长 7.3%。分行业看，40 个行业大类中，有 31 个行业实现增加值同比增长，行业增长面 77.5%，比上年提升 7.5 个百分点。

装备制造业增势向好。全年规模以上装备制造业增加值比上年增长 7.8%，占规模以上工业增加值比重达 53.4%。分行业看，汽车、电气机械、铁路船舶行业增加值分别增长 15.9%、15.9%、15.2%。新能源、新一代信息技术相关产品产量增长较快，其中新能源汽车、汽车用锂离子动力电池、太阳能电池、智能手机、服务器产量分别增长 46.3%、18.7%、45.6%、48.9%、9.8%。

表 3　2023 年主要工业产品产量情况

产品名称	单位	产量	比上年增长（%）
纱	万吨	305.3	-0.7
布	亿米	50.7	2.3
化学纤维	万吨	2095.9	27.8
卷烟	亿支	1060.9	0.6
智能手机	万台	7579.5	48.9
彩色电视机	万台	694.3	-7.1
# 智能电视	万台	508.1	3.7
家用电冰箱	万台	1426.7	17.4
房间空调器	万台	507.9	-6.3
粗钢	万吨	11859.2	-0.4
钢材	万吨	16193.9	2.9
十种有色金属	万吨	97.2	11.3
水泥	万吨	14280.3	0.6
硫酸	万吨	264.5	-6.8
纯碱	万吨	388.0	3.8
乙烯	万吨	644.3	47.7
化肥	万吨	187.1	15.8
汽车	万辆	165.0	16.0
# 新能源汽车	万辆	69.4	46.3
太阳能电池	万千瓦	17474.0	45.6
光纤	万千米	18266.0	-0.3
光缆	万芯千米	8317.3	-3.5
微型电子计算机	万台	2762.3	-17.1
集成电路	亿块	1054.9	3.8
服务器	万台	3.7	9.8
工业机器人	万台（套）	6.4	-10.5

工业企业效益稳步改善。全年规模以上工业企业利润总额 9344.4 亿元，同比增长 2.5%，增速比上年回升 6.7 个百分点。分经济类型看，国有控股、股份制、私营企业利润分别增长 3.9%、7.9%、11.1%，外商及港澳台商投资企业利润下降 7.1%。分门类看，制造业利润增长 0.8%，电力、热力、燃气及水生产和供应业增长 58.4%，采矿业下降 49.4%。

建筑业保持平稳发展。全年建筑业总产值 43140.2 亿元，比上年增长 6.7%；竣工产值 28914.3 亿元，竣工率为 67%。全年签订建筑合同额 63351.1 亿元，比上年增长 4.1%。建筑业劳动生产率为 38.3 万元／人。

四、固定资产投资

固定资产投资保持稳定。全年固定资产投资完成额比上年增长 5.2%。分产业看，第一产业投资增长 12.3%；第二产业投资增长 9.2%，其中工业投资增长 9.1%；第三产业投资增长 1.8%。分领域看，基础设施投资增长 7%；制造业投资增长 9.1%；民间投资增长 2.1%，占全部投资比重为 66.5%；房地产开发投资下降 4.2%。

大项目投入支撑有力。全年 10 亿元以上在建项目 3410 个，比上年增加 358 个，同比增长 11.7%，完成投资额增长 16.2%，占全部投资比重为 30.3%。10 亿元以上项目完成投资中，制造业增长 15.2%，交通运输仓储和邮政业增长 26.5%，批发和零售业增长 65.9%，住宿和餐饮业增长 37.8%。

五、国内贸易

消费市场加快复苏。全年社会消费品零售总额45547.5亿元，比上年增长6.5%。按消费类型分，商品零售40640.5亿元，增长5.1%；餐饮收入4907亿元，增长20.4%。分商品类值看，全年限额以上单位商品零售额中，粮油食品类、饮料类、烟酒类、服装鞋帽针纺织品类分别增长7.9%、19.9%、8.3%、8.1%；金银珠宝类、体育娱乐用品类、通讯器材类分别增长9%、12.2%、19.2%；石油及制品类、汽车类分别增长7.3%、5%。

新兴消费不断升温。全年限额以上单位商品零售额中，智能手机比上年增长39%；能效等级为1级和2级的商品、智能家用电器和音像器材类、可穿戴智能设备类分别增长6.4%、18%、15.5%；新能源汽车增长49.3%，占限上汽车类零售额比重25.7%，比上年提高9个百分点。全年实物商品网上零售额11156.2亿元，比上年增长6.5%，占社会消费品零售总额比重为24.5%。

六、开放型经济

对外贸易稳中提质。全年进出口总额5.2万亿元，同比下降3.2%，占同期全国进出口总额的12.6%。从贸易方式看，一般贸易进出口3万亿元，占比57.3%；加工贸易进出口1.7万亿元，占比31.6%。从经营主体看，民营企业进出口2.4万亿元，规模创历史新高，增长8.5%，占比较上年提升4.9个百分点至45.2%。从主要市场看，对共建“一带一路”国家进出口2.3万亿元，增长0.9%，占比较上年提升1.7个百分点至42.9%；对中东地区、非洲、印度进出口分别增长19.7%、8.9%、6.9%。从出口产品看，手机、船舶、“新三样”产品出口分别增长69.1%、37.1%、12.3%。

表4　2023年货物进出口贸易主要分类情况

指　　标	绝对量（亿元）	比上年增长（%）
进出口总额	52493.8	-3.2
出口总额	33719.1	-2.5
# 一般贸易	19681.5	-2.9
加工贸易	10998.8	1.1
# 机电产品	22975.9	0.4
# 高新技术产品	11333.6	-5.9
# 国有企业	2336.1	-15.0
外商投资企业	14634.3	-8.7
私营企业	16355.5	6.0
进口总额	18774.6	-4.3
# 一般贸易	10396.2	-3.7
加工贸易	5582.9	-7.5
# 机电产品	10046.3	-7.1
# 高新技术产品	7207.7	-7.8
# 国有企业	2050.6	-8.1
外商投资企业	9751.3	-13.9
私营企业	6785.7	17.1

双向投资持续推进。全年新设立外商投资企业3481家，实际使用外资253.4亿美元。全年新增对外投资项目1242个，同比增长46.1%；中方协议投资额111.6亿美元，同比增长15.5%。新增对共建“一带一路”国家投资项目647个，同比增长107%；中方协议投资额66.8亿美元，增长72%。新增对《区域全

面经济伙伴关系协定》（RCEP）其他成员国投资项目612个，同比增长109%；中方协议投资额62亿美元，增长83.5%。

表5 2023年对主要国家和地区货物进出口情况

国家和地区	出口额（亿元）	增长（%）	进口额（亿元）	比上年增长（%）
欧盟	5807.1	-7.5	2077.7	2.2
美国	5617.8	-4.6	1253.5	-2.5
东盟	5003.0	-0.1	3141.5	-2.0
拉丁美洲	2317.9	-2.2	1387.8	4.3
韩国	2304.6	-4.4	2770.3	-15.0
日本	2066.4	-8.0	1850.2	-12.0
中国香港	1554.7	-13.8	23.4	158.2
印度	1391.1	8.1	144.2	-3.5
非洲	1212.4	16.4	360.8	-10.6
中国台湾	918.5	-17.5	2478.9	-9.7
俄罗斯	686.3	28.0	417.5	52.1

七、交通、邮电和旅游

交通运输业恢复常态。全省铁公水空管五种运输方式完成货物运输量比上年增长11.1%，货物周转量增长11.7%；旅客运输量增长54.4%，旅客周转量增长114.3%。全省机场飞机起降52.6万架次，比上年增长65.9%；旅客吞吐量5482.2万人次，增长122.9%；货邮吞吐量63.7万吨，增长7%。全省港口完成货物吞吐量35.1亿吨，比上年增长8.3%；其中外贸货物吞吐量6.2亿吨，增长12.1%；集装箱吞吐量2544.9万TEU，增长6.3%。年末全省公路里程15.9万公里，比上年末增加741公里；其中高速公路里程5128公里。铁路营业里程4623.2公里，其中高速铁路里程2541.4公里。年末民用汽车保有量2456.3万辆，比上年末增长8.4%，净增190.6万辆。其中，私人汽车保有量2103.1万辆，增长6.9%；私人轿车保有量1388.6万辆，增长5.5%。

表6 2023年各种运输方式完成运输量情况

运输方式	货物周转量		货运量		旅客周转量		客运量	
	绝对量（亿吨公里）	比上年增长（%）	绝对量（万吨）	比上年增长（%）	绝对量（亿人公里）	比上年增长（%）	绝对量（万人）	比上年增长（%）
总计	13937.8	11.7	324766.3	11.1	1526.9	114.3	71567.9	54.4
铁路	358.3	-2.8	8380.8	-0.4	1029.6	152.1	28201.6	147.4
公路	3459.5	7.9	183485.4	14.7	257.3	26.4	38904.0	19.1
水路	9403.9	14.1	117563.0	7.7	1.1	101.3	2830.9	78.9
民航	2.7	-1.3	22.6	-3.2	238.8	124.3	1631.5	127.9
管道	713.4	8.2	15314.5	3.9	—	—	—	—

注：1. 民航运输数据包括东方航空江苏分公司、深圳航空无锡分公司、邮政航空和吉祥航空江苏分公司等4家公司的统计数据。

2. 管道运输数据为国家管网集团东部原油储运有限公司的统计数据。

邮政电信业快速发展。全年邮电行业完成业务总量2636.4亿元，比上年增长16.2%；业务收入2516.9亿元，增长8.9%。分行业看，邮政行业完成业务总量1163.6亿元，增长13.8%，其中快递业务揽件量99.5亿件，增长14.2%；业务收入1165.1亿元，增长10%。电信行业完成业务总量1472.9亿元，增长18.2%；业务收入1351.8亿元，增长8%。全省固定电话用户1153.4万户；移动电话用户10859.4万户；电话普及率达141.1部／百人。年末长途光缆线路总长度4.2万公里，比上年末增加1319公里；互联网宽带接入用户4754.6万户，增长6.8%，净增303万户；移动互联网传输流量增长17.6%。

旅游业强劲复苏。全年境内外游客9.4亿人次，比上年增长81.2%；旅游总收入12022.7亿元，增长45.7%。入境过夜游客145万人次，增长198.9 %。其中，外国人99.2万人次，增长217.7 %；港澳台同胞45.8万人次，增长164.8%。旅游外汇收入27.6亿美元，增长205.5 %。国内游客9.4亿人次，比上年增长81.1%；国内旅游收入11832.1亿元，增长44.5%。

八、财政、金融

财政收入稳步增长。全年一般公共预算收入9930.2亿元，比上年增长7.3%。其中税收收入7977亿元，增长17.3%；税占比达80.3%，比上年提高6.8个百分点。

表7　2023年财政收入分项情况

指　　标	绝对量（亿元）	比上年增长（%）
一般公共预算收入	9930.2	7.3
# 增值税	3665.2	63.4
企业所得税	1408.7	-4.7
个人所得税	505.4	-2.5
上划中央四税	7385.3	18.2
# 国内消费税	1047.7	7.5

支出结构不断优化。全年一般公共预算支出15242.7亿元，比上年增长2.3%。其中，社会保障和就业支出2049.9亿元，增长5.3%；教育支出2710.1亿元，增长4.3%；科学技术支出760.6亿元，增长12.1%；农林水支出1190.2亿元，增长7.4%；住房保障支出850.9亿元，增长1.1%。

金融存贷款持续快增。年末全省金融机构人民币存款余额239679.5亿元，比上年末增长12.9%，比年初增加27462.2亿元。其中，住户存款增加15291.6亿元，非金融企业存款增加7135.9亿元。年末金融机构人民币贷款余额233995.7亿元，比上年末增长14.6%，比年初增加29801.5亿元。其中，中长期贷款增加18644.6亿元，短期贷款增加10240.5亿元。

表8　2023年年末金融机构人民币存贷款情况

指 标	年末数（亿元）	比年初增加（亿元）	比上年末增长（%）
各项存款余额	239679.5	27462.2	12.9
# 住户存款	105446.3	15291.6	17.0
非金融企业存款	80705.6	7135.9	9.7
各项贷款余额	233995.7	29801.5	14.6
# 短期贷款	68109.5	10240.5	17.7
中长期贷款	149921.6	18644.6	14.2
# 消费贷款	53263.7	-35.2	-0.1
# 住房贷款	40245.8	-2051.8	-4.9

证券市场平稳运行。年末全省境内上市公司690家，辅导企业数427家，省内企业通过发行、配股、增发、公司债在资本市场筹集资金7744.3亿元。江苏企业境内上市公司总股本5058.6亿股，比上年增长6.2%；总市值64156.7亿元，下降0.6%。年末全省共有证券公司6家，证券分支机构1048家，期货公司9家，期货分支机构204家；证券投资咨询机构3家。全年证券交易额105.2万亿元，比上年增长6.4%。全年期货经营机构代理交易额26.3万亿元，比上年增长2.8%。

保险业增势稳定。全年保费收入4790.3亿元，比上年增长11%。分类型看，财产险收入1193.4亿元，增长6.1%；人寿险收入2828.5亿元，增长14.7%；健康险收入697.2亿元，增长8.8%；意外伤害险收入71.2亿元，下降17.7%。全年赔付支出1646.3亿元，比上年增长32%。其中，财产险赔付778.1亿元，增长21.4%；人寿险赔付572亿元，增长86%；健康险赔付268.5亿元，下降1.8%；意外伤害险赔付27.8亿元，增长7.9%。

九、科学技术和教育

科技创新成果丰硕。全年全省专利授权量44.7万件，其中发明专利授权量10.8万件。全省PCT专利申请量6547件。年末全省有效发明专利量52.9万件，比上年末增长23.5%；万人发明专利拥有量62.2件，增长23.3%。全省技术市场签订技术合同9.4万项，比上年增长7.3%；成交额4607.4亿元，增长18.5%。省级以上众创空间1277家，比上年增长8.6%。

企业创新活力提升。全省高新技术企业数量突破5.1万家，同比增长超15%。新入库科技型中小企业9.4万家，新获批国家创新型县（市）9个、新增国家级科技企业孵化器37家，数量均居全国第一。全省已建国家高新技术产业化基地和火炬特色产业基地182个。

科研投入力度加大。全社会研究与试验发展（R&D）活动经费支出与地区生产总值之比3.2%左右，研究与试验发展（R&D）人员折合全时当量达82.5万人年。全省拥有中国科学院和中国工程院院士116人。各类科学研究与技术开发机构中，政府部门属独立研究与开发机构达450个。建设国家和省级重点实验室204个，省级以上科技公共服务平台214个，工程技术研究中心5426个，院士工作站171个。

教育事业稳步推进。年末全省共有普通高等学校168所（含独立学院）。普通高等教育本专科招生数73.7万人，在校生数229.9万人，毕业生数63万人；研究生招生数10.4万人，在校生数32万人，毕业生数8万人。中等职业教育（不含技工学校）招生数23.2万人，在校生数67.9万人。特殊教育学校招生数0.4万人，在校生数2.1万人。全省共有幼儿园8073所，在园幼儿209.9万人。

表9　2023年各阶段教育学生情况

类别		招生数		在校生数		毕业生数	
		绝对量（万人）	比上年增长（%）	绝对量（万人）	比上年增长（%）	绝对量（万人）	比上年增长（%）
普通高等教育	本专科	73.7	3.8	229.9	3.6	63.0	9.9
	研究生	10.4	4.8	32.0	6.7	8.0	18.7
普通高中教育		50.5	3.8	143.2	6.0	41.5	9.0
普通初中教育		94.6	2.4	277.3	2.6	86.8	1.9
小学教育		97.7	4.5	588.5	0.5	95.2	2.4

十、文化、卫生和体育

公共文化服务体系更加完善。年末全省共有广播电台4座，电视台4座，广播电视台10座，县级融媒体中心（县广播电视台）64个，中短波广播发射台和转播台21座，广播综合人口覆盖率和电视综合人口覆盖率均达100%。全省有线电视用户1211.7万户，有线数字电视用户1204.4万户，有线电视数字化率99.4%。全年生产电视剧10部296集；领取电影公映许可证影片28部；出版报纸18.3亿份、杂志1.1亿册、图书7.1亿册。

卫生健康服务水平提升。年末全省共有各类卫生机构39543个，其中医院2175个，疾病预防控制中心115个，妇幼卫生保健机构119个。年末卫生技术人员74.3万人，其中执业医师、执业助理医师29万人，注册护士33.3万人；疾病预防控制中心卫生技术人员0.9万人，妇幼卫生保健机构卫生技术人员1.8万人。各类卫生机构床位数57.9万张，其中医院床位数45.7万张。

体育事业全面发展。江苏健儿在杭州亚运会上共获得30项次43人次金牌、12项次17人次银牌、13项次22人次铜牌，金牌项次数和人次数均居全国第三位，是江苏自1974年参加亚运会以来夺得金牌数量最多的一届亚运会。公共体育服务水平持续提升，全省人均体育场地面积达 4 平方米，全年新建改建体育公园（广场）60 个，新建健身步道 540 公里，推动 124 个大型体育场馆向社会免费或低收费开放，室外健身设施完好率为 92.3%。

十一、环境保护

生态环境质量明显改善。全年 $PM_{2.5}$ 平均浓度 33 微克／立方米；空气优良天数比率 79.6%，比上年提高 0.6 个百分点；国考断面水质优Ⅲ比例达 92.4%，比上年提高 1.4 个百分点。长江保护修复取得积极成效，长江干流江苏段水质连续六年保持Ⅱ类，主要入江支流断面水质优Ⅲ比例达 100%。太湖连续 16 年安全度夏，水质藻情为 16 年来最好水平，湖体总磷、总氮浓度比上年分别下降 14.5% 和 14.3%。近岸海域优良水质面积比例 92.7%、达有监测记录以来最好值，在国家污染防治攻坚战成效考核中连续 4 年获评优秀等级。

生态环境基础设施建设加快。推进 618 项生态环境基础设施重点工程项目，新增污水处理能力 83 万吨／日、新改建污水管网 1872 公里，建制镇实现污水处理设施全覆盖。全省城市污水集中处理率 93.5%，比上年提高 1 个百分点，城市生活垃圾无害化处理率 100%。累计入选国家级海绵城市建设示范城市 4 个、国家生态园林城市 9 个，均居全国第一；国家生态文明示范市县 37 个，比上年增加 6 个；入选国家首批碳达峰试点地区和园区 3 个；“绿水青山就是金山银山”实践创新基地增至 10 个。

十二、人口、人民生活和社会保障

人口总量持续增加。年末全省常住人口 8526 万人，比上年末增加 11 万人，增长 0.1%。男性人口 4322 万人，女性人口 4204 万人；0 － 14 岁人口 1157 万人，15 － 64 岁人口 5796 万人，65 岁及以上人口 1573 万人。全年人口出生率 4.8‰，人口死亡率 7.6‰，人口自然增长率 −2.7‰。新型城镇化建设步伐加快，年末常住人口城镇化率达 75.0%，比上年末提高 0.6 个百分点。

居民收支平稳增长。全年全省居民人均可支配收入 52674 元，比上年增长 5.6%。其中，工资性收入 30054 元，增长 6.9%；经营净收入 6645 元，增长 3.5%；财产净收入 5417 元，增长 1.2%；转移净收入 10557 元，增长 5.9%。按常住地分，城镇居民人均可支配收入 63211 元，增长 5.0%；农村居民人均可支配收入 30488 元，增长 7.0%。城乡居民人均收入比值为 2.07，比上年缩小 0.04。全省居民人均消费支出 35491 元，比上年增长 8.0%。按常住地分，城镇居民人均消费支出 40461 元，增长 7.1%；农村居民人均消费支出 25029 元，增长 10.8%。

社会保障力度继续加大。年末全省参加城乡基本养老保险人数 6103.9 万人；参加基本医疗保险人数 8133.3 万人，参保率稳定在 98.5% 以上；参加失业、工伤、生育保险人数分别为 2040.9 万人、2426.1 万人、2175.8 万人。年末领取失业保险金人数 35 万人。持续发展惠民型商业补充医保，2023 年度“江苏医惠保 1 号”受益人数 5.7 万人、赔付总金额 5.2 亿元。

社区服务能力巩固提升。年末全省共有各类注册登记提供住宿的社会服务机构 2580 个，其中养老机构 2419 个，儿童服务机构 54 个。社会服务床位 44.3 万张，其中养老服务床位 42.8 万张，儿童服务床位 0.4 万张。年末共有社区服务中心 2684 个，社区服务站 1.2 万个。

注：

[1] 本公报中数据均为初步统计数。部分数据因四舍五入的原因，存在总计与分项合计不等的情况。

[2] 部分指标数据因统计口径调整，较上年不具可比性。

[3] 地区生产总值、规模以上工业增加值及其分类项目增长速度按可比价计算，为实际增长速度；其他指标除特殊说明外，按现价计算，为名义增长速度。

[4] 禽蛋、水产品产量、有效灌溉面积、农业机械总动力、全社会研究与试验发展（R&D）活动经费支

出与地区生产总值之比为预计数。

[5]《区域全面经济伙伴关系协定》（RCEP）其他成员国包括印度尼西亚、马来西亚、菲律宾、泰国、新加坡、文莱、柬埔寨、老挝、缅甸、越南、日本、韩国、澳大利亚、新西兰。

资料来源：

本公报中私营企业、个体经营户数等数据来自江苏省市场监督管理局；茶叶等产品产量、农作物耕种收综合机械化率等数据来自江苏省农业农村厅；造林面积等数据来自江苏省林业局；有效灌溉面积等数据来自江苏省水利厅；进出口总额等数据来自南京海关；新设立外商投资企业数等数据来自江苏省商务厅；公路货物周转量等数据来自江苏省交通运输厅；铁路营业里程等数据来自中国铁路上海局集团有限公司；机场旅客吞吐量等数据来自中国民用航空江苏安全监督管理局；管道货物周转量等数据来自国家管网集团东部原油储运有限公司；汽车拥有量等数据来自江苏省公安厅；邮政业务、年末固定电话用户数等数据来自江苏省邮政管理局、江苏省通信管理局；旅游业总收入等数据来自江苏省文化和旅游厅；一般公共预算收入等数据来自江苏省财政厅；金融存贷款等数据来自人民银行江苏省分行；上市公司等数据来自中国证券监督管理委员会江苏监管局；保费收入等数据来自国家金融监督管理总局江苏监管局；专利授权量等数据来自江苏省知识产权局；高新技术企业数等数据来自江苏省科学技术厅；普通高等学校等数据来自江苏省教育厅；广播电台等数据来自江苏省广播电视局；电影、出版等数据来自中共江苏省委宣传部；卫生机构等数据来自江苏省卫生健康委员会；奖牌等数据来自江苏省体育局；环境监测等数据来自江苏省生态环境厅；城市污水处理、城市生活垃圾处理、国家生态园林城市等数据来自江苏省住房和城乡建设厅；城镇新增就业、基本养老保险等数据来自江苏省人力资源和社会保障厅；基本医疗保险、“江苏医惠保1号”等数据来自江苏省医疗保障局；粮食产量、价格、城乡居民收支等数据来自国家统计局江苏调查总队；其他数据均来自江苏省统计局。

2023 年江苏主要调查数据情况

2023 年以来，江苏上下坚持以习近平新时代中国特色社会主义思想为指导，深入贯彻党的二十大和二十届二中全会精神，认真落实党中央、国务院决策部署，扩大需求、优化结构、提振信心、防范化解风险等系列政策措施显效发力，社会经济稳中向好，“强富美高”新江苏现代化建设取得明显进展。从主要民生调查指标看，民生保障有力有效，整体呈现持续恢复、稳中有进的良好态势。

一、主要民生指标运行情况

（一）粮食生产实现七连增

全年粮食总产 759.54 亿斤，实现七年连增，较上年增加 5.71 亿斤，增长 0.8%，位居全国第 8 位。分季节看，夏粮稳产、秋粮丰收。夏粮产量 281.41 亿斤，增加 1.35 亿斤，增 0.5%；秋粮产量 478.13 亿斤，增加 4.36 亿斤，增 0.9%。

粮食亩产 463.8 公斤，较上年增加 2.3 公斤，增长 0.5%。粮食播种面积 8188.4 万亩，实现四年连增，同比增长 0.3%；粮食种植收益提高，其中，水稻亩均纯收入 1050.5 元，增长 8.7%；玉米亩均纯收入 1011.0 元，增长 26.4%。

（二）畜禽产能稳步增加

生猪出栏及猪肉产量连续三年保持增长，达到近五年来最高值。江苏累计出栏生猪 2408.5 万头，比上年增长 6.6%，猪肉产量 191.3 万吨，增长 6.7%。12 月末，江苏生猪存栏 1412.3 万头，比上年下降 2.8%；能繁母猪存栏 125.5 万头，下降 4.5%。

猪牛羊禽四类肉产量达到 329.9 万吨，比上年增长 4.4%，其中牛肉产量 3.3 万吨，增 14.0%；羊肉产量 6.5 万吨，减 9.8%；禽肉产量 128.7 万吨，增 1.7%。江苏禽蛋产量 235.3 万吨，比上年增长 0.8%，其中鸡蛋产量 207.6 万吨，增 0.7%。江苏牛奶产量 72.9 万吨，增长 6.0%。

（三）城乡居民持续增收，消费支出增长明显

居民人均可支配收入 52674 元，比上年增长 5.6%。分城乡看，城镇居民人均可支配收入 63211 元，增长 5.0%；农村居民人均可支配收入 30488 元，增长 7.0%。农村居民收入增幅比城镇居民高 2 个百分点，城乡居民收入比缩小至 2.07，比上年缩小 0.04。分收入来源看，居民工资性收入 30054 元，增长 6.9%；经营净收入 6645 元，增长 3.5%；财产净收入 5417 元，增长 1.2%；转移净收入 10557 元，增长 5.9%。

居民人均消费支出 35491 元，连续两年位列全国第四，高于全国平均水平 8696 元。江苏人均消费增长 8.0%，比上年快 3.6 个百分点。分城乡看，城镇居民人均消费支出 40461 元，增长 7.1%；农村居民人均消费支出 25029 元，增长 10.8%。

（四）就业形势总体稳定，劳动力市场韧性较强

劳动力市场整体趋于活跃，就业形势保持总体稳定。城镇调查失业率均值为 4.6%，低于全国 0.6 个百分点；分季度来看，江苏城镇调查失业率呈逐步回落态势。调查显示，劳动力就业人员样本周平均工作时长为 48.5 小时，比上年增加 1.3 小时；灵活就业“蓄水池”作用增强，样本中从事非农个体和灵活就业的占 23.8%，比上年上升 1.7 个百分点。另据农民工监测显示，江苏农村转移劳动力总量 1742.0 万人，比上年增长 0.4%，其中外出务工农村劳动力人数增长 3.3%

（五）居民消费价格总体平稳

居民消费价格比上年上涨0.4%，涨幅较上年收窄1.8个百分点。其中，城市上涨0.5%，农村上涨0.3%；食品价格上涨0.5%，非食品价格上涨0.4%；消费品价格下降0.1%，服务价格上涨1.2%。扣除食品和能源的核心消费价格上涨0.7%。

分大类来看，八大类商品及服务价格同比“六涨一平一降”。其中，食品烟酒价格上涨1.0%，衣着价格上涨1.4%，生活用品及服务价格上涨0.6%，教育文化娱乐价格上涨1.8%，医疗保健价格上涨3.2%，其他用品及服务价格上涨3.9%；交通通信价格下降3.3%；居住价格与上年持平。

（六）工业生产者价格同比下降

工业生产者出厂价格比上年下降3.3%，其中，初级产品下降10.9%，中间产品下降4.0%，最终产品下降2.1%。生产资料出厂价格比上年下降3.9%，生活资料价格下降0.8%。与上年相比，39个大类行业出厂价格“8涨28跌3平”。其中，化学原料和化学制品制造业价格下降10.8%，黑色金属冶炼和压延加工业价格下降10.9%；铁路船舶航空航天和其他运输设备制造业价格上涨2.2%，文教工美体育和娱乐用品制造业价格上涨3.2%。

工业生产者购进价格比上年下降3.6%，其中初级产品下降5.5%，中间产品下降3.3%。与上年相比，九大类原材料购进价格“一涨八降”，其中，建筑材料及非金属类下降8.9%，化工原料类下降8.8%，农副产品类下降6.9%，黑色金属材料类下降5.6%，燃料动力类下降5.5%；有色金属材料及电线类上涨1.0%。

二、需要关注的问题

（一）粮食种植效益不高，仍需降成本、树品牌

一方面，农资成本持续高位运行。受原油价格回落、煤炭价格走低等因素影响，今年农药、化肥等主要农资价格总体呈下降趋势，但仍处于高位运行状态，实际种粮成本依然较高。另一方面，粮食产业链存在短板。大部分农户靠直接出售粮食获取收益，精深加工少，产品附加值比较低。农户的品牌意识有所增强，自有粮食品牌逐渐增多，但品牌管理水平参差不齐，大部分品牌市场认可度不高、缺乏品牌溢价。

（二）猪价低迷，养殖户信心有待提振

监测数据显示，12月份，江苏大县生猪出栏均价为每公斤14.9元，环比下降1.7%，同比下降30.8%；猪粮比5.13，连续12个月低于6.0的盈亏平衡点。据此测算，养殖户12月份每出栏一头肥猪平均亏损305元。猪价继续下跌，养殖端信心受挫，影响补栏积极性。12月末大县生猪存栏957.1万头，环比减少2.0%；其中能繁母猪存栏90万头，减少3.5%。

（三）内外需求不足，企业经营压力亟待化解

跟踪调查显示，12月份，制造业中“行业竞争加剧”问题的企业认同率为64.9%，环比上升2.1个百分点，为近五个月新高。其中，“市场需求不足”为主因：从内需看，制造业国内订单指数持续收缩；非出口制造业企业中“市场需求不足”的企业认同率为59.1%，升0.6个百分点，为2018年开展此问题调查以来新高。从外需看，出口订单指数连续三个月收缩；出口制造业企业中“海外需求减弱”的企业认同率为33.6%，升0.4个百分点，为近五个月新高。同质竞争加剧，两方面问题突出：一是“利润下降”，该问题的认同率为52.1%，升1.4个百分点。二是“去库存压力加大”，为18.3%，升0.7个百分点。

（四）就业结构性矛盾仍在，企业用工偏弱

制造业吸纳就业能力下滑，企业用工降幅明显。劳动力调查数据显示，2023年，就业人口样本中，在企业工作的比重比上年下降2.0个百分点，其中私营企业降幅最为明显，下降1.9个百分点；从事制造业的比重下降0.6个百分点，在20大行业门类中降幅最大；2023年调查的全省失业人口样本中，原来从事制造业的比重增幅最大，比上年上升1.7个百分点。

（五）房地产市场低位盘整，购房者信心不足

江苏各城市陆续调整房地产政策，释放利好信号，但部分城市调整压力较大，监测的四调查城市房价

下行趋势明显。2023 年，南京、无锡、徐州新建商品住宅价格由涨转降，比上年分别下降 0.2%、1.3%、0.2%；扬州下降 0.5%，降幅收窄 1.8 个百分点。南京、无锡、徐州、扬州二手住宅价格分别下降 2.5%、1.5%、2.6%、2.8%，降幅较上年均有扩大。新建商品房成交减少、周期拉长，二手住宅存量升至高位，市场乏力导致信心不足，购房者选择持币观望。

三、意见建议

（一）强化农业基础设施建设，壮大粮食产业经济

强化基础设施建设，提高抗风险能力。积极开展高标准农田改造提升，改善农业生产条件，提高机械化作业水平。强化高标准农田监测与用途管控，完善管护机制，保障持续利用，增强防灾抗灾减灾能力。不断壮大粮食产业经济，提高产业竞争力。大力发展粮食精深加工、新型食品加工等产业，积极拓展延伸粮食产业链，推动粮食产业转型升级，提升粮食产业核心竞争力。加强粮食品牌建设，提升产品创新力、品牌影响力及市场竞争力。

（二）巩固经济向好基础，助力企业纾困增产增效

巩固经济向好基础。持续落实落细各项稳定预期、促进发展政策措施，加强财政、货币、产业等宏观政策的逆周期和跨周期调节。加快重大项目建设步伐，储备新一批优质项目，持续释放超大规模市场优势、增强经济内生动力，巩固经济稳中向好基础。继续落实助企、惠企政策，提振信心。持续优化升级产业结构，提高产业科技创新能力，提升特色优势产业发展质量，推动传统制造业加速迈向价值链中高端。

（三）强化就业优先政策，促进高质量充分就业

加大市场主体培育力度，积极创造就业创业机会，重视发展就业容量高的劳动密集型产业，实现就业扩容提质。持续拓宽多渠道灵活就业。进一步加快建设规范化零工市场，寻找数字经济新就业增长点，大力挖掘适合重点就业群体和大龄劳动力的就业岗位，兜底帮扶劳动者实现就业增收。加快弥补制造业高技能人才缺口，持续培养具有创新能力、实践能力人才，合理引导高技能群体尤其是高校应届毕业生的择业期望，为制造强省不断提供优质劳动力。

（四）完善收入分配制度，扎实推进共同富裕

完善收入分配调节制度，认真落实最低工资标准。围绕提高劳动报酬在初次分配中的比重，通过整合优势资源，实施精准救助。加强对低收入人口的医疗救助、教育救助、就业救助。加强对困难群体的摸排，高效落实低保对象申报手续的办理，强化低收入人群托底保障，及时精准下达困难群众救助补助资金，加强对低保户、残疾人的兜底保障。

撰稿：李仕　核稿：周松青

2023年江苏粮食生产再获丰收

2023年，全省上下认真贯彻中央和省委、省政府关于粮食生产的决策部署，切实扛起粮食主产省的政治责任，聚焦“稳粮扩油扩豆”任务，强化农业科技支撑，狠抓秋粮生产管理，落实关键田管措施，牢牢把握粮食安全主动权，全年粮食生产实现增产丰收。

一、全年粮食产量稳中有增

（一）粮食总产759.54亿斤，连续七年增产

2023年全省粮食总产759.54亿斤，较上年增加5.71亿斤，增长0.8%，产量连续七年增加，连续十年保持在700亿斤以上，位居全国第八位。

分季节看，夏粮稳产、秋粮丰收。夏粮产量281.41亿斤，增加1.35亿斤，增0.5%；秋粮产量478.13亿斤，增加4.36亿斤，增0.9%。

分类别看，三大类粮食作物产量“两增一减”。谷物产量739.11亿斤，比上年增加4.60亿斤，增长0.6%；豆类产量15.96亿斤，比上年增加1.30亿斤，增长8.9%；薯类产量4.47亿斤，比上年减少0.19亿斤，下降4.0%。

分品种看，五大主要粮食作物产量“四增一减”，其中小麦、水稻、玉米、大豆产量增加，甘薯产量下降。小麦产量为274.71亿斤，比上年增长0.6%；水稻产量400.65亿斤，比上年增长0.6%；玉米产量59.77亿斤，比上年增长1.0%；大豆产量12.48亿斤，比上年增长14.0%；甘薯产量4.47亿斤，比上年下降4.0%。

（二）粮食亩产463.8公斤，稳中有增

全年粮食生产期间天气条件总体较好，各项关键田管措施落实到位，防灾减灾有力，粮食亩产稳中有增。江苏全年粮食亩产463.8公斤，较上年增加2.3公斤，增长0.5%。

分季节看，粮食单产“夏粮平、秋粮增”。夏粮亩产378.2公斤，较上年基本持平；秋粮亩产535.1公斤，较上年增加4.0公斤，增长0.8%。夏粮生产期间积极克服越冬期寒潮、收获期降雨等不利因素影响实现稳产丰收，秋粮生产期间天气总体较好，未遭受极端自然灾害，特别是玉米、大豆等旱粮作物显著好于上年，秋粮单产恢复性增长。

分品种看，五大主要粮食作物单产“四增一平”。水稻亩产601.3公斤，首次突破600公斤，较上年增加3.6公斤，增长0.6%。玉米、大豆恢复性增长。玉米亩产408.0公斤，增加9.6公斤，增长2.4%；大豆亩产184.6公斤，增加11.1公斤，增长6.4%。甘薯亩产445.8公斤，增加4.6公斤，增长1.0%。小麦亩产383.2公斤，较上年基本持平。

（三）粮食面积8188.4万亩，连续四年增加

各地严格落实耕地保护制度，多途径盘活土地资源，有力推动粮食面积稳中有增。2023年江苏粮食播种面积8188.4万亩，较上年增加21.8万亩，增长0.3%，连续四年回升。

分季节看，夏秋两季粮食作物面积均回升。夏粮面积3720.8万亩，增加14.6万亩，增长0.4%；秋粮面积4467.7万亩，增加7.2万亩，增长0.2%。

分品种看，小麦3584.3万亩，增加18.4万亩，增长0.5%；水稻3331.5万亩，与上年基本持平；玉米732.5万亩，减少10.1万亩，下降1.4%；大豆338.0万亩，增加22.5万亩，增长7.1%；甘薯50.1万亩，减少2.7万亩，下降5.0%。

面积增加的主要来源：一是苏南地区继续调减轮作休耕面积，同时受上年小麦市场价格较高等因素驱动，小麦种植积极性高，大量冬闲田扩种小麦；二是全面落实稳粮扩豆各项政策，积极引导种植结构调整，推进大豆玉米带状复合种植，大豆种植面积增加较多；三是通过土地空间治理、退渔还田、退林还田等方式，挖掘耕地增量，增加粮食面积。

二、粮食增产主要因素分析

（一）强化粮食生产责任落实

江苏各级党委政府高度重视粮食生产，全面落实耕地保护和粮食安全党政同责，将粮食生产纳入乡村振兴实绩考核、高质量考核等指标体系，压实耕地保护责任。严守耕地和永久基本农田红线，强化耕地用途管制，全面落实耕地占补平衡、进出平衡“双平衡”制度，采取“长牙齿”的硬措施，坚决遏制耕地“非农化”、有效防止基本农田“非粮化”。

（二）加大粮食政策支持力度

健全农民种粮利益保障和主产区利益补偿机制，调动地方政府稳粮、农民种粮两个积极性，制定粮食生产重点工作和支持政策“两份清单”，推动粮食作物完全成本保险产粮大县全覆盖，出台财政金融支持农业发展16条政策。提前下达中央和省级涉粮生产资金111亿元，支持各地粮食生产。下达高标准农田建设资金33亿元，加快推进高标准农田建设。在实施24个部级水稻、玉米、大豆整建制创建县项目基础上，省级财政继续安排2亿元左右资金支持建设绿色高产高效示范片。对大豆玉米带状复合种植，在中央财政每亩补贴170元基础上，省财政继续给予150元的补贴。

（三）天气条件总体较为适宜

小麦播种期间天气条件较好，土壤底墒较足，小麦播种质量较好，基本苗足。越冬期虽然出现4次不同程度的强寒潮天气，对部分晚播、秸秆还田不到位地块造成了一定影响，但也抑制了部分早播小麦旺长，冻害面积和程度与上年及常年相当，以叶片冻害为主，对最终产量影响很小。返青拔节至抽穗扬花阶段，光温水匹配度好，未出现明显的“倒春寒”，苗情转化升级较快，壮苗比例达历史最高，促进了分蘖成穗和粒数增加，加之小麦穗期病害总体防控好、表现轻，赤霉病发生明显轻于上年。灌浆期阴雨寡照持续时间较短，雨后天气好转快，田间积水及时排出，倒伏情况较少。此外，低温对赤霉病发生也起到了一定抑制作用。成熟收获期几次降雨对小麦品相虽有一定影响，但对产量影响较轻。

夏种期间水稻播栽进展总体顺利，适期播栽比例达到95.2%、栽插密度适宜、基本苗较足。大豆玉米等旱粮出苗情况明显好于上年，秋粮生产开局良好。6月下旬至7月中旬，大部分地区晴雨相间，积温较高，温水匹配程度总体适宜，利于秋收作物光合作用。7月下旬至8月底，气候适宜度明显高于去年同期，光温水条件非常适宜水稻生长，有利于作物有机物质积累和籽粒充实。多晴少雨天气也有利于水稻搁田和开展病虫草害防治工作。9月上中旬，天气总体正常偏好。10月中旬以来，天气晴好，光照充沛，气温适宜，昼夜温差大，利于在田作物干物质积累及秋收秋种工作开展，也基本弥补了9月中下旬光照不足对作物生长的影响。

（四）深化高产示范技术应用

深入推进粮食作物绿色高产高效创建，扎实开展粮油等主要农作物大面积单产提升行动，制定单产提升方案，全面应用高产优质品种和绿色高产高效技术，示范带动大面积均衡增产。组织实施24个部级水稻、玉米、大豆整建制创建县，建设省级绿色高产高效示范片水稻500个、小麦100个、油料100个。大力推广大豆玉米带状复合种植，制定完善系列技术方案和技术规范，组织创建50个省级千亩示范片。大力推广集中育秧、毯（钵）苗机插、侧深施肥、缓释肥等技术，全省建有集中育秧中心609个，开展集中育秧面积25.6万亩，较去年增加4万亩。

（五）生产服务指导落实有力

加强技术指导，全过程指导落实肥水管理、病虫防治、防灾减灾等关键措施。强化农机作业服务保障，开展农机科技志愿者送技术、送服务活动，组织机具作业服务供需对接。实施农机作业加油“三优一免”，设立专用加油绿色通道。加强部门沟通，及时发布风险预警，全力抓好自然灾害防御与救灾工作。分区域、分作物、分灾种制定防灾减灾预案，第一时间发布灾害预警信息。推进农机应急作业体系建设，举办全省农机应急作业演练，组建常态化农机应急作业服务队，做好生产调配，确保颗粒归仓。

三、需关注的一些问题

（一）农资成本持续高位运行

受原油价格回落、煤炭价格走低以及疫情后产能恢复等因素的影响，今年农药、化肥、农药等主要农资的价格总体呈下降趋势，但仍处于高位运行状态，农户实际种粮成本依然偏较高。一方面，大多数农户会根据自身实际种植需要求，提前订购农资，而在上年秋冬播期间，农药、化肥等主要农资的价格仍处高位整体偏高；另一方面，雇工费用、外雇机械费用及土地租金等仍在不断上涨，生产成本仍然较高，挤压农户收益。

（二）基础设施建设有待加强

一是晾晒场地、烘干设备、储存场所不足，粮食收获后只能尽快出售，容易被粮贩压价，出售价格不能达到预期。二是部分地区水利设施老旧，加之水源缺乏，建管引水面临较大困难。三是部分丘陵地区在土地平整等过程中资金缺口较大，基层难以负担。四是高标准农田建设过程中，农户参与度不高、管护人员专业知识不足。

（三）粮食产业链拓展不足

一是粮食产业链存在短板。大部分农户靠直接出售粮食获取收益，仅少数规模经营户和农业企业会进行粮食再加工，但仍以初级加工为主，精深加工少，产品附加值比较低。二是品牌建设较为薄弱。农户的品牌意识有所增强，自有粮食品牌逐渐增多，但品牌管理水平参差不齐，大部分品牌市场认可度不高、缺乏品牌溢价。

四、几点建议

（一）加大政策支持力度，提高种粮积极性

一是建立健全农业补贴长效机制，适时提高粮食补贴标准，优化提升政策叠加效应，持续稳定种粮信心。二是调整完善优化补贴方式，提高补贴的精准性和指向性，让多生产粮食者多得补贴，提高种粮积极性。三是优化粮食价格调控体系，充分发挥市场价格对粮食生产的指导作用，切实用好粮食最低收购价政策，托底保障农民种粮收益。

（二）强化基础设施建设，提高抗风险能力

一是积极开展高标准农田改造提升，补齐基础设施短板，改善农业生产条件，提高机械化作业水平，提升粮食综合生产能力。二是强化高标准农田监测与用途管控，完善管护机制，保障持续利用，增强防灾抗灾减灾能力。三是统筹调配，优化区域烘干能力布局，补齐粮食烘干设施装备短板，降低粮食产后灾后损失。

（三）壮大粮食产业经济，提高产业竞争力

一是大力发展粮食精深加工、新型食品加工等产业，积极拓展延伸粮食产业链，推动粮食产业转型升级，提升粮食产业核心竞争力。二是加强粮食品牌建设，提升产品创新力、品牌影响力及市场竞争力，带动上下游产业共享增值收益。三是推进一二三产业融合发展，引导粮食产业高质量创新发展，挖掘粮食经济新增长点。

撰稿：石荣杰　核稿：张瑜

2023年江苏农产品稳产保供有力 价格总指数稳中趋降

2023年，江苏各地认真贯彻落实中央经济工作会议和中央农村工作会议部署要求，坚持不懈抓好“三农”工作，统筹推进重要农产品稳产保供工作，取得较好成效。江苏农产品生产者价格总指数为98.3，其中，一季度上涨3.4%，二季度上涨0.1%，三季度下降4.4%，四季度下降5.6%。农、林、牧、渔四大类农产品价格指数分别为101.4、100.5、92.7、99.3。主要农产品中，玉米价格高位运行，稻谷、禽蛋价格总体上涨，小麦、生猪、牛、羊、淡水鱼价格总体下降，大豆、蔬菜、水果价格先涨后跌。

一、农产品生产者价格总体运行情况

（一）分季度看，价格总指数逐季下降

2023年一季度至四季度，江苏农产品生产者价格总指数呈逐季下降走势。其中一季度受消费复苏影响，蔬菜、水果、禽蛋等重要农产品价格齐涨，拉动价格总水平上升；二季度小麦价格明显下跌，生猪价格继续回落，价格总指数涨幅回落明显；三、四季度小麦、大豆价格均下降，蔬菜水果供应充足、季节性波动导致价格下降明显，加之生猪价格低位震荡，价格总指数持续走低。

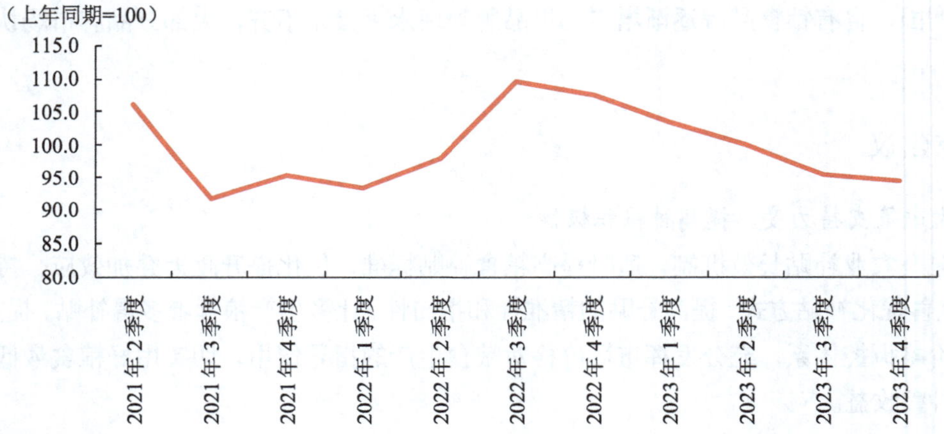

图1 2021–2023年江苏农产品生产者价格总指数

（二）分类别看，四大类农产品价格“1涨2跌1平稳”

1. 种植业产品价格上涨1.4%，拉动总水平上升0.6个百分点。分季度看，一季度上涨6.1%，二季度下降2.0%，三季度下降0.6%，四季度上涨0.6%。分类别看，调查的8个小类价格“7升1降”，其中，水果、棉花、茶叶、油料、薯类、蔬菜（含食用菌）和谷物价格同比分别上涨5.3%、4.3%、4.2%、3.9%、2.6%、2.1%和0.1%；豆类价格下降5.4%。

2. 林业产品价格总体稳定。分季度看，一季度下降3.0%，二季度上涨1.6%，三季度下降2.2%，四季度上涨0.5%。分类别看，竹材、木材价格分别上涨4.8%、1.8%，种苗价格下降7.8%。

3. 畜牧业产品价格下降7.3%，拉动总水平下降2.2个百分点。分季度看，一季度上涨5.9%，二季度上涨1.1%，三季度下降13.6%，四季度下降17.7%。分类别看，调查的3个小类价格“2升1降”，畜禽产品和活家禽价格分别上涨1.2%和0.6%；活牲畜下降16.3%。

4. 渔业产品价格下降0.7%，拉动总水平下降0.1个百分点。分季度看，一季度下降5.0%，二季度上涨2.8%，三季度上涨0.7%，四季度下降1.5%。分类别看，调查的3个小类价格“1升2降”，海水养殖产品上涨5.5%，淡水养殖产品和海水捕捞产品价格分别下降0.6%和2.0%。

二、主要农产品价格变动原因分析

（一）小麦价格总体下降

全省硬质小麦均价为每公斤2.8元，同比下降3.0%。分季度看，一季度均价为3.1元，同比上涨2.7%；二季度均价为2.5元，同比下降11.7%；三季度均价为2.6元，同比下降4.2%；四季度均价为3.1元，同比上涨3.0%。主要原因：一是目前国内小麦库存充裕、供应充足；二是品质下降，今年小麦收割期遇到暴雨，小麦品质有所下降，粮贩压价较多；三是国际小麦供应充足，价格下跌。

（二）大豆价格先涨后跌

全省大豆均价为每公斤6.1元，同比下降3.4%。分季度看，一季度均价为5.9元，同比上涨0.5%；二季度均价为6.5元，同比下降2.2%；三季度均价为6.2元，同比下降7.9%；四季度均价为5.7元，同比下降11.6%。主要原因：一是今年国产大豆大量上市，市场供应增加，价格降低；二是生猪养殖利润低迷，大豆市场需求减少。

（三）稻谷价格总体上涨

全省稻谷价格总水平同比上涨1.5%。其中晚籼稻、中籼稻均价均为每公斤2.8元，同比分别上涨9.5%、2.8%，主要原因是今年天气总体晴好，利于籼稻生长，且病虫害发生较轻，籼稻品质优于去年，价格上涨。粳稻均价为每公斤2.8元，同比下降0.9%，主要原因是9月中下旬部分地区低温阴雨，粳稻灌浆受到一定影响，出米率低于去年，价格下降。

（四）玉米价格高位运行

全省玉米价格高位运行，均价为每公斤2.8元，同比上涨3.3%。主要原因：一是今年天气晴好，利于玉米生长，玉米品质较高；二是国际玉米供应紧张，推高玉米价格。

（五）蔬菜价格先涨后跌

全省蔬菜价格总水平同比上涨2.2%。分季度看，一季度、二季度涨幅分别为10.7%、6.3%；三季度、四季度降幅分别为1.6%、0.9%。分品种看，调查的27种蔬菜价格“17涨9降1平”。主要原因是去年一、二季度受疫情封控影响，鲜菜无法外销，只能在本地低价处理，今年一、二季度价格恢复正常；进入三、四季度后天气晴好，适合蔬菜生长，蔬菜产量整体增多，加之四季度温度较低，利于蔬菜存储，蔬菜运输损耗减少，成本降低，导致蔬菜价格下跌。

（六）水果价格先涨后跌

全省水果价格同比上涨5.3%。分季度看，一季度、二季度涨幅分别为10.0%、4.0%；三季度、四季度降幅分别为0.1%、0.6%。分品种看，调查的6种水果价格“5涨1降”。主要原因是去年苹果生长期间受天气因素影响，减产较多，今年一季度苹果存量较少；今年西瓜受种植结构调整影响，种植面积减少，二季度西瓜供给减少；加之今年草莓品质好于去年同期，上半年水果价格总体上涨。三季度天气晴好，应季水果大量上市且品种丰富，市场供应充足，水果价格由涨转跌。四季度气温下降，人们对于水果的需求逐步减弱，加之节日效应消退，水果市场消费积极性降低，导致水果价格继续下降。

（七）生猪价格下降明显

全省生猪均价为每公斤15.5元，同比下降16.9%。其中，一季度均价为16.1元，同比上涨5.4%；二季度均价为14.4元，同比下降1.1%；三季度均价为15.9元，同比下降23.8%；四季度均价为15.4元，同比下降34.8%。价格下降的主要原因：一是前期市场对于猪价预期较高，生猪二次育肥热度增加，导致目前生猪产能过剩；二是养殖户加快出栏速度，市场上生猪供应量过多；三是气温降低，消费者倾向于购买牛羊肉产品，猪肉需求减少；四是受生猪养殖持续亏损影响，养殖户观望情绪增加，补栏积极性降低，仔猪需求减少，价格下降。

（八）牛、羊价格均下降

全省活牛、活羊价格分别为33.8元、34.6元，同比分别下降3.4%、2.5%。主要原因：消费替代品生猪价格低迷，牛羊价格随之下降。

（九）禽蛋类价格总体上涨

全省活鸭、活鹅均价分别为每公斤10.8元、25.7元，同比分别上涨3.8%、2.1%；活鸡均价为每公斤18.9元，同比下降0.5%；鹅蛋、鸭蛋、鸡蛋均价分别为38.5元、16.3元、12.0元，同比分别上涨5.0%、4.0%、0.5%。主要原因：一是上半年疫情影响逐步消散，餐饮、旅游等行业加速恢复，拉动家禽市场持续向好；二是三季度受高温天气影响，禽类进入季节性歇伏期，产蛋率下降，市场供应减少；三是随着饲料价格、家禽苗价格、人工成本上涨，养殖成本随之增加。

（十）海产品价格有涨有跌

调查的11种海产品价格“5升6降”。其中海水养殖紫菜降幅较大，同比下降11.8%。主要原因是南方紫菜丰收，市场供应量增加，加之今年紫菜质量有所下降，价格降低。

（十一）淡水产品价格总体下降

全省淡水养殖产品同比下降0.6%，调查的4个品种价格“1升2降1持平”。主要原因是年底各地淡水养殖产品出塘量增加，市场货源充足，价格总体下降。

三、后期预判

（一）粮食价格预计平稳运行

2023年，江苏始终抓牢粮食安全“头等大事”，持续加大对粮食生产的支持力度，在高标准农田、优良品种、高效农技等多方加持下，江苏粮食今年实现面积增、单产增、总产增“三增”好形势，粮食总产量759.5亿斤，较上年增加5.7亿斤，增长0.8%。目前江苏稻谷、小麦库存充裕，加之今年大豆产量增加，预计粮食价格将平稳运行。

（二）猪价预计继续下降，蛋价预计上涨

目前猪价持续低迷，市场供大于求，且受猪瘟影响，养猪户存在抛售心理，即使临近春节，猪价或将继续保持下降态势。目前天气转冷，蛋鸡产蛋量有所减少，蛋价预计略有上升。

（三）水产品价格预计略涨

一是市场供应相对减少，部分养殖户提前清塘，加之河虾河蟹逐步退市，导致本地市场供应能力偏紧；二是市场需求增加，东台等地反映，年关将至，居民和商贩纷纷开始腌制咸鱼、香肠等食品，对鱼类价格起到一定提振作用。

（四）果蔬价格预计季节性变动

霜雪冰冻天气到来，蔬菜价格或将有明显上涨；随着苹果、橙子等时令水果供应量趋稳，预计后期水果价格将正常小幅波动。

撰稿：胡月　核稿：张瑜

2023 年江苏主要农产品生产效益有增有减

2023 年，江苏各地认真贯彻落实中共中央、国务院关于“三农”工作的决策部署，有效应对不利气象条件，全力抓好粮食和重要农产品稳产保供工作，多数农产品保持了较好收益。水稻、玉米收益止跌回升，肉鸡、蛋鸡收益持续提升，但小麦收益结束了连续四年上涨的势头，大豆收益连续两年下降，生猪收益跌至 2016 年以来最低，肉羊收益连续三年下降。让种养农民有钱可赚，仍需综合施策。

一、主要种植业产品效益“两升两降”

（一）水稻种植效益增长 8.7%

2023 年，江苏水稻亩均总收入 1694.4 元，较上年增加 63.1 元，增长 3.9%；亩均纯收益（不计人工费、土地费、固定资产折旧等，下同）1050.5 元，增加 84 元，增长 8.7%。主要影响因素：一是产量增加，2022 年受旱情影响，江苏部分地区水稻减产，2023 年气候适宜，水稻生产情况良好，产量增加带动亩均增收 81.2 元；二是成本减少，钾肥、复合肥、尿素等化肥价格下行，用种费用降低，使亩均增收 20.9 元；三是价格下降，致亩均减收 18.1 元。

从成本看，全省水稻亩均种植成本 643.9 元，较上年下降 3.1%。主要成本中，肥料费 226.7 元，下降 8.6%，主要是复合肥、钾肥和尿素价格下行；农药费 111.9 元，增长 3.2%，主要是蚊虫较多，农药使用次数增加；用种费 53.8 元，下降 2.3%，主要是机插秧比例提高，用种量减少；外雇机械费 149.9 元，下降 0.3%；外雇排灌费 27.8 元，下降 13%，主要是水稻生长期间，雨水较为适宜。

近五年水稻收益走势，2019 年最低收购价下调，收益水平较低，2020 年受全球疫情影响，售价走高，带动收益大幅回升；2021—2022 年，因成本上涨，收益连续两年下降；2023 年，产量增加，收益回升。

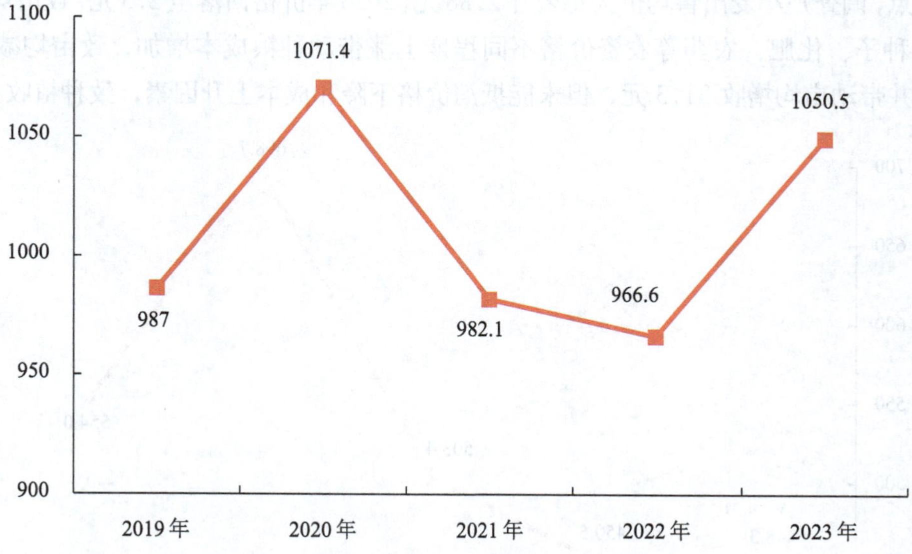

图 1　近五年水稻收益走势（单位：元）

（二）玉米种植效益增长 26.4%

2023 年，江苏玉米亩均总收入 1415.5 元，较上年增加 220.5 元，增长 18.5%；亩均纯收益 1011 元，增加 211 元，增长 26.4%，收益水平为 2016 年以来最高。主要影响因素：一是产量增加，气候适宜、雨水调和、光照充足，玉米授粉率高，调查户普遍反映玉米长势较好，产量增加带动亩均增收 214.8 元；二是价格上涨，新季秋玉米生长情况好、品质佳，粮企存粮意愿高、收购积极，调查户玉米售价为每公斤 2.68 元，较上年上涨 0.5%，带动亩均增收 5.7 元；收益增加的同时种植成本也在上升，致亩均减收 9.5 元。

从成本看，全省玉米亩均种植成本 404.5 元，较上年增长 2.4%。主要成本中，肥料费 207.3 元，下降 0.3%；用种费 56.9 元，下降 11%，主要是种子价格下降，海门反映玉米亩均种子成本为 52 元，较上年减少 5.5 元，降幅为 9.5%；农药费 45.3 元，增长 14.4%，主要是受天气因素影响，杂草较多，除草剂用量增加；外雇机械费 80.6 元，增长 18.3%，主要是部分农户由人工收割改为机械收割。

近五年玉米收益走势，2019—2021 年，受需求旺盛、供应偏紧影响，玉米价格持续上涨，收益逐年增长；2022 年，因产量下降、成本上涨，收益止涨回落；2023 年，产量增加、价格上涨，带动收益增长。

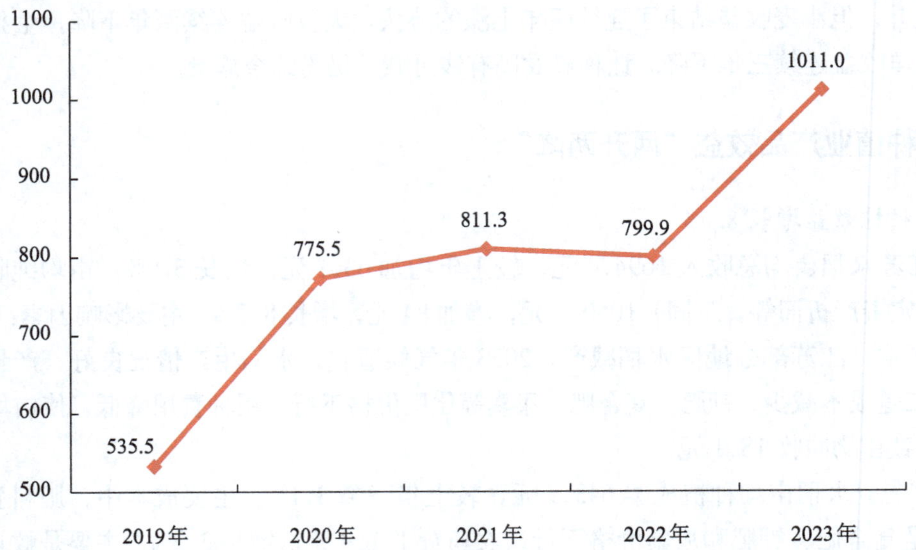

图 2　近五年玉米收益走势（单位：元）

（三）小麦种植效益下降 20.7%

2023 年，江苏小麦亩均总收入 1085 元，较上年减少 129.3 元，下降 10.6%；亩均纯收益 554 元，减少 144.7 元，下降 20.7%。主要影响因素：一是价格下降，2022 年受"俄乌冲突"影响，叠加小麦品质好，价格为历史最高点，调查户小麦出售均价为每公斤 2.88 元，2023 年价格回落至 2.5 元，致亩均减收 160.6 元；二是成本增加，种子、化肥、农药等农资价格不同程度上涨带动种粮成本增加，致亩均减收 15.4 元；三是产量虽有增加并带动亩均增收 31.3 元，但未能抵消价格下降和成本上升因素，致种植收益下降。

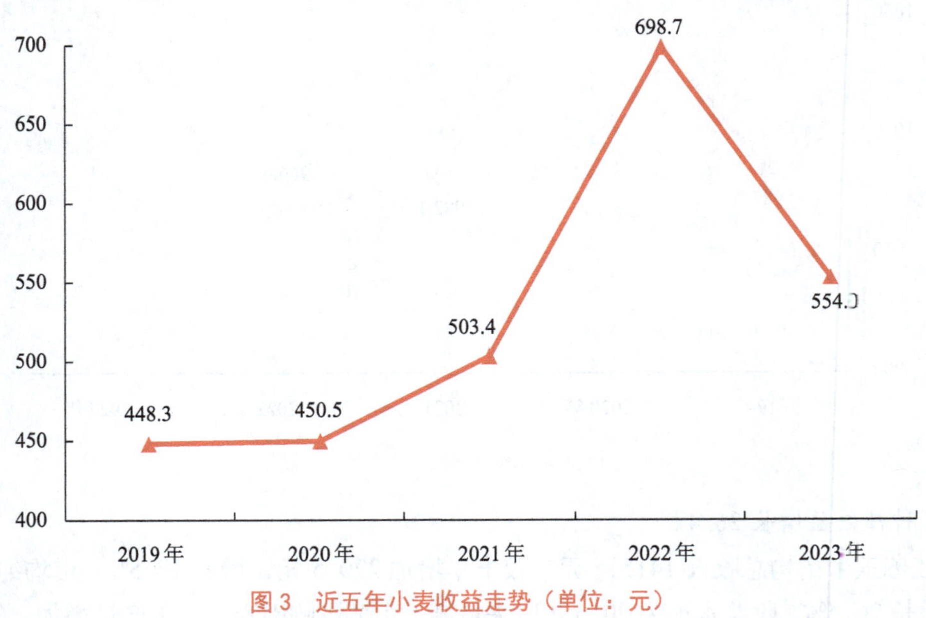

图 3　近五年小麦收益走势（单位：元）

从成本看，全省小麦亩均种植成本531元，增长3%。主要成本中，肥料费206.1元，增长2.4%，虽然化肥单价略有下降，但由于晚播且越冬期遭遇冻害，肥料用量增加；用种费96.7元，增长9.5%，主要是上年部分水稻腾茬较晚，小麦播种时间推迟，为保证出苗数，增加用种量，以及苏南地区推广优质小麦品种，价格略有上涨；农药费65元，增长1.8%，主要是小麦效益高产生正向激励，农户加强田间管理，加大病虫害防治力度；外雇机械费119.9元，下降2.4%，主要是汽油、柴油等燃料价格下降。

近五年小麦收益走势，2019—2021年，收益连续三年平稳增长；2022年，出售价格大幅上涨带动收益明显增加、创历史新高；2023年，价格回落，收益由涨转降。

（四）大豆种植效益下降9.5%

2023年，江苏大豆亩均总收入912.9元，较上年减少62.7元，下降6.4%；亩均纯收益666.7元，减少69.7元，下降9.5%。主要影响因素：一是价格下降，2023年大豆总体产量较高，市场供应充足，调查户出售大豆价格为每公斤5.8元，较上年下降9.8%，致亩均减收95.5元；二是成本上升，致亩均减收7元。虽然产量增加带动亩均增收32.8元，但未能抵消价格下降和成本上涨因素，种植收益下降。

从成本看，全省大豆亩均种植成本246.2元，增长2.9%。主要成本中，肥料费84.6元，增长19.5%，主要是部分地区土地肥力略差，施肥次数增加；用种费67.3元，下降12.3%；农药费41.6元，增长1.9%；外雇机械费43.6元，增长1.3%。

近五年大豆收益走势，2019—2021年，受供需失衡影响，大豆价格持续上涨，带动收益连续三年增长；2022年种植成本增加，收益小幅回落；2023年，价格下降，收益继续减少。

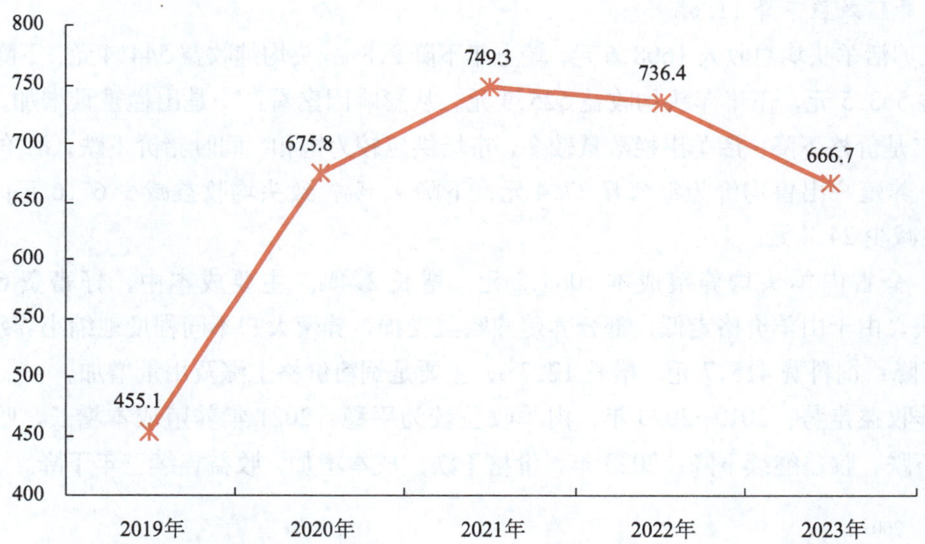

图4 近五年大豆收益走势（单位：元）

二、主要畜牧业产品效益“两降两升”

（一）生猪养殖效益下降96.6%

2023年，江苏生猪头均总收入1930.5元，较上年下降18%；头均纯收益16元，下降96.6%。其中，上半年头均亏损35.9元，下半年头均收益67.8元。从影响因素看：一是出栏重量略增，带动头均收益增加10.6元；二是售价下跌，受生猪产能增加、国家冷冻猪肉储备充足影响，调查户生猪出售均价为每公斤14.9元，下跌18.5%，致头均收益减少435.6元；三是成本增加，因饲料价格全面上涨，养殖成本增加致头均收益减少27.7元。

从成本看，全省生猪头均养殖成本1914.5元，增长1.5%。主要成本中，饲料费1398.8元，增长4.5%，主要是玉米、麸皮等价格上涨；仔畜费416.7元，下降7.3%，主要是生猪养殖持续亏损，养殖户补栏积极性不高，仔猪价格低迷，用种成本减少。

近五年生猪收益走势，2020 年受新冠疫情影响，生猪产能不足，且养殖成本增加，共同推高出售价格，带动收益上涨；2021 年产能全面恢复，价格下滑，收益回落；2022 年下半年生猪价格触底反弹，带动收益小幅回升；2023 年，生猪市场供应宽松、需求乏力，猪价持续低位运行，收益大幅下降。

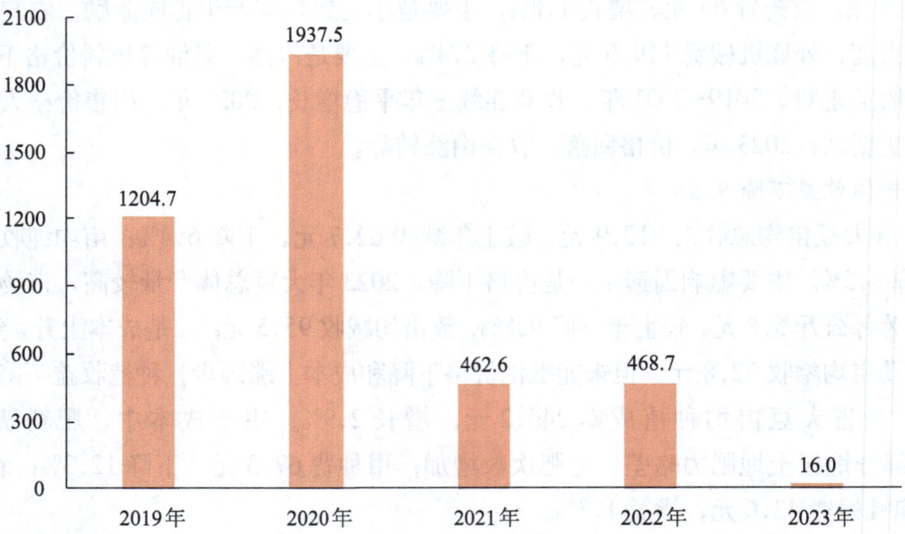

图 5　近五年生猪收益走势（单位：元）

（二）活羊养殖效益下降 11.6%

2023 年，江苏活羊头均总收入 1608.6 元，较上年下降 2.8%；头均纯收益 544.4 元，下降 11.6%。其中，上半年头均收益 563.5 元，下半年头均收益 525.3 元。从影响因素看：一是出栏重量增加，带动头均收益增加 20.5 元；二是价格下降，活羊出栏数量较多，市场供应较为饱和，同时猪价下跌，活羊替代效应减弱，价格随之下降，养殖户出售均价为每公斤 37.4 元，下降 4.1%，致头均收益减少 67.6 元；三是养殖成本增加致头均收益减少 24.4 元。

从成本看，全省肉羊头均养殖成本 1064.2 元，增长 2.4%。主要成本中，仔畜费 608.6 元，下降 4.1%，海门反映，由于山羊价格走低，部分养殖户收益受损，养殖大户不同程度地缩小养殖规模，仔羊需求减少，价格下降；饲料费 415.7 元，增长 12.7%，主要是饲料价格上涨及用量增加。

近五年肉羊收益走势，2019—2020 年，肉羊收益较为平稳；2021 年养殖成本增长，收益小幅回落；2022 年因价格下跌，收益继续下降；2023 年，价格下跌、成本增加，收益连续三年下降。

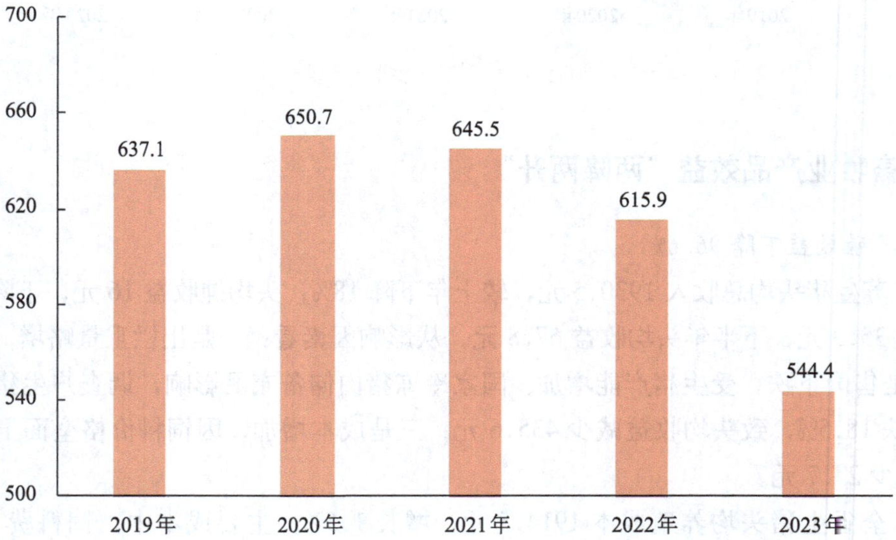

图 6　近五年活羊收益走势（单位：元）

（三）肉鸡养殖效益增长 4.1%

2023 年，江苏肉鸡只均总收入 30.9 元，较上年下降 0.4%；只均纯收益 5.4 元，增长 4.1%。其中，上半年只均收益 5.1 元，下半年只均收益 5.8 元。从影响因素看：一是价格上涨，养殖户出售均价为每公斤 13.1 元，较上年略涨 0.7%，带动只均收益增加 0.2 元；二是养殖成本下降，使只均收益增加 0.3 元。此外，肉鸡出栏重量微降，致只均收益减少 0.3 元。

从成本看，全省肉鸡只均养殖成本 25.5 元，下降 1.3%。主要成本中，饲料费 19.7 元，下降 1.9%，主要是饲料用量减少；用种费 4.1 元，增长 4.9%。

近五年肉鸡收益走势，2020 年受新冠肺炎疫情影响，活禽销售受阻，收益下降；2021 年生产形势好转，价格恢复性上涨，收益明显回升；2022 年因养殖规模缩减、养殖成本上涨，推动出售价格上涨，收益继续增长；2023 年，养殖成本下降，收益连续三年增长。

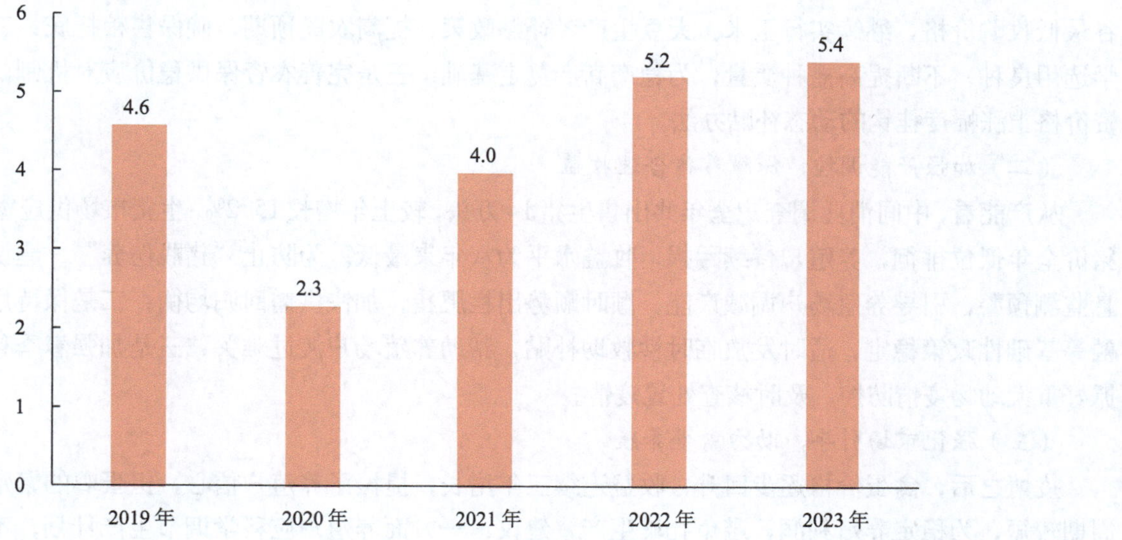

图 7　近五年肉鸡收益走势（单位：元）

（四）蛋鸡养殖效益增长 18.1%

2023 年，江苏鸡蛋每公斤总收入 11 元，较上年下降 0.1%；每公斤纯收益 3 元，增长 18.1%。其中，上半年每公斤收益 2.6 元，下半年每公斤收益 3.4 元。主要原因是养殖成本下降，使每公斤收益增加 0.5 元；出售均价为每公斤 11 元，与上年基本持平。海门反映，因饲料用量减少，饲料成本下降。镇江反映，因精饲料价格较高，为控制成本支出，使用较为便宜的豆粕作为饲料。

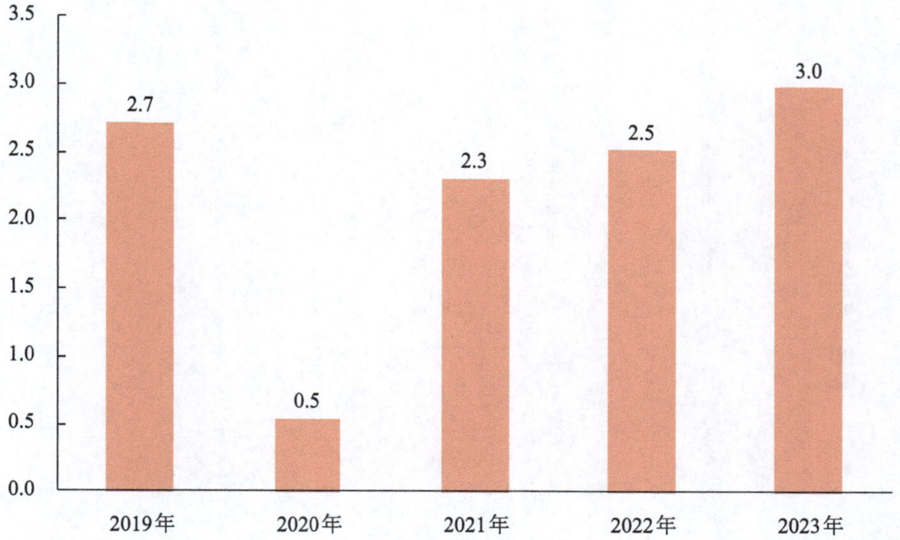

图 8　近五年蛋鸡收益走势（单位：元）

从成本看，全省鸡蛋每公斤养殖成本 8.1 元，下降 5.5%。主要成本中，饲料费 7.2 元，下降 5.9%；用种费 0.5 元，增长 0.3%。

近五年蛋鸡收益走势，与肉鸡收益走势基本一致。2020 年受新冠疫情影响，鸡蛋需求减少、销售不畅，价格大幅下跌，收益明显下降；2021 年因养殖积极性受挫，蛋鸡淘汰量较多，市场供应偏紧，出售价格回升，带动收益增长；2022 年价格上涨、2023 年成本减少，收益持续增长。

三、问题与建议

（一）加大政策支持，提升种粮收益

2023 年粮食价格总体走势偏弱，除玉米价格基本持平外，其他主粮价格均为下降；农资价格虽有所下降，但仍处于高位运行状态，农户增收空间不断被挤压。为稳定种粮收益，建议：一是适时提高小麦、稻谷最低收购价格，继续实行玉米、大豆生产者补贴政策，提高农民预期，确保售粮托底；二是指导农民科学选用良种，不断提高播种质量，为稳产高产奠定基础；三是完善农资保供稳价应对机制，加快建立与农资价格上涨幅度挂钩的动态补贴办法。

（二）加强产能调控，保障养猪合理收益

从产能看，中间消耗调查户全年共出售生猪 14 万头，较上年增长 15.2%，生猪市场供应宽松；从效益看，猪价全年低位徘徊，养殖户持续亏损，收益水平为八年来最低。为防止“猪贱伤养”，建议：一是强化信息监测预警，引导养殖场户调减产能，顺时顺势出栏肥猪，加快供需回归均衡；二是保持用地、环保、金融等基础性政策稳定，适时发放临时性救助补贴，帮助养殖场户渡过难关；三是加强春季猪病防控指导，抓好重大动物疫情防控，及时核查处置疫情。

（三）强化市场引导，助力禽蛋养殖

疫情之后，禽蛋价格逐步回升，收益连续三年增长，提振了养殖户信心，但蛋鸡的繁殖率较高，生产周期较短，为稳定养殖利润，避免扎堆生产，建议：一方面养殖户应科学调节生产计划，不因当前蛋价较高而盲目补栏、急于扩充产能，避免后期带来较大损失；另一方面采用科学的饲料配方和加工工艺，提高饲料的消化率和利用率，减少饲料浪费，降低饲料成本，促进养殖行业降本增效。

撰稿：白慧　核稿：张瑜

2023 年江苏集市主要农产品价格稳中有降

2023 年，江苏集市主要农产品供给充足，价格走势总体平稳。主要农产品中，稻谷价格总体稳定；小麦价格高位回落；玉米、大豆、牛羊肉价格总体呈走低趋势；猪价低位运行，养殖户持续亏损；活鸡、鸡蛋、水果价格涨跌互现；淡水鱼价格下降；蔬菜价格季节性波动明显。

一、主要农产品价格走势

（一）稻谷价格总体稳定，小麦价格高位回落

2023 年，江苏深入贯彻党中央、国务院和省委省政府决策部署，始终抓牢粮食安全“头等大事”，持续加大对粮食生产的支持力度，落实落细关键措施，全省粮食生产呈现面积、单产、总产“三增”态势，有效保障市场供给。2023 年江苏稻谷价格走势总体平稳。全省籼稻均价为每公斤 2.77 元，较上年上涨 1.6%。分月看，1–3 月份，籼稻价格小幅上涨；4–9 月份，价格低位徘徊；10–12 月份，新稻上市，价格小幅回升。全省粳稻均价为每公斤 2.89 元，与上年持平。1–12 月份，粳稻价格走势平稳，最大价差 0.07 元。

2023 年，全省小麦均价为每公斤 2.77 元，较上年下降 1.9%。分月来看，1–6 月份，各级临储小麦大量轮出，政策性小麦持续投放，叠加进口量增加，小麦市场供需失衡，价格从每公斤 2.94 元持续下降至 2.66 元，累计下降 9.5%；7–9 月份，由于前期阴雨天气导致小麦品质下降，地方粮库收粮不足，加大收储力度进行补库，加之临近中秋国庆，各类主体有备货需求，面粉厂大量收购小麦，价格从每公斤 2.66 元持续上涨至 2.77 元，上涨 4.1%；10–12 月份，国内小麦库存充裕、进口小麦供应充足，市场购销活跃度下降，终端面粉消费需求阶段性降温，小麦价格持续回落，价格从每公斤 2.77 元持续下降至 2.72 元，下降 1.8%。

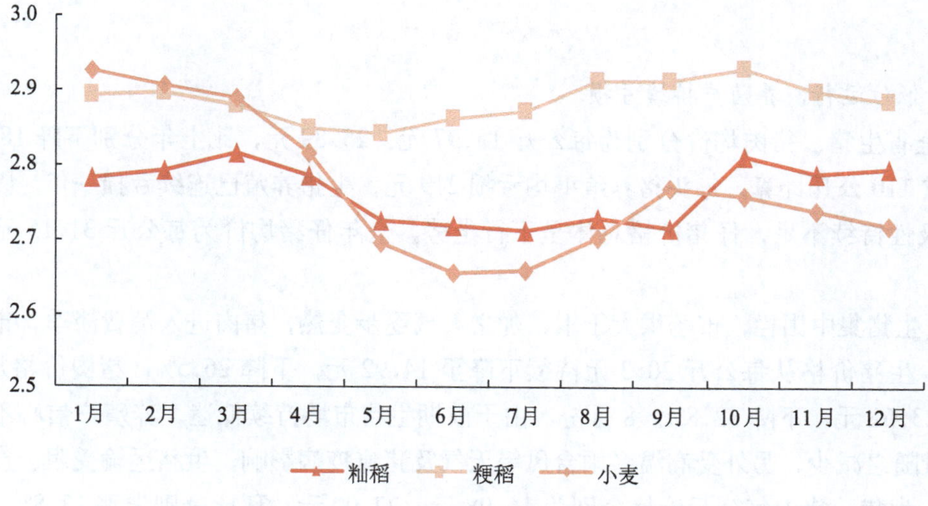

图 1　2023 年籼稻、粳稻、小麦价格走势（单位：元）

（二）玉米、大豆价格总体走低

2023 年，全省玉米均价为每公斤 2.99 元，比上年上涨 0.9%。分月来看，1–8 月份，玉米市场运行基本平稳，没有出现大幅波动，最大价差 0.07 元；9–12 月份，由于新玉米陆续上市，市场供应增加，加之

生猪养殖低迷，玉米市场需求减少，价格从每公斤 3.05 元持续下降至 2.90 元，下降 4.9%。

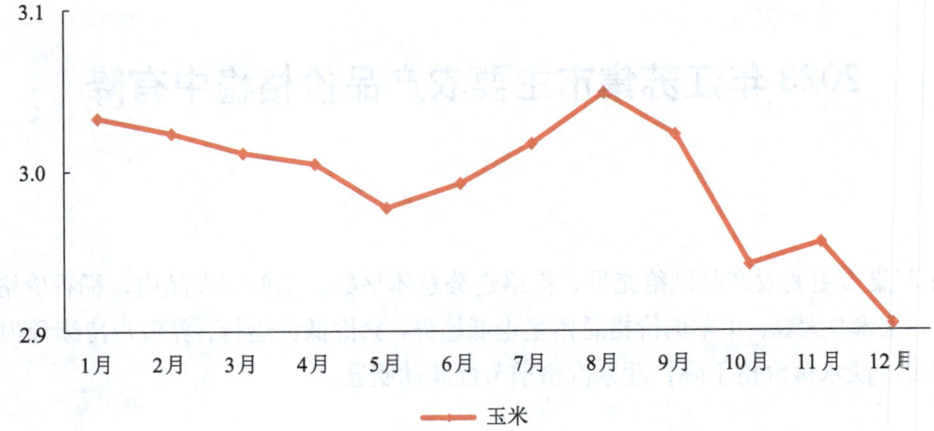

图 2　2023 年玉米价格走势（单位：元）

2023 年，全省大豆均价为每公斤 7.58 元，比上年上涨 0.1%。1–2 月份，低温天气使得运输困难，大豆市场供应减少，价格累计上涨 1.8%；3–12 月份，由于生猪养殖持续低迷，大豆市场需求减少，价格持续走低，12 月份大豆价格较 2 月份下降 5.5%。

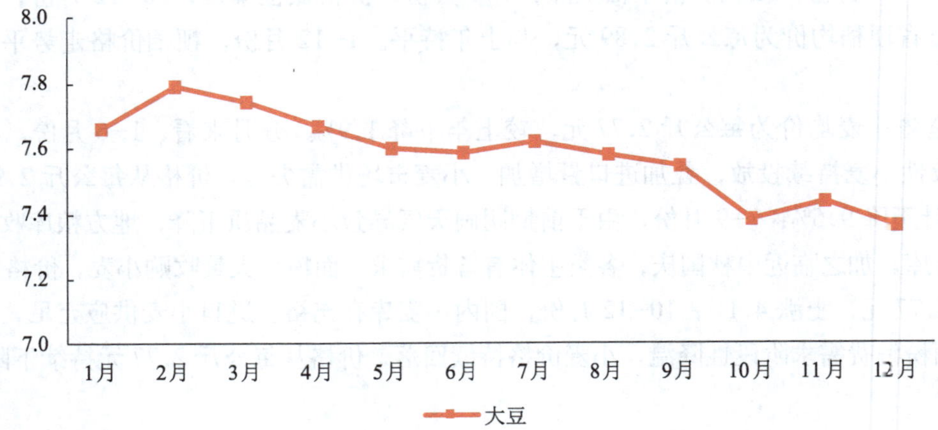

图 3　2023 年大豆价格走势（单位：元）

（三）猪价低位运行，养殖户持续亏损

2023 年，全省生猪、猪肉均价分别为每公斤 15.97 元、25.89 元，比上年分别下降 18.4%、18.0%。按生猪出栏毛重 110 公斤计算，每头猪养殖平均亏损 219 元，生猪养殖已连续亏损一年。因大部分养殖户看跌，补栏积极性持续不足，仔猪价格总体呈下行走势，全年仔猪均价为每公斤 31.15 元，比上年下降 10.5%。

1–7 月份，生猪集中出栏，市场供大于求，加之天气逐步变热，猪肉进入消费淡季，市场需求减少，猪价持续走低。生猪价格从每公斤 20.3 元持续下降至 14.92 元，下降 26.5%；猪肉价格从每公斤 35.16 元持续下降至 23.61 元，下降 32.8%。8 月份，由于前期生猪市场持续低迷，养殖户信心不足、补栏意愿低，生猪存栏量随之减少，另外受高温多雨台风等天气及猪瘟疫病影响，生猪运输受阻、产能下降，市场供应整体偏紧，生猪、猪肉每公斤价格分别为 16.98 元、27.00 元，环比分别上涨 13.8%、14.3%。9–11 月份，由于生猪产能整体处于较高位，养殖户加快出栏，国内冷冻猪肉库存较高，市场供应充足，加之玉米、大豆价格下降，生猪养殖成本降低，生猪、猪肉价格相继于 9 月份、10 月份开始下降，生猪价格从每公斤 16.98 元持续下降至 15.71 元，累计下降 7.5%；猪肉价格从每公斤 27.26 元持续下降至 25.10 元，累计下降 7.9%。12 月份，生猪、猪肉每公斤价格分别为 16.05 元、26.25 元，环比分别上涨 2.2%、4.6%。主要原因：一是低温暴雪天气，增加运输成本；二是进入冬季，城乡居民有灌制香肠、腌制咸肉传统习俗，市场猪肉需求量增加；三是随着双节临近，养殖户出现惜售心理，上市量减少，导致短期内市场猪肉供应趋紧。

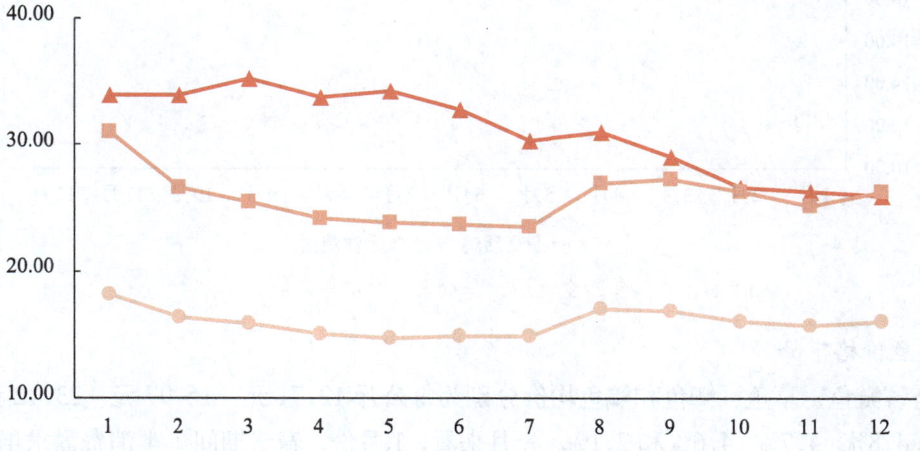

图 4 2023 年猪价走势（单位：元）

2023 年，全省仔猪均价为每公斤 31.15 元，同比下降 10.5%。受市场影响，大部分养殖户看跌情绪增加，养殖户补栏积极性减少，仔猪需求减少，2023 年仔猪总体呈下行走势。

（四）牛、羊肉价格总体走低

2023 年，全省牛肉、羊肉均价分别为每公斤 91.05 元、81.90 元，均比上年下降 3.4%。受猪肉价格下降影响，2023 年全省牛羊肉价格总体呈走低趋势。

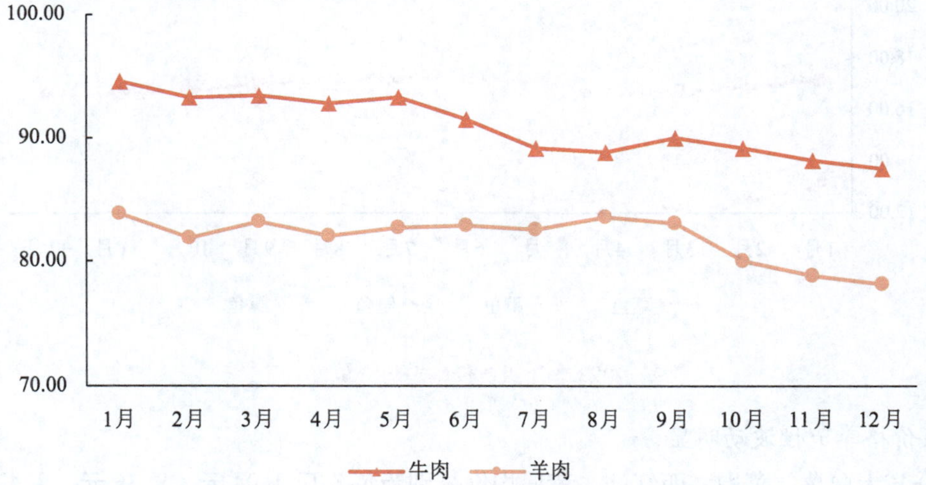

图 5 2023 年牛、羊肉价格走势（单位：元）

（五）活鸡、鸡蛋价格涨跌互现

2023 年，全省杂交活鸡均价为每公斤 21.90 元，比上年上涨 2.7%。分月来看，1 月份，受春节消费需求增加影响，活鸡价格小幅上涨；2–3 月份，节后消费需求明显减少，活鸡价格持续下跌；4 月份，活鸡价格小幅反弹；5–6 月份，猪价持续低迷，作为消费替代品，活鸡价格连续两个月下降；7–10 月份，猪肉价格上涨，活鸡价格随之提高；11–12 月份，活鸡价格相对稳定。

2023 年，全省鸡蛋均价为每公斤 11.51 元，比上年下降 0.1%。分月来看，1–6 月份，受猪肉价格影响，鸡蛋价格持续走低；7–9 月份，持续高温蛋鸡进入“歇伏期”，产蛋率下降，市场供应量减少，同时持续高温不利于鸡蛋存储、保鲜和运输，销售成本增加；加之学校开学、经销商双节前加大备货，进一步带动鸡蛋市场需求增加，鸡蛋价格连续上涨；10–12 月份，天气转凉，产蛋鸡处于养殖旺季阶段，存栏增加，鸡蛋产量提升、供应增加，价格持续下降。

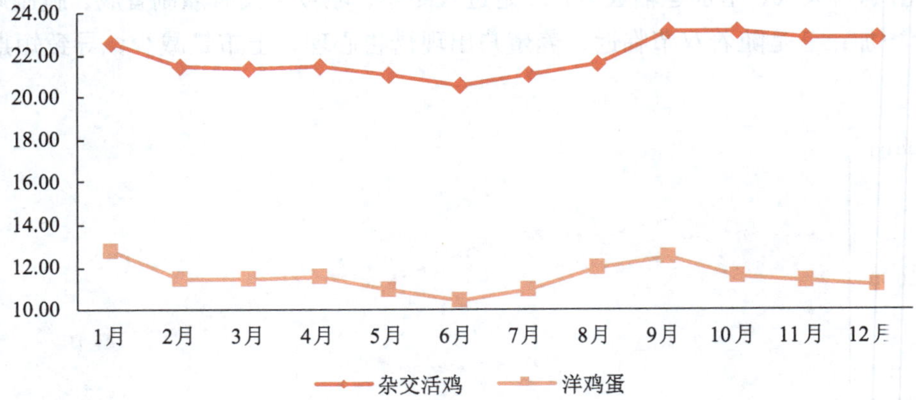

图 6　2023 年杂交活鸡、洋鸡蛋价格走势（单位：元）

（六）淡水鱼价格下降

2023 年，全省鲢鱼、草鱼、鲫鱼和鳊鱼均价分别为每公斤 12.71 元、16.97 元、23.12 元和 19.40 元，比上年分别下降 4.8%、4.7%、4.6% 和 2.1%。分月来看，1 月份，春节期间鱼类消费需求增加，价格较高；2–3 月份，节日效应减退，市场需求减少，加之即将进入鱼类育苗期，存塘的淡水鱼袒逐渐清塘，市场供应充足，价格普遍下降；4–8 月份，淡水鱼处于生长期，加之气温升高，部分地方在塘鱼发病率增加，市场供应减少，淡水鱼价格普遍上涨；9–12 月份，新鱼集中出塘，市场供给增加，加之气温逐步降低，淡水鱼运输损耗减少、保鲜成本下降，价格逐步回落。

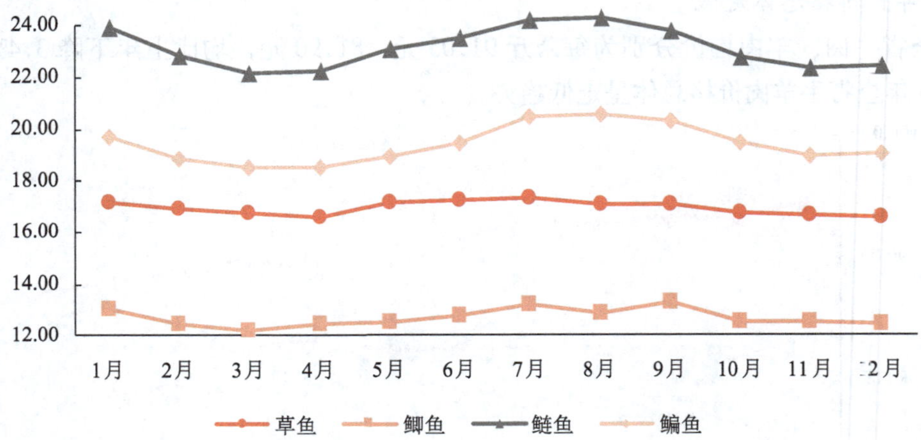

图 7　2023 年淡水鱼价格走势（单位：元）

（七）蔬菜价格季节性波动明显

2023 年，全省大白菜、菜椒、西红柿、黄瓜均价分别为每公斤 2.94 元、8.36 元、8.47 元、7.82 元，比上年分别下降 14.2%、14.2%、10.8%、6.8%；四季豆均价为每公斤 16.88 元，上涨 5.4%。分月来看，1 月份，春节期间气温骤降，蔬菜产量降低，市场供应不足，同时受节日效应影响，居民消费增加，价格涨幅较大；2–6 月份，气温逐步回升，蔬菜生长周期缩短，上市量及品种明显增加，而且生产、运输及储存成本下降，菜价整体季节性下行；7–11 月份，大白菜、菜椒供应充足，价格逐渐下降，四季豆、黄瓜、西红柿供应减少，价格逐渐上涨；12 月份，由于暴雪天气，对蔬菜存储、运输产生了不利影响，成本相应增加，加之天气寒冷，露天蔬菜生长周期变长，部分蔬菜受冻，产量有所下降，市场供应量减少，蔬菜价格总体上涨。

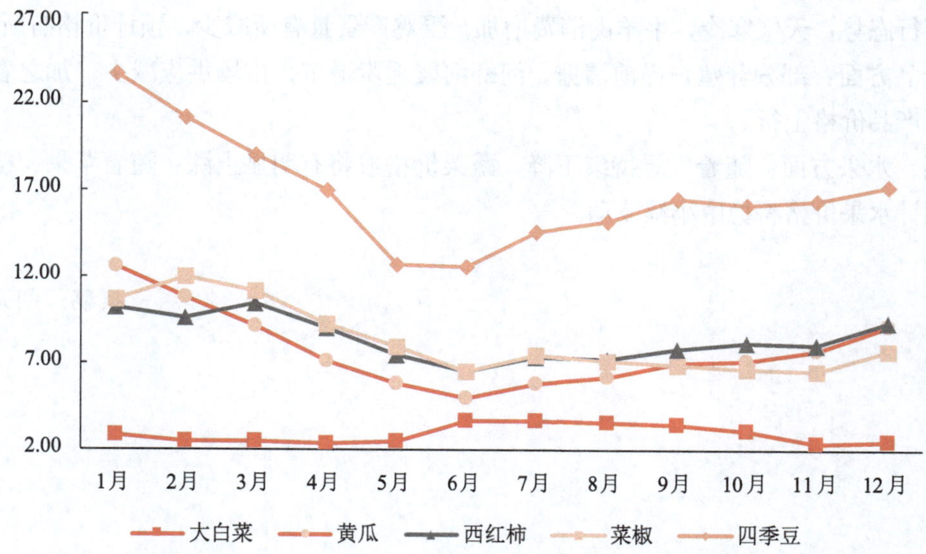

图 8　2023 年蔬菜价格走势（单位：元）

（六）水果价格涨跌互现。

2023 年，全省红富士苹果、橙子均价分别为每公斤 12.62 元、14.53 元，比上年分别上涨 14.9%、7.7%；香蕉均价为 7.47 元，下降 4.6%。分月来看，1 月份，春节期间人工、运输等成本明显上涨，叠加市场需求量增加，推高水果价格；2 月份，节后物流正常恢复，水果价格普遍下降；3—7 月份，由于上年苹果生长期间受天气因素影响，减产较多，价格持续小幅上涨，香蕉、橙子市场供需平衡，价格波动幅度整体不大；8—9 月份，天气炎热，水果保鲜存储成本增加，价格总体上涨；10—12 月份，应季水果品种丰富且大量上市，市场供应充足，加之天气转凉，人们对于水果的需求逐步减弱，水果价格总体下降。

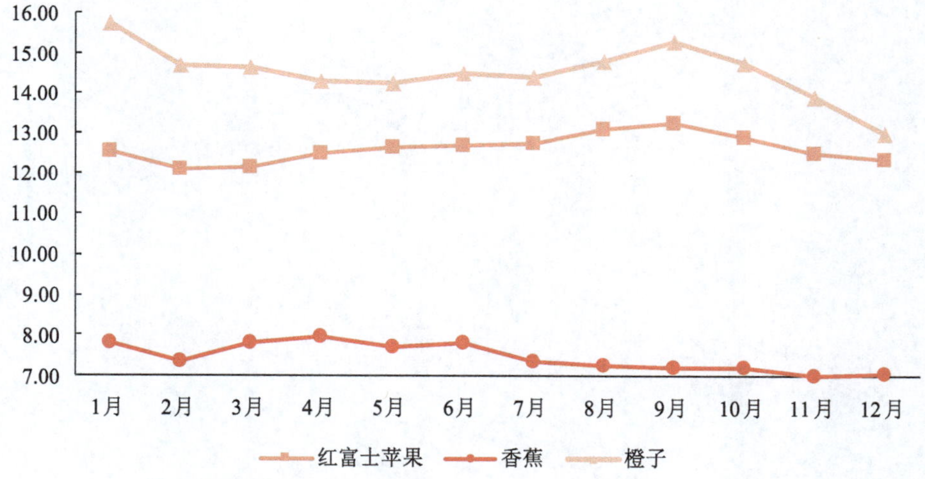

图 9　2023 年水果价格走势（单位：元）

二、走势预判

（一）粮食方面：2023 年，江苏粮食总产量 759.5 亿斤，较上年增加 5.7 亿斤，增长 0.8%，目前江苏稻谷、小麦库存充裕，大豆产量增加；近期中央农村工作会议提出，要全面落实粮食安全党政同责，坚持稳面积、增单产两手发力，确保 2024 年粮食产量保持在 1.3 万亿斤以上。在当前形势利好及政策指导的双重加持下，预计后期粮食价格将平稳运行。

（二）畜产品方面：目前猪价持续低迷，市场供大于求，且受猪瘟影响，养猪户存在抛售心理，猪价或将继续保持下行态势；天气寒冷，牛羊肉消费增加，蛋鸡产蛋量有所减少，预计价格有所上升。

（三）水产品方面：部分养殖户提前清塘，河虾河蟹逐步退市，市场供应减少，加之春节期间消费需求增加，预计水产品价格上行。

（四）蔬菜、水果方面：随着气温持续下降，蔬菜价格或将有明显上涨；随着苹果、橙子等时令水果供应量趋稳，预计水果价格将稳中小幅波动。

撰稿：胡月　核稿：张瑜

2023年江苏畜牧业生产稳中有增 主要畜产品产量保持增长

2023年，江苏切实抓好畜禽稳产保供工作，保障肉蛋奶等畜禽产品供应，推动畜禽生产持续健康发展。调查数据显示，全省畜禽生产整体稳中有增，生猪产能充足，家禽产能稳步增长，牛羊生产总体稳定，肉、禽蛋和牛奶等主要畜产品产量同比均保持增长。

一、畜禽生产整体稳中有增

（一）肉蛋奶产量同比“三增”

2023年，全省猪牛羊禽四类肉产量合计329.9万吨，同比增长4.4%。分品种来看，四类肉产量同比三增一减，猪肉产量191.3万吨，增长6.7%；牛肉产量3.3万吨，增长14.0%；禽肉产量128.7万吨，增长1.7%；羊肉产量6.5万吨，减少9.8%。全省禽蛋产量235.3万吨，同比增长0.8%；牛奶产量72.9万吨，增长6.0%。

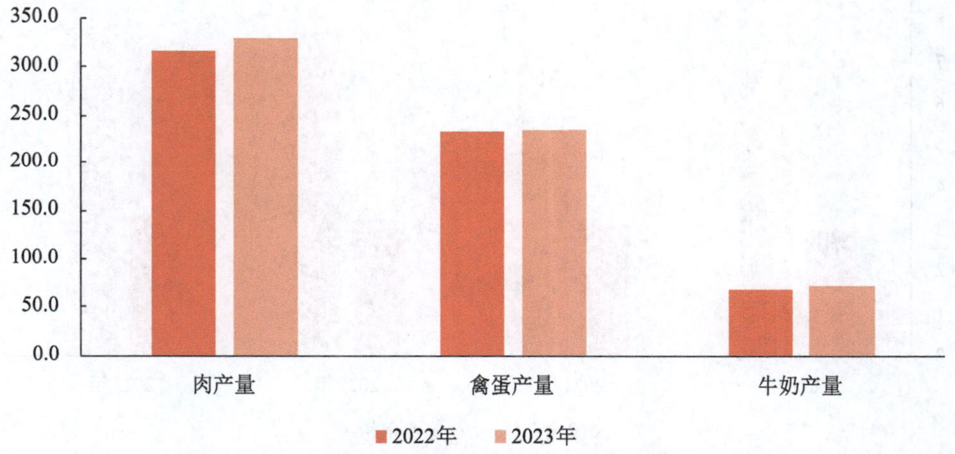

图1　2022-2023年全省主要畜禽产品产量（单位：万头）

（二）生猪产能充足，出栏走高存栏转降

1. 产能充足，出栏增加。虽然生猪养殖效益持续低迷，但大型养殖场仍保持较高产能，推动全年出栏继续走高。2023年，全省共出栏生猪2408.5万头，同比增长6.6%。分季度来看，一季度受春节等因素推动，出栏生猪615.3万头，同比增长2.3%；二季度由于产能偏高但猪价持续走弱，出栏量继续增大，共出栏630.1万头，同比增长13.7%，较一季度增2.4%，达到2021年以来峰值；三季度进入猪肉消费淡季，出栏量环比回落11.1%至560.1万头；四季度价格仍持续走低，养殖户加速出栏，且进入生猪消费旺季，猪肉需求量上升，推动出栏增加，共出栏603.0万头，同比增长0.7%，环比增长7.7%。

2. 存栏减少，产能去化趋势显现。2023年12月末，全省生猪存栏1412.3万头，同比减少2.8%，环比减少1.6%；其中能繁母猪存栏125.5万头，同比减少4.5%，环比减少4.5%。今年以来，生猪养殖一直处于亏损状态，养殖端信心受挫，补栏积极性大受影响，中小散户产能去化较为明显，部分规模猪场也逐步缩减规模。四季度全省生猪存栏和能繁母猪存栏同比均有所下降，能繁母猪存栏降幅较三季度扩大，产能去化趋势进一步显现。

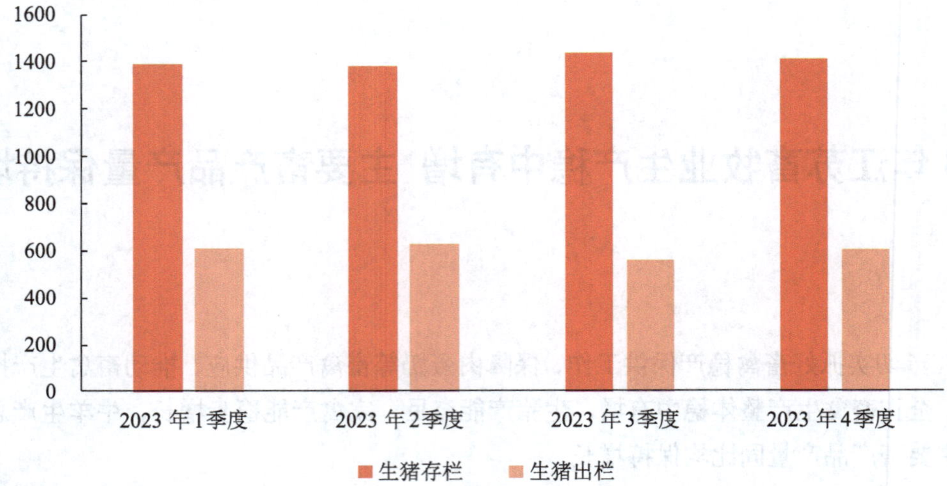

图 2　2023 年全省分季度生猪存出栏（单位：万头）

（三）家禽生产平稳，存出栏同比增长

近年来，江苏家禽产业平稳发展，整体养殖稳中向好。2023 年 12 月末，全省家禽存栏 3.3 亿只，同比增长 2.6%。活鸡存栏 2.9 亿只，增长 2.9%；其中肉鸡存栏 1.0 亿只，增长 8.4%；蛋鸡存栏 1.9 亿只，略增 0.3%。鸭鹅存栏 0.4 亿只，与上年基本持平。全年累计出栏家禽 7.8 亿只，同比增长 1.6%，其中活鸡出栏突破 6.5 亿只，增长 7.8%。

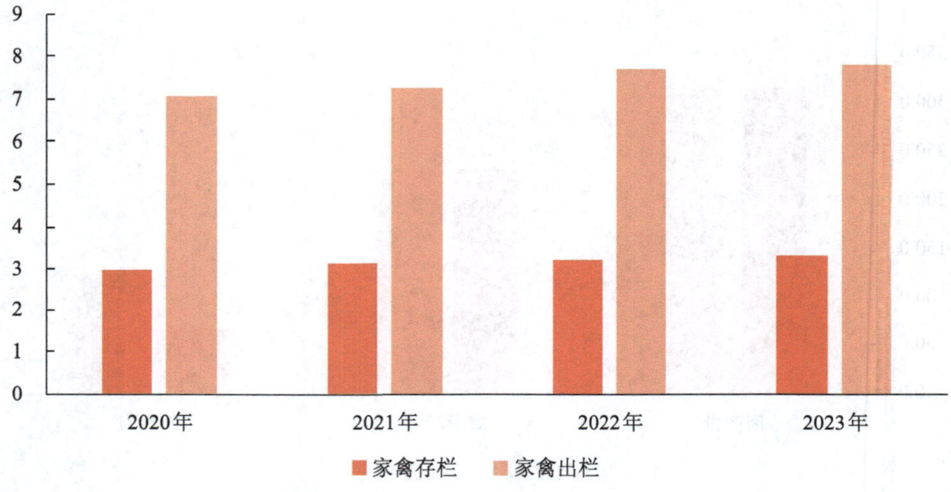

图 3　2020-2023 年全省家禽存出栏（单位：亿只）

（四）牛存出栏同比增长，羊存出栏同比下降

2023 年，江苏牛生产保持稳中有增。12 月末，全省牛存栏 31.3 万头，同比增长 10.6%。其中，肉牛存栏 16.4 万头，增长 17.0%；奶牛存栏 14.9 万头，增长 4.3%。2023 年，全省共出栏牛 16.8 万头，同比增长 13.5%。

2023 年，全省羊产能有所萎缩。12 月末，全省羊存栏 358.3 万只，同比减少 7.5%。其中，山羊存栏 318.9 万只，减少 9.5%；绵羊存栏 39.4 万只，增加 11.9%。2023 年，全省共出栏羊 556.1 万只，同比下降 11.8%。其中山羊出栏 506.8 万只，下降 12.9%；绵羊出栏 49.3 万只，略增 0.4%。

二、需要关注的问题

（一）猪价全年低位徘徊，养殖持续亏损

生猪出栏价格全年低位徘徊，生猪养殖一直处于亏损状态，“猪贱伤养”问题显现。据月度监测调查，1 月份，全省 24 个生猪调出大县生猪出栏均价为每公斤 16.4 元，7 月份下跌至每公斤 14.6 元，较 1 月下降超10个百分点；9月份猪价小幅反弹，回升至17.2元，较7月上涨超17%；四季度生猪价格再次回落，12月跌回14.9元。2023年大县生猪出栏均价15.6元，比上年下跌16.5%。2023年，江苏大县猪粮比全年均低于6。

（二）生猪疫病防控压力大、投入高

当前，非洲猪瘟仍呈零星散发之势，疫情防控形势依然严峻。问卷调查显示，2023年四季度反映有疫病对生产造成影响的受访户占11.9%，较三季度上升5个百分点。由于非洲猪瘟尚无有效疫苗和可靠防控措施，防控仍以频繁消毒为主，冬春又为动物疫病的高发季节，养殖场防疫成本增加，防控压力加大，若消毒措施落实不到位，将增加非洲猪瘟疫情发生风险。

（三）产能去化持续，养殖经营风险仍大

猪价经历一年底部震荡后，能繁母猪去化有加速迹象，但生猪供应仍然充裕，供大于求态势短期内难以化解，春节后需求缩水，价格仍存在进一步下探可能。加之非洲猪瘟疫情等因素影响，生猪养殖经营的风险仍较大。

三、几点建议

（一）实施稳定政策，合理调控引导

继续将现有的生猪调出大县奖励、良种补贴等政策落实到位，保证扶持政策的连续性、稳定性，在大力激励、奖补规模企业的同时兼顾中小企业和散户养殖。优化以能繁母猪为核心指标的生猪产能调控政策，引导各地区、各大型养殖企业合理进行能繁母猪产能去化，鼓励大型养殖企业有序发展，推动大型企业结合实际加快能繁母猪淘汰速度。

（二）坚持增效降本提质，降低经营风险

在生猪市场行情低迷之际，应练好内功，强化生猪生产各环节的规范管理，提高饲养管理水平，提高生产效率，把握好出栏节奏，实现降本增效目标，减轻经营压力。大型养殖企业应坚持规模化、标准化养殖，提升智能化水平，通过技术创新、底层突破实现整体成本下降；中小型户可通过与大型企业合作“公司＋农户”方式提升标准化水平，同时应提升养殖场的生物安全水平和疫病防控能力，提升饲喂、粪污处理等技术水平，优化成本投入，减少亏损。

（三）做好疫病防控，降低养殖风险

防范动物疫病是畜禽养殖场重要基础工作之一。一是要建立常态化动物疫病防控机制，明确养殖、检疫、屠宰等各环节防控要求和处理措施，一旦有苗头性倾向，迅速将病毒蔓延范围控制在最小区域，将损失降到最低；二是加强“非洲猪瘟”等疫病防控指导，尤其是加强中小型养殖户防疫指导；三是要严格检疫、调运、屠宰等关键环节监管，严厉打击违法违规调运、屠宰、销售病死猪等行为。

撰稿：陆雯　核稿：王成

2023年江苏省居民收支与生活状况报告

2023年，全省上下坚持以习近平新时代中国特色社会主义思想为指导，深入学习贯彻习近平总书记关于江苏工作重要讲话重要指示精神，牢牢把握高质量发展首要任务，做好稳增长、稳就业工作，多渠道增加居民收入，着力恢复和扩大消费。随着经济持续好转，就业保持总体稳定，城乡居民收入稳定增长，居民消费加快恢复，但制约居民收支稳定增长的困难挑战仍不容忽视，还需进一步提振发展信心，多方发力持续推动富民增收。

一、经济持续恢复向好，助推居民收入稳定增长

（一）居民收入增长与经济增长基本同步

2023年，全省经济持续恢复、运行平稳，保障城乡居民收入平稳增长。2023年，江苏居民人均可支配收入52674元，比上年名义增长5.6%；扣除价格因素，实际增长5.2%，与经济增长基本同步。分城乡看，城镇居民人均可支配收入63211元，较上年同期增长5.0%；农村居民人均可支配收入30488元，较上年同期增长7.0%。

（二）居民收入结构特点

1. 收入相对差距进一步缩小。城乡收入差距连续十四年缩小。2023年，江苏农村居民收入增速高于城镇居民2个百分点，城乡居民收入比缩小至2.07（2021年、2022年同期分别为2.16、2.11），比全国平均水平（2.39）低0.32，是全国城乡收入差距较小的省份之一。南中北收入差距进一步收窄。苏南地区农村居民人均收入41809元，增长6.3%，苏北地区农村居民人均收入26591元，增长7.4%，苏南与苏北农民收入比值由上年同期的1.59缩小为1.57。

2. 工资性收入和经营净收入平稳增长为居民增收奠定良好基础。工资性收入贡献率稳步提升。2023年，江苏居民人均工资性收入30054元，较上年同期增长6.9%。工资性收入占人均可支配收入比重为57.1%，比上年同期提升0.7个百分点，对居民收入增长的贡献率达68.7%，拉动居民可支配收入增长3.9个百分点，贡献率较上年同期提升9.3个百分点。经营净收入持续恢复。2023年，受交通出行、住宿餐饮等行业经营形势恢复带动，居民经营净收入稳定增长。全省居民人均经营净收入6645元，较上年同期增长3.5%。

3. 财产净收入小幅增长。2023年，江苏居民人均财产净收入5417元，较上年同期增长1.2%。分城乡看，城镇居民人均财产净收入7522元，较上年同期增长0.8%，增速较前三季度加快0.2个百分点；农村居民人均财产净收入986元，较上年同期增长1.1%，增速较前三季度放缓0.4个百分点。

4. 农村居民转移支付作用发挥更加明显。2023年，江苏居民人均转移净收入10557元，较上年同期增长5.9%，占人均可支配收入比重为20.0%，与上年同期持平，对居民收入增长的贡献率达21.1%。分城乡看，城镇居民人均转移净收入12308元，较上年同期增长4.4%；农村居民人均转移净收入6869元，较上年同期增长11.1%，增速快于城镇居民6.7个百分点。

（三）收入水平位列全国第四

2023年，江苏居民人均可支配收入52674元，比全国平均水平高34.3%。在全国各省（市、区）中，居上海（84834元）、北京（81752元）、浙江（63830元）之后，位列第四。分城乡看，城乡居民收入排位与上年保持一致。城镇居民人均可支配收入63211元，居上海（89477元）、北京（88650元）、浙江（74997元）之后，位列第四；农村居民人均可支配收入30488元，居上海（42988元）、浙江（40311元）、北京（37358

元）、天津（30851 元）之后，位列第五。

二、居民消费加快恢复，服务性消费支出增长较快

（一）居民消费加快恢复

2023 年，江苏居民人均消费支出 35491 元，同比增长 8.0%，增速比上年同期加快 3.6 个百分点，高于全体居民收入增速 2.4 个百分点。分城乡看，城镇居民人均消费支出 40461 元，同比增长 7.1%，增速比上年同期快 3.7 个百分点，高于城镇居民收入增速 2.1 个百分点；农村居民人均消费支出 25029 元，同比增长 10.8%，增速比上年同期快 3.9 个百分点，高于农村居民收入增速 3.8 个百分点。

（二）八大类消费支出均保持增长态势

2023 年，江苏居民人均交通通信消费支出 5075 元，同比增长 10.6%，增速高于居民人均消费支出 2.6 个百分点；教育文化娱乐消费支出 3334 元，同比增长 20.0%，增速高于居民人均消费支出 12.0 个百分点；医疗保健消费支出 2916 元，同比增长 13.7%，增速高于居民人均消费支出 5.7 个百分点；其他用品及服务消费支出 1151 元，同比增长 17.1%，增速高于居民人均消费支出 9.1 个百分点。此外，基本生活类消费支出稳定增长。人均食品烟酒消费支出 9926 元，同比增长 8.6%；衣着消费支出 1891 元，同比增长 6.8%；居住消费支出 9169 元，同比增长 1.1%；生活用品及服务消费支出 2030 元，同比增长 3.9%。

（三）居民消费结构优化升级

1. 服务性支出快速增长。2023 年，江苏居民在外饮食、交通出行、文化旅游等接触性服务消费支出快速增长，带动服务性消费支出较快增长。居民人均服务性消费支出 16351 元，比上年同期增长 17.0%，增速高于居民人均消费支出 9.0 个百分点。服务性消费支出占居民消费支出比重为 46.1%，比上年同期提升 3.5 个百分点。其中，食品烟酒服务性支出和交通通信服务性支出恢复较快，分别增长 39.7%、35.3%。

2. 发展享受型消费占比回暖。2023 年，江苏居民发展与享受型消费（包括生活用品及服务、交通通信、教育文化娱乐、医疗保健、其他用品和服务）支出 14506 元，比去年同期增加 1639 元，占消费支出比重为 40.9%，比重从去年下降 0.8 个百分点转为上升 1.7 个百分点。居民基本生活支出等生存型消费（包括食品烟酒、衣着、居住）支出 20986 元，比去年同期增加 1004 元，占消费支出比重为 59.1%。

3. 居住环境持续改善。2023 年，社区能方便乘坐公共汽车的户占比 96.1%，比 2019 年提高 0.2 个百分点；进入社区道路为水泥或柏油的户占比 99.7%，比 2019 年提高 0.8 个百分点；社区内主要道路有灯的户占比 99.2%，比 2019 年提高 7.9 个百分点；社区有健身器材的户占比 97.4%，比 2019 年提高 4.4 个百分点；社区有绿化的户占比 85.8%，比 2019 年提高 12.7 个百分点。

（四）居民消费水平位居全国第四

2023 年，江苏居民人均消费支出 35491 元，同比增长 8.0%，比全国平均水平高 8696 元。在全国各省（市、区）中，居上海（52508 元）、北京（47586 元）、浙江（42194 元）后，连续两年位列全国第四。分城乡看，江苏城镇居民人均消费支出 40461 元，比全国平均水平高 7467 元，居上海（54919 元）、北京（50897 元）、浙江（47762 元）后，位列第四；江苏农村居民人均消费支出 25029 元，比全国平均水平高 6854 元，居上海（30782 元）、浙江（30468 元）、北京（26277）之后，位列第四。

三、多方因素助推收支稳定增长，困难挑战仍不容忽视

（一）多方面积极因素助推居民收支稳定增长

1. 政策叠加利好收入平稳增长。一是政策效应持续释放。2023 年 8 月，省委省政府出台《关于促进经济持续回升向好的若干政策措施》（以下简称“苏 28 条”），受到企业高度认可，普惠性政策有效降低了企业成本。二是外贸进出口企稳回升。据南京海关统计，2023 年江苏外贸呈“前低后高、逐季回升”走势，全年实现外贸进出口总值 5.25 万亿元，同比下降 3.2%，占同期我国进出口总值的 12.6%。三是调高城乡居民养老保险基础养老金标准。10 月 31 日，完成城乡居民养老保险基础养老金调整工作，省定最

低标准由每人每月192元提高至208元，增幅8.3%。新标准10月底前发放并补发到位，全省1100多万老年居民受益。

2. 针对性措施迅速出台，专项政策推动消费恢复扩大。一是出台恢复和扩大消费22条措施。从稳定和改善大宗消费、扩大和提升服务消费、促进农村消费提质扩容、加快发展新型消费、完善消费载体设施、营造良好消费环境等六方面，明确22条针对性政策举措。二是出台18条措施恢复和扩大体育休闲服务消费。安排省级资金3000万元，对各地承办举办高端体育赛事和特色品牌赛事进行奖补。

3. 消费品市场增势恢复常态，住宿、餐饮业加快恢复。2023年，全省社会消费品零售总额45547.5亿元，同比增长6.5%，比上年加快6.4个百分点，与疫情前增速水平相当。衣、食、行类消费增势平稳。全年限上服装鞋帽针纺织品类零售额增长8.1%；粮油食品类、饮料类分别增长7.9%、19.9%；汽车类、石油及制品类分别增长5%、7.3%。住餐业加快恢复。文旅消费强劲复苏，带动全省限上住宿业、餐饮业营业额分别增长29.2%、21.3%，比上年分别加快31.3个、26.0个百分点。

（二）制约居民增收的困难挑战不容忽视

1. 工资性收入增长的支撑不足。调研显示，企业经营面临多方面压力：一是市场竞争激烈，“价格战”挤压发展空间。二是部分劳动密集型企业人工成本逐年上升，经营压力较大。三是职工涨薪幅度较往年有所降低，存在供需矛盾和地区配套不完善情况。

2. 居民财产性和经营收入增长较慢。受房地产市场调整影响，部分城市新建商品住宅和二手住宅价格环比下降，房屋虚拟租金明显下降，银行存款利息下调，投资理财市场收益不佳。市场信心和有效需求尚未完全恢复，部分中小企业和个体工商户经营压力仍然较大。

3. 农村中低收入家庭劳动力就业仍面临一定困难问题。对全省1424个农村中低收入家庭劳动力开展的调研显示，江苏省农村中低收入家庭劳动力就业质量总体偏低，面临职业技能匮乏，收入水平提升难，家庭负担偏重，“家门口”灵活就业质量不高，帮扶政策覆盖面窄，劳动力就业渠道有限，劳动者社保参与率低，家庭抗风险能力弱等四方面问题。

4. 部分农产品经营效益不佳。生猪养殖持续亏损。调查显示，2023年，全省大县生猪出栏均价为每公斤15.6元，比上年下跌16.5%；出栏一头猪平均亏损288.1元，生猪养殖已持续亏损一年。小麦、大豆种植效益下降。调查显示，2023年全省小麦亩均总收入同比下降一成左右；亩均纯收益较上年下降两成左右。全省大豆亩均收益较上年减约一成，大豆收益已连续两年下降。

（三）促进居民消费增长面临三方面制约因素

1. 收入增长放缓制约部分居民消费能力提升。2019—2023年，江苏居民人均可支配收入年均增长6.2%，相比疫情前2015—2019年年均8.8%的增速，回落2.6个百分点。近年居民收入增长放缓，一定程度上影响了部分居民消费能力的提升，居民消费基础有待继续夯实。

2. 居民消费意愿仍待持续恢复。新冠疫情发生以来，江苏居民平均消费率总体呈波动式回稳，但仍有待进一步恢复提升。调研显示，江苏省居民对未来一段时间的收入支配方式更倾向于储蓄。近三千名受访居民中，56.7%表示对于接下来的收入，更倾向于储蓄；31.7%更倾向于消费；9.9%更倾向于投资；1.7%的倾向于其他用途。

3. 房地产市场尚未恢复，耐用消费品消费乏力。受供给端结构性过剩和需求端紧缩等不利因素影响，房地产市场仍较为低迷，与其关联的家庭耐用消费品消费走弱。据住户调查数据，2023年江苏居民空调、洗衣机、电视等人均耐用品支出418元，同比减少12.6%。

四、期盼进一步提振发展信心，多方发力持续富民增收

（一）进一步稳定就业形势，促进高质量充分就业

一是充分落实各项就业政策。做好《关于优化调整稳就业政策措施全力促发展惠民生的通知》《政府购买公共就业服务管理办法》等政策配套宣传和落实。二是持续帮扶重点群体就业。针对高校毕业生、农

民工、退役军人等重点群体，开展专场招聘会，与高校、企业对接，精准匹配岗位供需，跟踪推进工作去向落实率。三是加强职业技能培训。深化技能提升行动，分类实施就业技能培训、岗位技能提升培训、创业培训，充分利用腾讯会议、钉钉等平台开展线上培训。

（二）完善收入分配调节制度，提升社会救助质效

一是进一步完善工资收入分配制度。认真落实最低工资标准，围绕提高劳动报酬在初次分配中的比重，完善工资收入分配制度。着力提高治理效能，促进劳动关系和谐稳定。二是整合优势资源，实施精准救助。加强对四类低收入人口的教育资助、就业救助，条件符合的纳入为农房改造对象。三是加强监测预警，掌握低收入人口最新动态。继续加强对困难群体的摸排，充分发挥省级低收入人口动态监测平台作用，及时对收集的数据进行分析研判。

（三）推动消费转型升级，积极发展新兴业态

一是大力优化市场供给，全面提升国产商品服务的质量与知名度，发挥“国潮”品牌优势，持续加强市场拓展。二是大力发展“互联网＋社会服务”消费模式，加快构建“智能＋”消费生态体系，满足中等收入群体、新生代等不同群体的多样化消费需求，大力发展智能、环保等新消费业态，进一步激发居民消费潜能。三是重点推进文旅休闲消费提质升级，丰富消费场景，打造消费新地标。利用微博、小红书等平台吸引年轻人来苏旅游，积极配合宣传、放大对消费的引流功能，带动形成新的消费增长点。

（四）强化助企纾困和兜底保障，拓宽居民增收空间

一是持续强化帮扶政策推进落实。持续深入推进“苏28条”落实落细，充分发挥其扩大有效需求、增强发展动能、保障改善民生等方面的作用。二是加大对个体工商户帮扶力度。落实国家针对小规模纳税人减免增值税、小微企业和个体工商户所得税优惠等政策，推出银行业个体工商户信贷产品便捷通道，完善配套优惠服务。三是强化低收入人群托底保障。保持兜底保障政策稳定，及时精准下达困难群众救助补助资金。加强对低保户、残疾人的兜底保障。

撰稿：陈曦　核稿：刘烨

2023 年江苏居民消费价格温和上涨

2023 年，江苏居民消费价格比上年上涨 0.4%，涨幅较上年收窄 1.8 个百分点。其中，城市上涨 0.5%，农村上涨 0.3%；食品价格上涨 0.5%，非食品价格上涨 0.4%；消费品价格下降 0.1%，服务价格上涨 1.2%。

一、基本情况

（一）月度环比小幅波动

如图 1 所示，2023 年，受春节效应和疫情防控政策调整等因素影响，1 月份居民消费价格环比上涨 1.0%；春节后消费需求回落，2 月份居民消费价格环比由涨转降，下降 0.4%；3—6 月份生产生活秩序逐步恢复，消费市场供应总体充足，但消费需求偏弱，居民消费价格分别下降 0.4%、0.3%、0.2%、0.1%，降幅逐月收窄。7—9 月份，受暑期居民出行服务需求增长及能源价格回升等因素影响，环比由降转涨，涨幅分别为 0.4%、0.2%、0.1%。10—11 月份，受中秋国庆假期后消费需求回落、市场农产品供应充足等因素影响，环比分别下降 0.1% 和 0.6%。12 月份环比微涨 0.1%。

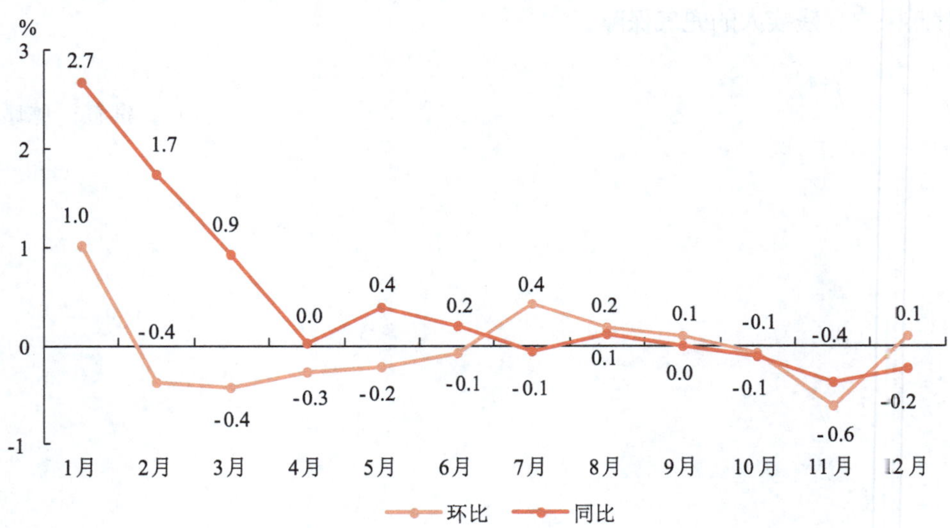

图 1　2023 年江苏居民消费价格月度涨跌幅

（二）月度同比前高后低

2023 年，居民消费价格月度同比涨幅前高后低。受疫情防控政策调整等因素影响，1 月份同比上涨 2.7%；2—3 月份同比涨幅逐步收窄，分别上涨 1.7%、0.9%；4 月份持平，5—12 月份同比涨跌幅在 0.4% 内小幅波动。

（三）八大类同比“六涨一降一平”

如图 2 所示，2023 年，八大类商品和服务价格同比“六涨一降一平”。其中，食品烟酒价格上涨 1.0%，医疗保健价格上涨 3.2%，教育文化娱乐价格上涨 1.8%，其他用品及服务价格上涨 3.9%，衣着、生活用品及服务价格分别上涨 1.0%、0.6%；交通通信下降 3.3%；居住价格同比持平。

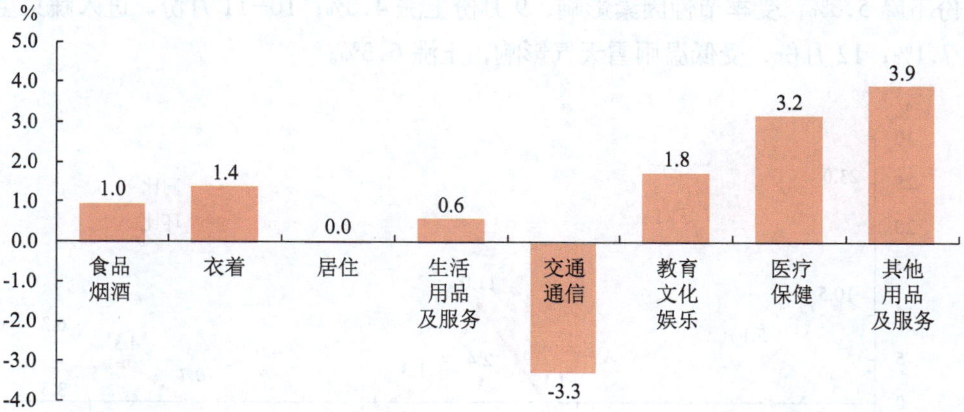

图 2　2023 年江苏居民消费价格八大类涨幅

（四）基本类涨价面近七成

2023 年，268 个基本类价格同比“182 涨 73 降 13 平”，上涨面为 67.9%，下降面为 27.2%。涨幅超过 3.0% 的基本类有 44 个，占 16.4%，其中，治疗精神障碍药、临床手术治疗涨幅超过 20.0%，分别上涨 33.8%、21.1%；降幅超过 3.0% 的基本类有 17 个，占 6.3%。

（五）全年涨幅高于全国平均水平

如图 3 所示，2023 年，全国居民消费价格比上年上涨 0.2%，江苏涨幅高于全国 0.2 个百分点。31 个省区市中黑龙江、河北、内蒙古涨幅居前，均上涨 0.6%，江苏与广东、宁夏、天津、北京并列第六位。华东六省一市中，江苏涨幅最高，上海、江西、浙江并列第二，涨幅均为 0.3%，安徽、山东分别上涨 0.2%、0.1%，福建持平。

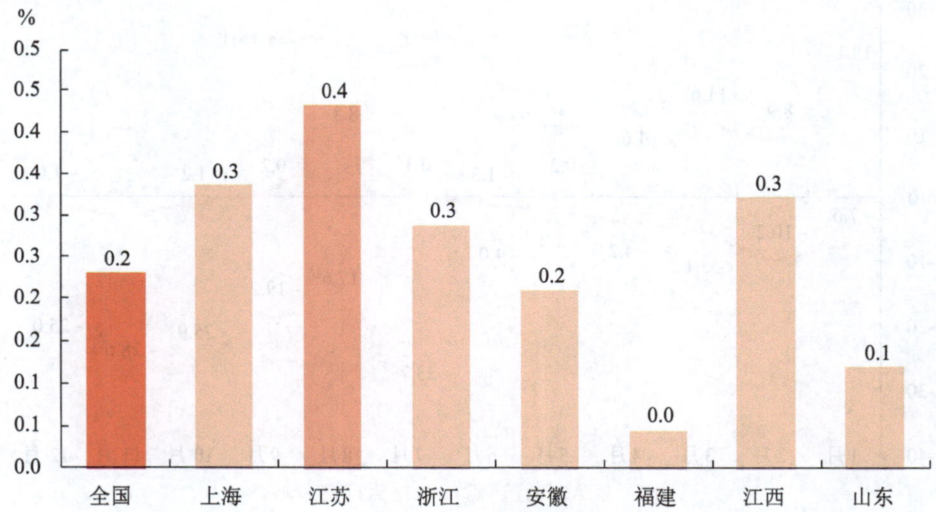

图 3　2023 年全国与华东六省一市 CPI 涨幅

二、主要特点

（一）食品价格以涨为主

2023 年，全省食品价格比上年上涨 0.5%，涨幅较上年收窄 2.2 个百分点。食品中包含的 45 个基本类“35 涨 8 降 2 平”，上涨面近八成。

1. 鲜菜价格有所下降。2023 年，全省鲜菜价格比上年下降 0.8%，较上年回落 3.8 个百分点。

如图 4 所示，月度环比“5 涨 7 降”。受春节效应及疫情防控政策调整等因素影响，1 月份鲜菜价格上涨 23.0%，2 月份春节效应减弱，鲜菜价格持续回落，连续 4 个月分别下降 0.6%、8.9%、8.7%、1.6%；受梅雨和高温影响，蔬菜生产、储存成本增加，6-7 月份由降转涨，分别上涨 2.4%、1.3%；随着生产供应改善，8 月份下降 5.5%；受季节性因素影响，9 月份上涨 4.0%；10—11 月份，进入蔬菜生产旺季，分别下降 1.1% 和 7.1%；12 月份，受低温雨雪天气影响，上涨 6.3%。

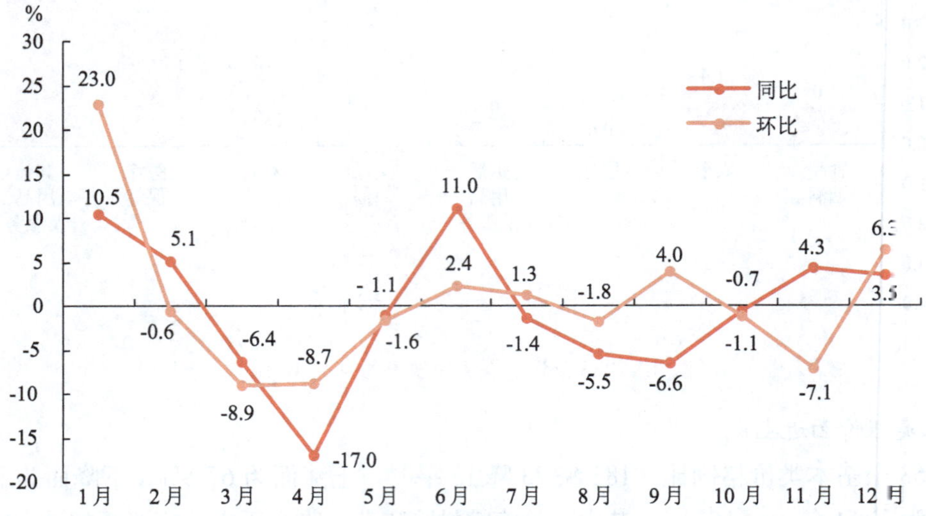

图 4　2023 年江苏鲜菜价格月度涨跌幅

月度同比“5 涨 7 降”，其中，3—5 月、7—10 月同比下跌，4 月份跌幅最大，下降 17.0%，1 月份同比涨幅最大，下降 10.5%。

2. 猪肉价格降幅扩大。2023 年，全省猪肉价格比上年下降 10.6%，降幅较上年扩大 3.7 个百分点。

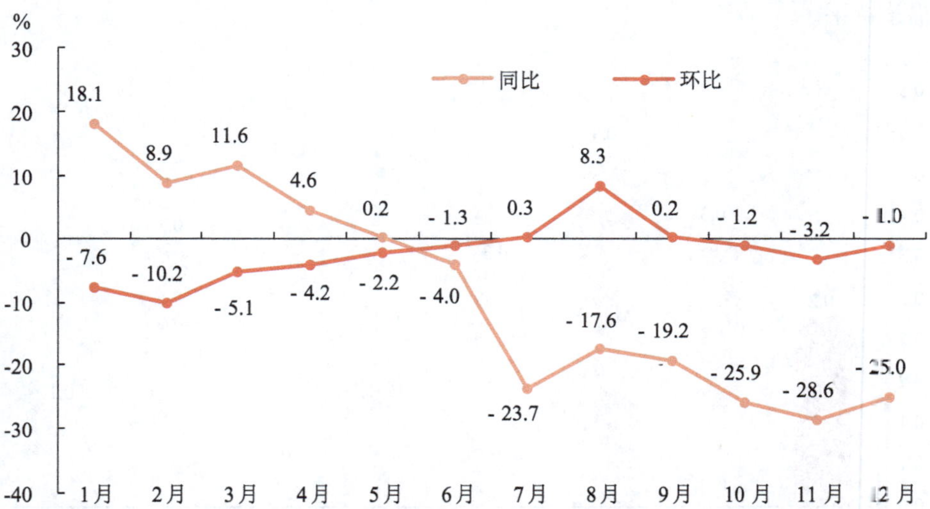

图 5　2023 年江苏猪肉价格月度涨跌幅

如图 5 所示，月度环比“3 涨 9 降”。1—6 月，猪肉价格持续弱势下行，其中 2 月份降幅最大，达 10.2%，3—6 月份降幅逐步收窄；受生猪养殖端价格上涨预期影响，压栏惜售二次育肥增多，7—9 月猪肉价格持续上涨，其中 8 月份涨幅最高，达 8.3%；10—12 月份，产能充足，需求偏弱，猪肉价格由升转降。

从同比看，1 月份猪肉价格同比涨幅为 18.1%；2—5 月份分别上涨 8.9%、11.6%、4.6%、0.2%，涨幅呈收窄趋势；6 月份猪肉价格由涨转降，降幅达 4.0%；下半年各月同比降幅均超过 15%，其中，11 月份降幅最大，下降 28.6%。

3. 鲜果价格明显上涨。2023 年，鲜果价格比上年上涨 5.6%，涨幅较上年收窄 6.7 个百分点。

如图 6 所示，从月度环比看，1 月份受元旦、春节假期影响，市场需求旺盛，鲜果价格上涨 11.8%；节后市场需求减弱，2—5 月份鲜果价格大幅回落并持续小幅下降；6 月份微涨 0.5%；受夏季瓜果市场供应充足影响，7—9 月份分别下降 3.1%、5.6%、3.1%；受国庆中秋因素影响，10 月份上涨 1.2%；节后，11

月份小幅下降 0.9%；进入冬季，12 月份上涨 1.4%。

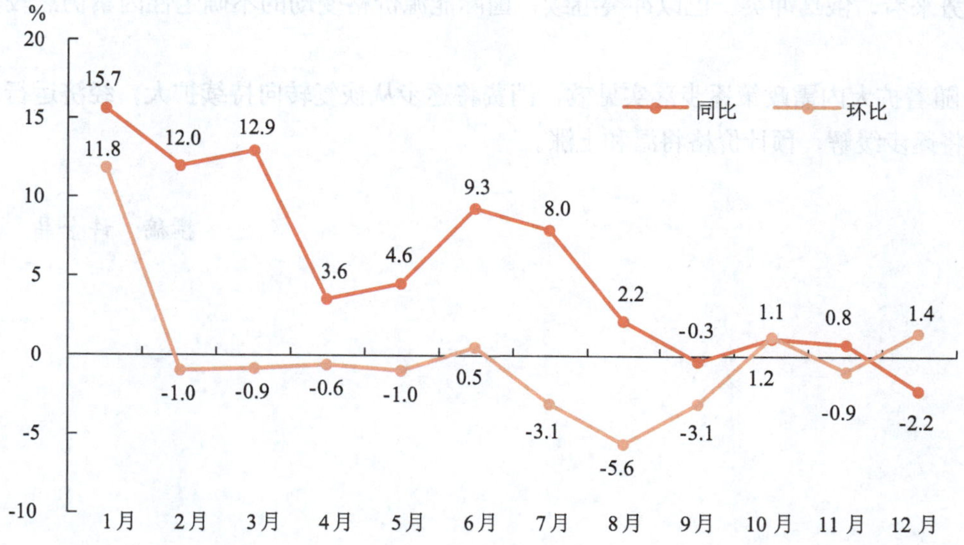

图 6　2023 年江苏鲜果价格月度涨跌幅

从月度同比看，鲜果价格以涨为主。1–3 月同比涨幅均在 10% 以上，其中 1 月份上涨 15.7%，为全年高点；4–8 月，各月涨幅均在 10% 以内；9 月份和 12 月份下降，其中 12 月份下降 2.2%，为全年低点。

4. 粮食价格小幅上涨。2023 年，江苏粮食产量连续十年保持在 700 亿斤以上，产量连续七年增加，夯实了物价稳定基础，全年粮食价格同比上涨 1.8%，总体保持平稳。

从月度环比看，全年粮食价格涨跌幅在 0.7% 内小幅波动，其中 4 月份涨幅最大，5 月份降幅最大。

从月度同比看，粮食价格全部上涨，但涨幅逐月收窄。2 月份涨幅最高，为 3.7%；12 月份涨幅最低，为 0.5%。分类别看，全年大米价格上涨 1.2%，面粉价格上涨 0.5%，其他粮食价格上涨 2.2%，粮食制品价格同比上涨 3.2%。

（二）部分服务价格涨跌明显

分类别看，2023 年，服务价格同比上涨 1.2%。72 个服务项目基本类“54 涨 12 降 6 平”，上涨面为 75%。其中，涨幅较大的有：临床手术治疗（21.1%）、宾馆住宿（11.9%）、其他住宿（11.3%）；降幅较大的有：家庭宽带服务（−9.2%）、电视服务（−2.9%）。

1. 医疗服务价格上涨。近年来，按照国家医疗服务价格改革要求，全省医疗机构部分综合服务类医疗服务项目和部分临床诊疗类医疗服务项目价格有所上调，2023 年全省医疗服务价格上涨 3.9%。

2. 旅游出行类服务价格明显上涨。2023 年，受疫情防控政策调整之后需求集中释放等因素影响，江苏旅游、文娱、交通运输等接触型、聚集型服务业保持快速增长态势，法定节假日和暑期等居民出行旅游显著增加，居民服务、文化娱乐休闲行业消费潜力持续释放。全省旅游出行、文化娱乐类服务价格明显上涨，其中旅游价格同比上涨 6.4%，飞机票价格同比上涨 9.9%，在外住宿价格同比上涨 11.7%，交通工具租赁费价格同比上涨 2.7%，电影及演出票价格同比上涨 4.2%。

（三）部分工业消费品涨跌幅较大

分类别看，2023 年，工业消费品价格同比下降 1.1%。涨幅较大的基本类有：治疗精神障碍药（33.8%）、金饰品（14.8%）、中药材（12.2%）；降幅较大的有：抗肿瘤药（−9.2%）、燃油小汽车（−7.6%）。

三、后期主要影响因素

（一）鲜活食品影响大

近年来，江苏粮食连年丰收，粮食生产稳定，保供稳价措施有力，粮食价格总体呈现平稳态势。相比之下，鲜菜、鲜果等鲜活食品价格季节性强，易受天气、节假日影响。

（二）输入性影响持续

从国际形势来看，俄乌冲突、巴以冲突继续，国际能源价格变动的不确定性因素仍然较大，输入性影响将持续。

2024 年，随着扩大内需政策逐步落实见效，消费将逐步从恢复转向持续扩大，经济运行中存在的有效需求不足问题将逐步缓解，预计价格将温和上涨。

撰稿：许金晶　核稿：杨文生

2023年江苏工业生产者价格明显下降

2023年，受全球经济复苏乏力、国际大宗商品价格下行、部分工业品需求不足等因素影响，江苏工业生产者价格明显回落，全年工业生产者出厂和购进价格分别比上年下降3.3%和3.6%。

一、工业生产者价格运行情况

（一）同比处于下降区间

1–6月，江苏工业生产者价格同比降幅逐月扩大，6月份降幅最大，出厂和购进价格分别下降5.0%和6.4%；7–9月，降幅有所收窄，9月份出厂和购进价格分别下降2.8%和3.0%，较6月份降幅分别收窄2.2和3.4个百分点；10–12月，降幅小幅扩大，12月份出厂和购进价格均下降3.3%，较9月份降幅分别扩大0.5和0.3个百分点。（具体见图1）

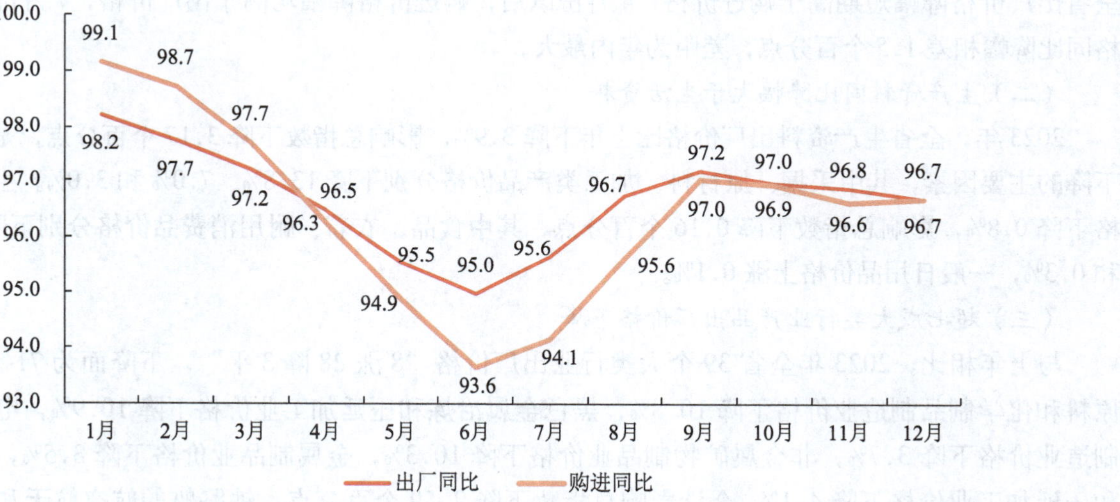

图1　2023年江苏工业生产者价格月度同比指数

（二）环比窄幅震荡

2023年，江苏工业生产者出厂价格环比涨幅运行在−0.7%至0.2%之间，购进价格环比涨幅运行在−1%至0.4%之间，呈窄幅震荡态势。1–2月，运行在下降区间；3月份出厂和购进价格分别上涨0.1%和0.2%。4–7月，出厂和购进价格环比连续下降，9月份涨幅最大，出厂和购进价格分别上涨0.2%和0.4%；11–12月，再次跌入下降区间。（具体见图2）

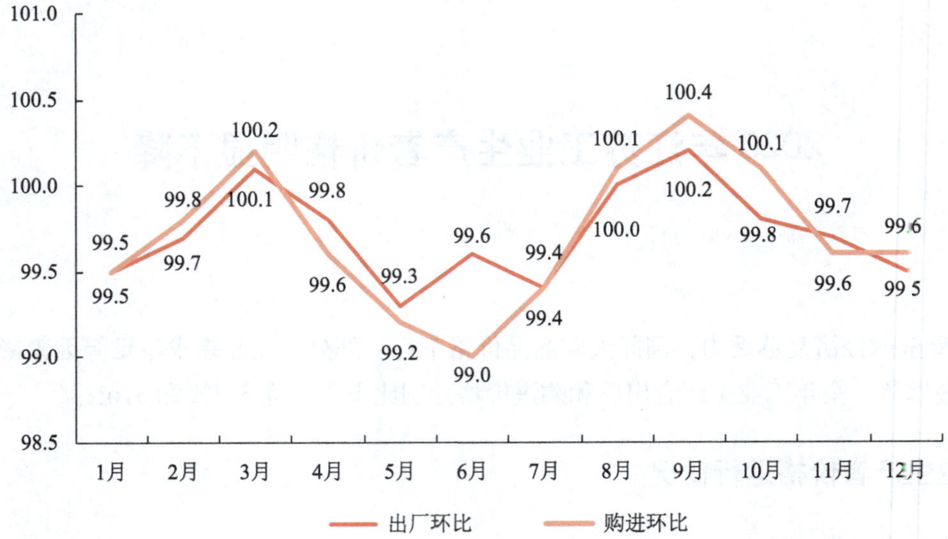

图2 2023年江苏工业生产者价格月度环比指数

二、工业生产者价格走势特点

（一）购进价格同比降幅高于出厂价格

2023年，全省工业生产者出厂和购进价格均比上年下降，购进价格降幅高于出厂0.3个百分点。1—3月，全省出厂价格降幅短期高于购进价格；4月份以后，购进价格降幅均高于出厂价格，7月份购进和出厂价格同比降幅相差1.5个百分点，差距为年内最大。

（二）生产资料同比降幅大于生活资料

2023年，全省生产资料出厂价格比上年下降3.9%，影响总指数下降3.17个百分点，是影响出厂价格下降的主要因素，其中采掘、原材料、加工类产品价格分别下降13.8%、7.0%和3.0%。生活资料出厂价格下降0.8%，影响总指数下降0.16个百分点，其中食品、衣着、耐用消费品价格分别下降3.3%、1.0%和0.3%，一般日用品价格上涨0.1%。

（三）超七成大类行业产品出厂价格下降

与上年相比，2023年全省39个大类行业出厂价格“8涨28降3平”，下降面为71.8%。其中化学原料和化学制品制造业价格下降10.8%，黑色金属冶炼和压延加工业价格下降10.9%，电气机械和器材制造业价格下降3.7%，非金属矿物制品业价格下降10.3%，金属制品业价格下降3.5%，有色金属冶炼和压延加工业价格下降4.1%，合计影响总指数下降2.59个百分点；铁路船舶航空航天和其他运输设备制造业价格上涨2.2%，文教工美体育和娱乐用品制造业价格上涨3.2%，合计影响总指数上升0.08个百分点。

（四）原材料购进价格普遍下降

与上年相比，2023年全省调查的九大类原材料购进价格“1涨8降”，下降面为88.9%。其中建筑材料及非金属类价格下降8.9%，化工原料类价格下降8.8%，农副产品类价格下降6.9%，黑色金属材料类价格下降5.6%，燃料动力类价格下降5.5%，纺织原料类价格下降2.8%，木材及纸浆类价格下降2.6%，其它工业原材料及半成品类价格下降0.9%，合计影响总指数下降3.67个百分点；有色金属材料及电线类价格上涨1.0%，影响总指数上升0.10个百分点。

（五）上年翘尾因素影响近五成

据测算，在2023年全省工业生产者出厂价格3.3%的降幅中，上年价格变动的翘尾因素影响约为1.5个百分点，对出厂价格总水平涨幅的贡献率为45.5%；2023年价格变动因素影响约为1.8个百分点，贡献率为54.5%。

（六）出厂价格降幅高于全国平均水平

2023年，江苏工业生产者出厂价格降幅高于全国（下降3.0%）0.3个百分点。全国31个省区市中，降幅较大的地区为山西（−8.7%）、内蒙古（−7.9%）、宁夏（−7.3%）。华东地区中，山东降幅最大（−3.5%），上海降幅最小（−0.3%），其他依次为安徽（−3.4%）、江西（−3.4%）、浙江（−2.7%）、福建（−1.8%）。广东工业生产者出厂价格下降1.5%。

三、价格波动原因

（一）外部压力复杂严峻，国内市场动能受到影响

2023年，欧美持续通胀，维持高利率，各主要经济体债务高企、复苏乏力。为了对华打压遏制，西方国家将贸易问题政治化，加快推行“近岸外包”“友岸外包”等策略，印度等国也开始对本土产业链供应链进行“就近化”“多元化”“属地化”调整，国内市场动能减弱，企业外贸订单减少，江苏全年制造业新订单指数、国内订单指数均值分别为48.6%、48.8%，处于收缩区间。上半年全省工业生产者出厂价格同比持续下降，6月份降幅扩大至5.0%，为年内低点；下半年，市场需求有所恢复，进出口、规上工业增加值等指标逐步企稳，全省出厂价格同比降幅连续收窄，12月份降幅较6月份收窄1.7个百分点，但仍处于下行区间。

（二）国际大宗商品价格下行，输入性因素影响较大

2023年，国际大宗商品价格整体下行，江苏作为资源输入大省，输入性降价因素影响明显，1−6月全省工业生产者购进价格同比持续下降，6月份降幅扩大至7.4%，工业企业原料采购成本不同程度下降，从成本端推动全省出厂价格不断下行；6月份部分大宗商品特别是国际原油价格触底反弹，7月份加速上涨，影响相关行业产品出厂价格上涨，7−9月，全省石油相关行业出厂价格环比分别上涨0.3%、4.5%、2.9%，9月份全省工业生产者出厂价格环比由7月份的下降0.6%转为上涨0.2%；11−12月，国际原油价格震荡回落，影响全省石油相关行业出厂价格环比分别下降2.4%、2.3%。

（三）部分行业供需矛盾加剧，价格上涨缺乏支撑

部分行业受供给充足但需求不足影响价格下行，分行业看：2023年，全国规上工业原煤产量同比增长2.9%，进口煤炭同比增长61.8%，煤炭市场供给充足，价格高位回落，全省煤炭开采和洗选业出厂价格同比下降23.3%；国内房地产业运行持续低迷，全省房地产开发投资同比下降4.2%，延续筑底态势，钢材、水泥等相关行业有效需求不足，产能出现过剩，全省黑色金属冶炼和压延加工业、非金属矿物制品业价格同比分别下降10.9%、10.3%；国内硅料、硅片市场新增产能陆续释放，市场呈现产能过剩局面，全省光伏设备及元器件制造价格同比下降17.5%。

撰稿：孙精　核稿：蔡群

2023 年江苏四调查城市房价缓慢下行

2023 年，房地产市场仍处于调整期，江苏各城市陆续调整房地产政策，但购房者信心仍不足，成交周期加长，四调查城市房价呈缓慢下行态势。

一、商品住宅销售价格走势情况

（一）新建商品住宅价格同比全部下降

2023 年四调查城市新建商品住宅价格下行趋势明显。与 2022 年相比，南京、无锡、徐州新建商品住宅价格由涨转降，分别下降 0.2%、1.3%、0.2%；扬州继续下降 0.5%，降幅收窄 1.8 个百分点。南京、无锡、徐州、扬州涨幅（由高到低）分别位居全国 70 个大中城市第 20、第 35、第 21 和第 23。

表 1　2023 年四城市新建商品住宅价格同比变动情况表（单位：%）

城市	1月	2月	3月	4月	5月	6月	7月	8月	9月	10月	11月	12月	全年
南京	0.2	−0.3	0.1	1.2	1.5	0.9	0.5	−0.2	−0.5	−0.8	−2.0	−0.2	−0.2
无锡	−0.9	−1.2	−1.1	−0.5	−0.5	−1.1	−1.4	−2.1	−1.6	−1.3	−1.6	−1.3	−1.3
徐州	−1.6	−0.9	0.3	1.4	1.3	0.7	0.8	0.3	−0.1	−1.2	−1.5	−0.2	−0.2
扬州	−2.4	−1.6	−0.7	0.4	1.3	1.8	0.7	0.0	−0.4	−0.9	−1.6	−0.5	−0.5

（二）二手住宅价格同比降幅扩大

四调查城市二手住宅价格同比自 2023 年 5 月起连续下降，且降幅逐渐扩大。2023 年南京、无锡、徐州、扬州同比分别下降 2.5%、1.5%、2.6%、2.8%，降幅比上年分别扩大 0.5、2.6、0.4 和 0.7 个百分点，涨幅（由高到低）分别位居全国 70 个大中城市第 23、第 12、第 26 和第 27。

表 2　2023 年四城市二手住宅价格同比变动情况表（单位：%）

城市	1月	2月	3月	4月	5月	6月	7月	8月	9月	10月	11月	12月	全年
南京	−2.6	−1.3	−0.8	−0.3	−0.1	−0.7	−1.7	−3.0	−4.0	−4.4	−5.4	−6.1	−2.5
无锡	−0.3	0.8	1.0	1.0	−0.2	−1.4	−2.3	−3.1	−3.1	−2.8	−3.5	−4.0	−1.5
徐州	−2.0	−0.8	0.2	−0.6	−1.5	−1.8	−2.2	−2.0	−2.9	−4.2	−6.0	−7.6	−2.6
扬州	−2.7	−2.3	−2.1	−1.0	−1.0	−1.3	−2.2	−2.9	−3.1	−4.1	−4.9	−5.9	−2.8

（三）新建商品住宅价格各月环比前涨后跌

2023 年一季度，随着疫情防控平稳转段后的需求释放，叠加春节假日效应，四调查城市新建商品住宅价格月度环比以涨为主。二季度市场信心不足，开发商推盘节奏放缓，环比由涨转跌。三季度进入传统销售淡季，市场多持观望心态，月度环比以降为主。四季度各楼盘为冲业绩，增加优惠力度，环比降幅扩大。

表 3　2023 年四城市新建商品住宅价格环比变动情况表（单位：%）

城市	1月	2月	3月	4月	5月	6月	7月	8月	9月	10月	11月	12月
南京	0.0	0.3	0.5	0.5	−0.3	−0.2	−0.1	−0.4	−0.8	−0.7	−1.0	−1.2
无锡	−0.3	0.3	0.3	0.4	−0.2	−0.4	−0.6	−0.3	0.1	−0.5	−0.7	−0.4
徐州	0.2	0.6	1.0	0.6	0.1	−0.1	0.2	−0.8	−0.6	−1.6	−0.8	−1.0
扬州	0.4	0.4	0.6	0.0	0.3	0.1	−0.3	−1.0	−1.0	−0.9	−0.9	−0.6

（四）二手住宅价格各月环比由涨转跌

2023 年一季度，疫情防控平稳转段，四调查城市 3 月份二手住宅价格环比全部上涨。随后二手房挂牌数量增加，市场供给增多，加之有些二手房主为了尽快出售而降价销售，自 4 月份开始，二手住宅环比连续 9 个月下行。

表 4　2023 年四城市二手住宅价格环比变动情况表（单位：%）

城市	1 月	2 月	3 月	4 月	5 月	6 月	7 月	8 月	9 月	10 月	11 月	12 月
南京	0.5	0.6	0.4	−0.1	−0.6	−1.1	−0.9	−0.6	−0.9	−1.1	−1.4	−1.1
无锡	−0.4	1.0	0.7	−0.2	−0.4	−0.7	−0.8	−0.6	−0.3	−0.1	−1.0	−1.1
徐州	0.1	0.8	0.3	−0.4	−0.6	−0.9	−0.9	−0.6	−1.3	−1.2	−1.8	−1.5
扬州	−0.2	−0.2	0.6	−0.1	−0.3	−0.4	−0.4	−0.8	−0.7	−1.1	−1.2	−1.3

二、房地产市场运行特点

（一）住宅成交结构发生变化

2023 年，一季度四调查城市成交量明显回升，3 月份达到年内高点，二、三季度成交量逐渐回落，四季度各项政策措施效果初显，成交量出现好转。全年四城市住宅成交近 26.2 万套，比上年增长 8.9%，其中，新建商品住宅成交 10.2 万余套，下降 17.1%；二手住宅成交近 16.0 万套，增长 36.4%。相较于 2022 年住宅成交量保持稳定，但成交结构发生明显变化，二手房交易替代了部分新房交易。

（二）市场观望心态凸显

受开发商资金困难、市场政策频调、经济大环境等多种因素影响，部分楼盘虽加大优惠力度，但新建商品住宅成交减少、周期拉长，二手住宅市场挂牌量增多，价格下行，较多购房者选择观望，购房心态发生了明显变化，由急于购房转为持币观望，关注是否有更优惠的价格，等待更利好的政策，比如房贷利率下调、购房补贴、契税补贴等。

（三）高品质住宅表现较好

从住宅销售市场看，居民正从基本的“居住需求”转向升级的、个性化的“舒适需求”，地段好、品质高的住宅去化较好且价格稳定。例如，无锡高品质楼盘畅意雅苑首开去化率超九成，因首开表现较为亮眼，随后加推收回 4 个点左右优惠。扬州碟湖院因位置较好，且公开了样板房和实景，小区绿化也基本成型，成交量基本达预期。

（四）土拍市场活跃度低

从土地拍卖市场看，整体热度不高，房企不敢轻易入市，底价成交和国企兜底仍是主要特征，开发节奏放缓，2023 年批准预售面积同比下降 15.5%。例如无锡市区前两轮集中土拍，共成交 11 幅涉宅地块，均以底价成交，城投仍为拿地主角，最后一轮土拍 8 幅地块均底价成交。徐州市区九成以上出让的住宅用地都是底价成交。

三、几点建议

（一）保持政策长效稳定

2023 年，各城市房地产市场调控政策频出，且政策惠及购房者的力度呈现加大态势。尽管在一定程度上释放出积极信号，但也加剧了购房者的观望心理，担心立刻入市购房会无法享受到后续优惠政策，因而放缓入市节奏。建议后期要保持政策的长效稳定，并落实好出台的各项政策。

（二）强化市场监管

目前房地产处于调整期，市场观望心态居多，恶意炒作、不实信息、唱衰楼市等行为，极易影响购房者的信心。建议强化市场尤其是网络舆论的监管，严厉打击不法行为，及时发布房地产市场形势有关信息，主动回应社会关注热点，有效引导房地产市场平稳健康发展。

（三）加强住宅质量监管

住宅作为居住场所，其质量直接关系着居民的人身和财产安全。目前房企暴雷、烂尾警报还未完全解除，老旧小区出现设施老化。建议加快化解资金流出现问题的楼盘项目，及时公布解决方案，加强在建工程监管，确保施工质量。要常态化巡查老旧小区，扎实开展老旧小区改造，提高居民居住的舒适度、幸福感和安全感。

撰稿：孟映云　核稿：蔡群

3 综　合

3-1 行政区划(2023年)

单位：个

市名	各级市单位数	县级单位数				镇	乡	街道办事处	居民委员会	村民委员会
			市辖区	县级市	县					
全省	**13**	**95**	**55**	**21**	**19**	**701**	**17**	**519**	**7714**	**13702**
南京市	1	11	11			6		95	920	321
无锡市	1	7	5	2		30		45	659	533
徐州市	1	10	5	2	3	97		70	765	2013
常州市	1	6	5	1		33		29	450	597
苏州市	1	9	5	4		51		46	1214	947
南通市	1	7	3	3	1	65		38	645	1293
连云港市	1	6	3		3	55	5	30	310	1424
淮安市	1	7	4		3	57		38	306	1267
盐城市	1	9	3	1	5	95		30	642	1760
扬州市	1	6	3	2	1	61	2	20	399	1008
镇江市	1	6	3	3		31		25	289	484
泰州市	1	6	3	3		61	2	25	534	1167
宿迁市	1	5	2		3	59	8	28	581	888

3-2 国民经济和社会

指标	总量指标						
	1978	1990	2000	2010	2020	2022	2023
人口与就业							
人口(万人)							
年末人口	5834.32	6766.90	7327.24	7869.34	8477.26	8515.00	8526.00
城镇人口	800.77	1458.94	3040.81	4767.63	6225.86	6337.00	6398.00
乡村人口	5033.55	5307.96	4286.43	3101.71	2251.40	2178.00	2128.00
就业(万人)							
就业人数	2777.72	4225.02	4418.14	4724.68	4893.00	4805.00	4840.00
#城镇非私营单位在岗职工人数	581.50	879.85	673.25	710.58	1263.46	1218.31	1311.38
#国有单位	366.37	536.88	411.40	263.95	265.37	279.42	343.32
宏观经济							
国民经济核算(亿元)							
地区生产总值	249.24	1416.50	8553.69	41383.87	102807.68	122875.62	128222.16
第一产业	68.71	355.17	1048.34	2409.24	4537.58	4959.38	5075.80
第二产业	131.09	692.59	4435.89	21853.60	44631.25	55888.74	56909.66
第三产业	49.44	368.74	3069.46	17121.03	53638.85	62027.50	66236.70
投资(亿元)							
房地产开发投资		11.71	358.72	4299.38	13171.27	12406.88	11932.12
#住宅			260.79	3158.46	10416.03	9923.81	9622.98
财政(亿元)							
一般公共预算收入	61.09	136.20	448.31	4079.86	9058.99	9258.88	9930.18
一般公共预算支出	28.38	100.97	591.28	4914.06	13681.55	14903.19	15242.28
物价(上年=100)							
居民消费价格指数	100.1	103.2	100.1	103.8	102.5	102.2	100.4
工业生产者出厂价格指数			101.1	107.3	97.8	103.2	96.7
工业生产者购进价格指数			107.1	112.8	96.5	105.8	96.4
利用外资(亿美元)							
实际使用投资		1.41	64.24	284.98	283.84	304.99	253.40
产　业							
农业							
农林牧渔业总产值(亿元)	105.87	580.53	1869.73	4283.21	7952.59	8733.80	8935.53

发展总量与速度指标

速度指标							
2023年比下列各年增长(%)					年平均增长(%)		
1978	1990	2000	2010	2020	1979-2022	2002-2022	2012-2023
46.1	26.0	16.4	8.3	0.6	0.8	0.7	0.6
699.0	338.5	110.4	34.2	2.8	4.7	3.3	2.3
-57.7	-59.9	-50.4	-31.4	-5.5	-1.9	-3.0	-2.9
74.2	14.6	9.5	2.4	-1.1	1.2	0.4	0.19
125.5	49.0	94.8	84.6	3.8	1.8	2.9	4.8
-6.3	-36.1	-16.5	30.1	29.4	-0.1	-0.8	2.0
11298.7	3146.3	773.0	153.5	18.2	11.1	9.9	7.4
495.1	217.9	94.4	46.7	9.2	4.0	2.9	3.0
17573.3	4279.0	883.4	156.3	20.8	12.2	10.4	7.5
20382.4	4052.3	858.9	165.3	16.8	12.6	10.3	7.8
	101796.8	3226.3	177.5	-9.4		16.5	8.2
		3589.9	204.7	-7.6		17.0	8.9
15155.0	7190.9	2115.0	143.4	9.6	12.0	14.4	7.1
53607.8	14995.9	2477.8	210.2	11.4	15.0	15.2	9.1
632.6	243.8	67.0	34.7	4.2	4.5	2.3	2.3
	96.4	23.4	2.7	6.1		0.9	0.2
	255.8	81.3	4.1	16.1		2.6	0.3
	17858.9	294.5	-11.1	-10.7		6.1	-0.9
795.3	352.8	115.3	42.4	12.5	5.0	3.4	2.8

3-2 续表 1

指 标	总 量 指 标						
	1978	1990	2000	2010	2020	2022	2023
主要农产品产量(万吨)							
粮食	2400.65	3264.15	3106.63	3235.10	3729.06	3769.13	3797.70
棉花	47.54	46.42	31.45	26.08	1.06	0.58	0.50
油料	37.44	112.39	225.65	151.97	93.01	96.28	103.42
猪牛羊肉		158.38	227.41	223.91	149.55	189.45	201.13
水产品	39.76	118.25	308.79	460.44	490.18	504.86	522.05
工业							
全部工业增加值(亿元)	117.10	634.13	3848.52	19382.18	38198.13	48593.55	49244.63
主要工业产品产量(万吨)							
粗钢	54.51	190.18	617.16	6242.75	12108.20	11905.00	11859.20
钢材	60.31	203.01	1401.83	9122.95	15004.02	14882.23	16631.46
农用化肥(折100%)	72.18	145.90	192.38	241.96	199.41	161.60	187.05
水泥	444.10	1532.89	4599.52	15647.46	15246.45	14206.29	14368.85
化学纤维	2.11	40.76	190.99	1027.19	1534.12	1631.98	2327.87
家用电冰箱(万台)		83.18	285.17	812.49	1265.22	1215.50	1535.66
汽车(万辆)	1.51	4.63	9.06	72.87	75.33	94.36	165.03
建筑业							
建筑业从事主营业务活动的从业人员平均人数(万人)		124.31	221.48	598.98	973.96	1045.12	1053.33
建筑业总产值(亿元)		147.23	1546.17	12405.90	35251.64	40660.05	42254.71
施工房屋面积(万平方米)		5241	21287	119036	267408	275135	259251
竣工房屋面积(万平方米)		3308	12330	48560	77803	76319	73122
交通运输							
货运量(万吨)	14626	49399	90436	188565	288513	292305	324766
#铁路	3224	4235	4077	6374	6866	8411	8381
公路	4488	27904	59056	123500	174624	159936	183485
水运	6557	15908	25902	48702	93467	109197	117563
客运量(万人)	25621	48339	107244	226627	85164	46350	71568
#铁路	2752	4788	4891	9711	15038	11399	28202
公路	18694	41850	101713	215850	67664	32652	38904
水运	4175	1701	514	590	1562	1582	2831
港口货物吞吐量(万吨)	10183	17002	39200	158977	296553	324327	351138

速度指标							
2023年比下列各年增长(%)					年平均增长(%)		
1978	1990	2000	2010	2020	1979-2022	2002-2022	2012-2023
58.2	16.3	22.2	17.4	1.8	1.0	0.9	1.2
-98.9	-98.9	-98.4	-98.1	-52.8	-9.6	-16.5	-26.2
176.2	-8.0	-54.2	-31.9	11.2	2.3	-3.3	-2.9
	27.0	-11.6	-10.2	34.5		-0.5	-0.8
	341.5	69.1	13.4	6.5		2.3	1.0
1[illegible]79.9	4432.4	962.8	166.3	22.2	12.4	10.8	7.8
21[illegible]56.0	6135.8	1821.6	90.0	-2.1	12.7	13.7	5.1
27[illegible]76.6	8092.4	1086.4	82.3	10.8	13.3	11.4	4.7
[illegible]9.1	28.2	-2.8	-22.7	-6.2	2.1	-0.1	-2.0
3[illegible]35.5	837.4	212.4	-8.2	-5.8	8.0	5.1	-0.7
110[illegible]25.6	5611.2	1118.8	126.6	51.7	16.8	11.5	6.5
	1746.2	438.5	89.0	21.4		7.6	5.0
1[illegible]44.6	3465.1	1720.8	126.5	119.1	11.0	13.4	6.5
	747.3	375.6	75.9	8.1		7.0	4.4
	28599.8	2632.9	240.6	19.9		15.5	9.9
	4846.6	1117.9	117.8	-3.1		11.5	6.2
	2110.5	493.1		-6.0		8.0	3.2
21[illegible]5	557.4	259.1	72.2	12.6	7.1	5.7	4.3
16[illegible].0	97.9	105.6	31.5	22.1	2.1	3.2	2.1
398[illegible]3	557.6	210.7	48.6	5.1	8.6	5.1	3.1
169[illegible].9	639.0	353.9	141.4	25.8	6.6	6.8	7.0
[illegible]7[illegible].3	48.1	-33.3	-68.4	-16.0	2.3	-1.7	-8.5
92[illegible].8	489.0	476.6	190.4	87.5	5.3	7.9	8.5
108[illegible]	-7.0	-61.8	-82.0	-42.5	1.6	-4.1	-12.3
-3[illegible]2	66.4	450.8	379.8	81.3	-0.9	7.7	12.8
3348[illegible]	1965.3	795.8	120.9	18.4	8.2	10.0	6.3

3–2 续表 2

指　　标	总量指标						
	1978	1990	2000	2010	2020	2022	2023
邮电通信业							
邮电业务总量(亿元)	1.83	9.98	323.45	2194.60	10881.16	2397.82	2631.85
函件(亿件)	1.63	3.30	5.74	9.36	1.52	1.26	1.32
年末固定电话用户(万户)			1138.06	2498.80	1265.34	1165.68	1153.38
年末移动电话用户(万户)			619.50	5923.10	9897.05	10566.88	10859.36
国内商业							
社会消费品零售总额(亿元)	84.79	515.43	2940.16	13990.35	37086.06	42752.12	45547.50
对外经济贸易和旅游							
进出口总额(亿美元)	4.27	41.39	456.38	4657.93	6427.75	8177.54	7461.29
进口	0.09	11.95	198.69	1952.43	2464.91	2951.62	2666.92
出口	4.18	29.44	257.70	2705.50	3962.83	5225.92	4794.37
接待海外旅游人数(万人)	11.33	72.48	160.94	653.55	77.03	48.53	145.05
金融保险(亿元)							
年末金融机构人民币存款	60.72	860.33	8400.75	58984.14	172580.27	212225.20	239679.55
年末金融机构人民币贷款	115.29	1013.45	5967.66	42121.04	154523.28	203925.53	233995.68
国内保险保费收入		9.31	132.03	1162.67	4015.10	4317.72	4790.30
教育、科技、文化							
教育(万人)							
高等学校本专科在校学生	6.05	14.69	45.19	164.94	225.84	251.87	261.86
中等专业学校在校学生	3.84	13.99	43.62	68.30	50.83	45.49	45.95
普通中学在校学生	385.85	281.97	373.64	368.61	369.80	405.39	420.47
小学在校学生	868.90	612.29	718.55	398.78	580.82	585.63	588.53
科技							
各类专业技术人员(万人)	22.18	158.86	194.24	140.53	125.12	134.79	137.06
#工程技术人员	7.83	31.84	44.84	19.00	12.37	13.65	14.40
文化							
图书出版量(亿册)	1.94	3.44	3.47	5.17	7.00	6.74	7.47
杂志出版量(万册)	535	4107	11008	10475	10936	11601	11116
报纸出版量(亿份)	2.45	8.27	23.34	27.12	19.25	19.02	17.81
家庭、生活、环境							
家庭							

速度指标							
2023年比下列各年增长(%)					年平均增长(%)		
1978	1990	2000	2010	2020	1979—2022	2002—2022	2012—2023
143716.9	26271.2	713.7	19.9	-75.8	17.5	9.5	1.4
-19.0	-60.0	-77.0	-85.9	-13.0	-0.5	-6.2	-14.0
		1.3	-53.8	-8.8		0.1	-5.8
		1652.9	83.3	9.7		13.3	4.8
53618.0	8736.8	1449.2	225.6	22.8	15.0	12.7	9.5
174437.2	17926.4	1534.9	60.2	16.1	18.0	12.9	3.7
2953299.8	22212.1	1242.3	36.6	8.2	25.7	12.0	2.4
114471.8	16186.2	1760.5	77.2	21.0	16.9	13.6	4.5
1180.2	100.1	-9.9	-77.8	88.3	5.8	-0.5	-10.9
394529.2	27759.0	2753.1	306.3	38.9	20.2	15.7	11.4
202562.7	22989.0	3821.1	455.5	51.4	18.4	17.3	14.1
	51353.3	3528.2	312.0	19.3		16.9	11.5
4228.3	1682.6	479.5	58.8	15.9	8.7	7.9	3.6
1096.6	228.4	5.3	-32.7	-9.6	5.7	0.2	-3.0
9.0	49.1	12.5	14.1	13.7	0.2	0.5	1.0
-32.3	-3.9	-18.1	47.6	1.3	-0.9	-0.9	3.0
517.9	-13.7	-29.4	-2.5	9.5	-1.1	-1.5	-0.2
-3.9	-54.8	-67.9	-24.2	16.4	1.4	-4.8	-2.1
285.3	117.3	115.4	44.6	6.7	3.0	3.4	2.9
1977.8	170.7	1.0	10.9	3.6	7.0	0.0	0.8
625.8	115.3	-23.7	-34.3	-7.5	4.5	-1.2	-3.2

3-2 续表 3

指 标	总 量 指 标						
	1978	1990	2000	2010	2020	2022	2023
总户数(万户)	1423.11	1806.78	2220.38	2564.59	3193.26	3284.32	3297.25
城镇居民平均每户家庭人口(人)		3.34	3.07	2.79	2.97	2.93	2.88
农村居民平均每户家庭人口(人)		4.10	3.74	3.68	2.89	2.83	2.94
居住(平方米)							
城镇居民人均住房建筑面积	5.7	17.3	25.5	33.4	48.3	49.3	44.13
农村居民人均住房建筑面积	9.7	25.2	33.7	46.3	62.5	66.1	60.92
生活(元)							
城镇居民人均可支配收入	288	1464	6800	22944	53102	60178	63211
农村居民人均可支配收入	155	884	3595	9118	24198	28486	30488
工资							
工资总额(亿元)	29.05	184.60	705.36	2841.33	13044.40	15069.58	15722.54
职工平均工资(元)	513	2129	10299	40505	106034	124175	127620.0
卫生							
医疗卫生机构数(个)	9277	12366	12813	30961	35746	37001	39543
#医院			634	1157	1996	2087	2175
基层医疗卫生机构				29098	32702	33947	36378
专业公共卫生机构				449	658	510	513
其他机构				257	390	457	477
床位数(万张)	12.29	16.45	17.31	26.97	53.50	56.30	57.88
#医院			10.01	19.55	42.17	44.37	45.65
基层医疗卫生机构				6.86	10.16	10.61	10.82
专业公共卫生机构				0.34	0.94	1.11	1.13
其他机构				0.22	0.22	0.21	0.28
卫生技术人员数(万人)	14.00	21.35	25.36	32.84	66.55	71.37	74.34
#执业(助理)医师	5.70	9.94	11.44	12.90	26.78	27.92	29.01
注册护士	1.79	5.34	7.39	12.03	29.42	31.83	33.34
市政建设							
自来水供水量(亿吨)	3.51	25.67	35.34	48.28	58.75	70.15	71.22
排水管道长度(公里)	1503	4099	11097	46867	88001	104783	107528
年末实有道路长度(公里)	1893	5812	11011	31899	50861	59961	60623

速度指标							
2023年比下列各年增长(%)					年平均增长(%)		
1978	1990	2000	2010	2020	1979—2022	2002—2022	2012—2023
131.7	82.5	48.5	28.6	3.3	1.9	1.7	2.0
	-13.8	-6.2	3.2	-3.0		-0.3	0.2
	-28.3	-21.4	-20.1	1.8		-1.0	-1.7
674.2	155.2	72.8	32.2	-8.6	4.7	2.4	2.2
528.0	141.7	80.8	31.5	-2.5	4.2	2.6	2.1
23848.3	4217.7	829.6	175.5	19.0	12.7	10.2	8.1
15570.0	3348.9	748.1	234.4	26.0	12.5	9.7	9.7
54022.3	8417.1	2129.0	453.4	20.5	15.0	14.4	14.1
24777.2	5894.4	1139.1	215.1	20.4	13.0	11.6	9.2
526.2	219.8	208.6	27.7	10.6	3.3	5.0	1.9
		243.1	88.0	9.0		5.5	5.0
			25.0	11.2			1.7
			14.3	-22.0			1.0
			85.6	22.3			4.9
371.0	251.9	234.4	114.6	8.2	3.5	5.4	6.1
		356.1	133.5	8.3		6.8	6.7
			57.7	6.5			3.6
			232.8	20.4			9.7
			29.8	28.0			2.0
411.0	248.2	193.1	126.4	11.7	3.8	4.8	6.5
418.9	191.9	153.6	124.9	8.3	3.7	4.1	6.4
1702.6	524.3	351.2	177.2	13.3	6.7	6.8	8.2
1929.1	177.4	101.5	47.5	21.2	6.9	3.1	3.0
7054.2	2523.3	869.0	129.4	22.2	10.0	10.4	6.6
3102.5	943.1	450.6	90.0	19.2	8.0	7.7	5.1

3-3 国民经济和社会发展比例和效益指标(2018—2023年)

指标	2018	2019	2020	2021	2022	2023
人口与就业(‰)						
出生率	8.88	8.69	6.66	5.65	5.23	4.81
死亡率	6.47	6.48	6.49	6.77	7.04	7.55
自然增长率	2.41	2.21	0.17	-1.12	-1.81	-2.74
国民经济核算						
服务业增加值占地区生产总值比重(%)	50.4	51.5	52.2	51.1	51.0	50.6
人均地区生产总值(元)	110508	116650	121231	138255	143466	150487
人均地区生产总值(美元)	16699	16909	17576	21430	21330	21356
全社会劳动生产率(元/人)	191005	201544	209712	238552	252567	265883
固定资产投资(%)						
第一产业占固定资产投资完成额比重	0.5	0.6	0.8	0.6	0.5	0.5
第二产业占固定资产投资完成额比重	44.1	43.4	41.1	43.5	45.7	47.4
第三产业占固定资产投资完成额比重	55.4	56.0	58.1	55.8	53.8	52.1
消费						
人均社会消费品零售额(元)	42055	44543	43769	50290	50236	53456
对外贸易(%)						
进出口总额相当于地区生产总值比例	47.1	44.0	43.3	44.7	44.6	40.9
出口总额相当于地区生产总值比例	28.7	27.6	26.7	16.8	28.5	26.3
高新技术产品出口额占出口总额的比重	38.0	36.6	39.3	34.7	34.7	33.6
机电产品出口额占出口总额的比重	66.1	66.0	63.7	66.4	66.2	68.1
一般贸易出口额占出口总额的比重	50.3	53.2	53.4	58.0	58.8	58.4
加工贸易出口额占出口总额的比重	38.4	37.9	35.3	30.8	31.2	32.6
财政(%)						
一般公共预算收入相当于地区生产总值比例	9.3	8.8	8.8	8.6	7.6	7.7
一般公共预算支出相当于地区生产总值比例	12.5	12.7	13.3	12.5	12.1	11.9
农业(千克/公顷)						
每公顷播种面积农产品产量						
粮食	6684	6887	6898	6902	6923	6957
棉花	1241	1350	1269	1363	1397	1455
油料	3278	3331	3338	3304	3334	3320
工业						
资产负债率(%)	52.62	53.00	53.09	53.76	54.83	54.76
流动资产周转次数(次/年)	2.00	1.71	1.58	1.65	1.56	1.49
成本费用利润率(%)	6.91	6.17	6.51	6.66	6.13	6.21
建筑业						
建筑业劳动生产率(元/人)	349703	363015	361942	369394	389048	401155
产值利税率(%)	7.43	6.89	6.78	6.31	5.72	5.68
房屋建筑面积竣工率(%)	30.4	30.5	29.1	27.4	27.7	28.2

3-3 续表

指 标	2018	2019	2020	2021	2022	2023
交通运输业（公里／万平方公里）						
铁路网密度	283	330	373	394	394	431
公路网密度	14807	14919	14748	14742	14798	14808
邮电通信业						
电话普及率(含移动电话)(部/百人)	139.0	142.8	131.7	134.3	137.8	140.9
移动电话普及率(部/百人)	121.7	126.3	116.7	120.1	124.1	127.4
旅游业						
每一来华游客花费(美元)	1160	1187	2151	1846	1864	1905
国内旅游人均花费(元)	1578	1587	1725	1642	1738	1258
金融业(%)						
金融机构存款相当于地区生产总值比例	149.9	154.9	168.0	162.8	172.7	186.9
金融机构贷款相当于地区生产总值比例	124.2	135.1	150.4	152.9	166.0	182.5
金融机构年末人民币贷、存款余额比例	82.8	87.2	89.5	93.9	96.1	97.5
教育						
每万人口在校大学生数(人)	248.5	258.8	266.5	280.1	295.8	307.1
初中升学率(%)	100.0	100.0	100.0	100.0	100.0	100.0
小学升学率(%)	100.0	100.0	100.0	100.0	100.0	100.0
学龄儿童入学率(%)	100.0	100.0	100.0	100.0	100.0	100.0
科技						
研发经费支出相当于地区生产总值比例(%)	2.69	2.82	2.93	2.95	3.14	3.29
高新技术产业产值占工业总产值比例(%)	43.8	44.4	46.5	47.5	48.5	49.9
每万人发明专利拥有量(件/万人)	26.45	30.16	36.14	41.17	50.39	62.20
卫生						
每万人口执业(助理)医师数(人)	29.0	31.6	31.6	32.1	32.8	34.0
每万人口医疗机构床位数(张)	59.7	59.7	58.9	59.7	61.5	63.3
医疗机构病床使用率(%)	82.0	81.0	71.6	71.9	69.3	76.5
人民生活						
城镇恩格尔系数(%)	26.1	25.5	26.8	26.2	26.4	26.6
农村恩格尔系数(%)	26.2	26.2	30.6	32.1	32.8	32.8
城乡收入比(以农民收入为1)	2.26	2.25	2.19	2.16	2.11	2.07
城市市政建设						
用水普及率(%)	100.0	100.0	100.0	100.0	100.0	100.0
燃气普及率(%)	99.8	99.8	99.9	99.9	99.9	100.0
人均公园绿地面积(平方米)	14.7	15.0	15.3	15.6	15.9	16.2

3-4 江苏省国民经济指标占全国的比重(2023年)

指　　标	全　国	江　苏	江苏占全国的比重(%)
土地面积(万平方公里)	960	10.72	1.1
年末总人口(万人)	140967	8526.00	6.0
地区生产总值(亿元)	1260582	128222.16	10.2
第一产业	89755	5075.80	5.7
第二产业	482589	56909.66	11.8
第三产业	688238	66236.70	9.6
人均地区生产总值(元)	89358	150487	高61129元
一般公共预算收入(亿元)	117219	9930.20	8.5
房地产开发投资(亿元)	112142	11932.12	10.6
社会消费品零售总额(亿元)	471495	45547.50	9.7
进出口总额(亿元)	417510	52495.40	12.6
#出口	237656	33716.10	14.2
普通高等学校本专科在校生(万人)	3775	261.86	6.9
医疗卫生机构床位数(万张)	1017	57.88	5.7
卫生技术人员(万人)	1249	74.34	6.0
#执业(助理)医师	478	29.01	6.1
居民人均可支配收入(元)	39218	52674	高13456元
城镇常住居民人均可支配收入(元)	51821	63211	高11390元
农村常住居民人均可支配收入(元)	21691	30488	高8797元
工农业主要产品产量(万吨)			
粮食	69541	3797.70	5.5
棉花	562	0.50	0.1
油料	3864	103.42	2.7
粗钢	102886	11859.20	11.5
钢材	138379	16631.46	12.0
水泥	201940	14368.85	7.1
农用化肥(折100%)	5684	187.05	3.3
化学纤维	7567	2095.88	27.7
布(亿米)	319	59.50	18.7
汽车(万辆)	3010	195.23	6.5

3-5　全省人均国民经济主要指标

指　　标	1978	2005	2010	2015	2020	2022	2023
地区生产总值(元)	430	23984	52787	89426	121231	144386	150487
第一产业	118	1934	3228	4960	5354	5828	5957
第二产业	226	13553	27885	41881	52196	65673	66791
第三产业	85	8496	21673	42584	63678	72886	77738
#工业	202	12117	24723	36147	44546	57100	57795
建筑业	24	1437	3162	5782	7708	8669	9114
房地产业	9	1058	3254	6217	10557	9321	9135
一般公共预算收入(元)	105	1751	5204	10076	10691	10880	11654
一般公共预算支出(元)	49	2215	6268	12158	16147	17512	17889
房地产开发投资(元)		2045	5484	10233	15545	14579	13956
社会消费品零售额(元)	146	7591	17115	32475	43769	50236	53456
进出口总额(美元)	7	3017	5941	6847	7586	9609	8968
#出口	7	1628	3451	4250	4677	6141	5627
城镇常住居民人均可支配收入(元)	288	12319	22944	37173	53102	60178	63211
农村常住居民人均可支配收入(元)	155	5276	9118	16257	24198	28486	30488
在校大学生数(人/万人)	10	155	210	235	266	296	307
医疗机构床位数(张/万人)	19	26	31	48	59	66	68
卫生技术人员数(人/万人)	24	34	42	61	79	84	87
#执业医师	10	15	16	24	32	33	34
主要工农业产品产量(千克)							
粮食	414	380	421	451	440	443	446
棉花	8.2	4.3	3.3	1.5	0.1	0.1	0.1
油料	6	29	16	12	11	11	12
粗钢	9	435	796	1380	1429	1399	1392
原煤	294	373	271	241	121	113	96
发电量(千瓦小时)	218	2368	4285	5461	5959	6852	7167

主要统计指标解释

行政区划 指国家对行政区域的划分。根据有关法规规定，我国的行政区域划分如下：(1)全国分为省、自治区、直辖市；(2)省、自治区分为自治州、县、自治县、市；(3)自治州分为县、自治县、市；(4)县、自治县分为乡、民族乡、镇；(5)直辖市和较大的市分为区、县；(6)国家在必要时设立的特别行政区。

平均增长速度 平均增长速度表明社会经济现象在一个较长的时期内逐期平均增长变化的程度，它不能根据各个环比增长速度直接求得，但与平均发展速度之间存在着一定的数量关系：平均增长速度＝平均发展速度−1。

平均发展速度是一种根据环比发展速度计算的序时平均数，由于各时期对比的基础不同，所以计算平均发展速度不能采用一般的序时平均数的计算方法，计算方法分为水平法和累计法。水平法，又称几何平均法，即将环比发展速度按连乘法用几何平均数公式计算。累计法，也称方程法，根据一段时期内各年发展水平总和与基期水平的关系，列出方程式计算平均发展速度。水平法着重考虑最后一年所达到的发展水平；累计法着重考虑整个时期累计发展水平的总量。

本《年鉴》内所列的平均增长速度，均用“水平法”计算。从某年到某年平均增长速度的年分，均不包括基期年在内。如 1978 年以来的平均增长速度是以 1978 年为基期计算的，则写为 1979−2021 年平均增长速度，其余类推。

4

农 业

4-1 历年粮食生产情况(1978-2023年)

年 份	粮食播种面积(千公顷)	粮食产量(万吨)			
			#小麦	#稻谷	#玉米
1978	6310.93	2400.65	388.62	1281.77	123.11
1979	6181.46	2574.70	534.45	1301.27	132.99
1980	6090.25	2417.95	507.82	1175.43	122.77
1981	6395.58	2511.65	525.97	1306.71	173.47
1982	6387.55	2855.45	709.57	1437.59	194.56
1983	6468.60	3052.75	761.00	1605.15	190.72
1984	6566.73	3353.60	904.28	1749.58	207.94
1985	6432.44	3126.52	829.44	1638.51	221.60
1986	6494.37	3339.56	938.32	1702.73	241.68
1987	6483.30	3257.70	899.53	1651.82	241.11
1988	6393.39	3243.36	894.31	1658.57	243.09
1989	6454.51	3282.80	846.09	1780.25	277.45
1990	6363.02	3264.15	929.75	1728.90	233.01
1991	6202.77	3035.51	825.87	1648.86	211.93
1992	6180.77	3320.55	1040.39	1712.91	217.43
1993	6029.66	3279.70	961.55	1699.29	261.76
1994	5748.78	3124.05	899.17	1641.58	228.27
1995	5755.15	3286.30	892.57	1798.59	270.78
1996	5877.42	3476.35	1014.25	1870.15	259.90
1997	5994.43	3563.79	1064.74	1931.17	243.71
1998	5946.26	3415.12	759.68	2089.13	286.23
1999	5828.52	3559.03	1070.80	1937.30	264.80
2000	5304.31	3106.63	796.40	1801.30	236.80
2001	4886.66	2942.05	703.90	1693.20	259.90
2002	4882.58	2907.05	644.50	1709.90	261.70
2003	4659.47	2471.85	608.70	1404.60	197.30
2004	4774.59	2829.06	687.70	1673.20	216.60
2005	4909.48	2834.59	728.50	1706.70	174.80
2006	5110.80	3096.03	901.62	1778.02	196.97
2007	5193.83	3122.27	973.90	1755.38	198.21
2008	5299.32	3192.23	1019.33	1764.02	220.38
2009	5329.72	3260.87	1037.07	1795.23	234.54
2010	5372.17	3284.99	1059.70	1800.33	237.90
2011	5411.17	3357.10	1087.77	1846.34	244.67
2012	5458.52	3431.55	1133.25	1878.76	249.45
2013	5475.22	3440.82	1162.56	1891.89	237.31
2014	5517.55	3523.04	1225.47	1882.55	284.79
2015	5572.54	3594.71	1248.96	1917.33	302.04
2016	5583.28	3542.44	1245.81	1898.94	284.44
2017	5527.31	3610.80	1295.47	1892.57	318.07
2018	5475.93	3660.28	1289.12	1958.03	299.95
2019	5381.48	3706.20	1317.51	1959.64	311.07
2020	5405.64	3729.06	1333.87	1965.70	308.30
2021	5427.54	3746.10	1342.22	1984.63	300.06
2022	5444.43	3769.13	1365.74	1991.61	295.84
2023	5458.94	3797.70	1373.53	2003.25	298.85

4-2 主要粮食作物播种面积(2000-2023年)

单位：千公顷

指　标	2000年	2005年	2010年	2015年	2017年	2018年	2019年	2020年	2021年	2022年	2023年
全年粮食	**5304.31**	**4909.48**	**5372.17**	**5572.54**	**5527.31**	**5475.93**	**5381.48**	**5405.64**	**5427.54**	**5444.43**	**5458.94**
一、夏收粮食	**2245.90**	**1995.30**	**2404.11**	**2539.05**	**2514.20**	**2501.49**	**2451.05**	**2444.18**	**2461.62**	**2470.76**	**2480.50**
(一)夏收谷物			2325.64	2493.83	2467.77	2450.63	2389.08	2380.58	2397.54	2409.76	2420.93
1.小麦	1954.60	1684.44	2200.20	2410.66	2412.75	2403.96	2346.93	2338.89	2357.87	2377.27	2389.52
2.大麦			122.66	81.20	53.10	45.02	40.74	40.24	38.33	31.20	30.23
3.元麦			2.78	1.97	1.92	1.65	1.41	1.45	1.34	1.29	1.18
(二)夏收豆类			78.47	45.22	46.43	50.86	61.97	63.60	64.08	61.00	59.57
二、秋收粮食	**3058.40**	**2914.20**	**2968.06**	**3033.49**	**3013.11**	**2974.44**	**2930.43**	**2961.46**	**2965.92**	**2973.67**	**2978.44**
(一)秋收谷物			2666.59	2793.71	2784.03	2732.59	2690.43	2714.75	2722.31	2719.36	2714.14
1.稻谷	2203.46	2209.33	2224.86	2250.32	2237.72	2214.72	2184.29	2202.84	2219.20	2221.42	2221.02
2.玉米	423.16	370.24	439.57	540.98	543.21	515.77	504.24	509.76	500.60	495.04	488.31
3.谷子			0.05	0.31	0.14	0.10	0.10	0.18	0.09	0.02	
4.高粱			0.03	0.21	0.18	0.26	0.23	0.26	0.65	1.68	3.71
5.荞麦			0.71	0.49	0.47	0.39	0.38	0.29	0.32	0.81	0.68
6.其他谷物			1.37	1.40	2.31	1.35	1.19	1.42	1.45	0.39	0.42
(二)秋收豆类			239.16	205.28	203.28	206.19	204.02	207.65	203.81	219.12	230.88
1.大豆	249.20	214.80	224.23	195.82	194.40	193.75	191.79	196.39	192.79	210.38	225.36
2.绿豆			4.04	3.77	2.04	3.98	3.76	3.28	3.19	2.41	1.49
3.红小豆			8.87	5.11	6.29	8.22	8.29	7.80	7.62	6.30	4.02
(三)秋收薯类	158.30	100.20	62.31	34.50	25.80	35.66	35.98	39.07	39.80	35.19	33.42

4-3 主要粮食作物产品产量(2000-2023年)

单位：万吨

指 标	2000年	2005年	2010年	2015年	2017年	2018年	2019年	2020年	2021年	2022年	2023年
全年粮食	**3106.63**	**2834.59**	**3284.99**	**3594.71**	**3610.80**	**3660.28**	**3706.20**	**3729.06**	**3746.10**	**3769.13**	**3797.70**
一、夏收粮食	**899.75**	**844.42**	**1143.53**	**1304.03**	**1335.82**	**1326.42**	**1356.64**	**1373.79**	**1380.74**	**1400.30**	**1407.05**
(一)夏收谷物			1124.21	1292.98	1324.50	1313.62	1340.57	1356.78	1363.92	1383.77	1390.95
1.小麦	796.40	728.50	1059.70	1248.96	1295.47	1289.12	1317.51	1333.87	1342.22	1365.74	1373.53
2.大麦			63.50	43.30	28.33	23.88	22.49	22.33	21.18	17.51	16.95
3.元麦			1.01	0.73	0.70	0.62	0.56	0.58	0.53	0.52	0.47
(二)夏收豆类			19.32	11.04	11.32	12.80	16.07	17.01	16.82	16.53	16.10
二、秋收粮食	**2206.88**	**1990.17**	**2141.47**	**2290.68**	**2274.98**	**2333.86**	**2349.56**	**2355.27**	**2365.36**	**2368.83**	**2390.64**
(一)秋收谷物			2038.99	2220.11	2211.71	2258.91	2271.47	2274.86	2235.70	2288.81	2304.61
1.稻谷	1801.30	1706.70	1800.33	1917.33	1892.57	1958.03	1959.64	1965.70	1984.63	1991.61	2003.25
2.玉米	236.80	174.80	237.90	302.04	318.07	299.95	311.07	308.30	300.06	295.84	298.85
3.谷子			0.01	0.04	0.03	0.01	0.01	0.03	0.01	0.00	
4.高粱			0.01	0.16	0.15	0.20	0.18	0.16	0.37	0.96	2.13
5.荞麦			0.23	0.16	0.16	0.13	0.12	0.10	0.10	0.25	0.21
6.其他谷物			0.52	0.39	0.73	0.58	0.45	0.57	0.53	0.15	0.17
(二)秋收豆类			62.34	49.14	47.47	52.17	54.23	54.63	53.26	56.73	63.69
1.大豆	67.00	48.70	58.25	46.94	44.95	49.12	51.29	51.93	50.70	54.75	62.40
2.绿豆			0.97	0.90	0.48	1.01	0.92	0.82	0.78	0.58	0.37
3.红小豆			2.16	1.24	1.48	1.94	1.96	1.78	1.72	1.39	0.92
(三)秋收薯类	94.20	55.30	40.14	21.43	15.80	22.79	23.86	25.77	26.41	23.29	22.35

4-4 主要粮食作物单位面积产量(2000—2023年)

单位：公斤/公顷

指 标	2000年	2005年	2010年	2015年	2017年	2018年	2019年	2020年	2021年	2022年	2023年
全年粮食	**5857**	**5774**	**6115**	**6451**	**6533**	**6684**	**6887**	**6898**	**6902**	**6923**	**6957**
一、夏收粮食	**4006**	**4232**	**4757**	**5136**	**5313**	**5303**	**5535**	**5621**	**5609**	**5667**	**5672**
(一)夏收谷物			4834	5185	5367	5360	5611	5699	5689	5742	5746
1.小麦	4075	4325	4816	5181	5369	5363	5614	5703	5692	5745	5748
2.大麦			5177	5332	5335	5304	5521	5550	5525	5612	5607
3.元麦			3640	3695	3669	3732	4005	4005	3930	4008	3998
(二)夏收豆类			2462	2442	2439	2517	2593	2675	2625	2711	2703
二、秋收粮食	**7216**	**6829**	**7215**	**7551**	**7550**	**7846**	**8018**	**7953**	**7975**	**7966**	**8026**
(一)秋收谷物			7646	7947	7944	8267	8443	8380	8396	8417	8491
1.稻谷	8175	7725	8092	8520	8458	8841	8972	8924	8943	8966	9020
2.玉米	5595	4721	5412	5583	5855	5815	6169	6048	5994	5976	6120
3.谷子			1580	1413	2067	1330	1330	1444	1211	1200	
4.高粱			2600	7495	8350	7742	7804	6265	5625	5700	5730
5.荞麦			3180	3214	3466	3426	3284	3386	3155	3030	3150
6.其他谷物			3779	2819	3161	4315	3743	4011	3634	3877	4081
(二)秋收豆类			2606	2394	2335	2530	2658	2631	2613	2589	2758
1.大豆	2687	2266	2598	2397	2312	2535	2674	2645	2630	2603	2769
2.绿豆			2400	2393	2357	2541	2451	2488	2459	2405	2460
3.红小豆			2431	2427	2352	2365	2367	2277	2258	2213	2282
(三)秋收薯类	5952	5520	6443	6211	6125	6390	6632	6597	6635	6618	6687

4-5 市县粮食播种

市县名称	一、粮食			1. 夏收粮食		
	播种面积	单产	总产量	播种面积	单产	总产量
江苏省	**5458.94**	**6957**	**37976976**	**2480.50**	**5672**	**14070547**
南京市	**139.04**	**7145**	**993458**	**44.42**	**4994**	**221865**
市辖区	7.23	6306	45570	2.75	4979	13710
浦口区	4.99	6675	33292	1.35	5043	6817
江宁区	28.36	7549	214046	7.30	4786	34941
六合区	59.27	6972	413229	21.25	5142	109264
溧水区	28.69	7243	207801	9.05	4924	44549
高淳区	10.51	7566	79519	2.72	4621	12585
无锡市	**81.87**	**6891**	**564113**	**37.20**	**4857**	**180674**
市辖区	3.33	6625	22082	1.61	4905	7913
锡山区	7.19	7006	50374	3.11	4971	15476
江阴市	19.18	6870	131795	8.38	4635	38839
宜兴市	52.16	6900	359862	24.09	4916	118445
徐州市	**770.07**	**6559**	**5050696**	**354.06**	**6023**	**2132526**
市辖区	61.18	6336	387646	27.49	5789	159163
铜山区	126.46	6715	849144	60.53	6170	373497
丰县	100.67	6108	614877	43.45	6064	263473
沛县	100.31	6643	666307	43.63	6156	268566
睢宁县	147.11	6452	949123	74.00	5964	441336
新沂市	106.57	6802	724897	53.46	5932	317106
邳州市	127.77	6721	858703	51.50	6008	309386
常州市	**96.59**	**7298**	**704873**	**34.08**	**4867**	**165875**
市辖区	9.22	6720	61961	3.08	4582	14123
武进区	7.95	7274	57851	2.26	4608	10419
金坛区	24.28	7135	173257	9.06	4850	43928
溧阳市	55.13	7470	411804	19.68	4948	97405
苏州市	**132.43**	**7181**	**951000**	**56.33**	**4771**	**268719**
市辖区	5.64	6464	36458	2.54	4350	11049
吴中区	3.73	7273	27103	1.13	3845	4357
吴江区	22.88	7402	169372	8.86	4730	41904
常熟市	33.83	7198	243506	15.06	4687	70596
张家港市	31.48	7085	223026	14.20	5045	71659
昆山市	12.90	7470	96376	4.71	4762	22431
太仓市	21.97	7063	155159	9.82	4760	46724
南通市	**537.26**	**6380**	**3427926**	**238.85**	**5073**	**1211795**
市辖区	5.79	6368	36854	2.65	5568	14766
通州区	75.91	6686	507523	33.61	5328	179094
海门区	53.06	4870	258366	21.48	3630	77973
如东县	141.31	6952	982396	67.75	5316	360176
启东市	80.92	4152	335951	29.50	3432	101222
如皋市	100.13	6812	682095	46.66	5310	247780
海安市	80.14	7795	624740	37.20	6204	230784
连云港市	**513.02**	**7184**	**3685747**	**249.39**	**5915**	**1475107**
市辖区	66.20	6886	455867	31.41	5987	188020
赣榆区	73.04	7246	529211	35.85	5790	207598
东海县	164.23	7141	1172795	79.07	5911	467370
灌云县	121.49	7258	881742	58.13	5939	345213
灌南县	88.06	7337	646133	44.94	5940	266906

面积与产量(2023年)

单位：千公顷、公斤/公顷、吨

#小麦			#夏收豆类			2．秋收粮食		
播种面积	单产	总产量	播种面积	单产	总产量	播种面积	单产	总产量
2389.52	**5748**	**13735321**	**59.57**	**2703**	**161027**	**2978.44**	**8026**	**23906429**
43.73	**5029**	**219884**	**0.70**	**2847**	**1981**	**94.62**	**8155**	**771593**
2.74	4988	13666	0.01	3300	44	4.47	7122	31861
1.32	5102	6734	0.03	2621	83	3.64	7281	26475
7.21	4815	34732	0.09	2408	209	21.06	8506	179105
21.13	5153	108890	0.11	3281	374	38.02	7994	303966
8.65	5022	43424	0.40	2811	1125	19.64	8311	163252
2.67	4653	12439	0.05	2922	146	7.79	8596	66934
35.92	**4938**	**177371**	**1.28**	**2580**	**3303**	**44.67**	**8585**	**383439**
1.61	4905	7913				1.72	8238	14169
3.11	4971	15476				4.08	8559	34898
7.94	4730	37552	0.44	2925	1287	10.80	8604	92956
23.25	5007	116429	0.84	2400	2016	28.06	8602	241416
353.80	**6024**	**2131431**	**0.12**	**2860**	**346**	**416.01**	**7015**	**2918170**
27.49	5789	159163				33.69	6783	228483
60.52	6171	373469	0.01	2800	28	65.93	7215	475647
43.34	6069	263030	0.07	2958	210	57.22	6141	351404
43.63	6156	268566				56.68	7017	397742
74.00	5964	441336				73.11	6946	507787
53.32	5936	316481	0.04	2700	108	53.11	7678	407791
51.50	6008	309386				76.27	7202	549316
33.04	**4932**	**162929**	**0.85**	**2566**	**2184**	**62.50**	**8624**	**538998**
2.84	4732	13438	0.16	2484	395	6.14	7794	47839
2.10	4775	10015	0.16	2475	404	5.69	8333	47432
8.82	4892	43143	0.13	2500	313	15.23	8493	129329
19.28	4997	96333	0.40	2655	1072	35.45	8870	314399
55.75	**4798**	**267484**	**0.58**	**2129**	**1235**	**76.10**	**8965**	**682281**
2.54	4350	11049				3.10	8196	25409
1.13	3845	4357				2.59	8771	22746
8.80	4748	41778	0.06	2100	126	14.02	9091	127468
14.95	4706	70363	0.11	2118	233	18.77	9214	172910
14.05	5076	71335	0.15	2160	324	17.28	8761	151367
4.64	4802	22279	0.07	2171	152	8.19	9026	73946
9.63	4812	46324	0.19	2105	400	12.15	8924	108435
194.24	**5619**	**1091423**	**39.95**	**2403**	**96013**	**298.41**	**7427**	**2216131**
2.29	5747	13160	0.15	2842	420	3.13	7046	22087
27.58	5823	160598	5.63	2901	16323	42.30	7765	328429
11.59	4781	55422	9.51	2228	21176	31.58	5713	180394
59.31	5550	329189	5.90	2895	17081	73.55	8459	622220
12.97	5094	66052	16.29	2094	34113	51.42	4565	234729
43.83	5433	238147	2.09	2765	5767	53.47	8122	434316
36.67	6242	228855	0.39	2907	1134	42.95	9173	393956
246.51	**5921**	**1459495**	**0.15**	**2270**	**347**	**263.62**	**8386**	**2210640**
31.41	5987	188020				34.80	7697	267848
34.12	5801	197913				37.18	8649	321613
78.53	5918	464721	0.07	2271	159	85.16	8284	705425
57.67	5943	342713	0.05	2191	102	63.36	8468	536528
44.78	5943	266128	0.04	2370	86	43.12	8794	379227

4–5 续表 1

市县名称	一、粮食			1. 夏收粮食		
	播种面积	单产	总产量	播种面积	单产	总产量
淮安市	**683.68**	**7238**	**4948207**	**317.60**	**5833**	**1852692**
市辖区	20.23	7300	147641	10.15	5963	60493
淮安区	132.81	7409	983928	64.63	5883	380236
淮阴区	98.93	7104	702752	50.94	5879	299513
洪泽区	65.88	7705	507639	32.16	6018	193555
涟水县	141.93	6863	974110	65.51	5694	373000
盱眙县	148.03	7133	1055818	58.69	5676	333127
金湖县	75.88	7595	576318	35.52	5990	212769
盐城市	**994.13**	**7230**	**7187956**	**445.97**	**5809**	**2590673**
市辖区	48.89	7004	342442	22.32	5665	126445
盐都区	64.64	7321	473253	30.42	5724	174138
大丰区	134.86	6813	918874	64.05	5809	372050
响水县	85.20	7074	602720	36.37	5907	214827
滨海县	132.64	7487	993037	57.17	5799	331555
阜宁县	127.11	7574	962649	57.87	5884	340461
射阳县	157.15	7291	1145883	74.77	5717	427444
建湖县	95.36	7522	717303	42.70	5855	249987
东台市	148.26	6959	1031794	60.32	5865	353767
扬州市	**391.16**	**7394**	**2892333**	**179.45**	**5739**	**1029814**
市辖区	16.74	6510	109009	8.28	4499	37241
邗江区	18.47	6945	128272	7.01	4751	33305
江都区	90.81	7271	660260	42.74	5658	241811
宝应县	113.31	7731	875941	54.35	6112	332179
仪征市	37.79	7156	270434	12.46	4891	60960
高邮市	114.04	7440	848416	54.61	5939	324316
镇江市	**137.01**	**7143**	**978664**	**49.92**	**5141**	**256655**
市辖区	10.34	6909	71420	3.61	5201	18776
丹徒区	19.34	7068	136670	5.68	4805	27297
丹阳市	58.48	7394	432375	25.98	5269	136871
扬中市	10.66	7130	76034	4.41	5293	23323
句容市	38.20	6864	262166	10.25	4918	50387
泰州市	**377.76**	**7494**	**2830918**	**176.77**	**5912**	**1045153**
市辖区	29.30	6954	203775	13.47	5718	77043
姜堰区	63.24	7389	467246	30.16	5917	178442
兴化市	162.92	7679	1251020	74.03	5954	440820
靖江市	37.08	7356	272753	17.93	5743	102975
泰兴市	85.22	7464	636124	41.18	5971	245872
宿迁市	**604.93**	**6827**	**4129738**	**296.44**	**5792**	**1717101**
市辖区	86.00	6726	578438	41.97	5767	242032
宿豫区	56.95	7429	423075	25.41	5961	151453
沭阳县	185.45	6986	1295662	93.96	5847	549388
泗阳县	96.68	6713	649023	47.52	5807	275946
泗洪县	179.85	6581	1183539	87.59	5689	498282

单位：千公顷、公斤/公顷、吨

#小麦			#夏收豆类			2. 秋收粮食		
播种面积	单产	总产量	播种面积	单产	总产量	播种面积	单产	总产量
316.25	**5846**	**1848781**	**1.35**	**2902**	**3911**	**366.09**	**8456**	**3095515**
10.09	5978	60337	0.05	2975	156	10.08	8646	87149
64.57	5886	380068	0.06	2806	168	68.18	8855	603692
50.85	5885	299246	0.09	2958	267	47.98	8404	403239
32.05	6029	193234	0.11	2988	321	33.72	9314	314084
65.19	5708	372053	0.32	2960	947	76.43	7865	601110
58.28	5696	331934	0.41	2910	1193	89.34	8090	722691
35.21	6018	211910	0.31	2792	859	40.36	9008	363549
418.93	**5877**	**2462172**	**8.87**	**2972**	**26367**	**548.15**	**8387**	**4597283**
20.35	5739	116815	0.57	2965	1680	26.57	8128	215997
29.57	5769	170589	0.41	2948	1208	34.22	8741	299115
57.64	5862	337886	0.61	2982	1809	70.82	7722	546824
35.70	5928	211610	0.18	2910	524	48.83	7943	387893
54.91	5807	318854	0.06	2951	177	75.47	8765	661483
54.20	5942	322029	0.87	3056	2648	69.24	8986	622188
69.87	5853	408943	3.43	2954	10131	82.39	8720	718439
40.19	5939	238649	0.96	2964	2845	52.67	8873	467316
56.50	5961	336797	1.79	2985	5344	87.95	7709	678028
177.13	**5774**	**1022728**	**2.02**	**2840**	**5739**	**211.71**	**8798**	**1862519**
8.09	4540	36710	0.17	2677	447	8.47	8477	71768
6.79	4802	32618	0.18	2933	518	11.46	8287	94967
42.57	5663	241034	0.07	2870	191	48.07	8706	418449
53.80	6144	330547	0.55	2963	1632	58.96	9223	543762
11.97	4977	59591	0.36	2400	864	25.33	8270	209473
53.91	5978	322227	0.70	2983	2087	59.43	8818	524099
48.28	**5216**	**251850**	**1.21**	**2762**	**3335**	**87.09**	**8290**	**722010**
3.49	5289	18454	0.12	2654	322	6.73	7826	52644
5.42	4892	26512	0.23	2781	637	13.66	8009	109373
25.13	5346	134363	0.45	2662	1186	32.50	9092	295504
4.17	5427	22613	0.24	2964	711	6.26	8423	52711
10.07	4955	49908	0.17	2790	479	27.95	7577	211778
169.95	**5965**	**1013816**	**2.40**	**2859**	**6861**	**200.99**	**8885**	**1785765**
13.04	5775	75328	0.24	2844	691	15.83	8006	126731
29.30	5984	175342	0.63	2901	1827	33.08	8731	288804
70.27	6008	422167	0.95	2795	2657	88.88	9115	810200
17.37	5825	101172	0.45	2922	1315	19.15	8865	169778
39.96	6002	239807	0.13	2940	371	44.04	8861	390252
296.00	**5794**	**1714917**	**0.10**	**2876**	**283**	**308.48**	**7821**	**2412637**
41.86	5773	241617	0.09	2870	247	44.02	7641	336407
25.41	5961	151453				31.54	8612	271622
93.96	5847	549388				91.49	8157	746274
47.49	5808	275841	0.01	2919	36	49.16	7589	373077
87.29	5690	496617				92.27	7427	685256

4-5 续表 2

市县名称	#稻谷			#玉米		
	播种面积	单产	总产量	播种面积	单产	总产量
江苏省	**2221.02**	**9020**	**20032490**	**488.31**	**6120**	**2988478**
南京市	**81.67**	**8642**	**705797**	**5.21**	**6247**	**32572**
市辖区	3.08	8664	26686	0.53	5474	2882
浦口区	2.28	8622	19693	0.58	6601	3828
江宁区	17.62	9098	160312	1.04	6300	6552
六合区	34.16	8304	283665	2.14	6341	13570
溧水区	17.18	8756	150419	0.79	6141	4836
高淳区	7.34	8858	65021	0.14	6454	904
无锡市	**40.31**	**9090**	**366439**	**0.86**	**4508**	**3860**
市辖区	1.61	8538	13774	0.07	4529	332
锡山区	3.95	8723	34483			
江阴市	9.31	9312	86726	0.18	6495	1188
宜兴市	25.43	9101	231456	0.60	3900	2340
徐州市	**179.95**	**8634**	**1553615**	**191.83**	**6428**	**1233143**
市辖区	14.71	8159	119981	15.81	6194	97948
铜山区	32.01	8448	270449	30.50	6354	193797
丰县	4.92	8378	41223	45.60	6424	292949
沛县	30.67	8735	267864	14.98	6569	98396
睢宁县	36.77	8405	309005	26.60	6458	171770
新沂市	28.15	9090	255914	21.53	6386	137501
邳州市	32.72	8838	289179	36.80	6543	240782
常州市	**53.24**	**9325**	**496487**	**2.38**	**5891**	**14030**
市辖区	4.17	9432	39301	0.50	6299	3176
武进区	4.50	9484	42677	0.20	5829	1155
金坛区	12.70	9374	119043	0.65	5418	3504
溧阳市	31.87	9270	295466	1.03	6000	6195
苏州市	**73.04**	**9178**	**670331**	**0.92**	**5258**	**4854**
市辖区	3.00	8421	25263			
吴中区	2.53	8904	22557			
吴江区	13.81	9171	126682	0.09	4722	425
常熟市	18.11	9362	169506	0.30	5600	1680
张家港市	16.25	9096	147840	0.24	4800	1168
昆山市	7.86	9237	72604	0.09	6000	540
太仓市	11.47	9228	105879	0.20	5207	1041
南通市	**180.06**	**9420**	**1696159**	**50.43**	**6562**	**330940**
市辖区	2.11	8386	17714	0.35	6384	2239
通州区	26.85	9497	254949	6.36	7427	47235
海门区	7.38	8730	64427	12.53	6836	85672
如东县	58.53	9578	560540	6.76	5775	39039
启东市	5.44	7713	41984	19.42	6353	123366
如皋市	42.42	9278	393552	2.58	6180	15925
海安市	37.33	9723	362992	2.43	7178	17465
连云港市	**202.94**	**9145**	**1855843**	**47.67**	**6368**	**303557**
市辖区	23.63	8777	207418	8.27	6217	51404
赣榆区	27.87	9308	259400	7.90	6909	54579
东海县	65.08	8956	582840	16.30	6449	105111
灌云县	48.46	9351	453157	12.30	6120	75276
灌南县	37.90	9315	353027	2.90	5927	17188

单位：千公顷、公斤/公顷、吨

#大豆			#秋收薯类		
播种面积	单产	总产量	播种面积	单产	总产量
225.36	**2769**	**624022**	**33.42**	**6687**	**223479**
4.32	**2592**	**11198**	**2.32**	**7483**	**17366**
0.75	2491	1860	0.04	5885	215
0.60	2825	1695	0.17	7320	1259
0.71	2869	2046	0.86	7361	6302
1.17	2420	2823	0.52	7239	3764
0.87	2615	2284	0.66	8111	5319
0.22	2226	490	0.08	6330	506
2.34	**3320**	**7755**	**1.00**	**4954**	**4944**
0.03	1875	63			
0.12	3275	393	0.00	5738	22
0.94	3305	3095	0.33	5547	1853
1.25	3375	4204	0.66	4650	3069
41.53	**2709**	**112477**	**2.70**	**7005**	**18919**
2.56	2576	6595	0.61	6525	3959
2.87	2538	7276	0.55	7547	4125
6.40	2446	15653	0.30	5255	1580
10.93	2828	30914	0.10	5678	568
9.20	2526	23239	0.54	6987	3773
2.83	3365	9510	0.60	8109	4865
6.74	2862	19290	0.01	7380	49
3.51	**2783**	**9757**	**2.88**	**6061**	**17473**
0.73	2999	2202	0.64	4616	2948
0.70	3007	2108	0.25	5421	1373
1.07	2566	2743	0.73	5280	3872
1.00	2700	2704	1.26	7380	9281
1.71	**2678**	**4577**	**0.39**	**6196**	**2416**
0.10	1457	146			
0.04	2350	94	0.02	4750	95
0.11	2862	310	0.01	5100	51
0.20	2925	585	0.16	7121	1139
0.69	2609	1800	0.08	6776	542
0.20	2926	593	0.03	6100	183
0.37	2851	1050	0.09	4511	406
58.94	**2448**	**144275**	**6.15**	**6059**	**37235**
0.52	2763	1437	0.15	4716	688
8.33	2850	23750	0.43	3975	1709
9.94	2081	20680	1.24	7020	8705
7.29	2505	18257	0.53	4980	2626
23.43	2253	52777	2.18	6637	14439
6.62	2550	16891	1.28	4798	6128
2.81	3735	10483	0.35	8400	2940
10.05	**2894**	**29090**	**2.67**	**7536**	**20089**
2.70	2883	7794	0.18	6485	1166
0.81	3450	2806	0.58	8223	4769
2.40	2925	7020	1.38	7596	10454
2.37	2775	6586	0.22	6758	1487
1.76	2775	4884	0.31	7149	2213

4-5 续表 3

市县名称	#稻谷			#玉米		
	播种面积	单产	总产量	播种面积	单产	总产量
淮安市	**322.40**	**8987**	**2897441**	**23.03**	**5325**	**122618**
市辖区	9.11	9041	82398	0.54	5599	3048
淮安区	64.29	9113	585897	1.75	5734	10014
淮阴区	39.31	9253	363712	4.24	5679	24079
洪泽区	33.15	9407	311843	0.17	4685	807
涟水县	61.47	8757	538308	6.42	4880	31304
盱眙县	76.44	8645	660786	9.01	5321	47955
金湖县	38.62	9179	354499	0.90	6038	5411
盐城市	**413.27**	**9312**	**3848280**	**90.93**	**6738**	**612644**
市辖区	19.49	9149	178278	4.02	6967	28006
盐都区	30.49	9445	287956	0.12	6193	743
大丰区	42.63	9174	391118	21.34	6419	136971
响水县	33.80	9118	308197	11.05	6176	68266
滨海县	58.51	9314	544964	15.21	7241	110152
阜宁县	60.47	9498	574344	4.07	7393	30066
射阳县	72.47	9242	669755	6.52	5918	38582
建湖县	47.68	9420	449124	0.73	6459	4694
东台市	47.73	9313	444544	27.87	7004	195164
扬州市	**194.14**	**9265**	**1798684**	**2.20**	**5504**	**12096**
市辖区	7.56	9046	68369	0.21	5702	1188
邗江区	10.14	8810	89324	0.32	6819	2197
江都区	44.67	9149	408721	0.49	4452	2167
宝应县	55.25	9590	529817	0.14	4154	586
仪征市	22.78	8704	198268	0.89	5613	5014
高邮市	53.74	9381	504185	0.15	6467	943
镇江市	**72.83**	**9121**	**664274**	**5.79**	**5070**	**29344**
市辖区	5.13	8995	46176	0.73	5417	3952
丹徒区	10.13	9177	92934	2.21	5775	12767
丹阳市	30.33	9512	288522	0.20	4583	927
扬中市	5.07	9546	48413	0.03	4365	127
句容市	22.17	8492	188228	2.62	4424	11572
泰州市	**179.78**	**9440**	**1697089**	**5.65**	**6635**	**37505**
市辖区	11.91	9235	110013	0.80	6764	5385
姜堰区	27.97	9470	264908	1.80	6699	12058
兴化市	82.59	9480	782926	2.19	6522	14280
靖江市	17.33	9438	163566	0.19	4819	900
泰兴市	39.97	9399	375676	0.68	7181	4883
宿迁市	**227.39**	**8757**	**1991167**	**61.42**	**5755**	**353433**
市辖区	29.06	8764	254655	11.65	6080	70806
宿豫区	30.10	8846	266252	0.28	5749	1610
沭阳县	72.78	8972	652946	14.76	5569	82193
泗阳县	35.91	8454	303622	8.67	6047	52423
泗洪县	59.54	8628	513692	26.06	5618	146402

单位：千公顷、公斤/公顷、吨

#大豆			#秋收薯类		
播种面积	单产	总产量	播种面积	单产	总产量
16.81	**2876**	**48341**	**2.65**	**7411**	**19676**
0.29	3012	874	0.06	6389	370
1.93	3181	6129	0.20	8090	1618
4.13	3164	13076	0.30	7866	2360
0.34	3132	1065	0.04	8036	322
6.43	2558	16457	1.15	7494	8593
3.13	2925	9165	0.64	6885	4406
0.55	2859	1576	0.27	7424	2007
37.47	**2656**	**99534**	**4.38**	**7077**	**31022**
2.88	2856	8227	0.19	7960	1486
3.59	2854	10254	0.02	8105	162
5.31	2656	14099	0.20	7088	1389
3.39	2473	8375	0.22	5850	1294
1.20	2309	2773	0.52	6825	3549
3.43	2817	9672	1.24	6480	8035
2.96	2587	7658	0.36	6405	2306
3.98	2975	11839	0.26	6188	1609
10.73	2483	26635	1.38	8111	11192
13.84	**3078**	**42613**	**1.20**	**6894**	**8294**
0.58	2755	1594	0.10	5609	554
0.64	2407	1542	0.24	6710	1610
2.67	2398	6398	0.18	5400	972
3.36	3541	11888	0.18	7709	1389
1.24	2885	3583	0.33	7338	2446
5.36	3287	17606	0.17	7748	1322
5.53	**2481**	**13707**	**2.12**	**5089**	**10766**
0.65	2571	1675	0.21	3984	836
1.02	2142	2180	0.26	5498	1429
1.42	2746	3888	0.48	4166	1995
0.82	2784	2293	0.33	5634	1878
1.62	2271	3671	0.83	5553	4627
13.56	**2936**	**39809**	**1.56**	**6445**	**10049**
2.88	3432	9867	0.17	6984	1183
2.64	3111	8221	0.58	5805	3346
3.49	2711	9471	0.42	7178	3015
1.35	2751	3705	0.25	6114	1549
3.20	2670	8545	0.14	6834	957
15.76	**2613**	**41188**	**3.40**	**7008**	**23829**
2.78	2743	7634	0.24	6485	1549
1.08	2986	3224	0.06	7968	478
3.42	2151	7356	0.53	7088	3780
3.81	2952	11242	0.77	7539	5790
4.67	2510	11731	1.80	6795	12231

主要统计指标解释

粮食作物播种面积 指应在日历年度内收获的粮食作物在全部土地上的播种或移植面积。凡是本年内收获的作物，无论是本年还是上年播种，都算为当年播种面积，但不包括本年播种、下年收获的的作物面积。移植的作物面积按移植后的面积计算，不计算移植前的秧田面积。如果因灾害等原因，应该收获而未能收获，也要按原播种面积计算，新补或改种，并在本年收获的，也要按复种作物计算面积。间种、混种的作物面积按比例折算各个作物的面积，如果完全混合、同步生长、收获的作物，按混合面积平均分配。复种、套种的作物，按次数计算面积，每种一次计算一次。

粮食作物产量 指日历年度内生产的全部粮食作物数量。其中，谷物产量按照脱粒后的原粮计算，豆类按去豆荚后的干豆计算，薯类按五公斤鲜薯折粮一公斤计算。

5 畜牧业

5-1 主要畜产品产量

指标	单位	2000年	2005年	2010年	2015年	2018年	2019年	2020年	2021年	2022年	2023年
猪牛羊出栏头数											
肉猪出栏头数	万头	2787.4	2974.9	2847.0	2921.9	2680.9	1921.8	1825.7	2210.1	2258.7	2408.5
肉用牛出栏头数	万头	27.4	30.7	18.7	17.4	15.5	16.1	13.9	14.4	14.8	16.8
肉用羊出栏只数	万只	1372.4	1569.1	672.5	647.4	690.5	639.4	584.4	583.8	630.7	556.1
肉用禽出栏只数	万只			82431.8	77695.7	64201.0	69960.9	70554.2	72472.4	76810.1	78012.9
肉类总产量	万吨	328.9	352.3	366.6	369.9	328.5	274.5	268.2	306.5	318.1	331.7
#猪肉产量	万吨	206.5	218.5	213.1	221.6	205.5	146.2	140.7	175.2	179.4	191.3
牛肉产量	万吨	5.1	5.7	3.5	3.2	2.8	2.9	2.6	2.8	2.9	3.3
羊肉产量	万吨	15.8	17.9	7.4	7.2	7.8	6.5	6.3	6.6	7.2	6.5
禽肉产量	万吨	96.5	104.6	132.7	128.9	105.8	115.2	115.8	119.6	126.6	128.7
兔肉产量	万吨							2.0	1.3	1.2	1.0
平均每头肉猪产肉量	公斤/头	74.1	73.5	74.8	75.8	76.7	76.1	77.0	79.3	79.4	79.4
平均每头肉牛产肉量	公斤/头	186.7	185.9	186.0	185.1	182.0	182.7	189.5	194.5	194.9	195.8
平均每只肉羊产肉量	公斤/只	11.5	11.4	11.0	11.2	11.3	10.1	10.7	11.2	11.4	11.7
其他畜产品产量											
牛奶产量	万吨	25.5	56.6	46.9	48.8	50.0	62.4	63.0	64.9	68.8	72.9
羊毛总产量	吨	1121.0	672.0	351.0	314.0	353.0	307.0	309.6	262.6	323.7	321.8
山羊毛产量	吨	17.0	32.0	1.0	8.0	9.0	7.0	1.1	7.3	7.1	3.6
绵羊毛产量	吨	1104.0	640.0	350.0	306.0	344.0	300.0	308.6	255.4	316.6	318.2
羊绒产量	吨										
蜂蜜产量	吨	7116.0	7079.0	5079.0	4046.0	4663.0	3684.0	6132.2	5334.9	6051.6	5382.4
禽蛋产量	万吨	181.4	182.0	190.6	196.2	178.0	212.3	231.9	230.3	233.4	235.3

5-2 主要畜禽年末存栏数量

指标	单位	2000年	2005年	2010年	2015年	2018年	2019年	2020年	2021年	2022年	2023年
大牲畜总头数	**万头**	**74.5**	**73.9**	**42.1**	**36.0**	**31.7**	**29.0**	**27.4**	**27.9**	**28.5**	**31.5**
牛	万头	59.1	64.6	36.9	33.1	29.2	27.7	27.1	27.2	28.3	31.3
肉牛	万头	52.4	48.5	14.4	18.3	15.8	15.2	14.2	14.1	14.0	16.4
奶牛	万头	6.8	16.1	15.7	13.0	13.4	12.5	12.9	13.1	14.3	14.9
马	万头	1.4	1.4	0.4	0.2	0.2	0.1	0.1	0.1	0.0	0.0
驴	万头	12.6	6.4	3.7	2.0	1.7	0.7	0.2	0.4	0.2	0.1
骡	万头	1.4	1.5	1.1	0.6	0.6	0.4	0.0	0.2	0.0	
猪	万头	2015.4	1927.2	1713.9	1746.6	1552.0	577.4	1374.9	1482.6	1452.7	1412.3
#能繁殖母猪	万头			138.1	142.3	125.5	62.8	138.1	131.6	131.5	125.5
羊	万只	1023.0	1175.0	466.9	381.4	390.2	356.2	352.9	376.1	387.4	358.3
山羊	万只	994.4	1155.2	458.1	372.8	380.7	338.3	330.8	351.8	352.2	318.9
绵羊	万只	28.6	19.8	8.8	8.7	9.5	17.9	22.1	24.3	35.2	39.4
家禽	万只			33516.7	32330.2	28750.0	30561.3	29859.0	31041.2	32245.3	33080.3

5-3 各市主要畜禽出栏数量和畜产品产量(2023年)

地区	猪出栏头数(万头)	牛出栏头数(万头)	羊出栏只数(万只)	家禽出栏只数(万只)	肉类总产量(万吨)		禽蛋产量(万吨)	奶类总产量(万吨)
						猪肉		
南京市	34.24	0.16	2.31	1320.39	4.93	2.72	4.09	1.59
无锡市	10.11		0.99	140.64	1.11	0.80	1.02	0.48
徐州市	433.55	5.05	142.15	15672.86	64.83	34.44	36.65	15.08
常州市	20.09		0.42	2464.22	5.67	1.60	0.98	0.77
苏州市	27.08	0.08	2.82	81.71	2.37	2.15	0.34	3.84
南通市	263.77	0.36	209.64	9552.34	39.09	20.96	38.25	2.67
连云港市	282.94	3.33	13.01	7953.83	36.78	22.48	6.08	12.38
淮安市	261.40	1.75	15.42	7691.01	34.18	20.77	13.74	5.25
盐城市	493.82	1.07	114.53	11830.10	60.41	39.23	89.81	7.47
扬州市	123.15	0.14	5.37	3927.82	16.20	9.78	8.27	2.61
镇江市	32.08	0.06	3.77	3951.83	9.03	2.55	3.50	0.77
泰州市	157.05	0.54	19.61	2595.81	17.21	12.48	24.58	7.38
宿迁市	269.22	4.29	26.09	10830.33	39.92	21.39	7.97	12.58

5-4 各市主要畜禽存栏数量(2023年)

地区	猪年末头数(万头)	牛年末头数(万头)	羊年末只数(万只)	家禽年末只数(万只)
南京市	24.35	0.42	3.06	716.18
无锡市	11.33	0.08	1.01	139.14
徐州市	249.06	7.41	83.21	6139.27
常州市	12.44	0.30	0.40	600.29
苏州市	22.38	0.70	3.20	66.09
南通市	141.99	1.15	122.32	4606.78
连云港市	149.08	6.99	8.13	1886.06
淮安市	157.57	4.31	13.28	2494.49
盐城市	273.97	2.20	86.87	8981.16
扬州市	66.01	0.52	4.06	1484.71
镇江市	29.42	0.21	3.43	1195.80
泰州市	102.23	1.59	13.95	2387.44
宿迁市	172.44	5.44	15.36	2382.84

5-5　生猪大县生产情况

地　区	年末生猪存栏(万头)													
	2006年	2010年	2011年	2013年	2014年	2015年	2016年	2017年	2018年	2019年	2020年	2021年	2022年	2023年
铜山区			42.66	45.82	45.46	44.60	41.21	41.77	40.80	16.52	51.36	54.20	52.63	51.95
睢宁县			41.92	45.54	45.57	44.93	50.21	40.60	36.73	24.04	48.93	51.10	43.63	43.14
新沂市			53.91	56.58	57.73	54.94	60.96	46.37	42.25	11.02	32.98	36.74	37.63	37.13
邳州市	43.90	52.46	55.66	55.20	55.45	55.68	61.31	48.93	46.24	19.34	51.06	57.87	57.61	51.49
通州区			26.88	28.88	27.99	28.03	29.07	28.24	26.29	3.93	8.95	10.10		
海安市	50.44	51.25	52.33	51.40	50.10	49.19	51.56	52.13	44.02	7.19	28.91	33.70	35.60	29.17
如东县	93.88	103.27	104.30	86.86	82.93	79.86	83.04	88.87	86.98	19.93	32.84	35.75	40.80	44.09
如皋市	81.50	80.72	83.38	80.83	80.52	80.24	80.02	69.34	64.53	17.38	33.16	34.38	34.11	33.74
赣榆区			34.23	37.70	37.91	36.74	33.30	42.45	37.42	11.21	23.76	22.05	19.14	12.25
东海县			34.74	36.10	38.10	38.65	35.62	40.54	37.94	26.16	47.64	49.42	44.33	37.85
灌云县			25.08	27.15	27.83	27.16	27.17	34.59	37.66	8.98	31.04	35.07	36.48	37.29
灌南县			29.40	31.87	30.05	29.89	41.00	45.23	38.91	14.33	54.02	46.33	49.08	53.06
淮阴区	26.20	31.84	30.93	29.79	32.05	32.15	24.51	22.53	21.34	9.12	30.42	30.10	31.13	31.01
涟水县	18.99	31.15	30.26	28.80	30.31	30.46	20.40	18.73	17.50	8.68	27.30	32.10	28.82	30.67
盱眙县													41.90	38.36
盐都区	33.09	30.20	28.79	27.17	29.10	28.94	20.05	14.42	13.59	2.03	5.08	5.38		
响水县													30.82	26.69
滨海县	29.44	47.44	51.42	51.03	51.92	52.27	55.83	66.57	64.55	23.27	44.20	43.85	51.47	46.02
阜宁县	70.92	77.93	80.77	80.69	80.86	77.78	71.95	73.06	72.04	25.83	38.34	44.35	41.46	40.42
射阳县			34.68	37.15	38.34	37.96	35.12	44.83	40.77	15.25	36.53	44.16	42.37	44.71
东台市	42.75	53.10	53.28	53.89	54.07	53.26	59.20	68.90	68.50	30.11	53.46	56.50	62.12	52.79
大丰区	23.94	40.05	44.09	43.90	44.58	44.89	42.30	51.76	50.85	27.99	48.18	49.45	50.84	44.57
泰兴市	50.80	56.89	58.29	59.40	59.99	58.83	53.28	55.48	50.64	7.47	32.23	40.41	26.06	36.08
姜堰区	23.08	24.54	24.91	23.94	22.68	22.46	23.96	21.42	20.07	3.10	18.64	23.49	19.31	22.79
沭阳县	36.45	41.59	43.42	44.58	44.90	45.00	49.68	45.67	45.50	21.25	46.95	41.65	45.06	44.47
泗洪县			27.11	30.00	30.98	31.42	30.23	34.42	33.41	14.19	54.59	59.44	64.23	67.31

5-5 续表 1

地区	#能繁殖母猪(万头)													
	2006年	2010年	2011年	2013年	2014年	2015年	2016年	2017年	2018年	2019年	2020年	2021年	2022年	2023年
铜山区			3.94	4.09	4.08	3.94	3.90	3.82	3.51	1.49	5.37	4.47	4.39	3.50
睢宁县			3.85	4.17	4.31	4.04	3.54	2.72	2.56	3.81	5.82	5.70	5.04	4.35
新沂市			6.00	6.15	6.25	5.78	4.97	3.94	3.57	1.02	3.94	3.31	3.68	4.45
邳州市	3.60	7.66	7.99	8.10	7.66	7.21	5.78	5.58	5.09	3.01	5.29	5.88	6.06	4.59
通州区			2.56	2.62	2.58	2.42	2.23	1.95	1.84	0.30	0.55	0.67		
海安市	3.93	4.68	4.77	4.78	4.57	4.39	3.93	3.75	3.65	0.45	2.60	2.54	2.51	2.36
如东县	16.57	18.22	19.02	15.22	14.88	13.39	10.80	16.60	14.36	1.39	4.08	4.39	4.20	4.05
如皋市	2.86	6.24	6.04	6.07	5.94	5.93	5.19	4.70	4.63	1.06	2.96	2.71	2.60	2.46
赣榆区			4.27	4.39	4.40	4.06	2.97	2.25	2.14	0.96	1.60	1.36	1.33	0.69
东海县			3.31	3.54	3.66	3.69	2.99	2.45	2.91	3.37	5.11	3.71	3.65	3.64
灌云县			2.51	2.51	2.55	2.48	2.18	1.98	2.14	1.68	3.01	3.27	3.98	3.99
灌南县			3.88	3.83	3.56	3.25	3.21	3.28	1.42	1.44	5.88	5.27	5.38	5.21
淮阴区	1.67	3.13	3.03	3.10	3.30	3.03	1.84	1.72	1.70	1.49	2.92	2.97	2.89	2.62
涟水县	1.52	2.75	2.78	2.65	2.67	2.60	1.72	1.70	1.57	1.42	2.80	3.48	2.96	2.42
盱眙县													4.48	4.13
盐都区	2.88	2.66	2.56	2.57	2.67	2.66	1.58	1.10	1.03	0.29	0.45	0.46		
响水县													2.97	2.76
滨海县	3.05	5.37	5.39	5.05	5.15	4.72	4.85	6.40	5.91	3.66	4.77	3.68	3.83	3.43
阜宁县	5.47	9.34	9.12	9.39	9.49	9.00	7.79	7.86	7.70	2.05	3.53	4.87	3.86	4.08
射阳县			4.21	4.09	3.86	3.52	3.16	3.10	2.72	2.76	4.45	5.70	5.25	5.39
东台市	5.40	6.57	6.96	7.38	7.38	6.78	5.82	5.42	5.46	3.98	6.05	6.29	6.41	5.60
大丰区	2.42	5.52	5.43	5.69	5.59	5.65	4.88	4.93	4.81	3.13	4.08	3.04	3.34	3.51
泰兴市	4.85	7.61	7.77	7.58	7.41	6.78	5.86	5.45	4.67	1.68	3.17	2.77	2.70	2.82
姜堰区	1.52	2.54	2.59	2.69	2.55	2.56	2.30	1.83	1.78	1.04	1.62	2.04	2.06	1.78
沭阳县	5.57	4.80	4.96	5.14	5.09	4.95	4.52	4.10	4.03	4.97	5.73	3.52	4.86	4.03
泗洪县			3.20	3.08	3.18	3.19	2.80	2.70	2.55	2.29	7.46	9.74	9.19	8.14

5-5 续表 2

地区	生猪出栏(万头)													
	2006年	2010年	2011年	2013年	2014年	2015年	2016年	2017年	2018年	2019年	2020年	2021年	2022年	2023年
铜山区			78.64	81.43	76.40	77.28	72.05	73.50	73.61	52.03	58.23	74.93	79.25	86.99
睢宁县			76.10	80.35	80.58	79.89	73.38	73.65	68.83	37.65	58.03	76.62	71.23	72.78
新沂市			94.10	100.47	104.63	99.15	92.16	100.15	85.08	47.65	50.17	69.45	64.90	66.70
邳州市	65.76	93.09	97.56	97.82	103.05	98.21	91.38	93.92	89.16	65.65	75.32	90.71	95.43	98.61
通州区			52.69	53.22	55.70	54.23	52.55	48.95	45.62	24.78	11.35	18.64		
海安市	75.00	73.34	74.42	76.17	76.67	72.24	67.82	68.48	68.64	39.11	45.53	61.15	61.84	63.67
如东县	73.08	83.39	85.46	90.89	99.09	92.76	94.39	86.26	88.96	89.37	48.03	64.04	65.09	65.80
如皋市	99.30	107.02	109.09	107.97	113.06	113.87	106.40	106.05	105.74	82.69	46.06	66.42	59.98	62.79
赣榆区			65.46	67.46	71.40	68.89	62.24	62.04	60.71	30.83	27.54	34.88	38.35	29.41
东海县			68.52	71.91	73.38	72.01	64.47	61.91	60.29	37.76	64.55	73.88	77.79	84.91
灌云县			49.10	51.31	52.51	51.48	49.46	54.21	55.19	38.73	47.02	50.05	54.87	58.80
灌南县			53.61	55.66	53.57	51.04	64.28	63.76	46.29	22.22	50.06	69.95	70.14	92.97
淮阴区	59.42	71.08	71.22	66.73	62.16	60.80	43.71	43.45	42.06	33.48	46.28	50.52	51.52	54.10
涟水县	56.33	68.72	68.86	63.82	60.41	60.69	38.32	38.00	38.36	26.51	46.16	50.76	51.50	54.79
盱眙县													56.49	57.50
盐都区	51.53	51.84	53.35	51.69	53.76	51.23	42.64	21.21	20.02	12.05	8.74	9.28		
响水县													49.24	49.54
滨海县	61.18	82.86	85.18	84.85	90.07	89.15	97.30	103.67	100.19	95.73	53.22	75.55	76.71	81.02
阜宁县	136.32	151.25	157.66	151.89	160.18	159.12	141.96	154.64	148.08	102.79	56.09	72.83	68.56	70.27
射阳县			63.34	67.65	72.97	71.36	68.26	71.77	71.08	45.53	50.27	71.41	80.88	84.77
东台市	80.87	89.25	95.83	99.26	104.05	104.44	104.49	104.26	111.25	83.61	77.00	83.89	89.04	93.50
大丰区	49.22	76.09	81.96	85.65	87.05	88.16	82.49	96.55	95.01	86.43	58.02	76.03	76.44	83.27
泰兴市	94.77	100.88	104.02	103.54	107.92	108.07	99.84	100.15	97.05	50.80	55.27	61.24	57.39	62.75
姜堰区	61.55	57.24	58.35	58.52	54.78	53.86	53.61	52.01	49.02	21.46	26.72	27.11	28.49	34.55
沭阳县	96.00	91.75	96.23	96.52	96.91	91.68	86.29	82.16	84.95	50.31	62.11	63.50	66.22	72.23
泗洪县			50.00	51.84	54.19	55.27	53.49	53.79	50.97	41.20	70.16	85.95	93.38	102.75

5-5 续表 3

地 区	猪肉产量(万吨)													
	2006年	2010年	2011年	2013年	2014年	2015年	2016年	2017年	2018年	2019年	2020年	2021年	2022年	2023年
铜山区			5.66	5.96	5.75	5.85	5.41	5.93	5.85	3.94	4.61	6.12	6.45	6.80
睢宁县			5.94	6.28	6.28	6.04	5.62	5.71	5.26	2.84	4.76	6.36	5.79	5.70
新沂市			6.86	7.41	7.87	7.48	6.93	7.63	6.76	3.62	3.87	5.66	5.30	5.23
邳州市	5.45	7.58	7.83	7.75	7.94	7.39	6.94	7.22	6.67	4.90	5.94	7.74	7.75	7.72
通州区			4.02	4.07	4.20	4.10	3.99	3.73	3.49	1.83	0.87	1.72		
海安市	5.43	5.50	5.57	5.74	5.79	5.48	5.15	5.27	5.21	2.83	3.37	4.89	5.07	4.99
如东县	5.12	5.32	5.45	5.96	6.64	6.18	5.87	5.86	6.18	6.68	3.83	5.34	5.29	5.15
如皋市	6.95	5.82	6.73	7.08	7.71	7.18	6.86	6.92	6.96	6.16	3.50	5.32	4.92	4.92
赣榆区			4.89	5.02	5.39	5.21	4.79	4.65	4.51	2.35	2.23	2.91	3.12	2.30
东海县			5.16	5.38	5.54	5.33	4.71	4.52	4.58	2.83	5.25	5.93	6.29	6.65
灌云县			3.60	3.78	3.95	3.85	3.78	4.10	4.15	2.85	3.89	4.41	4.49	4.60
灌南县			3.89	4.07	4.01	3.81	4.78	4.58	3.13	1.71	4.08	5.83	5.75	7.27
淮阴区	4.24	5.04	5.09	5.08	4.69	4.58	3.30	3.30	3.18	2.47	3.79	4.23	4.21	4.24
涟水县	4.02	5.44	5.46	4.99	4.65	4.66	2.94	2.93	2.98	2.01	3.87	4.33	4.20	4.29
盱眙县													4.57	4.50
盐都区	3.81	5.03	5.04	4.51	4.61	4.29	2.92	1.54	1.49	0.91	0.73	0.79		
响水县													3.98	3.87
滨海县	5.10	6.70	6.88	6.80	7.02	6.70	7.48	8.22	7.97	6.97	4.33	6.34	6.33	6.35
阜宁县	9.67	12.45	12.90	12.37	12.75	12.27	10.91	11.94	11.45	7.82	4.50	6.05	5.59	5.50
射阳县			4.77	5.07	5.47	5.35	5.14	5.48	5.43	3.42	4.11	5.76	6.60	6.64
东台市	5.23	6.49	6.95	7.36	7.83	7.90	7.49	7.43	7.80	6.34	5.91	7.06	7.23	7.32
大丰区	3.37	5.71	5.85	6.36	6.57	6.63	6.24	7.40	7.35	6.43	4.55	6.50	6.21	6.52
泰兴市	6.59	7.06	7.28	7.48	7.94	8.07	7.47	7.59	7.49	3.85	4.55	5.03	4.65	4.91
姜堰区	4.28	4.05	4.07	4.27	4.09	4.02	4.02	4.72	4.22	1.62	2.20	2.22	2.32	2.71
沭阳县	6.77	6.66	6.84	7.06	7.25	6.82	7.21	6.19	6.17	3.83	5.06	5.14	5.43	5.65
泗洪县			3.81	3.94	4.08	4.18	4.05	4.12	3.90	3.11	5.70	7.15	7.60	8.04

5-6 历年牧渔业产量

年份	肉类产量（万吨）	#猪肉	#牛肉	#羊肉	大牲畜年末存栏头数（万头）	猪年末存栏头数（万头）	禽蛋产量（万吨）	水产品产量（万吨）
1998	296.8	90.8	5.7	13.8	84.7	1961.9	157.1	282.0
1999	306.9	196.2	5.2	13.9	75.4	1917.6	168.2	296.8
2000	328.0	205.7	5.1	15.8	74.5	2015.0	181.4	308.8
2001	343.1	216.7	5.0	16.3	72.0	2028.5	180.1	320.9
2002	349.4	217.4	5.3	17.2	78.8	2011.7	187.3	334.4
2003	354.8	221.2	5.6	17.6	74.1	1993.0	188.2	342.9
2004	346.8	219.8	5.3	17.4	74.1	1910.8	175.4	366.1
2005	352.3	218.5	5.7	17.9	73.9	1927.2	182.0	388.7
2006	351.4	218.7	5.4	18.0	71.3	1827.0	185.5	405.0
2007	305.6	183.6	2.8	7.1	40.7	1620.1	166.1	409.0
2008	323.6	194.9	3.0	7.0	41.7	1716.2	172.1	425.0
2009	344.4	204.5	3.3	7.5	39.7	1760.2	185.2	443.2
2010	366.6	213.1	3.5	7.4	42.1	1713.9	190.6	460.4
2011	375.9	215.9	3.6	7.3	39.1	1745.5	194.9	476.0
2012	396.5	228.8	3.5	7.6	36.4	1775.2	197.2	493.7
2013	383.2	229.9	3.2	7.8	34.5	1787.3	197.9	509.4
2014	379.5	232.4	3.3	8.0	34.5	1799.5	194.6	518.8
2015	369.9	221.6	3.2	7.2	36.0	1746.6	196.2	522.1
2016	356.2	211.8	3.1	7.2	35.6	1655.0	198.5	508.2
2017	342.3	214.3	2.9	8.0	32.9	1640.3	183.4	507.6
2018	328.5	205.5	2.8	7.8	31.7	1552.0	178.0	494.8
2019	274.5	146.2	2.9	6.5	29.0	577.4	212.3	484.1
2020	268.2	140.7	2.6	6.3	27.4	1374.9	231.9	490.2
2021	306.5	175.2	2.8	6.6	27.9	1482.6	230.3	493.8
2022	318.1	179.4	2.9	7.2	28.5	1452.7	233.4	504.9
2023	331.7	191.3	3.3	6.5	31.5	1412.3	235.3	517.8

主要统计指标解释

江苏主要畜禽养殖场（户）分类标准

品种	大型养殖场（户）（年饲养量）	非大型养殖场（户）（年饲养量）
生猪	2500头及以上	2500头以下
牛	100头及以上	100头以下
羊	500只及以上	500只以下
禽	60000只及以上	60000只以下
其中：蛋禽	存栏30000只及以上	存栏30000只以下

生猪期末存栏　指本调查期末饲养生猪的总量，包括25公斤以下仔猪、待育肥猪（架子猪）和种猪等数量之和。

能繁殖母猪　指猪龄约在9个月（包括9个月）以上的、具备繁殖能力的母猪。

猪肉产量　指本调查期内出栏肥猪头数折算出的鲜、冷鲜、冷冻猪肉总量，按胴体重计算。

牛期末存栏　指本调查期末饲养各类型的牛总量，包括牛犊、待育肥牛（架子牛）、奶牛和种牛等数量之和。

能繁殖母牛　指牛龄在16个月左右，具备繁殖能力的母牛。

牛肉产量　指本调查期内出栏肉牛头数折算出的鲜、冷鲜、冷冻牛肉产量，按胴体重计算。

牛肉产量＝出栏肉牛头数×平均每头肉牛出售重量×肉牛产肉率（%）

羊期末存栏　指本调查期末饲养各种羊只总量。包括羊羔、待育肥羊（架子羊）、奶羊和种羊等数量之和。

能繁殖母羊（山羊或绵羊）　指羊龄在6个月左右，具备繁殖能力的母羊。

羊肉产量　指本调查期内出栏肥羊头数折算出的鲜、冷鲜、冷冻羊肉产量，按胴体重计算。

家禽期末存栏　指本调查期末饲养家禽的总量，包括幼禽、肉用家禽、蛋用家禽和种家禽等。

禽肉产量　指本调查期内出栏肉用家禽产出的禽肉总量。

禽蛋产量　指本调查期内饲养的蛋用家禽生产的禽蛋总重量。包括出售的和农民自产自用的部分。品种主要为鸡鸭鹅。

肉类总产量　指调查期内各种牲畜及家禽、兔等动物肉产量总计。猪、牛、羊、马、驴、骡、骆驼肉产量按去掉头蹄下水后带骨肉的胴体重量计算，兔禽肉产量按屠宰后去毛和内脏后的重量计算。猪牛羊禽四个品种肉产量由主要畜禽监测抽样调查获得，马、驴、骡、骆驼、兔肉产量由全面统计获得，其它特种养殖肉产量可用住户调查资料推算获得。

6

消费价格

6-1　历年居民消费价格总指数

(上年＝100)

年　份	居民消费价格指数	城　市	农　村
1951	113.9	113.9	113.9
1952	97.5	97.5	97.5
1953	102.6	103.1	102.3
1954	101.6	101.5	101.7
1955	101.4	101.2	101.5
1956	101.1	101.0	101.2
1957	102.1	102.7	101.7
1958	100.8	100.3	101.1
1959	100.2	100.2	100.2
1960	102.3	102.7	102.0
1961	124.3	123.4	124.8
1962	97.7	96.3	98.9
1963	95.6	94.9	96.1
1964	95.7	96.6	95.1
1965	97.1	97.3	96.9
1966	98.1	98.6	97.7
1967	99.7	99.7	99.7
1968	100.0	100.0	100.0
1969	100.0	100.0	100.0
1970	100.0	100.0	100.0
1971	100.3	100.4	100.2
1972	100.2	100.3	100.0
1973	100.1	100.2	100.1
1974	100.3	100.3	100.3
1975	100.3	100.3	100.3
1976	100.0	99.8	100.1
1977	100.1	100.2	100.0
1978	100.1	100.2	100.1
1979	101.0	100.7	101.3
1980	105.6	105.7	105.6
1981	101.5	102.3	100.9
1982	100.9	100.9	101.0
1983	100.4	100.8	100.0
1984	103.0	104.1	102.1
1985	109.5	109.6	109.4
1986	107.1	106.4	107.7
1987	109.2	110.5	107.7

6-1 续表

(上年=100)

年份	居民消费价格指数	城市	农村
1988	121.9	122.6	121.4
1989	117.1	116.0	118.5
1990	103.2	103.4	103.0
1991	104.9	107.7	101.9
1992	106.6	108.8	104.4
1993	118.2	118.7	117.3
1994	123.2	125.3	121.7
1995	115.8	116.2	115.3
1996	109.3	110.8	107.1
1997	101.7	101.3	102.0
1998	99.4	100.0	99.0
1999	98.7	98.6	98.8
2000	100.1	100.0	100.1
2001	100.8	100.1	101.5
2002	99.2	98.4	100.2
2003	101.0	100.9	101.2
2004	104.1	103.7	104.6
2005	102.1	102.0	102.4
2006	101.6	101.6	101.7
2007	104.3	104.1	104.8
2008	105.4	105.2	105.6
2009	99.6	99.6	99.5
2010	103.8	103.6	104.3
2011	105.3	105.1	105.9
2012	102.6	102.6	102.6
2013	102.3	102.3	102.5
2014	102.2	102.2	102.2
2015	101.7	101.7	101.5
2016	102.3	102.4	101.8
2017	101.7	101.8	101.5
2018	102.3	102.3	102.4
2019	103.1	103.1	103.4
2020	102.5	102.4	102.8
2021	101.6	101.6	101.5
2022	102.2	102.1	102.3
2023	100.4	100.5	100.3

6-2 居民消费价格定基指数(1979-2023年)

(1978年＝100)

年 份	居民消费价格指数	城 市	农 村
1979	101.0	100.7	101.3
1980	106.7	106.4	107.0
1981	108.3	108.9	107.9
1982	109.2	109.9	109.0
1983	109.7	110.7	109.0
1984	113.0	115.3	111.3
1985	123.7	126.4	121.8
1986	132.5	134.4	131.1
1987	144.7	148.6	141.2
1988	176.3	182.1	171.5
1989	206.5	211.3	203.2
1990	213.1	218.5	209.3
1991	223.5	235.3	213.3
1992	238.3	256.0	222.6
1993	281.7	303.9	261.2
1994	347.0	380.7	317.8
1995	401.8	442.4	366.5
1996	439.2	490.2	392.5
1997	446.7	496.6	400.3
1998	444.0	496.6	396.3
1999	438.2	489.6	391.6
2000	438.7	489.6	392.0
2001	442.2	490.1	397.8
2002	438.6	482.2	398.6
2003	443.0	486.5	403.4
2004	461.2	504.5	422.0
2005	470.9	514.6	432.1
2006	478.4	522.8	439.5
2007	499.0	544.3	460.6
2008	525.9	572.6	486.4
2009	523.8	570.3	484.0
2010	543.7	590.8	504.8
2011	572.7	621.1	534.7
2012	587.4	637.0	548.5
2013	601.2	651.6	562.2
2014	614.4	666.0	574.5
2015	624.7	677.4	583.2
2016	638.7	693.3	593.0
2017	649.9	705.9	601.8
2018	664.9	722.0	616.3
2019	685.7	744.0	637.2
2020	702.8	762.0	655.2
2021	714.0	774.2	665.0
2022	729.7	790.4	680.3
2023	732.6	794.4	682.3

6-3 居民消费价格分类指数(2023年)

(上年=100)

类　别	全　省	城　市	农　村
居民消费价格指数	**100.4**	**100.5**	**100.3**
一、食品烟酒	**101.0**	**100.9**	**101.1**
1.食品	100.5	100.5	100.5
(1)粮食	101.8	101.9	101.7
(2)薯类	99.5	98.9	101.0
(3)豆类	102.0	102.0	101.8
(4)食用油	102.1	102.4	101.3
(5)菜及食用菌	99.5	99.5	99.6
(6)畜肉类	94.8	94.8	94.5
(7)禽肉类	104.1	104.0	104.3
(8)水产品	100.2	100.2	100.4
(9)蛋类	100.7	100.4	101.8
(10)奶类	101.0	101.1	100.6
(11)干鲜瓜果类	105.1	104.8	106.3
(12)糖果糕点类	102.6	102.5	103.1
(13)调味品	102.7	102.6	103.2
(14)其他食品类	103.3	104.7	100.5
2.茶及饮料	102.0	101.9	102.3
3.烟酒	102.3	102.3	102.4
(1)卷烟	103.7	103.6	103.7
(2)酒类	100.0	100.0	100.0
4.在外餐饮	101.5	101.3	102.8
二、衣着	**101.4**	**101.6**	**100.3**
1.服装	101.3	101.5	100.2
(1)男式服装	100.8	101.1	99.3
(2)女式服装	101.5	101.8	100.6
(3)儿童服装	101.7	101.9	100.9
(4)衣着材料及配件	100.7	100.7	100.6
(5)衣着服务费	101.9	101.9	101.6
2.鞋类	101.8	102.1	100.5
(1)鞋	101.8	102.1	100.5
(2)鞋类服务	101.7	102.2	100.7
三、居住	**100.0**	**100.1**	**99.7**
1.租赁房房租	99.8	99.8	100.0
2.住房保养维修及管理	100.7	100.8	99.9
(1)住房装潢材料	99.8	100.2	98.5
(2)住房维修管理费用	101.3	101.3	101.2
3.水电燃料	100.1	100.1	100.1
(1)水	100.0	100.0	100.0
(2)电	100.0	100.0	100.0
(3)燃气	100.4	100.4	100.4
(4)其他水电燃料类	99.6	99.6	99.7
4.自有住房	99.9	100.0	99.5
四、生活用品及服务	**100.6**	**100.6**	**100.6**
1.家具及室内装饰品	102.0	101.7	103.0
(1)家具	102.1	101.8	103.2
(2)室内装饰品	101.0	101.0	101.0
2.家用器具	98.9	99.0	98.5
(1)大型家用器具	99.0	99.1	98.7
(2)小家电	98.0	98.1	97.5
3.家用纺织品	100.1	100.0	100.2
(1)床上用品	100.1	100.0	100.6
(2)窗帘门帘	99.6	100.0	98.0
(3)其他家用纺织品	100.6	100.8	99.8

6-3 续表

(上年=100)

类 别	全 省	城 市	农 村
4.家庭日用杂品	100.6	100.6	100.3
(1)洗涤卫生用品	101.6	101.9	100.8
(2)厨具餐具茶具	100.4	100.4	100.6
(3)其他家庭日用杂品	99.1	99.1	99.1
5.个人护理用品	100.7	100.5	101.6
(1)化妆品	100.8	100.7	101.8
(2)其他护理用品类	100.3	100.1	101.4
6.家庭服务	103.3	103.4	103.0
五、交通通信	**96.7**	**96.8**	**96.5**
1.交通	96.2	96.3	95.9
(1)交通工具	93.8	94.0	93.1
(2)交通工具用燃料	94.5	94.6	94.5
(3)交通工具使用和维修	102.0	101.8	103.0
(4)交通费	103.3	103.5	102.7
2.通信	98.4	98.3	98.9
(1)通信工具	98.1	98.2	98.0
(2)通信服务	98.2	98.0	99.0
(3)邮递服务	102.0	101.8	102.8
六、教育文化娱乐	**101.8**	**101.7**	**101.8**
1.教育	101.4	101.3	101.7
(1)教育用品	103.9	103.9	104.0
(2)教育服务	101.3	101.2	101.6
2.文化娱乐	102.3	102.4	102.0
(1)文娱耐用消费品	97.6	97.6	97.6
(2)其他文娱用品	101.3	101.3	101.4
(3)文化娱乐服务	100.7	100.5	101.5
(4)旅游	106.4	106.3	107.8
七、医疗保健	**103.2**	**103.0**	**103.7**
1.药品及医疗器具	100.8	100.8	100.7
(1)中药	104.7	104.8	104.7
(2)西药	99.8	99.9	99.5
(3)滋补保健品	100.2	100.2	100.4
(4)医疗卫生器具	97.5	97.6	96.7
(5)保健器具	101.8	102.4	100.6
2.医疗服务	103.9	103.7	104.5
(1)综合医疗类	100.4	100.1	101.5
(2)诊断类	100.9	100.8	101.3
(3)治疗类	112.8	113.1	111.8
(4)康复类	103.7	103.7	103.9
(5)中医医疗服务类	100.4	100.4	100.4
(6)其他医疗保健服务	100.7	100.7	100.8
八、其他用品及服务	**103.9**	**104.1**	**103.2**
1.其他用品	104.9	105.0	104.5
(1)首饰手表	109.3	109.4	108.9
(2)母婴用品	99.6	99.3	100.6
(3)其他杂项用品	100.3	100.2	100.9
2.其他服务	102.7	103.0	101.3
(1)在外住宿	111.7	112.6	103.3
(2)美容美发洗浴	100.9	100.9	100.8
(3)养老服务	102.4	102.8	100.1
(4)金融及保险服务	102.4	102.6	101.6
(5)中介法律及其他服务	100.5	100.2	101.8

6-4 居民消费价格分类

(上月=100)

类 别	1月	2月	3月	4月	5月
居民消费价格指数	**101.0**	**99.6**	**99.6**	**99.7**	**99.8**
一、食品烟酒	**102.4**	**99.3**	**98.9**	**99.2**	**99.3**
1.食品	103.6	99.0	98.1	98.7	98.8
(1)粮食	99.6	100.4	99.6	100.7	99.3
大 米	99.2	100.4	99.6	101.1	99.1
面 粉	101.1	99.9	100.4	99.9	97.5
其他粮食	100.3	100.0	99.4	100.3	100.1
粮食制品	100.0	100.7	99.6	100.0	99.8
(2)薯类	107.2	104.2	99.1	101.3	98.5
(3)豆类	101.6	99.4	99.8	99.8	100.3
干 豆	100.5	100.0	99.7	99.7	100.1
豆 制 品	101.9	99.3	99.9	99.9	100.3
(4)食用油	99.5	100.8	99.6	99.9	100.4
食用植物油	99.5	100.9	99.7	99.9	100.4
食用动物油	97.3	96.4	96.4	99.1	99.1
(5)菜及食用菌	120.8	99.6	91.7	92.1	98.7
鲜 菜	123.0	99.4	91.1	91.3	98.4
鲜 菌	108.9	99.9	95.2	99.7	103.0
干菜干菌及制品	98.3	102.2	99.6	99.5	100.9
(6)畜肉类	96.3	95.1	97.1	97.7	98.7
猪 肉	92.4	89.8	94.9	95.8	97.8
牛 肉	100.4	99.7	99.0	99.2	99.5
羊 肉	99.3	101.0	98.8	99.1	99.5
其他畜肉及副产品	98.2	96.5	96.5	97.4	98.1
畜肉制品	100.6	100.4	99.5	99.8	99.7
(7)禽肉类	100.4	100.0	100.3	100.4	100.1
鸡	100.1	99.6	99.9	100.1	99.8
鸭	101.2	100.1	100.7	100.7	99.9
其他禽肉及制品	100.2	100.4	100.4	100.5	100.6
(8)水产品	105.5	99.3	100.3	101.4	96.2
淡 水 鱼	103.5	97.0	97.6	101.0	103.4
海 水 鱼	103.4	99.0	99.5	100.6	100.5
虾 蟹 类	110.4	101.6	103.4	102.5	86.2
其他水产品及制品	101.0	99.9	100.2	100.2	101.3
(9)蛋类	97.8	96.1	99.7	99.8	97.9
鸡 蛋	97.4	95.1	99.6	99.6	97.4
其他蛋及制品	99.6	101.7	100.0	100.9	100.5
(10)奶类	98.5	101.3	99.8	99.7	99.8
鲜 奶	99.0	100.3	99.6	100.1	100.1
酸 奶	98.8	101.0	99.6	100.1	99.5
奶 粉	97.0	103.0	100.3	98.9	99.5
其他奶制品	100.7	100.2	99.8	100.8	100.1
(11)干鲜瓜果类	109.4	99.4	99.3	99.6	99.2
鲜 果	111.8	99.0	99.1	99.4	99.0
坚 果	98.8	101.4	100.1	100.5	100.4
瓜果制品	98.9	100.9	100.0	100.0	100.1

月度环比指数(2023年)

6月	7月	8月	9月	10月	11月	12月
99.9	**100.4**	**100.2**	**100.1**	**99.9**	**99.4**	**100.1**
99.9	**100.3**	**100.2**	**100.1**	**99.5**	**98.9**	**100.8**
100.0	100.2	100.5	100.1	99.2	98.3	101.1
100.4	100.0	100.1	100.4	99.8	100.2	99.9
100.5	100.1	99.8	100.8	99.6	100.6	99.6
101.6	99.8	99.2	101.0	99.7	100.6	99.6
100.6	100.4	100.2	100.3	99.2	100.6	100.7
100.0	99.7	101.0	99.6	100.3	99.3	100.3
98.9	99.7	98.6	96.3	96.7	96.1	99.6
100.0	100.1	99.9	100.2	99.9	99.8	100.0
99.7	100.3	99.6	100.5	100.0	99.5	100.0
100.1	100.1	100.0	100.2	99.9	99.9	100.0
99.0	99.3	100.3	99.5	100.0	100.1	99.2
99.0	99.3	100.2	99.5	99.9	100.1	99.2
98.9	97.8	101.2	101.0	101.0	98.8	100.0
102.2	101.2	98.5	103.5	98.8	93.5	105.7
102.4	101.3	98.2	104.0	98.9	92.9	106.3
100.3	102.0	104.2	99.5	93.1	95.7	101.0
100.8	98.6	99.5	98.7	101.0	99.4	101.1
99.3	99.6	103.5	100.3	99.2	98.3	99.3
98.7	100.3	108.3	100.2	98.8	96.8	99.0
98.5	98.5	99.4	100.3	99.5	98.7	99.5
100.7	99.6	98.1	99.9	99.4	99.6	99.2
99.0	100.5	102.4	100.6	99.6	98.4	98.6
100.5	99.0	100.4	100.6	99.7	100.7	100.2
99.8	99.4	100.4	100.0	99.7	99.7	100.0
99.4	99.3	100.5	99.7	99.5	99.3	99.7
100.0	99.4	100.7	100.5	99.6	99.7	100.4
100.2	99.8	100.1	100.1	100.0	100.4	100.2
98.2	104.1	102.7	98.4	96.9	97.5	102.0
101.2	103.6	100.9	98.3	96.3	96.8	98.6
100.2	100.6	100.4	100.1	97.9	98.9	99.7
93.2	108.6	106.8	97.3	95.9	96.6	107.4
100.5	99.5	100.0	99.2	99.7	99.6	100.1
97.2	99.4	107.0	103.8	96.3	96.9	100.3
96.9	99.0	108.6	104.3	95.6	96.3	100.3
98.4	101.3	99.1	100.8	100.0	99.8	99.9
100.1	100.0	100.4	99.1	100.8	100.4	100.6
100.2	99.5	100.6	99.8	100.4	100.7	100.7
99.9	100.4	99.6	99.3	101.2	100.5	100.2
100.6	100.4	100.6	97.8	101.4	100.0	100.6
97.9	100.7	100.7	100.4	100.3	100.0	100.8
100.4	97.4	95.5	97.5	100.9	99.2	101.1
100.5	96.9	94.4	96.9	101.2	99.1	101.4
99.4	100.8	100.2	100.1	99.2	99.5	99.8
101.0	97.2	100.6	99.4	100.1	100.6	99.8

6-4 续表 1

(上月=100)

类　　别	1月	2月	3月	4月	5月
(12)糖果糕点类	98.4	101.0	99.9	100.6	99.7
食　糖	101.5	102.8	99.4	97.6	100.2
糖　果	97.7	101.0	101.3	100.5	99.5
糕　点	98.2	100.4	100.1	100.9	99.7
其他糖果糕点	98.6	102.9	98.2	100.6	99.5
(13)调味品	99.4	100.7	99.0	101.0	100.3
食 用 盐	100.1	99.9	100.2	100.0	100.1
酱　油	99.6	100.1	98.8	100.7	100.6
食　醋	99.3	100.6	97.4	101.4	100.8
增 味 剂	98.1	102.4	98.9	102.4	99.5
其他调味品	99.8	101.1	99.8	100.7	100.2
(14)其他食品类	98.6	101.5	100.2	100.7	100.5
方便食品	97.8	101.6	99.9	100.5	101.3
淀粉及制品	101.5	100.6	99.9	100.7	98.9
其他食品	97.9	101.9	101.1	101.0	99.7
2.茶及饮料	99.0	101.5	99.7	100.2	100.7
茶　叶	99.4	101.2	99.6	99.4	100.8
固体咖啡	97.9	103.9	98.9	100.2	102.5
其他固体饮料	99.8	100.8	100.0	100.8	100.4
饮 用 水	99.0	100.2	98.5	100.8	100.3
果汁饮料	98.7	101.1	100.1	101.6	100.2
其他液体饮料	98.7	102.1	100.6	100.0	100.1
3.烟酒	99.3	100.4	100.5	100.4	100.0
(1)卷烟	100.2	100.1	100.7	100.3	100.2
(2)酒类	97.6	101.0	100.0	100.6	99.5
白　酒	96.9	101.5	100.2	100.5	99.2
葡 萄 酒	98.1	98.8	99.8	101.7	100.0
啤　酒	99.1	100.9	99.5	98.7	100.8
4.在外餐饮	100.9	99.4	100.3	100.0	100.5
餐馆餐饮	100.3	100.2	100.1	100.1	100.2
饮品店餐饮	100.2	100.2	100.0	99.9	100.0
外　卖	103.4	96.4	101.1	99.8	102.0
其他在外餐饮	100.0	100.0	100.3	100.4	100.2
二、衣着	**99.5**	**99.7**	**100.2**	**100.2**	**99.9**
1.服装	99.5	99.5	100.0	100.2	100.3
(1)男式服装	99.2	99.1	99.9	100.4	100.4
(2)女式服装	99.6	99.5	99.8	100.2	100.5
(3)儿童服装	99.7	100.1	101.0	99.3	99.3
(4)衣着材料及配件	99.6	100.2	99.5	100.5	100.0
袜　子	99.4	100.6	99.0	100.9	100.3
帽　子	100.1	100.0	99.3	99.8	99.6
其他衣着材料及配件	99.6	99.5	101.0	100.7	99.8
(5)衣着服务费	100.3	100.1	100.2	100.3	100.1
衣着洗涤保养	100.3	100.1	100.1	100.2	100.2
其他衣着服务	100.1	100.0	100.4	100.6	100.0
2.鞋类	99.7	100.8	101.1	100.5	98.5
(1)鞋	99.6	100.8	101.1	100.5	98.5

6月	7月	8月	9月	10月	11月	12月
101.2	99.9	99.6	100.9	99.3	100.6	100.3
102.7	98.7	100.0	101.8	99.7	101.6	100.0
101.2	99.2	99.4	100.5	99.6	100.1	100.4
100.9	100.0	100.1	100.6	99.1	100.4	100.2
102.0	100.7	97.7	101.9	99.7	100.9	101.1
100.3	99.3	100.6	100.0	100.5	100.6	100.3
100.0	99.9	99.4	100.5	100.1	100.1	100.0
100.6	98.0	101.4	99.6	100.0	101.0	100.6
100.2	99.3	100.0	99.7	102.3	101.2	100.4
100.4	101.1	101.0	99.7	100.7	99.7	100.6
100.2	99.8	100.3	100.5	99.8	100.4	99.7
100.3	99.3	100.5	100.1	99.0	100.5	100.3
100.4	98.8	100.4	100.2	98.2	101.5	100.0
101.0	100.0	100.8	100.1	100.0	99.1	99.9
99.6	99.9	100.3	100.0	100.5	99.0	101.7
99.3	100.6	99.9	100.3	99.8	100.1	100.6
100.2	101.0	99.8	99.9	100.1	99.7	101.2
95.7	104.2	99.3	100.9	100.6	101.9	101.3
100.7	100.0	97.7	101.3	101.8	99.6	98.6
100.2	98.9	100.4	99.4	99.7	100.2	100.3
100.2	99.5	100.6	100.7	99.5	100.3	99.7
98.3	99.6	100.1	100.8	98.6	100.0	100.3
99.4	100.8	99.7	99.8	100.0	100.3	100.1
100.0	100.1	100.3	100.2	100.2	100.1	100.1
98.4	102.1	98.7	99.1	99.7	100.5	100.0
97.5	103.0	98.2	98.8	100.2	100.7	99.8
99.9	101.7	99.7	100.1	97.5	100.9	99.9
101.1	100.1	99.1	99.6	99.4	99.3	101.2
100.0	100.1	99.8	100.2	100.2	99.9	100.1
100.1	100.0	100.1	100.1	100.1	100.0	100.5
100.1	100.0	100.0	100.0	100.1	100.0	99.9
99.4	100.2	98.6	101.0	100.7	99.1	99.0
100.3	100.0	100.0	100.1	100.1	100.2	100.1
100.0	**99.8**	**100.3**	**100.4**	**100.7**	**100.5**	**99.7**
100.0	99.7	100.0	100.7	100.8	100.8	99.7
100.0	99.7	99.9	100.8	101.2	101.1	99.6
100.1	99.6	99.9	100.3	100.8	101.1	99.8
99.2	99.7	100.6	101.9	100.1	99.5	99.6
99.8	100.1	99.6	100.8	101.2	99.2	100.0
99.4	100.3	98.8	100.9	101.5	98.7	101.1
100.5	99.7	100.6	100.4	100.6	99.9	98.4
99.8	100.2	99.8	100.9	101.4	99.3	99.9
100.5	100.2	100.0	100.0	100.1	100.0	100.1
100.3	100.3	100.0	100.0	100.1	100.0	100.1
101.1	100.0	100.0	100.0	100.0	100.0	100.0
100.2	100.1	101.9	99.2	100.3	99.3	99.9
100.2	100.1	101.9	99.2	100.3	99.3	99.9

6-4 续表 2

(上月=100)

类　　别	1月	2月	3月	4月	5月
男 鞋	99.8	100.4	100.6	101.4	98.5
女 鞋	99.5	101.3	101.4	100.0	98.1
童 鞋	100.0	99.9	101.0	100.1	100.4
(2)鞋类服务	100.0	100.0	101.3	100.3	100.0
三、居住	**100.0**	**100.2**	**100.0**	**99.9**	**100.0**
1.租赁房房租	100.0	100.4	99.9	99.9	100.0
私房房租	100.0	100.4	99.9	99.9	100.0
2.住房保养维修及管理	100.2	99.8	100.0	100.1	100.0
(1)住房装潢材料	100.2	99.6	99.8	100.1	99.9
木 地 板	99.9	100.0	100.0	100.1	100.1
瓷 砖	100.6	99.1	100.1	100.1	99.0
水 泥	99.9	97.5	101.3	99.3	99.9
涂 料	100.2	100.0	99.9	99.9	99.9
板 材	99.9	99.6	99.9	99.8	99.7
管 材	100.1	100.1	100.4	100.0	99.7
厨卫设备	100.1	99.6	98.8	100.0	100.7
其他住房装潢材料	100.3	99.8	99.8	100.3	100.0
(2)住房维修管理费用	100.2	99.9	100.1	100.1	100.0
物业管理费	100.0	100.0	100.0	100.0	100.0
其他住房费用	101.8	99.3	100.0	100.1	100.0
3.水电燃料	100.1	100.1	99.9	99.7	100.0
(1)水	100.0	100.0	100.0	100.0	100.0
(2)电	100.0	100.0	100.0	100.0	100.0
(3)燃气	100.0	100.4	99.6	99.7	99.3
管道燃气	100.0	100.0	100.0	100.0	100.0
液化石油气	100.0	100.7	99.3	99.5	98.6
(4)其他水电燃料类	100.7	100.0	100.1	97.0	101.4
4.自有住房	100.0	100.3	100.0	99.9	100.0
四、生活用品及服务	**100.1**	**100.0**	**99.6**	**100.0**	**100.1**
1.家具及室内装饰品	99.9	100.4	100.2	100.6	100.4
(1)家具	100.1	100.4	100.3	100.5	100.3
柜	100.4	100.1	100.1	100.5	100.9
床	99.9	100.6	100.1	101.2	100.3
桌	100.0	100.4	100.2	100.3	100.1
椅	99.5	100.6	100.3	101.2	99.8
沙 发	100.1	100.6	100.7	99.9	100.1
其他家具	100.0	100.3	100.0	100.5	100.1
(2)室内装饰品	98.0	100.6	100.2	100.7	100.7
灯 具	96.3	101.8	99.5	101.5	101.9
其他室内装饰品	99.9	99.3	101.0	99.7	99.4
2.家用器具	100.3	100.1	100.7	99.3	99.4
(1)大型家用器具	100.4	100.2	100.8	99.3	99.3
洗 衣 机	101.3	102.1	100.1	100.2	100.8
电冰箱(柜)	100.3	100.3	99.7	100.9	98.7
抽油烟机	100.1	100.1	97.9	99.9	100.9
空 调 器	101.3	99.2	102.6	98.2	98.8
热 水 器	99.0	98.1	100.6	99.4	99.5

6月	7月	8月	9月	10月	11月	12月
100.3	99.9	101.8	99.5	100.3	99.0	99.0
100.4	100.1	101.9	98.7	100.1	99.3	100.3
98.9	100.7	101.9	100.7	101.7	100.3	99.9
100.6	100.0	100.0	100.0	100.0	100.0	100.0
100.1	**100.3**	**99.9**	**99.9**	**100.0**	**99.9**	**100.0**
100.2	100.4	99.7	99.9	99.8	99.8	100.0
100.2	100.4	99.7	99.9	99.8	99.8	100.0
100.0	100.4	100.0	99.8	100.0	100.0	100.1
100.0	99.8	100.1	99.6	99.9	100.0	100.1
100.4	100.0	100.4	100.8	99.8	100.1	100.2
100.1	99.3	100.4	99.7	99.8	100.3	99.8
99.5	98.5	99.4	96.6	98.6	99.7	100.1
100.0	100.3	99.7	100.0	99.6	100.1	100.0
99.7	99.8	100.1	100.0	100.2	100.1	99.7
99.2	100.1	100.0	100.0	99.7	100.1	100.1
100.0	99.9	100.4	99.2	100.2	99.7	100.7
100.0	100.3	99.5	99.6	99.7	100.0	99.7
100.0	100.7	100.0	100.0	100.1	100.0	100.1
100.0	100.0	100.0	100.0	100.0	100.0	100.0
100.0	100.0	100.0	100.0	100.0	100.0	100.0
99.9	100.0	100.4	100.1	100.5	99.9	100.0
100.0	100.0	100.0	100.0	100.0	100.0	100.0
100.0	100.0	100.0	100.0	100.0	100.0	100.0
99.5	100.8	100.3	101.2	101.0	100.0	100.3
100.0	101.5	100.0	101.5	101.7	100.0	100.7
98.9	100.1	100.7	100.8	100.3	100.0	99.9
100.0	97.8	103.7	97.9	103.1	98.7	99.6
100.2	100.3	99.8	99.9	99.9	99.9	99.9
99.3	**100.7**	**99.7**	**100.1**	**99.9**	**99.6**	**101.5**
99.8	100.3	100.1	99.8	99.6	100.4	100.0
99.9	100.2	100.2	99.8	99.6	100.2	99.9
99.6	99.9	99.9	99.7	99.6	100.2	100.0
100.4	100.0	100.1	99.9	99.6	100.1	100.0
100.0	100.2	100.2	100.2	99.9	100.5	100.0
99.7	100.0	100.0	100.7	98.9	100.1	99.7
99.8	100.4	100.6	99.1	99.7	100.4	99.7
99.9	101.4	100.0	100.0	100.0	100.1	100.3
99.1	101.6	99.3	100.3	99.5	102.6	100.4
98.5	102.4	99.1	100.7	98.7	104.7	99.9
99.9	100.7	99.6	99.9	100.4	100.2	100.8
99.0	101.1	99.2	99.5	100.6	98.5	101.9
98.9	101.3	99.2	99.4	100.7	98.1	102.0
96.6	102.3	98.7	100.6	99.4	96.4	102.1
97.5	102.7	98.4	99.1	101.7	96.0	101.9
99.4	98.9	98.7	99.1	101.8	98.7	105.6
99.0	101.1	99.7	99.5	100.9	98.1	100.6
100.8	100.3	99.2	98.8	101.5	100.6	103.6

6-4　续表 3

(上月＝100)

类　别	1月	2月	3月	4月	5月
炉具灶具	99.5	101.7	101.6	98.1	96.4
吸 尘 器	96.6	105.6	99.8	98.9	100.4
空气净化器	99.7	102.2	97.9	99.0	100.6
净 水 器	100.9	99.4	98.9	98.1	99.2
其他大型家用器具	100.2	100.1	100.0	100.0	99.7
(2)小家电	99.7	99.4	100.0	99.3	100.2
厨房小家电	99.9	99.6	99.7	99.4	99.6
生活小家电	99.5	99.2	100.4	99.0	100.9
3.家用纺织品	100.0	100.0	100.0	99.9	100.0
(1)床上用品	99.9	100.0	99.9	99.9	100.2
被 子	99.9	100.4	99.9	100.0	100.0
床单被套	99.7	99.9	99.8	99.7	100.1
其他床上用品	100.5	99.5	100.3	100.2	100.8
(2)窗帘门帘	100.2	100.0	100.1	99.7	99.7
(3)其他家用纺织品	100.9	99.8	100.1	99.9	99.1
4.家庭日用杂品	99.6	100.1	99.2	99.0	100.3
(1)洗涤卫生用品	99.9	99.6	98.4	99.6	100.5
清洗用品	99.2	99.6	100.2	98.3	100.1
清洁用具	99.4	99.2	94.4	101.4	101.3
清洁用纸	100.8	99.7	98.2	100.2	100.6
(2)厨具餐具茶具	99.2	100.5	100.1	98.9	100.0
厨 具	98.3	101.0	100.6	98.0	99.7
餐 具	101.2	99.8	99.2	99.2	100.5
茶 具	96.1	101.5	100.9	101.7	99.9
(3)其他家庭日用杂品	99.4	100.6	99.8	98.2	100.3
配电附件	99.1	101.5	99.7	95.8	101.3
雨 具	99.0	102.4	100.2	98.2	98.2
其他日用杂品	99.9	99.0	99.7	100.5	100.3
5.个人护理用品	99.2	100.4	97.5	101.9	100.6
(1)化妆品	98.8	100.2	96.5	103.1	100.5
清洁化妆品	98.7	99.3	100.0	102.5	99.8
护肤化妆品	98.3	100.7	93.0	105.3	100.7
彩妆化妆品	99.6	100.0	100.4	100.0	100.4
化妆器具	100.0	99.7	99.5	100.6	101.0
(2)其他护理用品类	100.0	100.6	99.5	99.8	100.7
清洁类护理用品	100.1	99.6	99.5	99.4	100.7
护发美发用品	99.8	102.9	99.0	98.8	100.0
护理器具	102.0	101.3	101.8	100.0	100.4
其他护理用品	99.1	99.6	98.8	101.7	102.0
6.家庭服务	102.9	98.3	99.7	100.1	100.2
家政服务	105.3	97.3	99.3	100.0	100.4
母婴护理服务	101.3	100.2	100.1	100.0	100.1
家庭维修服务	100.7	100.0	100.2	100.4	100.2
其他家庭服务	100.5	96.4	100.0	100.4	99.8
五、交通通信	**100.4**	**99.0**	**99.4**	**99.1**	**99.7**
1.交通	100.6	98.8	99.2	99.0	99.6
(1)交通工具	100.2	99.8	97.0	98.8	100.1

6月	7月	8月	9月	10月	11月	12月
103.0	100.3	99.4	99.4	99.3	100.8	103.0
100.1	101.0	97.8	97.8	101.8	97.2	103.4
98.0	103.8	98.6	101.8	97.9	97.4	99.1
99.5	101.8	99.9	100.0	98.9	100.0	107.8
99.3	100.5	99.8	99.2	99.7	99.1	101.0
99.5	99.9	99.2	100.0	100.3	100.7	101.7
99.8	100.3	99.8	100.4	99.9	99.6	100.6
99.1	99.5	98.4	99.4	100.8	102.1	103.2
100.0	100.0	99.6	100.2	99.7	101.2	99.8
100.0	100.0	99.5	100.3	99.7	101.4	99.7
100.2	99.8	100.1	100.4	100.1	100.1	100.0
100.0	100.4	98.9	100.2	98.9	100.5	100.2
99.4	99.9	99.5	100.2	100.5	106.9	97.9
99.7	100.0	100.0	100.0	99.9	99.8	100.0
101.0	100.0	100.2	99.8	99.9	100.1	100.8
99.0	100.7	100.0	100.3	99.7	100.5	102.9
98.5	100.9	99.5	100.6	99.2	101.1	105.0
100.1	101.7	98.6	101.3	99.8	103.2	106.2
98.0	101.0	100.2	101.1	101.1	99.4	106.7
97.1	100.2	100.2	99.8	97.8	99.8	103.2
98.9	101.2	101.0	100.9	99.2	99.7	99.7
99.8	101.9	101.4	100.6	99.1	101.3	97.5
97.4	100.6	100.6	101.8	99.7	97.3	102.2
99.6	100.0	100.8	99.2	97.7	100.7	102.0
99.8	100.2	100.0	99.3	101.0	100.2	101.7
100.9	99.6	101.1	100.7	98.7	100.0	99.4
99.2	102.4	99.3	99.3	102.2	100.8	108.5
99.2	99.7	99.2	97.9	102.5	100.2	100.4
99.0	100.8	99.0	100.9	99.3	98.8	101.7
99.1	100.8	99.6	100.7	99.0	98.8	101.9
99.5	100.1	99.3	100.3	100.3	98.6	101.9
98.8	100.9	99.5	100.4	99.2	98.5	102.0
99.6	101.0	100.0	100.7	98.9	99.4	102.3
98.6	101.1	99.3	103.3	96.0	99.7	100.4
98.9	100.7	97.9	101.3	100.0	98.9	101.4
99.7	100.6	98.2	101.3	100.0	99.9	101.5
100.6	98.1	100.7	99.4	100.0	99.0	101.7
98.1	101.5	97.3	99.5	99.2	100.9	96.7
95.3	104.1	94.0	104.9	100.4	95.1	103.8
100.4	100.3	101.6	100.1	100.0	100.1	100.7
100.4	100.1	102.9	100.0	100.0	100.1	101.3
99.7	99.9	101.1	100.2	100.0	100.1	100.2
100.7	101.5	100.0	100.2	99.9	100.0	100.0
101.2	99.6	100.2	100.3	100.0	100.0	101.0
99.8	**100.6**	**100.8**	**100.2**	**100.2**	**98.8**	**98.6**
99.8	101.3	101.1	100.3	100.2	98.6	97.9
100.0	99.3	99.6	99.7	99.7	99.7	99.1

6-4 续表 4

(上月＝100)

类　　别	1月	2月	3月	4月	5月
燃油小汽车	100.5	99.3	96.7	98.5	100.2
新能源小汽车	99.4	101.9	97.0	99.4	99.5
电动自行车	100.0	100.4	99.4	100.2	100.2
自 行 车	100.1	100.1	99.9	99.9	99.9
(2)交通工具用燃料	97.7	101.0	99.8	98.4	99.9
汽 油	97.6	101.0	99.7	98.3	99.9
柴 油	97.5	101.1	99.7	98.4	99.6
(3)交通工具使用和维修	105.0	95.8	100.4	100.0	99.9
停 车 费	100.0	100.4	100.0	100.0	100.7
车辆使用费	100.0	100.0	100.0	100.0	100.0
交通工具零配件	100.2	100.0	100.4	99.9	99.3
车辆修理与保养	112.2	90.3	100.6	100.2	100.0
(4)交通费	104.9	93.5	103.2	99.8	97.7
市内公共交通	100.0	100.0	97.5	100.0	100.0
出租汽车	100.3	99.7	100.0	100.0	100.0
飞 机 票	115.6	79.8	113.1	97.6	92.3
火 车 票	100.0	100.0	101.0	101.0	99.8
长途汽车	100.9	100.3	100.0	100.2	99.8
网 约 车	103.2	97.1	100.0	99.9	99.9
交通工具租赁费	108.0	92.9	102.5	105.0	96.3
其他交通费	101.3	98.9	100.0	100.2	99.9
2.通信	99.6	99.9	100.0	99.8	99.8
(1)通信工具	98.7	99.3	100.0	99.4	99.3
电 话 机	98.7	99.2	100.1	99.4	99.3
其他通信工具及零配件	99.3	102.9	98.4	99.4	99.8
(2)通信服务	99.8	100.2	100.0	100.0	100.0
电 话 费	100.0	100.0	100.0	100.0	100.0
家庭宽带服务	98.7	101.1	100.0	100.0	100.0
(3)邮递服务	101.8	99.4	100.0	100.0	100.0
六、教育文化娱乐	**101.2**	**99.2**	**99.9**	**100.5**	**100.2**
1.教育	100.0	100.1	100.0	99.9	100.0
(1)教育用品	100.0	100.6	100.3	100.0	100.0
工 具 书	100.1	99.8	100.2	100.0	100.0
教 材	100.0	100.4	100.2	100.0	100.0
参考资料	100.2	100.9	100.4	100.0	100.0
其他教育用品	98.8	99.5	100.1	99.8	99.8
(2)教育服务	100.0	100.1	100.0	99.9	100.0
幼儿早期教育	99.9	99.9	100.5	97.8	100.0
学前教育	100.2	100.0	100.0	100.0	100.0
小学初中教育	100.0	100.1	100.0	100.0	100.0
高中中职教育	100.0	99.2	100.0	100.0	100.0
高等教育	100.0	100.0	100.0	100.0	100.0
课外教育	100.0	100.4	100.0	100.0	100.1
专业技能培训	99.9	100.4	100.0	100.5	100.0
其他教育服务	100.0	100.5	100.0	100.0	100.1
2.文化娱乐	103.0	97.9	99.6	101.4	100.3
(1)文娱耐用消费品	99.3	100.1	99.8	99.4	99.9

6月	7月	8月	9月	10月	11月	12月
100.2	99.3	99.6	99.7	99.7	99.7	98.8
99.9	99.1	99.5	99.5	99.8	99.8	99.3
98.7	100.0	99.6	99.7	99.9	99.8	100.1
99.9	100.1	99.9	101.3	100.3	100.1	100.1
98.8	101.8	104.8	102.3	101.8	97.2	95.4
98.7	101.9	105.0	102.4	101.8	97.2	95.3
98.6	102.2	105.2	102.6	101.9	97.0	95.0
100.2	100.1	100.1	100.1	100.0	100.0	100.2
100.0	100.4	100.0	100.0	100.0	100.0	100.0
100.0	100.0	100.0	100.0	100.0	100.0	100.0
100.1	100.2	100.2	100.5	100.2	99.9	100.7
100.4	100.0	100.1	100.0	100.0	100.0	99.9
101.5	106.5	98.0	97.7	98.1	97.9	99.0
103.1	100.3	100.0	98.9	100.0	100.0	101.3
100.0	100.0	100.0	100.0	100.8	100.1	100.0
103.8	124.3	93.8	91.9	93.8	92.4	94.6
99.9	100.0	99.8	100.1	100.1	100.0	99.9
100.3	100.2	100.1	100.6	99.9	100.0	100.0
100.3	100.1	100.1	100.3	99.4	99.9	99.9
99.0	101.2	99.5	104.3	93.0	97.9	103.5
100.0	99.9	100.0	100.1	100.0	100.3	100.2
99.9	98.4	99.6	99.9	100.0	99.4	100.9
99.9	100.8	99.4	99.7	100.2	97.9	103.5
99.9	100.9	99.4	99.7	100.2	97.8	103.7
99.9	99.3	99.3	98.9	101.0	99.2	98.7
99.9	97.0	99.7	100.0	99.9	100.1	99.8
100.0	100.0	99.6	100.0	100.0	100.0	99.9
99.4	82.9	100.0	100.0	99.5	100.5	98.9
100.0	100.0	100.0	100.0	100.0	100.0	100.0
99.9	**101.4**	**100.2**	**100.2**	**99.8**	**99.0**	**100.0**
100.1	100.5	100.0	100.8	100.0	100.0	100.0
100.0	100.5	100.2	100.7	100.2	99.9	100.0
100.0	100.4	100.4	100.2	100.0	100.0	100.0
100.0	100.7	99.7	100.4	100.2	100.0	100.0
100.0	100.3	100.6	101.1	100.2	99.9	100.2
100.0	100.5	99.3	99.5	100.4	98.9	99.2
100.1	100.5	100.0	100.8	100.0	100.0	100.0
100.1	101.5	100.0	100.5	100.0	100.0	100.4
100.0	100.0	100.0	103.1	100.0	100.0	100.0
100.0	100.0	100.0	102.4	100.0	100.0	100.0
100.0	100.0	100.0	100.4	100.0	100.0	100.0
100.0	100.0	100.0	100.3	100.0	100.0	100.0
100.2	101.5	100.0	100.2	100.0	100.0	100.0
100.3	100.1	100.0	99.9	99.7	100.0	100.0
100.0	100.1	100.0	100.2	100.1	100.0	100.0
99.6	102.8	100.5	99.3	99.6	97.5	100.0
98.4	100.2	99.6	99.6	100.2	99.5	101.4

6-4 续表 5

(上月=100)

类　　别	1月	2月	3月	4月	5月
电 视 机	100.1	99.6	99.7	99.6	100.3
照 相 机	101.4	99.0	99.0	101.9	103.5
台式计算机	99.8	99.9	99.4	99.9	100.3
笔记本电脑	98.2	100.4	99.9	98.6	99.6
平板电脑	98.8	100.9	100.3	98.4	99.4
乐 器	100.8	99.9	99.5	100.2	99.9
音 响	94.0	100.5	100.6	100.4	100.3
可穿戴智能设备	99.4	100.0	100.7	98.0	100.2
其他文娱耐用消费品	99.6	100.7	99.6	99.1	96.5
(2)其他文娱用品	99.9	100.2	100.1	100.4	100.1
书报杂志及音像制品	100.0	100.4	100.0	100.0	100.1
纸张文具	99.6	98.2	101.6	100.2	99.5
体育户外用品	99.0	102.4	99.6	100.3	102.6
游戏用品和玩具	100.9	100.1	99.9	100.1	99.5
园艺花卉及用品	100.3	99.5	100.0	99.7	100.4
宠物及用品	99.7	100.6	98.6	101.6	100.2
(3)文化娱乐服务	102.5	98.3	99.6	100.7	100.4
电影及演出票	109.9	93.2	92.9	98.9	102.4
景点门票	99.1	101.4	104.5	103.3	101.6
电视服务	100.0	100.0	100.0	100.0	100.0
健身活动	100.0	99.9	100.1	100.3	100.0
宠物服务	109.4	92.1	100.0	100.2	100.0
网络文娱服务	103.2	98.3	99.0	100.9	96.4
儿童娱乐项目	100.1	99.6	99.7	100.7	99.8
其他文娱服务	102.4	98.7	99.4	100.0	99.2
(4)旅游	107.1	95.5	99.2	103.4	100.7
旅行社收费	107.5	95.1	99.2	103.6	100.6
其他旅游	105.5	97.3	99.1	102.6	101.0
七、医疗保健	**102.0**	**100.2**	**100.1**	**100.0**	**100.0**
1.药品及医疗器具	99.9	99.9	100.1	99.9	100.0
(1)中药	100.4	98.8	100.4	100.1	100.4
中 药 材	100.5	92.8	100.4	100.6	100.6
中 成 药	100.3	100.5	100.4	100.0	100.3
(2)西药	100.0	100.1	100.0	99.9	100.2
抗微生物药	100.0	100.0	100.0	99.4	100.0
消化系统用药	100.0	100.1	99.5	99.4	99.8
呼吸系统用药	100.0	100.1	100.0	100.7	100.2
解热镇痛药	100.3	101.0	100.9	100.4	103.7
抗肿瘤药	100.0	100.0	100.0	99.7	100.0
激素及影响内分泌药	100.0	100.1	100.0	100.0	100.3
心血管系统用药	100.0	100.7	100.2	100.1	99.9
血液系统用药	100.0	100.0	100.0	100.5	100.0
治疗精神障碍药	100.0	99.4	100.5	99.6	100.0
神经系统用药	100.0	99.8	100.1	100.0	100.0
泌尿系统用药	100.0	98.8	100.0	99.9	100.4
维生素、矿物质类药	99.9	100.2	100.0	100.2	100.0
调节水、电解质及酸碱平衡药	100.0	100.0	100.0	100.0	100.0
其他西药	100.1	100.6	99.4	99.8	100.0

6月	7月	8月	9月	10月	11月	12月
99.1	100.4	100.0	99.5	99.0	99.7	102.4
96.7	100.7	97.9	97.9	103.1	98.1	98.0
99.9	99.6	100.0	99.2	98.9	99.6	100.4
100.5	97.1	100.5	99.3	101.8	101.6	100.4
95.9	99.3	99.0	99.3	99.2	100.1	104.2
94.1	106.6	97.0	103.0	100.0	94.5	102.8
97.8	102.6	97.6	100.0	104.7	95.5	101.6
97.5	102.5	100.8	100.0	99.2	99.6	100.4
98.0	101.4	100.0	99.2	99.8	99.7	100.0
100.0	99.9	100.2	100.1	100.7	99.2	100.7
100.0	100.9	100.0	100.2	101.3	100.0	100.0
100.7	100.4	98.6	100.7	100.3	99.0	100.6
100.7	100.4	100.4	101.5	101.5	98.7	97.9
98.8	100.7	99.7	100.0	99.2	97.4	102.4
99.5	100.1	100.2	99.8	100.3	100.0	100.4
101.2	98.1	101.3	100.4	100.5	100.1	101.0
98.5	100.2	99.9	101.0	100.1	97.6	100.2
98.0	102.3	100.6	100.5	100.1	97.1	101.5
95.2	101.5	100.0	103.8	100.8	91.7	98.5
100.0	94.1	100.0	100.0	100.0	100.0	100.0
100.4	101.3	99.9	98.6	101.4	100.0	100.1
99.7	100.0	100.0	100.0	100.0	100.0	100.1
98.3	104.5	98.4	103.0	95.3	99.8	104.0
100.3	100.4	100.0	100.5	100.0	99.8	100.0
99.9	100.7	99.5	100.4	99.9	100.4	99.5
100.7	107.5	101.5	97.6	98.5	95.7	98.9
100.9	108.3	101.9	97.6	98.3	94.8	98.4
99.8	103.5	99.5	97.9	99.6	99.7	101.4
100.0	**100.1**	**100.1**	**100.0**	**100.2**	**100.1**	**100.1**
100.2	100.2	100.2	99.9	100.3	100.1	100.1
100.6	100.8	100.6	100.8	100.9	100.1	100.4
102.5	102.4	102.9	103.9	103.5	100.2	101.2
100.1	100.4	100.0	100.0	100.1	100.1	100.2
100.0	100.0	99.9	99.7	100.1	100.0	99.9
100.0	100.0	99.9	97.4	100.0	99.4	99.2
100.1	99.5	100.0	100.1	99.7	100.3	100.0
100.0	101.0	100.0	99.9	104.2	100.0	99.9
99.9	100.1	99.5	100.7	99.9	100.0	100.0
99.5	100.0	100.0	100.0	100.0	100.0	100.0
100.0	99.8	100.0	99.7	99.8	100.5	100.5
100.2	100.1	100.0	101.7	99.3	100.0	100.0
100.0	100.0	100.0	100.2	100.0	100.0	100.0
100.0	100.0	99.2	100.0	101.5	100.0	100.0
100.0	100.0	99.9	99.0	100.0	100.0	100.0
100.0	99.8	100.6	100.0	99.8	100.0	100.0
99.3	100.1	100.1	99.9	100.4	101.2	100.0
100.0	100.3	100.0	100.0	100.0	99.9	100.1
100.0	100.3	99.8	100.2	99.9	100.0	100.0

6-4 续表 6

(上月=100)

类　　别	1月	2月	3月	4月	5月
(3)滋补保健品	99.2	101.0	100.1	99.7	99.4
(4)医疗卫生器具	99.6	99.0	100.1	99.3	99.9
(5)保健器具	100.8	100.2	100.1	100.7	100.1
2.医疗服务	102.7	100.3	100.1	100.1	100.0
(1)综合医疗类	100.0	100.0	100.0	100.2	100.0
一般医疗服务	100.1	99.9	100.0	100.3	100.0
一般治疗操作	100.0	100.0	100.0	100.1	100.0
护　理	99.6	100.0	100.0	100.0	100.0
其他综合医疗服务	100.0	100.0	100.0	100.0	100.0
(2)诊断类	100.5	100.3	100.0	99.9	100.0
病理学诊断	107.9	100.8	100.0	100.0	100.0
实验室诊断	100.6	100.8	100.0	99.6	100.0
影像学诊断	99.7	99.8	100.0	100.2	100.0
临床诊断	100.2	100.0	100.0	100.0	100.0
(3)治疗类	109.3	100.4	100.0	100.2	100.0
临床手术治疗	117.5	100.8	100.0	100.4	100.0
临床非手术治疗	100.0	100.0	100.0	100.0	100.0
(4)康复类	100.3	100.5	102.0	100.0	100.0
(5)中医医疗服务类	100.3	100.0	100.0	100.0	100.0
(6)其他医疗保健服务	100.2	100.0	100.0	100.7	100.0
八、其他用品及服务	**101.4**	**99.9**	**100.8**	**101.1**	**99.9**
1.其他用品	100.9	100.3	101.1	101.2	100.2
(1)首饰手表	101.5	99.7	102.1	102.9	101.1
金 饰 品	102.0	100.2	103.5	103.6	101.5
银 饰 品	100.0	99.6	99.8	99.6	100.1
铂金饰品	101.3	96.2	101.0	103.9	101.4
手　表	100.4	101.7	99.9	100.8	99.9
(2)母婴用品	100.1	101.8	99.7	98.5	99.7
母婴洗护喂养用品	99.7	102.0	99.6	98.3	99.9
其他母婴用品	101.1	101.5	99.9	99.1	99.3
(3)其他杂项用品	100.3	100.2	100.4	100.0	98.5
箱　包	100.4	100.3	100.6	100.0	97.6
眼　镜	100.1	100.1	100.0	99.8	100.6
2.其他服务	102.0	99.4	100.5	101.0	99.5
(1)在外住宿	103.9	100.0	105.3	110.7	95.3
宾馆住宿	104.1	99.8	106.4	109.8	95.7
其他住宿	103.5	100.5	103.0	112.5	94.6
(2)美容美发洗浴	102.9	97.6	99.9	100.1	100.0
美　容	100.3	100.1	100.0	100.0	100.0
美　发	104.0	96.6	100.0	100.2	100.0
洗　浴	104.7	96.2	99.8	99.8	100.0
(3)养老服务	100.2	100.1	100.0	100.0	100.0
(4)金融及保险服务	101.9	100.0	100.0	100.0	100.0
(5)中介法律及其他服务	100.1	100.1	100.0	100.1	100.0

6月	7月	8月	9月	10月	11月	12月
100.3	100.1	100.4	99.3	100.2	100.4	100.1
100.1	99.8	100.0	99.9	100.1	99.7	100.6
99.4	100.5	99.9	100.3	99.7	99.8	98.8
100.0	100.0	100.0	100.0	100.2	100.2	100.1
100.0	100.0	100.0	100.0	100.0	100.0	100.1
100.0	100.0	100.0	100.0	100.0	100.0	100.0
100.0	100.0	100.0	100.0	100.0	100.0	100.0
100.0	100.0	100.0	100.0	100.0	100.0	100.0
100.0	100.0	100.0	100.0	100.0	100.0	102.6
100.0	100.0	100.0	100.0	100.0	100.2	100.1
100.0	100.0	100.0	100.0	100.0	99.9	100.0
100.0	100.0	100.0	100.0	100.0	100.0	100.0
100.0	100.0	100.0	100.0	100.0	99.9	100.0
100.0	100.0	100.0	100.0	100.0	101.9	100.7
100.0	100.0	100.0	100.0	100.4	100.2	100.1
100.0	100.0	100.0	100.0	100.0	100.0	100.0
100.0	100.0	100.0	100.0	101.0	100.5	100.2
100.0	100.0	100.0	100.0	101.4	101.4	100.0
100.0	100.0	100.0	100.0	100.2	99.6	100.3
100.0	100.0	100.0	100.0	100.0	100.0	100.1
99.4	**100.5**	**99.8**	**100.6**	**100.0**	**99.3**	**100.5**
99.2	100.9	99.4	100.8	99.7	99.6	101.0
99.4	100.5	100.2	101.3	99.5	100.1	101.2
99.9	100.8	100.6	102.1	99.2	100.0	101.5
100.0	99.9	100.0	100.3	101.5	100.0	101.5
97.2	98.5	99.4	100.3	98.7	100.4	101.1
100.1	101.3	99.6	100.3	100.7	99.9	100.6
97.7	101.7	98.0	100.9	98.6	99.1	101.4
97.5	102.3	97.0	100.1	97.4	100.8	102.2
98.3	100.3	100.3	102.8	101.2	95.6	99.7
100.3	101.0	99.0	99.3	101.0	99.1	99.9
100.4	101.7	98.6	99.0	101.5	99.0	99.6
100.1	99.7	100.0	99.9	100.0	99.2	100.4
99.6	100.1	100.2	100.3	100.5	98.9	100.0
96.0	101.2	102.1	102.1	103.9	89.2	99.0
95.8	102.3	101.4	101.2	105.7	88.9	98.6
96.4	98.9	103.8	104.1	100.4	89.8	99.9
99.8	100.0	99.9	100.6	100.1	100.2	100.3
100.0	100.0	100.0	101.4	100.1	100.0	100.0
99.3	100.0	99.8	100.4	100.1	100.0	100.0
100.4	100.0	100.0	99.9	100.2	100.7	101.1
100.3	100.0	100.0	100.0	100.4	100.0	100.0
100.1	100.0	100.0	100.0	100.0	100.0	100.0
100.1	100.0	100.0	100.1	100.0	100.0	100.0

6-5 城市居民消费价格

(上月＝100)

类　　别	1月	2月	3月	4月	5月
居民消费价格指数	**101.1**	**99.7**	**99.6**	**99.7**	**99.8**
一、食品烟酒	**102.6**	**99.3**	**98.7**	**99.2**	**99.3**
1.食品	103.9	99.1	98.0	98.7	98.8
(1)粮食	99.7	100.3	99.5	100.9	99.3
大　米	99.3	100.3	99.3	101.6	99.2
面　粉	101.5	99.6	100.5	99.8	97.1
其他粮食	100.3	99.9	99.7	100.2	100.3
粮食制品	99.9	100.7	99.6	100.0	99.8
(2)薯类	107.0	104.5	99.2	100.4	99.0
(3)豆类	101.2	99.8	99.8	99.9	100.2
干　豆	100.5	99.6	99.9	100.2	100.0
豆 制 品	101.4	99.8	99.7	99.9	100.3
(4)食用油	99.5	101.1	99.5	100.3	100.2
食用植物油	99.6	101.2	99.6	100.3	100.3
食用动物油	97.4	96.2	96.2	99.6	98.9
(5)菜及食用菌	120.8	99.8	91.3	92.1	98.8
鲜　菜	123.0	99.6	90.7	91.3	98.5
鲜　菌	109.1	100.1	94.9	100.0	102.6
干菜干菌及制品	98.0	102.0	99.7	99.6	100.9
(6)畜肉类	96.6	95.2	96.9	97.5	98.7
猪　肉	92.8	89.9	94.8	95.5	97.8
牛　肉	100.4	99.7	98.7	99.3	99.6
羊　肉	99.4	100.6	98.8	98.7	99.4
其他畜肉及副产品	97.5	96.3	96.1	97.5	98.3
畜肉制品	100.7	100.4	99.5	99.5	99.6
(7)禽肉类	100.3	100.1	100.2	100.4	100.1
鸡	100.1	99.9	99.9	100.1	99.8
鸭	101.1	100.2	100.5	100.8	100.2
其他禽肉及制品	100.1	100.3	100.4	100.5	100.5
(8)水产品	105.6	99.3	100.4	101.5	96.1
淡 水 鱼	103.6	97.0	97.7	101.0	103.7
海 水 鱼	103.1	99.7	99.2	100.6	100.6
虾 蟹 类	110.8	101.2	103.6	102.9	86.1
其他水产品及制品	101.1	99.7	100.4	100.0	101.3
(9)蛋类	97.3	96.5	100.3	99.8	97.9
鸡　蛋	97.0	95.5	100.3	99.6	97.4
其他蛋及制品	99.3	101.8	100.0	100.7	100.5
(10)奶类	98.4	101.2	99.6	99.8	99.7
鲜　奶	98.8	100.5	99.4	100.2	100.0
酸　奶	99.0	101.0	99.5	100.2	99.8
奶　粉	97.2	102.6	99.9	98.9	99.1
其他奶制品	100.6	100.2	99.9	101.0	99.6
(11)干鲜瓜果类	109.9	99.3	99.4	99.2	98.9
鲜　果	112.3	98.9	99.3	99.0	98.5
坚　果	98.8	101.4	100.2	100.3	100.4
瓜果制品	99.1	101.2	99.8	99.6	100.5

分类月度环比指数(2023年)

6月	7月	8月	9月	10月	11月	12月
99.9	**100.5**	**100.1**	**100.1**	**99.9**	**99.4**	**100.1**
99.8	**100.4**	**100.2**	**100.0**	**99.5**	**98.9**	**100.8**
99.9	100.4	100.5	100.0	99.2	98.3	101.2
100.6	99.7	100.7	100.1	99.9	100.4	99.9
100.8	99.7	100.5	100.2	99.8	100.7	99.5
101.6	100.0	98.8	101.6	99.6	100.9	99.7
100.5	100.6	100.0	100.2	99.3	100.9	100.9
100.0	99.4	101.5	99.6	100.3	99.5	100.4
99.0	99.5	98.3	96.9	96.7	95.8	99.9
100.1	100.2	100.0	100.2	100.0	99.8	99.9
100.1	100.3	100.0	100.1	100.0	99.7	100.2
100.1	100.2	100.0	100.2	100.0	99.8	99.8
98.9	99.1	100.3	99.5	100.2	99.9	99.6
98.9	99.2	100.3	99.5	100.2	100.0	99.6
99.0	97.8	100.8	101.0	100.8	98.5	100.4
102.4	101.4	98.4	103.5	98.9	93.3	105.4
102.6	101.5	98.0	104.1	99.0	92.8	105.9
100.5	102.4	104.8	99.0	92.8	95.3	101.3
101.2	98.7	99.6	98.7	101.0	99.5	101.0
99.2	99.7	103.4	100.4	99.2	98.5	99.5
98.6	100.2	108.1	100.2	98.7	96.9	99.4
98.5	99.1	99.6	100.1	99.6	98.9	99.5
101.1	99.4	98.8	99.9	99.3	99.8	98.9
99.1	100.7	102.3	100.6	99.7	98.1	98.6
100.6	99.0	100.4	100.9	99.8	100.9	100.2
99.7	99.5	100.4	100.1	99.8	99.7	100.1
99.5	99.3	100.4	99.7	99.7	99.3	99.8
99.7	99.2	100.6	100.7	99.4	99.6	100.4
100.2	99.9	100.0	100.1	100.1	100.3	100.3
98.1	104.2	102.7	98.2	96.7	97.2	102.3
101.1	103.8	100.8	98.3	96.0	96.5	98.7
100.3	100.7	100.4	100.2	98.4	98.3	99.5
92.9	108.6	106.8	96.8	95.5	96.3	108.4
100.6	99.5	100.1	99.0	99.8	99.7	100.0
97.1	99.2	106.7	103.7	96.0	97.0	100.4
96.9	98.7	108.3	104.2	95.3	96.5	100.4
98.0	101.4	99.0	101.0	100.0	99.7	100.2
100.1	100.1	100.6	99.2	101.1	100.5	100.7
100.4	99.5	100.8	100.0	100.5	100.9	100.8
99.8	100.3	99.4	99.4	101.4	100.5	99.9
100.6	100.8	101.0	97.8	101.9	100.0	101.0
97.3	100.6	101.1	100.3	100.3	100.0	100.7
99.9	98.2	95.4	97.3	100.6	99.4	101.3
100.0	97.8	94.4	96.7	101.0	99.3	101.7
99.2	100.8	100.3	100.2	99.2	99.5	99.9
100.9	96.8	100.9	100.0	99.4	101.1	99.5

6-5 续表 1

(上月=100)

类　　别	1月	2月	3月	4月	5月
(12)糖果糕点类	98.4	101.1	99.6	100.7	99.7
食　糖	101.3	103.3	99.3	97.5	100.5
糖　果	97.7	101.0	100.8	100.6	99.7
糕　点	98.2	100.5	99.8	101.1	99.7
其他糖果糕点	98.7	103.0	97.9	100.3	99.4
(13)调味品	99.2	101.0	98.8	101.1	100.4
食 用 盐	100.5	99.8	100.3	100.0	100.0
酱　油	99.1	100.3	98.8	100.3	100.9
食　醋	99.2	101.3	96.8	102.4	101.2
增 味 剂	97.7	102.7	98.6	102.3	99.7
其他调味品	99.8	101.1	99.4	100.9	100.0
(14)其他食品类	98.8	101.9	100.2	100.4	101.0
方便食品	98.0	102.1	99.8	100.2	101.6
淀粉及制品	101.7	101.1	99.8	100.4	100.6
其他食品	98.2	102.1	101.6	100.9	99.4
2.茶及饮料	98.7	101.7	99.5	100.6	100.5
茶　叶	99.3	101.4	99.3	100.1	100.2
固体咖啡	97.8	104.0	98.7	101.2	102.1
其他固体饮料	99.9	100.7	100.0	100.8	100.7
饮 用 水	98.8	100.4	98.1	100.9	100.4
果汁饮料	98.1	101.0	100.3	101.9	100.3
其他液体饮料	98.3	102.6	100.7	100.2	100.1
3.烟酒	99.4	100.5	100.2	100.2	100.1
(1)卷烟	100.3	100.0	100.5	100.0	100.2
(2)酒类	98.0	101.3	99.5	100.4	99.8
白　酒	97.3	102.0	99.8	100.3	99.5
葡 萄 酒	98.2	97.8	99.5	101.8	100.4
啤　酒	99.0	101.9	98.6	98.3	101.0
4.在外餐饮	100.8	99.3	100.3	100.0	100.6
餐馆餐饮	100.2	100.2	100.1	100.1	100.2
饮品店餐饮	100.1	100.1	100.0	99.9	100.0
外　卖	103.5	96.0	101.2	99.7	102.2
其他在外餐饮	100.0	100.0	100.3	100.5	100.3
二、衣着	**99.4**	**99.8**	**100.2**	**100.2**	**99.9**
1.服装	99.4	99.5	100.0	100.2	100.3
(1)男式服装	99.1	99.1	99.9	100.4	100.5
(2)女式服装	99.4	99.5	99.8	100.2	100.5
(3)儿童服装	99.6	100.1	101.1	99.2	99.1
(4)衣着材料及配件	99.6	100.4	99.5	100.4	100.0
袜　子	99.4	101.1	98.8	100.7	100.3
帽　子	100.1	99.9	99.3	99.5	99.5
其他衣着材料及配件	99.4	99.3	101.3	101.1	99.9
(5)衣着服务费	100.3	100.1	100.1	100.3	100.2
衣着洗涤保养	100.3	100.1	100.0	100.2	100.2
其他衣着服务	100.2	100.0	100.3	100.7	100.0
2.鞋类	99.5	101.0	101.5	100.5	98.1
(1)鞋	99.5	101.0	101.5	100.5	98.0

6月	7月	8月	9月	10月	11月	12月
101.2	99.8	99.6	100.8	99.4	100.5	100.4
102.2	98.7	100.2	101.8	99.6	101.5	99.4
100.9	99.2	99.4	100.5	99.9	99.7	100.5
100.8	99.9	100.1	100.6	99.1	100.5	100.2
102.4	100.7	97.4	101.8	100.3	100.6	101.2
100.2	99.4	100.7	99.9	100.4	100.5	100.3
99.9	99.9	99.0	100.7	100.2	100.2	100.0
100.4	98.0	101.8	99.5	99.4	100.8	100.9
100.3	99.5	100.2	99.8	102.7	100.4	100.6
100.2	101.3	101.0	99.3	101.0	100.0	100.3
100.0	99.7	100.3	100.5	99.9	100.5	99.4
99.8	99.1	100.6	100.3	99.6	100.9	100.1
100.0	98.6	100.6	100.5	99.1	101.9	99.6
99.3	100.3	100.7	99.9	100.1	99.4	99.8
99.4	99.3	100.7	100.0	100.7	99.5	101.6
99.2	100.6	100.0	100.2	99.8	100.3	100.5
100.1	101.0	99.9	99.6	100.2	99.7	101.5
95.1	104.4	99.4	101.0	100.7	102.5	100.9
100.6	99.9	97.5	100.9	101.7	99.6	98.1
100.3	99.0	100.6	99.0	99.9	100.2	100.1
100.2	99.4	100.8	100.9	99.3	100.4	99.5
98.1	99.4	100.3	100.9	98.4	100.3	100.1
99.3	101.2	99.7	99.7	100.1	100.4	100.0
100.0	100.1	100.3	100.1	100.1	100.1	100.1
98.1	103.0	98.5	98.9	100.1	100.8	99.7
97.1	104.2	97.8	98.7	100.8	101.1	99.4
99.8	101.9	100.2	99.7	97.1	101.2	99.4
101.0	100.5	98.8	99.7	99.0	99.4	101.6
100.0	100.1	99.8	100.3	100.2	99.8	100.1
100.1	100.1	100.1	100.1	100.1	100.0	100.4
100.2	100.1	100.1	100.0	100.1	100.0	100.0
99.3	100.3	98.4	101.1	100.8	99.0	98.9
100.4	100.1	100.1	100.2	100.1	100.2	100.1
100.1	**99.8**	**100.3**	**100.4**	**100.8**	**100.5**	**99.7**
100.1	99.7	100.0	100.7	100.9	100.8	99.6
100.1	99.7	99.8	100.8	101.3	101.0	99.5
100.2	99.6	99.9	100.3	100.9	101.1	99.7
99.1	99.7	100.6	102.1	100.0	99.6	99.6
99.8	100.2	99.6	100.8	101.2	99.2	99.9
99.2	100.5	99.0	101.0	101.7	98.6	101.2
100.6	99.6	100.8	100.8	100.4	100.1	98.2
100.0	100.3	99.3	100.5	101.4	99.1	99.8
100.6	100.2	100.0	100.0	100.1	100.0	100.0
100.4	100.3	100.0	100.0	100.2	100.0	100.0
101.3	100.0	100.0	100.0	100.0	100.0	100.0
100.2	100.2	102.2	98.9	100.4	99.1	99.9
100.2	100.2	102.2	98.9	100.4	99.1	99.9

6-5 续表 2

(上月=100)

类 别	1月	2月	3月	4月	5月
男 鞋	99.5	100.5	101.0	101.7	98.2
女 鞋	99.4	101.5	101.8	99.9	97.6
童 鞋	100.0	99.9	101.2	100.1	100.5
(2)鞋类服务	100.0	100.0	101.9	100.0	100.0
三、居住	**100.0**	**100.3**	**100.0**	**99.9**	**100.0**
1.租赁房房租	100.0	100.4	99.9	99.9	100.0
私房房租	100.0	100.4	99.9	99.9	100.0
2.住房保养维修及管理	100.2	99.8	100.0	100.1	100.0
(1)住房装潢材料	100.2	99.6	99.9	100.1	100.0
木 地 板	99.9	99.8	100.0	100.5	100.1
瓷 砖	101.0	98.8	100.1	100.3	98.8
水 泥	100.0	97.7	101.6	99.2	100.0
涂 料	100.2	100.0	100.0	99.9	100.1
板 材	99.8	100.1	100.1	100.1	99.9
管 材	100.2	100.1	100.4	99.8	99.7
厨卫设备	100.0	99.5	98.7	100.0	100.9
其他住房装潢材料	100.4	99.7	99.8	99.9	100.1
(2)住房维修管理费用	100.1	99.9	100.1	100.0	100.0
物业管理费	100.0	100.0	100.0	100.0	100.0
其他住房费用	101.4	99.1	100.0	100.0	100.0
3.水电燃料	100.1	100.1	99.9	99.6	100.1
(1)水	100.0	100.0	100.0	100.0	100.0
(2)电	100.0	100.0	100.0	100.0	100.0
(3)燃气	100.1	100.5	99.5	99.7	99.5
管道燃气	100.0	100.0	100.0	100.0	100.0
液化石油气	100.3	101.2	98.8	99.2	98.9
(4)其他水电燃料类	100.6	100.4	100.0	96.0	101.7
4.自有住房	100.0	100.4	100.0	99.9	100.0
四、生活用品及服务	**100.1**	**100.0**	**99.5**	**100.1**	**100.1**
1.家具及室内装饰品	99.9	100.5	100.2	100.6	100.3
(1)家具	100.1	100.5	100.2	100.6	100.3
柜	100.6	100.2	100.0	100.4	100.6
床	100.0	100.7	100.1	101.5	100.4
桌	100.0	100.3	100.3	100.4	100.1
椅	99.6	101.1	99.9	100.9	99.8
沙 发	100.0	100.6	100.8	99.8	100.1
其他家具	100.0	100.4	100.0	100.6	100.0
(2)室内装饰品	97.8	100.7	100.2	100.7	100.8
灯 具	96.1	101.6	99.6	101.5	102.0
其他室内装饰品	99.8	99.5	100.9	99.8	99.5
2.家用器具	100.3	100.1	100.7	99.3	99.4
(1)大型家用器具	100.4	100.2	100.9	99.3	99.3
洗 衣 机	101.3	102.1	100.1	100.4	100.9
电冰箱(柜)	100.3	100.3	99.8	101.0	98.8
抽油烟机	100.0	100.0	98.0	100.0	101.2
空 调 器	101.2	99.3	102.7	98.2	98.8
热 水 器	99.0	98.2	100.6	99.4	99.5

6月	7月	8月	9月	10月	11月	12月
100.3	100.0	102.2	99.5	100.2	98.7	98.8
100.5	100.2	102.2	98.3	100.1	99.1	100.6
98.5	100.9	102.4	100.8	102.1	100.3	99.7
100.9	100.1	100.0	100.0	100.0	100.0	100.0
100.1	**100.3**	**99.8**	**99.9**	**100.0**	**99.9**	**100.0**
100.2	100.4	99.7	99.8	99.7	99.8	100.0
100.2	100.4	99.6	99.8	99.7	99.8	100.0
100.0	100.5	100.1	99.8	100.0	100.0	100.1
100.0	100.0	100.1	99.6	99.9	100.0	100.2
100.4	100.0	100.4	101.1	99.9	100.1	100.3
100.1	99.8	100.5	99.7	99.8	100.3	99.8
99.6	98.3	99.5	96.0	98.2	99.7	99.9
100.0	100.5	99.7	100.1	99.4	99.9	99.9
100.0	100.0	100.0	99.9	100.1	99.9	100.0
99.7	100.2	99.9	100.0	99.5	100.1	100.1
100.1	99.8	100.6	99.0	100.3	99.7	101.0
99.9	100.5	99.2	99.5	99.9	100.0	99.7
100.0	100.9	100.0	100.0	100.1	100.0	100.1
100.0	100.0	100.0	100.0	100.0	100.0	100.0
100.0	100.0	100.0	100.0	100.0	100.0	100.0
99.9	100.0	100.4	100.1	100.6	99.9	100.0
100.0	100.0	100.0	100.0	100.0	100.0	100.0
100.0	100.0	100.0	100.0	100.0	100.0	100.0
99.5	101.1	100.0	101.6	101.1	100.0	100.3
100.0	101.7	100.0	101.7	101.9	100.0	100.5
98.8	100.1	100.0	101.4	99.9	100.1	100.1
100.0	97.3	104.8	97.2	104.0	98.4	99.5
100.2	100.3	99.7	99.9	99.8	99.9	99.9
99.3	**100.7**	**99.7**	**100.1**	**99.9**	**99.7**	**101.5**
99.8	100.3	100.1	99.7	99.4	100.4	99.9
99.9	100.2	100.2	99.6	99.4	100.2	99.9
99.7	99.9	100.0	99.7	99.2	100.1	100.0
100.3	99.9	100.2	99.9	99.5	99.9	99.8
100.0	99.9	99.9	99.9	99.8	100.4	99.9
100.0	100.0	99.8	99.9	98.5	100.3	99.6
99.7	100.5	100.8	99.0	99.5	100.4	99.6
100.0	101.5	99.9	100.0	100.1	100.2	100.3
99.2	101.6	99.2	100.4	99.3	102.8	100.3
98.5	102.6	99.1	100.6	98.7	104.8	99.9
100.0	100.6	99.4	100.3	100.1	100.5	100.8
99.0	101.0	99.2	99.4	100.6	98.5	102.0
98.9	101.2	99.2	99.3	100.7	98.1	102.1
96.5	102.3	98.7	100.5	99.4	96.6	102.0
97.5	102.7	98.4	99.0	101.6	95.9	102.2
99.3	98.9	98.7	99.0	101.8	98.6	105.6
99.0	101.1	99.8	99.3	101.0	98.2	100.8
100.8	100.3	99.1	98.6	101.4	100.6	103.8

6-5 续表 3

（上月＝100）

类　　别	1月	2月	3月	4月	5月
炉具灶具	99.4	101.7	101.6	98.1	96.4
吸 尘 器	96.7	105.6	99.8	99.0	100.5
空气净化器	99.8	102.1	98.0	99.1	100.5
净 水 器	100.9	99.4	98.8	98.2	99.2
其他大型家用器具	100.4	100.2	99.8	100.0	99.6
(2)小家电	99.7	99.4	100.0	99.3	100.1
厨房小家电	100.0	99.6	99.7	99.5	99.6
生活小家电	99.4	99.2	100.5	99.0	100.7
3.家用纺织品	100.1	100.0	100.0	99.6	100.0
(1)床上用品	100.0	100.0	100.1	99.6	100.1
被 子	99.9	100.3	100.0	99.5	99.9
床单被套	99.5	99.9	99.9	99.7	100.1
其他床上用品	101.3	99.4	100.5	99.5	100.7
(2)窗帘门帘	100.0	99.9	100.1	100.0	100.0
(3)其他家用纺织品	101.0	100.1	99.9	99.7	99.3
4.家庭日用杂品	99.5	100.1	99.3	99.0	100.4
(1)洗涤卫生用品	100.0	99.5	98.5	99.6	100.6
清洗用品	99.6	99.4	100.2	98.4	100.2
清洁用具	99.1	99.2	94.2	101.4	101.3
清洁用纸	100.7	99.6	98.3	100.2	100.7
(2)厨具餐具茶具	99.0	100.7	100.1	98.9	99.9
厨 具	98.0	101.1	100.8	98.3	99.5
餐 具	101.2	100.0	99.1	99.0	100.5
茶 具	96.0	101.6	100.9	101.8	99.6
(3)其他家庭日用杂品	99.2	100.5	99.8	98.2	100.5
配电附件	98.8	101.4	99.4	96.0	101.4
雨 具	98.8	102.3	100.2	98.2	98.4
其他日用杂品	99.8	98.9	100.0	100.3	100.7
5.个人护理用品	99.2	100.4	97.4	102.0	100.6
(1)化妆品	98.8	100.3	96.4	103.1	100.5
清洁化妆品	98.7	99.6	99.7	102.5	99.9
护肤化妆品	98.3	100.7	93.0	105.3	100.6
彩妆化妆品	99.6	100.0	100.4	100.1	100.5
化妆器具	100.0	99.6	99.5	100.6	101.2
(2)其他护理用品类	100.0	100.6	99.5	99.7	100.9
清洁类护理用品	99.9	99.7	99.6	99.1	100.8
护发美发用品	99.9	102.9	98.9	98.8	100.1
护理器具	102.0	101.4	101.8	100.1	100.3
其他护理用品	99.2	99.1	98.6	102.1	102.3
6.家庭服务	103.0	98.1	99.7	100.1	100.2
家政服务	105.5	97.0	99.2	100.0	100.4
母婴护理服务	101.3	100.2	100.1	100.0	100.1
家庭维修服务	100.8	100.0	100.3	100.4	100.2
其他家庭服务	100.5	95.8	100.0	100.5	99.8
五、交通通信	**100.4**	**99.0**	**99.4**	**99.1**	**99.6**
1.交通	100.7	98.7	99.3	98.9	99.6
(1)交通工具	100.4	99.8	97.2	98.7	100.0

6月	7月	8月	9月	10月	11月	12月
102.8	100.4	99.3	99.2	99.4	100.9	103.1
100.1	101.0	97.8	97.8	101.8	97.2	103.4
98.0	103.7	98.7	101.5	97.9	97.4	99.2
99.6	101.5	99.8	99.9	98.8	100.3	107.7
99.4	100.3	99.9	98.8	99.7	99.2	101.0
99.5	100.0	99.2	99.9	100.3	100.7	101.7
99.8	100.4	99.8	100.3	100.0	99.7	100.6
99.1	99.4	98.4	99.4	100.7	102.1	103.2
100.0	100.2	99.5	100.0	99.9	101.5	99.7
99.9	100.3	99.4	100.0	99.8	101.7	99.6
100.2	100.1	100.0	99.9	100.4	100.2	99.8
99.9	100.6	98.7	100.2	99.1	100.5	100.3
99.3	100.2	99.5	100.1	100.2	108.5	97.7
100.0	100.0	100.0	100.0	99.9	99.8	100.0
100.8	100.0	100.4	99.5	99.9	100.7	100.5
99.0	100.8	99.8	100.4	99.8	100.6	102.8
98.5	100.8	99.4	100.6	99.2	100.9	105.2
100.1	101.9	98.2	101.4	99.6	102.9	106.6
98.3	100.6	100.0	101.2	101.3	99.4	106.4
97.3	100.0	100.2	99.7	98.3	99.5	103.4
98.9	101.3	100.8	101.1	99.2	99.9	99.7
99.8	102.1	101.0	100.7	99.1	101.6	97.5
97.5	100.3	100.6	102.3	99.7	97.3	102.2
99.6	100.3	100.7	99.1	97.7	100.9	101.7
99.7	100.3	99.8	99.5	101.1	100.6	101.4
100.6	99.8	101.1	100.6	99.0	100.3	98.9
99.2	102.3	99.2	99.3	102.3	100.7	108.5
99.2	99.8	99.0	98.6	102.4	100.7	100.0
99.0	100.8	99.0	100.9	99.4	98.8	101.8
99.1	100.8	99.6	100.7	99.0	98.8	101.9
99.3	100.2	99.3	100.4	100.3	98.6	101.8
98.9	100.9	99.5	100.3	99.2	98.4	102.0
99.7	100.9	100.0	100.8	98.9	99.4	102.3
98.5	101.0	99.3	103.3	95.9	99.7	100.5
98.8	100.7	97.8	101.4	100.1	98.7	101.5
99.7	100.7	98.0	101.4	100.2	99.8	101.5
100.6	97.8	100.9	99.4	100.1	99.0	101.6
98.2	101.5	97.4	99.4	99.3	101.0	96.6
94.9	104.1	93.6	105.5	100.5	94.3	104.4
100.5	100.3	101.8	100.1	100.0	100.0	100.8
100.5	100.1	103.2	100.0	100.0	100.0	101.4
99.7	99.9	101.2	100.1	99.9	100.1	100.1
100.8	101.7	100.0	100.0	99.9	100.0	100.0
101.5	99.6	100.3	100.3	100.0	100.0	101.1
99.8	**100.7**	**100.8**	**100.2**	**100.2**	**98.8**	**98.6**
99.8	101.4	101.1	100.3	100.2	98.6	97.9
100.0	99.4	99.6	99.6	99.7	99.7	99.0

6-5 续表 4

(上月=100)

类　　别	1月	2月	3月	4月	5月
燃油小汽车	100.5	99.2	96.9	98.4	100.1
新能源小汽车	99.6	102.1	97.1	99.4	99.6
电动自行车	100.2	100.6	99.3	100.2	100.3
自 行 车	100.2	100.0	99.8	100.0	99.9
(2)交通工具用燃料	97.7	101.0	99.8	98.4	99.9
汽 油	97.6	101.0	99.7	98.3	99.9
柴 油	97.5	101.1	99.7	98.4	99.6
(3)交通工具使用和维修	104.9	95.7	100.2	100.0	99.9
停 车 费	100.0	100.4	100.0	100.0	100.8
车辆使用费	100.0	100.0	100.0	100.0	100.0
交通工具零配件	100.2	99.9	100.6	99.9	99.1
车辆修理与保养	112.4	89.7	100.0	100.2	100.1
(4)交通费	105.2	93.2	103.6	99.8	97.6
市内公共交通	100.0	100.5	98.3	100.0	100.0
出租汽车	100.4	99.6	100.0	100.0	100.0
飞 机 票	115.6	79.8	112.9	97.8	92.4
火 车 票	100.0	100.0	101.0	101.0	99.8
长途汽车	101.1	100.7	100.0	100.0	100.0
网 约 车	103.3	96.8	100.0	100.1	99.9
交通工具租赁费	110.3	92.4	103.4	106.1	95.6
其他交通费	100.7	99.7	100.0	100.0	100.2
2.通信	99.6	99.9	100.0	99.8	99.8
(1)通信工具	98.6	99.4	100.0	99.4	99.4
电 话 机	98.6	99.2	100.1	99.3	99.3
其他通信工具及零配件	99.1	103.3	98.1	99.4	99.8
(2)通信服务	99.8	100.2	100.0	100.0	100.0
电 话 费	100.0	100.0	100.0	100.0	100.0
家庭宽带服务	98.9	101.1	100.0	100.0	100.0
(3)邮递服务	102.3	99.3	100.0	100.0	100.0
六、教育文化娱乐	**101.3**	**99.2**	**99.8**	**100.5**	**100.1**
1.教育	100.0	100.1	100.0	99.9	100.0
(1)教育用品	100.0	100.6	100.1	100.0	100.0
工 具 书	100.2	99.7	100.3	100.0	100.0
教 材	100.0	100.5	100.2	100.0	100.0
参考资料	100.2	100.9	100.0	100.0	100.0
其他教育用品	98.6	99.5	100.0	99.7	99.6
(2)教育服务	100.0	100.1	100.0	99.8	100.0
幼儿早期教育	100.1	99.9	100.6	97.4	100.0
学前教育	100.0	100.0	100.0	100.0	100.0
小学初中教育	100.0	100.1	100.0	100.0	100.0
高中中职教育	100.0	99.3	100.0	100.0	100.0
高等教育	100.0	100.0	100.0	100.0	100.0
课外教育	99.9	100.5	100.0	100.0	100.0
专业技能培训	99.9	100.5	100.0	100.7	99.9
其他教育服务	100.0	100.6	100.0	100.0	100.0
2.文化娱乐	103.1	97.9	99.6	101.5	100.3
(1)文娱耐用消费品	99.3	100.1	99.7	99.4	99.9

6月	7月	8月	9月	10月	11月	12月
100.2	99.3	99.6	99.6	99.7	99.7	98.8
99.7	99.3	99.6	99.4	99.9	99.9	99.3
98.3	100.0	99.5	99.7	99.9	99.7	100.0
100.0	100.0	99.9	101.9	100.2	100.1	100.1
98.8	101.8	104.8	102.3	101.8	97.2	95.5
98.7	101.9	105.0	102.4	101.8	97.2	95.3
98.6	102.2	105.2	102.6	101.9	97.0	95.0
100.2	100.1	100.1	100.2	100.0	100.0	100.2
100.0	100.5	100.0	100.0	100.0	100.0	100.0
100.0	100.0	100.0	100.0	100.0	100.0	100.0
100.1	100.2	100.3	100.6	100.1	99.9	100.9
100.6	100.0	100.0	100.0	100.0	100.0	99.9
101.2	107.0	97.9	97.5	97.8	97.8	99.0
101.2	100.4	100.0	98.3	100.0	100.0	101.7
100.0	100.0	100.0	100.0	100.0	100.0	100.0
103.7	124.3	93.8	92.0	93.6	92.4	94.7
99.9	100.0	99.7	100.1	100.1	100.0	99.9
100.3	100.2	100.0	101.0	99.8	100.0	100.0
100.3	100.3	99.9	100.2	99.3	99.8	100.0
98.5	101.8	99.5	105.3	91.2	97.8	104.4
100.1	99.8	100.0	100.0	100.0	100.5	100.3
99.9	98.2	99.6	99.8	100.0	99.3	100.9
100.0	100.8	99.5	99.5	100.3	97.8	103.4
100.0	100.9	99.5	99.6	100.2	97.7	103.7
100.0	99.3	99.3	98.8	101.0	99.3	98.8
99.9	96.6	99.6	100.0	99.9	100.1	99.7
100.0	100.0	99.5	100.0	100.0	100.0	99.9
99.4	81.5	100.0	100.0	99.5	100.5	98.6
100.0	100.0	100.0	100.0	100.0	100.0	100.0
99.8	**101.6**	**100.3**	**100.2**	**99.8**	**98.9**	**100.0**
100.1	100.5	100.0	100.9	100.0	100.0	100.0
100.0	100.5	100.0	100.5	100.0	99.8	100.1
100.0	100.3	100.0	100.5	100.0	100.0	100.0
100.0	101.0	99.8	100.5	100.0	100.0	100.0
100.0	100.2	100.3	100.6	100.0	99.9	100.2
100.2	100.7	99.0	99.7	100.6	98.2	98.8
100.1	100.5	100.0	100.9	100.0	100.0	100.0
100.1	101.7	100.0	100.5	100.0	100.0	100.5
100.0	100.0	100.0	103.1	100.0	100.0	100.0
100.0	100.0	100.0	103.0	100.0	100.0	100.0
100.0	100.0	100.0	101.2	100.0	100.0	100.0
100.0	100.0	100.0	100.2	100.0	100.0	100.0
100.2	101.6	100.0	100.3	100.0	100.0	100.0
100.4	100.1	100.0	99.8	99.6	100.0	100.0
100.0	100.0	100.0	100.2	100.1	100.0	100.0
99.4	103.1	100.6	99.2	99.6	97.3	100.0
98.4	100.3	99.6	99.6	100.3	99.5	101.4

6-5 续表 5

(上月=100)

类　别	1月	2月	3月	4月	5月
电 视 机	100.1	99.5	99.5	99.7	100.4
照 相 机	101.5	99.0	99.0	101.9	103.5
台式计算机	99.6	99.8	99.5	100.0	100.4
笔记本电脑	98.2	100.3	99.8	98.6	99.7
平板电脑	98.7	100.9	100.3	98.3	99.4
乐 器	100.7	100.0	99.4	100.3	99.9
音 响	94.0	100.6	100.5	100.4	100.4
可穿戴智能设备	99.3	99.8	100.7	97.9	100.1
其他文娱耐用消费品	99.5	100.9	99.6	99.0	96.1
(2)其他文娱用品	100.0	100.2	100.0	100.4	100.0
书报杂志及音像制品	100.0	100.5	100.0	100.0	100.0
纸张文具	99.5	98.1	101.7	100.0	99.4
体育户外用品	99.0	102.5	99.5	100.3	102.6
游戏用品和玩具	101.0	100.2	100.1	100.0	99.5
园艺花卉及用品	100.6	99.3	100.1	99.7	100.6
宠物及用品	99.6	100.7	98.4	101.9	99.8
(3)文化娱乐服务	102.3	98.3	99.6	100.7	100.5
电影及演出票	108.9	93.6	92.5	98.9	103.0
景点门票	99.0	101.4	104.5	103.4	101.7
电视服务	100.0	100.0	100.0	100.0	100.0
健身活动	100.0	99.9	100.1	100.3	100.0
宠物服务	109.7	91.3	100.0	100.0	100.0
网络文娱服务	103.1	98.4	99.0	101.0	96.3
儿童娱乐项目	100.0	99.6	100.0	100.4	99.8
其他文娱服务	101.6	99.2	99.4	100.1	98.9
(4)旅游	107.0	95.6	99.3	103.4	100.6
旅行社收费	107.3	95.2	99.3	103.6	100.5
其他旅游	105.4	97.4	99.1	102.7	101.0
七、医疗保健	**102.0**	**100.2**	**100.1**	**99.9**	**100.0**
1.药品及医疗器具	99.9	99.8	100.2	99.8	100.0
(1)中药	100.4	98.5	100.5	100.1	100.4
中 药 材	100.6	91.0	100.5	100.5	100.6
中 成 药	100.4	100.6	100.5	100.0	100.3
(2)西药	100.0	100.0	100.2	99.9	100.3
抗微生物药	100.0	100.0	100.0	100.0	100.0
消化系统用药	100.1	100.2	100.1	99.3	99.9
呼吸系统用药	100.0	100.0	99.9	100.9	100.1
解热镇痛药	100.1	100.9	101.2	100.2	104.8
抗肿瘤药	100.0	100.0	100.0	100.0	100.0
激素及影响内分泌药	100.0	100.1	100.0	100.0	100.4
心血管系统用药	100.0	100.0	100.5	99.7	99.9
血液系统用药	100.0	100.0	100.0	100.0	99.9
治疗精神障碍药	100.0	100.0	99.9	100.0	100.0
神经系统用药	100.0	99.7	100.1	100.0	100.0
泌尿系统用药	100.0	98.4	100.0	99.8	100.6
维生素、矿物质类药	99.9	100.3	100.0	100.2	100.0
调节水、电解质及酸碱平衡药	100.0	100.0	100.0	100.0	100.0
其他西药	100.1	100.8	100.0	100.1	100.0

6月	7月	8月	9月	10月	11月	12月
99.3	100.5	100.1	99.4	99.1	100.1	102.6
96.7	100.7	97.9	97.9	103.2	98.2	98.0
99.9	99.7	100.1	99.1	98.8	99.6	100.4
100.6	97.1	100.5	99.3	101.8	101.6	100.4
95.8	99.3	99.1	99.3	99.2	100.1	104.2
94.1	106.5	97.1	103.0	99.9	94.6	102.7
97.7	102.6	97.6	100.0	104.8	95.3	101.5
97.7	102.3	100.9	99.9	99.2	99.9	100.5
97.9	101.7	100.0	99.1	99.9	99.7	99.9
100.0	99.9	100.3	99.9	100.8	99.2	100.8
100.0	101.1	100.0	100.0	101.6	100.0	100.0
100.8	100.4	98.7	100.6	100.4	99.0	100.9
100.8	100.3	100.5	101.4	101.6	98.6	97.9
98.7	100.9	99.7	99.8	99.3	97.5	102.4
99.4	100.1	100.3	99.7	100.3	100.0	100.6
101.3	97.9	101.8	100.3	100.5	100.1	101.2
98.4	100.3	99.9	101.0	100.1	97.4	100.3
98.1	102.0	100.6	100.5	100.1	96.9	101.6
94.7	102.3	100.0	103.6	100.8	91.1	98.9
100.0	92.2	100.0	100.0	100.0	100.0	100.0
100.4	101.4	99.9	98.5	101.5	99.9	100.1
99.7	100.0	100.0	100.0	100.0	100.1	100.1
98.1	104.7	98.3	102.9	95.3	99.7	103.7
100.4	100.4	100.0	100.6	100.0	99.8	100.0
100.0	100.6	99.4	100.4	99.9	100.6	99.5
100.3	107.6	101.5	97.8	98.5	95.6	98.8
100.4	108.5	101.9	97.8	98.3	94.8	98.3
99.9	103.4	99.5	97.9	99.6	99.7	101.5
100.1	**100.0**	**100.1**	**99.9**	**100.2**	**100.1**	**100.1**
100.2	100.2	100.3	99.6	100.4	100.0	100.1
100.7	100.8	100.7	100.4	101.0	100.1	100.3
102.5	102.7	103.3	101.3	103.6	100.2	101.1
100.2	100.3	100.0	100.1	100.2	100.1	100.1
100.0	100.0	100.0	99.2	100.3	100.0	99.9
100.0	100.0	100.0	96.5	100.0	99.2	99.1
100.1	99.7	100.0	100.1	99.7	100.4	100.0
100.0	100.4	100.0	100.0	105.7	100.0	99.9
99.8	100.1	99.3	100.6	100.0	100.1	100.0
99.4	100.0	100.0	100.0	100.0	100.0	100.0
100.0	99.6	100.0	99.8	99.6	100.7	100.7
100.2	100.2	100.0	100.0	100.1	100.0	100.0
100.0	100.0	100.0	100.0	100.0	100.0	100.0
100.0	100.0	100.0	100.0	102.0	100.0	100.0
100.0	100.0	100.0	98.7	100.0	100.0	100.0
100.0	99.8	100.8	100.0	99.8	100.0	99.9
99.5	100.0	100.1	99.9	100.5	101.6	100.0
100.0	100.0	100.0	100.0	100.0	99.9	100.0
100.0	100.4	99.7	100.0	100.0	100.0	100.0

6-5 续表 6

(上月=100)

类　　别	1月	2月	3月	4月	5月
(3)滋补保健品	99.1	101.1	100.1	99.6	99.3
(4)医疗卫生器具	99.8	98.8	100.1	99.2	99.9
(5)保健器具	101.2	100.3	100.2	101.1	100.0
2.医疗服务	102.7	100.3	100.1	99.9	100.0
(1)综合医疗类	100.0	100.0	100.0	100.0	100.0
一般医疗服务	100.1	100.0	100.0	100.0	100.0
一般治疗操作	100.0	100.0	100.0	100.0	100.0
护　理	99.5	100.0	100.0	100.0	100.0
其他综合医疗服务	100.0	100.0	100.0	100.0	100.0
(2)诊断类	100.5	100.4	100.0	99.8	100.0
病理学诊断	107.4	101.0	100.0	100.0	100.0
实验室诊断	100.7	101.0	100.0	99.6	100.0
影像学诊断	99.6	99.8	100.0	100.0	100.0
临床诊断	100.2	100.0	100.0	100.0	100.0
(3)治疗类	109.8	100.6	100.0	100.0	100.0
临床手术治疗	118.1	101.0	100.0	100.0	100.0
临床非手术治疗	100.0	100.0	100.0	100.0	100.0
(4)康复类	100.3	100.5	102.4	100.0	100.0
(5)中医医疗服务类	100.4	100.0	100.0	100.0	100.0
(6)其他医疗保健服务	100.0	100.0	100.0	101.0	100.0
八、其他用品及服务	**101.4**	**99.9**	**100.9**	**101.2**	**99.9**
1.其他用品	100.8	100.2	101.2	101.3	100.2
(1)首饰手表	101.3	99.6	102.1	102.9	101.1
金 饰 品	101.8	100.2	103.5	103.5	101.4
银 饰 品	100.0	99.5	99.8	99.5	100.1
铂金饰品	101.2	95.5	101.1	104.5	101.7
手　表	100.4	101.8	99.9	100.9	99.9
(2)母婴用品	100.1	101.8	99.6	98.6	99.7
母婴洗护喂养用品	99.7	102.0	99.4	98.4	99.9
其他母婴用品	101.0	101.3	99.9	99.0	99.2
(3)其他杂项用品	100.2	100.1	100.4	100.0	98.4
箱　包	100.3	100.2	100.6	100.1	97.4
眼　镜	100.1	100.0	100.1	99.8	100.7
2.其他服务	102.0	99.6	100.5	101.1	99.5
(1)在外住宿	103.8	100.4	105.9	111.4	95.0
宾馆住宿	104.2	100.1	107.0	110.4	95.3
其他住宿	102.9	101.3	103.6	113.5	94.2
(2)美容美发洗浴	102.9	97.9	100.0	100.0	100.0
美　容	100.4	100.1	100.0	100.0	100.0
美　发	104.1	96.7	100.0	100.1	100.0
洗　浴	104.3	96.9	99.9	99.8	100.0
(3)养老服务	100.2	100.2	100.0	100.0	100.0
(4)金融及保险服务	102.0	100.0	100.0	100.0	100.0
(5)中介法律及其他服务	100.0	100.1	100.0	100.1	100.0

6月	7月	8月	9月	10月	11月	12月
100.3	100.2	100.6	99.2	100.3	100.2	100.1
100.1	99.8	100.0	99.9	100.1	99.7	100.4
99.1	100.7	99.9	100.5	99.7	99.7	98.2
100.0	100.0	100.0	100.0	100.1	100.2	100.0
100.0	100.0	100.0	100.0	100.0	100.0	100.0
100.0	100.0	100.0	100.0	100.0	100.0	100.0
100.0	100.0	100.0	100.0	100.0	100.0	100.0
100.0	100.0	100.0	100.0	100.0	100.0	100.0
100.0	100.0	100.0	100.0	100.0	100.0	100.0
100.0	100.0	100.0	100.0	100.0	100.2	100.0
100.0	100.0	100.0	100.0	100.0	99.9	100.0
100.0	100.0	100.0	100.0	100.0	100.0	100.0
100.0	100.0	100.0	100.0	100.0	99.9	100.0
100.0	100.0	100.0	100.0	100.0	101.8	100.4
100.0	100.0	100.0	100.0	100.3	100.3	100.1
100.0	100.0	100.0	100.0	100.0	100.0	100.0
100.0	100.0	100.0	100.0	100.6	100.7	100.2
100.0	100.0	100.0	100.0	100.9	101.2	100.0
100.0	100.0	100.0	100.0	100.1	99.5	100.0
100.0	100.0	100.0	100.0	100.0	99.8	100.0
99.4	**100.5**	**99.7**	**100.6**	**100.0**	**99.3**	**100.5**
99.3	100.9	99.3	100.8	99.5	99.7	101.0
99.5	100.4	100.1	101.4	99.4	100.2	101.4
100.1	100.8	100.5	102.2	99.0	100.1	101.5
100.0	99.9	100.0	100.3	101.6	100.0	101.9
96.7	98.3	99.1	100.3	98.3	100.5	101.3
100.2	101.4	99.5	100.3	100.7	100.0	100.9
97.7	101.8	97.7	100.9	98.5	99.1	101.4
97.5	102.4	96.6	100.0	97.3	100.7	102.1
98.1	100.4	100.2	102.8	101.3	95.5	99.7
100.4	101.0	99.0	99.3	101.0	99.1	99.8
100.5	101.7	98.6	98.9	101.5	99.2	99.5
100.0	99.5	99.9	100.0	100.0	99.0	100.5
99.6	100.1	100.2	100.3	100.5	98.8	100.0
95.7	101.3	102.3	102.1	104.6	88.4	98.9
95.5	102.5	101.5	100.9	106.4	88.2	98.5
96.0	98.7	104.2	104.6	100.8	88.8	99.9
99.8	100.0	99.9	100.6	100.1	100.2	100.3
100.0	100.0	100.0	101.6	100.0	100.0	100.0
99.1	100.0	99.8	100.2	100.2	100.0	100.0
100.5	100.0	100.0	99.8	100.2	100.7	101.0
100.4	100.0	100.0	100.0	100.4	100.0	100.0
100.1	100.0	99.9	100.0	100.0	100.0	100.0
100.0	100.0	100.0	100.1	100.0	100.0	100.0

6-6 农村居民消费价格

（上月＝100）

类　　别	1月	2月	3月	4月	5月
居民消费价格指数	**100.8**	**99.5**	**99.6**	**99.8**	**99.8**
一、食品烟酒	**101.6**	**99.1**	**99.3**	**99.5**	**99.3**
1.食品	102.3	98.6	98.7	99.0	99.0
(1)粮食	99.5	100.6	100.1	99.9	99.2
大 米	99.0	100.7	100.5	99.6	98.9
面 粉	99.9	100.7	100.1	100.1	98.8
其他粮食	100.5	100.5	98.6	100.8	99.5
粮食制品	100.2	100.6	99.5	100.3	99.9
(2)薯类	107.5	103.5	98.8	103.8	97.4
(3)豆类	102.5	98.5	100.0	99.7	100.3
干 豆	100.5	100.7	99.2	98.4	100.3
豆 制 品	102.9	98.1	100.2	99.9	100.3
(4)食用油	99.4	100.1	99.9	98.7	100.8
食用植物油	99.5	100.2	100.0	98.7	100.8
食用动物油	97.0	96.9	97.0	97.8	99.8
(5)菜及食用菌	120.8	98.5	93.8	91.8	98.2
鲜 菜	122.9	98.1	93.4	91.1	97.7
鲜 菌	108.1	99.3	96.5	98.1	104.5
干菜干菌及制品	99.9	103.4	99.6	99.2	100.8
(6)畜肉类	95.4	94.7	97.5	98.1	98.7
猪 肉	91.0	89.5	95.4	96.7	98.0
牛 肉	100.3	99.8	100.3	98.8	99.0
羊 肉	99.0	102.6	98.7	100.3	99.9
其他畜肉及副产品	100.8	97.3	97.8	97.0	97.4
畜肉制品	100.1	100.1	99.7	100.7	100.0
(7)禽肉类	100.5	99.4	100.4	100.4	99.9
鸡	100.0	98.6	99.9	100.3	99.7
鸭	101.8	99.6	101.4	100.1	98.8
其他禽肉及制品	100.5	100.5	100.4	100.9	101.0
(8)水产品	104.8	99.2	99.9	100.7	96.2
淡 水 鱼	103.1	97.1	97.3	101.3	102.4
海 水 鱼	104.6	95.5	100.8	100.4	100.0
虾 蟹 类	108.2	103.3	102.7	99.9	86.4
其他水产品及制品	100.7	101.0	98.9	101.1	100.8
(9)蛋类	99.2	95.0	97.7	100.0	97.8
鸡 蛋	99.0	93.9	97.2	99.7	97.3
其他蛋及制品	100.6	101.4	100.2	101.7	100.6
(10)奶类	98.5	101.4	100.6	99.5	100.4
鲜 奶	99.8	99.5	100.3	99.9	100.2
酸 奶	97.8	101.2	100.0	99.5	98.3
奶 粉	96.4	104.7	101.4	98.8	101.0
其他奶制品	101.1	99.9	99.6	99.9	101.9
(11)干鲜瓜果类	106.8	99.8	98.5	101.5	101.0
鲜 果	109.1	99.5	98.2	101.4	101.2
坚 果	98.8	101.4	99.6	101.6	100.3
瓜果制品	97.6	99.4	101.0	102.2	98.3

分类月度环比指数(2023年)

6月	7月	8月	9月	10月	11月	12月
100.0	**100.2**	**100.3**	**100.2**	**99.9**	**99.5**	**100.1**
100.1	**99.7**	**100.4**	**100.2**	**99.4**	**98.9**	**100.5**
100.2	99.6	100.7	100.3	99.2	98.5	100.6
99.9	100.9	98.4	101.5	99.6	99.8	99.9
99.6	101.3	97.6	102.8	99.0	100.3	99.9
101.6	99.1	100.5	99.5	100.2	99.9	99.3
101.0	99.6	100.6	100.4	99.0	99.8	100.0
99.9	100.7	99.2	99.5	100.6	98.6	100.0
98.7	100.0	99.4	94.8	96.9	97.0	98.8
99.9	100.0	99.8	100.2	99.8	99.9	100.3
98.7	100.1	98.6	101.5	100.0	99.1	99.6
100.1	99.9	100.0	100.0	99.8	100.0	100.4
99.3	99.8	100.1	99.6	99.3	100.4	98.1
99.3	99.8	100.1	99.6	99.3	100.4	98.1
98.5	97.9	102.5	101.0	101.6	99.7	98.8
101.1	100.1	99.1	103.3	98.3	94.0	107.3
101.3	100.3	99.0	103.6	98.3	93.6	108.2
99.5	99.7	101.3	102.1	94.6	97.6	99.5
99.3	98.0	99.2	98.8	101.3	98.5	101.2
99.3	99.4	103.9	100.2	99.2	97.7	98.7
99.3	100.5	109.1	100.2	99.1	96.2	97.8
98.4	95.8	98.6	101.3	99.3	97.7	99.5
99.5	100.2	96.0	99.6	99.8	99.0	100.3
98.8	99.9	102.7	100.7	99.3	99.3	98.4
100.3	99.1	100.3	99.6	99.3	100.0	99.9
99.9	99.4	100.8	99.8	99.5	99.9	99.5
99.1	99.0	101.0	99.7	98.8	99.3	99.0
101.2	100.0	101.0	99.9	100.4	100.0	100.4
100.4	99.4	100.4	100.0	99.8	100.7	99.7
99.0	103.7	102.7	99.2	97.6	98.9	100.3
101.7	103.0	101.4	98.3	97.4	98.0	98.3
99.5	99.8	100.5	99.6	95.5	102.5	100.9
94.9	108.5	106.6	99.7	98.4	98.1	102.5
100.2	99.1	99.3	100.4	99.0	99.6	100.3
97.3	100.1	108.0	104.1	97.1	96.4	99.9
96.8	99.9	109.8	104.8	96.5	95.8	100.1
100.0	101.1	99.1	100.2	100.2	100.0	99.1
100.3	99.8	99.7	99.0	100.0	100.0	100.4
99.9	99.8	100.1	99.4	100.2	99.9	100.7
100.5	100.9	100.5	99.2	100.1	100.7	101.5
100.8	99.1	99.0	98.0	99.5	99.9	99.5
100.2	101.1	99.6	100.8	100.5	100.0	101.0
102.5	94.0	95.7	98.4	102.0	98.0	100.0
103.1	92.4	94.6	98.3	102.5	97.6	100.1
100.1	100.9	100.0	99.7	99.5	99.5	99.4
101.8	99.1	99.0	96.3	103.7	98.4	101.4

6-6 续表 1

(上月=100)

类 别	1月	2月	3月	4月	5月
(12)糖果糕点类	98.5	100.7	101.3	100.1	99.7
食 糖	102.1	101.2	99.8	98.0	99.2
糖 果	98.1	101.3	103.4	100.0	98.9
糕 点	98.1	100.1	101.5	100.2	99.8
其他糖果糕点	98.2	102.4	99.3	101.6	100.0
(13)调味品	100.0	100.0	99.7	100.8	99.9
食 用 盐	98.9	99.9	100.2	100.0	100.4
酱 油	101.2	99.5	98.9	101.6	99.7
食 醋	99.6	98.9	98.8	99.2	99.8
增 味 剂	99.4	101.4	99.8	102.4	98.6
其他调味品	99.7	101.1	101.0	100.2	101.0
(14)其他食品类	98.1	100.4	100.1	101.3	99.5
方便食品	97.3	100.4	100.1	101.3	100.7
淀粉及制品	101.0	99.7	99.9	101.3	95.8
其他食品	97.1	101.4	100.0	101.2	100.4
2.茶及饮料	100.0	100.7	100.3	98.5	101.5
茶 叶	100.1	100.2	100.7	96.9	103.1
固体咖啡	98.3	103.3	99.5	96.0	104.5
其他固体饮料	99.2	101.2	100.0	100.7	99.1
饮 用 水	99.9	99.6	100.2	100.7	99.8
果汁饮料	100.9	101.3	99.5	100.5	100.1
其他液体饮料	100.0	100.6	100.5	99.5	99.9
3.烟酒	98.9	100.2	101.2	101.0	99.7
(1)卷烟	100.1	100.2	101.3	100.9	100.1
(2)酒类	96.7	100.2	101.2	101.1	98.8
白 酒	95.9	100.4	101.4	101.0	98.3
葡 萄 酒	97.8	102.1	100.7	101.4	98.3
啤 酒	99.4	98.4	102.1	99.9	100.1
4.在外餐饮	101.5	100.2	100.2	100.3	100.1
餐馆餐饮	101.6	100.1	100.2	100.3	100.0
饮品店餐饮	100.7	100.6	99.9	100.4	99.9
外 卖	102.6	99.9	100.7	100.3	100.6
其他在外餐饮	100.2	100.1	100.2	100.1	99.8
二、衣着	**100.1**	**99.4**	**100.0**	**100.2**	**100.2**
1.服装	100.0	99.2	100.1	100.2	100.2
(1)男式服装	99.8	98.8	99.8	100.1	99.9
(2)女式服装	100.3	99.2	100.2	100.2	100.5
(3)儿童服装	100.0	100.1	100.5	99.9	100.4
(4)衣着材料及配件	99.7	99.4	99.7	100.8	100.1
袜 子	99.4	98.3	100.1	101.4	100.4
帽 子	100.0	100.6	99.0	101.2	100.3
其他衣着材料及配件	100.1	100.3	99.9	99.3	99.3
(5)衣着服务费	100.3	100.0	100.5	100.1	100.0
衣着洗涤保养	100.4	100.0	100.2	100.2	100.0
其他衣着服务	100.0	100.1	101.1	100.0	100.0
2.鞋类	100.2	100.2	99.6	100.4	100.0
(1)鞋	100.2	100.2	99.6	100.4	100.0

6月	7月	8月	9月	10月	11月	12月
101.5	100.0	99.7	101.1	99.1	100.8	100.1
104.0	99.0	99.3	101.8	99.9	101.9	101.5
102.3	98.8	99.5	100.6	98.6	102.2	100.1
101.2	100.3	100.0	100.9	99.4	100.0	99.9
100.5	100.9	98.9	102.0	97.4	102.2	100.4
100.7	99.1	100.2	100.1	100.6	100.9	100.2
100.0	99.8	100.2	100.1	100.0	100.0	100.0
101.2	97.9	100.2	100.1	101.8	101.6	99.8
99.9	98.7	99.5	99.3	101.0	103.4	99.7
101.2	100.4	101.1	100.7	99.9	98.9	101.4
100.8	99.9	100.3	100.5	99.3	99.9	100.5
101.6	99.6	100.1	99.7	97.8	99.4	101.0
101.1	99.1	99.9	99.3	96.3	100.4	101.0
104.4	99.6	100.9	100.5	99.7	98.4	100.2
99.8	101.2	99.6	99.9	99.9	97.9	102.1
99.8	100.7	99.4	100.9	99.7	99.6	100.8
100.5	101.2	99.4	101.2	99.6	99.6	100.1
98.2	103.3	99.0	100.4	100.1	98.9	103.1
100.9	100.4	98.8	103.0	102.0	99.4	100.6
100.0	98.5	99.8	100.8	98.8	100.5	101.2
100.0	99.9	99.9	100.1	100.2	100.0	100.2
98.9	100.4	99.1	100.5	99.1	99.1	101.1
99.7	99.9	99.8	100.1	99.8	100.0	100.3
100.0	100.0	100.0	100.4	100.4	100.1	100.0
99.2	99.7	99.3	99.5	98.8	99.8	100.9
98.5	99.8	99.3	99.2	98.4	99.7	100.9
100.5	100.9	98.4	101.3	98.7	99.8	101.5
101.4	99.1	100.1	99.3	100.3	99.2	100.2
100.0	99.9	100.0	100.0	100.1	100.0	100.6
100.0	100.0	100.0	100.0	100.0	100.0	101.2
99.9	99.9	99.7	100.0	100.0	100.0	99.4
100.2	99.9	100.1	100.0	100.7	99.7	99.7
99.7	99.9	100.0	99.9	100.0	100.0	100.5
99.8	**99.8**	**100.2**	**100.5**	**100.6**	**100.7**	**100.0**
99.6	99.9	100.0	100.6	100.7	100.8	100.2
99.7	100.1	100.3	100.6	100.7	101.3	99.9
99.6	99.8	99.8	100.6	100.6	101.0	100.4
99.7	99.7	100.5	101.0	100.7	99.5	100.0
99.8	99.9	99.6	100.4	101.2	99.5	100.3
100.0	99.7	98.2	100.6	100.8	99.3	100.8
100.1	99.9	100.0	98.5	101.6	99.1	99.5
99.1	100.1	101.8	102.3	101.3	100.3	100.3
100.0	100.0	100.0	100.0	100.0	100.0	100.1
100.0	100.0	100.0	100.0	100.0	100.0	100.2
100.0	100.0	100.0	100.0	100.0	100.0	100.0
100.2	99.6	100.6	100.1	100.2	100.2	99.6
100.2	99.6	100.7	100.1	100.2	100.2	99.6

6-6 续表 2

(上月=100)

类 别	1月	2月	3月	4月	5月
男 鞋	100.7	99.9	99.2	100.3	99.5
女 鞋	100.0	100.4	99.8	100.4	100.2
童 鞋	100.0	99.9	100.3	100.3	100.0
(2)鞋类服务	100.0	100.0	100.0	100.9	100.0
三、居住	**100.0**	**99.9**	**99.9**	**100.0**	**99.9**
1.租赁房房租	99.9	100.1	99.8	100.1	99.9
私房房租	99.9	100.1	99.8	100.1	99.9
2.住房保养维修及管理	100.1	99.9	100.1	100.1	99.9
(1)住房装潢材料	99.9	99.7	99.8	99.9	99.8
木 地 板	99.8	100.8	100.0	98.9	100.0
瓷 砖	99.4	100.5	100.0	99.6	100.0
水 泥	99.6	96.6	100.2	99.9	99.5
涂 料	100.0	99.9	99.8	99.7	99.3
板 材	100.0	97.6	98.8	98.6	98.5
管 材	100.1	100.2	100.1	100.6	100.0
厨卫设备	100.3	100.0	99.5	99.9	100.0
其他住房装潢材料	100.2	100.0	100.1	101.8	99.8
(2)住房维修管理费用	100.3	100.0	100.2	100.3	100.0
物业管理费	100.0	100.0	100.0	100.0	100.0
其他住房费用	103.0	100.0	100.0	100.3	100.0
3.水电燃料	100.0	99.9	100.0	100.0	99.6
(1)水	100.0	100.0	100.0	100.0	100.0
(2)电	100.0	100.0	100.0	100.0	100.0
(3)燃气	99.7	100.0	100.0	100.0	98.7
管道燃气	100.0	100.0	100.0	100.0	100.0
液化石油气	99.6	100.0	100.0	100.0	98.4
(4)其他水电燃料类	100.9	98.6	100.2	100.1	100.1
4.自有住房	100.0	100.0	99.8	100.0	100.0
四、生活用品及服务	**100.0**	**100.1**	**99.7**	**99.9**	**100.0**
1.家具及室内装饰品	99.8	100.1	100.3	100.5	100.6
(1)家具	99.9	100.1	100.3	100.5	100.7
柜	100.0	99.9	100.2	100.8	102.2
床	99.6	100.3	100.4	100.0	99.9
桌	100.0	100.7	100.0	100.1	100.2
椅	99.3	99.4	101.3	102.1	99.9
沙 发	100.4	100.5	100.2	100.1	99.9
其他家具	100.2	99.6	99.9	99.7	100.5
(2)室内装饰品	98.5	100.4	100.2	100.6	100.4
灯 具	97.0	102.1	99.2	101.9	101.6
其他室内装饰品	100.1	98.6	101.3	99.3	99.1
2.家用器具	100.4	99.9	100.6	99.2	99.3
(1)大型家用器具	100.5	100.0	100.7	99.2	99.1
洗 衣 机	101.2	102.0	100.0	99.8	100.6
电冰箱(柜)	100.4	100.4	99.1	100.6	98.6
抽油烟机	100.5	100.7	97.4	99.8	99.9
空 调 器	101.5	98.9	102.3	98.4	98.8
热 水 器	99.1	97.8	100.9	99.3	99.4

6月	7月	8月	9月	10月	11月	12月
100.2	99.6	100.3	99.6	100.4	100.2	99.8
100.3	99.5	100.9	100.4	100.0	100.1	99.3
100.1	99.8	100.2	100.2	100.3	100.6	100.5
100.0	100.0	100.0	100.0	100.0	100.0	100.0
100.0	**100.2**	**100.3**	**100.0**	**100.1**	**100.0**	**100.0**
100.0	100.4	100.5	100.1	100.1	99.8	99.8
100.0	100.5	100.5	100.1	100.1	99.8	99.8
99.9	99.7	100.0	99.9	99.9	100.1	99.9
99.8	99.4	100.0	99.8	99.8	100.0	99.8
100.3	99.9	100.0	99.4	99.5	100.0	100.0
100.2	97.7	100.0	99.7	99.6	100.0	99.9
99.2	99.1	99.0	98.3	99.7	99.8	100.7
99.9	99.8	100.0	99.8	100.0	100.6	100.2
98.4	99.0	100.6	100.6	100.7	100.7	98.4
97.8	99.9	100.0	99.9	100.0	99.9	100.0
99.7	100.2	99.8	100.0	100.0	99.6	99.8
100.4	99.2	100.7	100.1	99.2	99.9	99.3
100.0	100.0	100.0	100.0	100.0	100.2	100.0
100.0	100.0	100.0	100.0	100.0	100.0	100.0
100.0	100.0	100.0	100.0	100.0	100.0	100.0
99.8	100.0	100.3	100.0	100.2	100.0	100.1
100.0	100.0	100.0	100.0	100.0	100.0	100.0
100.0	100.0	100.0	100.0	100.0	100.0	100.0
99.3	100.0	101.2	100.0	100.6	100.0	100.3
100.0	100.0	100.0	100.0	100.0	100.0	102.7
99.1	100.0	101.5	100.0	100.8	100.0	99.7
99.8	99.6	100.0	100.1	99.9	99.6	99.8
100.1	100.4	100.4	100.0	100.1	99.9	100.0
99.3	**100.7**	**99.8**	**100.3**	**99.9**	**99.6**	**101.5**
99.8	100.4	100.2	100.2	100.3	100.4	100.3
99.9	100.3	100.2	100.2	100.3	100.3	100.2
99.4	100.2	99.9	99.6	100.8	100.5	100.1
100.9	100.5	99.9	99.9	100.0	100.7	100.7
99.8	100.9	101.4	100.9	100.2	100.7	100.3
98.9	100.3	100.4	102.8	99.8	99.6	100.1
100.3	99.8	99.9	99.8	100.3	100.0	100.0
99.1	100.7	100.8	100.0	99.7	99.5	100.0
99.0	101.5	99.5	99.9	100.0	101.8	100.5
98.5	101.8	98.9	101.0	98.7	104.5	100.2
99.6	101.1	100.2	98.7	101.4	99.0	100.9
99.0	101.3	99.1	100.1	100.7	98.2	101.6
98.9	101.5	99.1	100.1	100.8	97.9	101.6
96.7	102.3	98.5	101.0	99.6	95.7	102.4
97.7	102.8	98.3	99.3	102.3	96.2	100.9
99.9	98.7	98.8	99.4	101.9	99.1	105.5
99.1	101.3	99.6	100.3	100.8	97.9	100.0
100.8	100.1	99.3	99.4	101.9	100.7	102.8

6-6 续表 3

（上月＝100）

类　别	1月	2月	3月	4月	5月
炉具灶具	99.9	102.0	101.7	98.1	96.1
吸 尘 器	95.9	105.8	99.5	98.8	100.4
空气净化器	99.3	102.4	97.5	98.6	101.2
净 水 器	100.9	99.4	98.9	97.8	99.3
其他大型家用器具	99.3	99.7	100.7	99.9	100.0
(2)小家电	99.7	99.6	99.9	99.1	100.6
厨房小家电	99.8	99.7	99.7	99.1	99.7
生活小家电	99.6	99.4	100.3	99.0	101.6
3.家用纺织品	99.8	100.1	99.5	101.2	100.1
(1)床上用品	99.6	100.2	99.3	101.6	100.5
被 子	99.8	100.5	99.2	102.2	100.1
床单被套	100.7	99.8	99.6	100.1	100.4
其他床上用品	97.1	100.2	99.3	103.1	101.5
(2)窗帘门帘	100.7	100.0	100.0	98.6	98.9
(3)其他家用纺织品	100.2	98.6	100.9	100.7	97.9
4.家庭日用杂品	99.8	100.2	99.0	98.9	100.1
(1)洗涤卫生用品	99.7	99.9	98.4	99.4	100.3
清洗用品	98.2	100.2	100.3	98.0	99.7
清洁用具	100.2	99.1	94.9	101.3	101.4
清洁用纸	101.4	100.1	98.0	100.1	100.4
(2)厨具餐具茶具	99.8	99.9	99.9	98.6	100.6
厨 具	99.6	100.4	100.0	96.8	103.5
餐 具	101.0	99.0	99.4	100.1	100.6
茶 具	96.4	101.0	101.1	101.3	100.8
(3)其他家庭日用杂品	100.1	101.0	99.6	98.3	99.4
配电附件	100.1	101.7	100.8	95.0	101.2
雨 具	99.6	103.0	100.0	98.4	97.6
其他日用杂品	100.3	99.5	98.2	101.4	98.7
5.个人护理用品	99.2	100.2	98.3	101.7	100.2
(1)化妆品	98.5	99.9	97.3	103.0	100.3
清洁化妆品	98.4	98.2	101.6	102.2	99.1
护肤化妆品	97.6	100.6	93.3	105.8	101.1
彩妆化妆品	99.8	99.9	100.5	99.9	100.0
化妆器具	100.1	99.9	99.2	100.2	99.6
(2)其他护理用品类	100.1	100.8	99.6	100.0	100.2
清洁类护理用品	100.6	99.3	99.1	100.6	100.0
护发美发用品	99.5	102.7	99.4	99.1	99.9
护理器具	102.0	101.3	101.9	99.6	101.0
其他护理用品	98.5	101.9	99.8	99.7	100.2
6.家庭服务	101.6	100.1	100.0	100.2	100.1
家政服务	103.4	100.2	100.0	100.2	100.0
母婴护理服务	101.6	100.0	100.0	99.9	100.4
家庭维修服务	100.0	100.0	100.0	100.3	100.0
其他家庭服务	100.7	100.0	100.0	100.0	100.0
五、交通通信	**100.1**	**99.3**	**99.1**	**99.3**	**99.8**
1.交通	100.3	99.1	98.8	99.1	99.8
(1)交通工具	99.9	100.0	96.7	99.1	100.2

6月	7月	8月	9月	10月	11月	12月
103.4	100.1	99.7	99.9	99.0	100.7	102.8
100.2	100.9	97.6	97.9	102.2	97.5	103.1
97.8	104.2	98.1	102.8	98.0	97.1	98.7
99.3	102.4	100.1	100.4	99.4	99.2	108.1
98.5	101.7	99.3	101.0	99.4	98.8	100.8
99.4	99.9	99.0	100.1	100.1	100.6	101.7
99.6	100.0	99.6	100.8	99.6	99.3	100.5
99.1	99.7	98.2	99.3	100.8	102.2	103.2
100.2	98.9	100.0	101.4	99.1	99.8	100.2
100.3	98.7	100.1	101.6	98.9	100.0	100.0
100.3	98.3	100.6	103.0	98.9	99.6	100.6
100.4	99.0	99.9	100.2	97.5	100.5	99.8
99.9	98.8	99.2	100.9	101.6	100.3	98.8
98.7	100.0	99.9	100.0	100.0	100.0	100.0
102.2	100.1	99.2	100.9	99.8	97.1	102.3
99.0	100.7	100.5	99.9	99.4	100.5	103.2
98.3	101.2	100.1	100.8	98.9	102.0	104.5
100.3	101.0	99.6	101.1	100.4	103.9	104.9
97.1	102.0	100.5	100.7	100.6	99.3	107.4
96.5	101.0	100.4	100.5	96.0	101.0	102.4
98.6	101.1	101.8	99.9	99.2	99.0	100.0
99.6	101.0	103.1	100.1	99.0	100.0	97.5
97.2	101.8	100.4	99.8	99.9	97.4	102.2
99.6	99.1	101.3	99.5	97.5	100.0	102.9
100.4	99.7	100.5	98.2	100.5	98.9	103.2
102.1	98.8	101.1	100.9	97.4	98.9	101.4
98.9	102.8	99.5	99.3	102.1	101.0	108.5
99.5	99.1	100.3	95.2	102.9	98.0	102.3
99.3	100.9	99.3	100.9	99.2	99.3	101.4
99.1	100.9	99.9	101.0	99.0	99.0	101.8
101.0	99.7	99.6	99.8	100.0	98.7	102.3
98.0	101.2	99.9	101.4	99.1	98.8	101.7
99.5	101.2	100.3	100.6	98.8	99.6	101.9
99.5	101.6	99.0	103.2	96.5	99.5	99.6
99.4	101.0	98.4	100.7	99.4	99.7	100.9
100.0	100.1	99.1	101.1	99.1	100.4	101.2
100.6	99.8	99.7	99.2	99.9	98.7	101.9
97.8	101.6	97.0	99.8	99.0	100.2	97.3
97.5	104.4	96.0	102.1	99.6	99.1	101.1
100.1	100.2	100.2	100.5	100.1	100.2	100.1
100.1	100.3	100.5	100.0	100.0	100.3	100.0
100.3	100.1	100.0	101.0	100.4	100.2	100.7
100.0	100.3	100.0	101.0	100.0	100.2	100.0
100.0	100.0	100.0	100.0	100.0	100.0	100.0
100.0	**100.5**	**100.8**	**100.4**	**100.2**	**98.9**	**98.7**
100.1	100.8	101.2	100.5	100.3	98.7	98.1
100.2	99.1	99.7	100.0	99.6	99.6	99.2

5-6 续表 4

(上月=100)

类　　别	1月	2月	3月	4月	5月
燃油小汽车	100.2	99.7	96.1	98.9	100.4
新能源小汽车	98.5	101.4	96.6	99.4	99.2
电动自行车	99.7	99.7	99.6	100.1	100.0
自 行 车	100.0	100.5	100.0	99.7	100.0
(2)交通工具用燃料	97.6	101.0	99.8	98.3	99.9
汽 油	97.6	101.0	99.7	98.3	99.9
柴 油	97.5	101.1	99.7	98.4	99.6
(3)交通工具使用和维修	105.3	96.3	101.1	100.1	100.0
停 车 费	100.0	100.0	100.0	100.0	100.0
车辆使用费	100.0	100.0	100.0	100.0	100.0
交通工具零配件	99.9	100.3	100.0	100.0	99.8
车辆修理与保养	111.7	92.1	102.5	100.2	100.0
(4)交通费	103.4	94.9	101.9	99.8	98.2
市内公共交通	100.0	98.2	94.5	100.0	100.0
出租汽车	100.0	100.0	100.0	100.0	100.0
飞 机 票	115.2	80.1	114.4	96.7	91.8
火 车 票	100.0	100.0	101.1	101.1	100.0
长途汽车	100.5	99.5	100.0	100.6	99.4
网 约 车	102.9	98.2	100.0	99.4	99.8
交通工具租赁费	102.2	94.4	100.2	102.2	98.3
其他交通费	102.9	97.3	100.0	100.8	99.2
2.通信	99.5	99.9	100.1	99.9	99.7
(1)通信工具	99.0	99.2	100.2	99.6	99.0
电 话 机	99.0	99.1	100.3	99.6	99.0
其他通信工具及零配件	99.9	101.4	99.6	99.3	99.7
(2)通信服务	99.7	100.2	100.0	100.0	100.0
电 话 费	100.0	100.0	100.0	100.0	100.0
家庭宽带服务	97.8	101.5	100.0	100.0	100.0
(3)邮递服务	100.0	99.8	100.0	100.0	100.0
六、教育文化娱乐	**100.8**	**99.4**	**99.9**	**100.2**	**100.2**
1.教育	100.1	99.9	100.0	100.0	100.2
(1)教育用品	99.9	100.3	101.1	99.9	100.0
工 具 书	100.0	100.0	100.0	100.0	100.0
教 材	100.0	100.0	100.2	100.0	100.0
参考资料	100.0	100.7	101.9	99.9	100.0
其他教育用品	99.2	99.4	100.4	100.0	100.5
(2)教育服务	100.1	99.8	100.0	100.0	100.2
幼儿早期教育	99.4	100.0	100.0	100.0	100.0
学前教育	100.8	100.0	100.0	100.0	100.0
小学初中教育	100.0	100.2	100.0	100.0	100.0
高中中职教育	100.0	98.8	100.0	100.0	100.0
高等教育	100.0	100.0	100.0	100.0	100.0
课外教育	100.5	100.0	100.0	100.0	100.8
专业技能培训	100.0	99.9	100.0	100.0	100.4
其他教育服务	100.0	100.0	100.0	100.0	100.3
2.文化娱乐	102.6	98.3	99.7	100.8	100.3
(1)文娱耐用消费品	99.4	100.2	100.1	99.3	99.7

6月	7月	8月	9月	10月	11月	12月
100.3	99.1	99.7	100.0	99.6	99.5	99.1
100.7	98.2	99.3	99.6	99.4	99.4	99.3
99.8	100.0	100.0	99.9	100.0	100.0	100.1
99.7	100.2	99.8	99.7	100.3	100.1	100.3
98.7	101.9	104.9	102.3	101.8	97.2	95.4
98.7	101.9	105.0	102.4	101.8	97.2	95.3
98.6	102.2	105.2	102.6	101.9	97.0	95.0
100.0	100.1	100.1	100.0	100.1	100.0	100.0
100.3	100.0	100.0	100.0	100.0	100.0	100.0
100.0	100.0	100.0	100.0	100.0	100.0	100.0
99.9	100.2	100.0	99.9	100.3	100.0	100.0
100.0	100.0	100.2	100.0	100.0	100.0	100.0
102.5	104.5	98.7	98.4	99.2	98.6	98.9
110.4	100.0	99.8	101.1	100.0	100.0	100.0
100.0	100.0	100.0	100.0	104.3	100.5	100.0
104.1	124.8	93.7	91.0	94.7	92.5	93.7
100.0	100.0	100.0	100.0	100.0	100.0	100.0
100.2	100.0	100.2	100.0	100.0	100.0	100.0
100.1	99.3	101.0	100.5	99.9	100.4	99.6
100.5	99.5	99.5	101.5	98.0	97.9	101.0
100.0	100.0	100.0	100.2	100.0	100.0	100.0
99.7	99.2	99.7	100.1	99.9	99.6	101.1
99.6	100.5	98.9	100.4	99.9	98.4	103.7
99.6	100.6	98.8	100.4	99.8	98.4	104.0
99.5	99.5	99.6	99.1	101.2	99.2	98.4
99.7	98.6	100.0	100.0	99.9	100.1	100.0
99.8	100.0	100.0	100.0	100.0	100.0	100.0
99.2	89.8	100.0	100.0	99.4	100.6	100.0
100.0	99.8	100.0	100.0	100.0	100.0	100.0
100.2	**100.6**	**100.0**	**100.1**	**99.9**	**99.6**	**100.1**
100.0	100.3	100.0	100.4	100.0	100.0	100.0
99.9	100.3	100.7	101.3	100.6	100.0	100.0
100.0	100.6	101.1	99.6	100.0	100.0	100.0
100.0	100.0	99.1	100.0	100.8	100.0	100.0
100.0	100.5	101.8	102.8	100.8	100.0	100.0
99.5	99.9	100.0	98.9	100.0	100.5	100.2
100.0	100.3	100.0	100.3	100.0	100.0	100.0
100.0	100.5	99.8	100.2	100.0	100.0	100.0
100.0	100.0	100.0	103.2	100.0	100.0	100.0
100.0	100.0	100.0	100.1	100.0	100.0	100.0
100.0	100.0	100.0	98.3	100.0	100.0	100.0
100.0	100.0	100.0	100.6	100.0	100.0	100.0
100.0	101.2	100.0	100.0	100.0	100.0	100.0
100.2	100.0	100.0	100.4	100.0	100.0	100.0
100.0	100.6	100.0	100.3	100.0	100.0	100.0
100.7	101.3	99.9	99.5	99.7	98.5	100.2
98.4	99.7	99.5	99.8	99.9	99.2	101.4

6-6 续表 5

(上月=100)

类　别	1月	2月	3月	4月	5月
电 视 机	99.9	99.9	100.2	99.5	100.0
照 相 机	100.6	99.1	99.5	101.5	103.5
台式计算机	100.4	100.0	99.1	99.5	99.8
笔记本电脑	98.2	100.8	100.3	98.8	99.0
平板电脑	99.2	101.0	100.5	98.9	99.6
乐 器	101.1	99.5	100.4	99.3	99.7
音 响	94.0	99.6	101.0	100.2	99.7
可穿戴智能设备	99.8	100.9	101.1	98.7	100.7
其他文娱耐用消费品	100.0	99.6	99.0	100.1	98.9
(2)其他文娱用品	99.5	100.2	100.3	100.4	100.4
书报杂志及音像制品	100.3	100.1	100.0	100.0	100.4
纸张文具	99.9	98.4	101.3	100.7	99.7
体育户外用品	98.9	101.9	100.3	100.7	102.7
游戏用品和玩具	100.6	99.5	99.2	100.9	99.3
园艺花卉及用品	99.3	100.0	99.7	99.7	99.9
宠物及用品	100.3	100.0	99.5	99.6	103.0
(3)文化娱乐服务	103.7	98.2	99.8	100.6	99.4
电影及演出票	119.9	89.8	96.2	99.1	96.3
景点门票	100.1	101.4	104.0	102.0	100.0
电视服务	100.0	100.0	100.0	100.0	100.0
健身活动	100.0	100.0	100.1	100.8	100.0
宠物服务	106.9	98.3	100.0	101.9	100.0
网络文娱服务	104.2	97.8	98.9	100.4	96.9
儿童娱乐项目	101.1	100.0	97.6	102.4	100.0
其他文娱服务	108.0	95.7	99.6	100.0	101.0
(4)旅游	108.9	94.0	98.3	103.3	101.9
旅行社收费	109.3	93.6	98.0	103.7	102.0
其他旅游	107.0	96.1	99.9	101.7	101.5
七、医疗保健	**102.0**	**100.0**	**99.9**	**100.5**	**100.0**
1.药品及医疗器具	99.9	100.2	99.7	100.0	100.1
(1)中药	100.1	100.0	100.0	100.3	100.5
中 药 材	100.3	99.7	100.0	100.7	100.9
中 成 药	100.1	100.1	100.0	100.1	100.4
(2)西药	100.0	100.4	99.6	99.9	100.0
抗微生物药	100.0	100.0	100.0	97.6	100.1
消化系统用药	100.0	99.9	97.3	100.0	99.7
呼吸系统用药	100.0	100.4	100.0	100.0	100.2
解热镇痛药	100.9	101.4	100.0	101.4	100.0
抗肿瘤药	100.0	100.0	100.0	98.2	100.0
激素及影响内分泌药	100.0	100.0	100.0	100.0	100.0
心血管系统用药	100.0	102.6	99.3	101.3	100.0
血液系统用药	100.0	100.0	100.0	101.7	100.0
治疗精神障碍药	100.0	97.8	102.3	98.6	100.0
神经系统用药	100.0	100.0	100.0	100.0	100.0
泌尿系统用药	99.9	100.0	100.0	100.0	99.8
维生素、矿物质类药	99.9	100.0	100.0	100.0	100.0
调节水、电解质及酸碱平衡药	99.8	99.9	100.0	100.0	100.0
其他西药	100.1	100.0	97.4	98.6	100.0

6月	7月	8月	9月	10月	11月	12月
98.4	100.0	99.6	100.0	98.7	98.3	101.8
96.7	100.4	98.0	97.9	102.4	97.5	98.8
99.7	99.3	99.5	99.8	99.3	99.7	100.1
100.0	96.9	100.6	99.2	102.0	101.8	100.3
96.5	99.5	98.7	99.3	99.2	100.0	104.3
93.7	107.2	96.0	102.8	100.7	94.0	103.2
98.3	102.0	97.4	100.0	104.2	96.7	102.2
96.7	104.0	99.9	100.2	99.2	98.3	100.2
98.7	99.6	100.3	99.3	99.6	99.8	101.1
99.9	100.0	99.5	100.8	100.4	99.2	100.2
100.0	100.0	100.0	101.3	100.0	100.0	100.0
100.6	100.5	98.4	100.9	100.1	98.8	99.7
99.9	101.3	99.8	101.9	101.0	99.2	98.0
99.2	100.0	99.5	100.7	99.0	97.4	102.2
99.9	99.9	100.0	100.1	100.0	100.3	99.8
100.0	99.0	98.6	100.9	100.1	100.3	100.0
99.5	99.9	100.0	101.2	99.9	99.5	99.7
96.6	105.5	100.6	100.5	101.0	98.2	100.6
100.0	93.4	100.0	105.9	101.3	98.4	95.0
100.0	100.0	100.0	100.0	100.0	100.0	100.0
100.0	100.0	100.0	100.0	100.0	100.4	100.0
100.0	100.0	100.0	100.0	100.0	100.0	100.0
99.2	103.2	98.9	103.7	94.8	100.2	105.9
100.0	100.0	100.0	100.0	100.0	100.0	100.0
99.6	100.8	100.0	100.0	99.6	99.0	99.4
105.2	105.8	100.7	95.9	98.5	96.0	99.7
106.3	106.1	100.9	95.4	98.4	95.2	99.6
99.7	104.2	99.6	98.4	99.3	99.9	100.0
100.0	**100.1**	**100.0**	**100.3**	**100.3**	**100.2**	**100.2**
100.1	100.2	99.9	101.1	99.9	100.2	100.3
100.4	101.0	100.3	102.5	100.7	100.1	100.8
102.4	101.2	101.4	113.1	103.1	100.2	101.4
99.8	100.9	100.0	99.7	99.9	100.1	100.5
99.9	100.1	99.8	101.0	99.6	100.0	99.9
100.0	100.0	99.6	100.0	100.0	100.0	99.7
100.0	98.6	100.0	100.1	99.9	100.1	100.0
100.0	102.8	100.0	99.5	100.0	100.0	100.0
100.0	100.0	100.0	101.1	99.7	99.8	100.2
100.0	100.0	100.0	100.0	100.0	100.0	100.0
100.0	100.2	100.0	99.3	100.2	100.0	99.8
100.0	99.8	100.0	106.4	97.2	100.0	100.0
100.0	100.0	100.0	100.8	100.0	100.0	100.0
100.0	100.0	96.7	100.0	100.0	100.0	100.0
100.0	100.0	99.7	100.0	100.0	100.0	100.0
100.0	100.0	100.0	100.0	99.8	100.0	100.0
98.5	100.3	100.0	100.0	100.0	100.0	100.0
100.0	101.2	100.0	100.0	100.0	100.0	100.3
100.0	100.0	100.0	100.7	99.6	100.0	99.8

6-6　续表 6

（上月＝100）

类　　别	1月	2月	3月	4月	5月
(3)滋补保健品	100.0	100.5	99.7	100.2	100.1
(4)医疗卫生器具	98.5	100.0	100.0	99.7	100.0
(5)保健器具	100.1	99.9	99.9	100.0	100.3
2.医疗服务	102.6	100.0	100.0	100.6	100.0
(1)综合医疗类	100.0	99.8	100.0	100.8	100.0
一般医疗服务	100.0	99.7	100.0	101.3	100.0
一般治疗操作	100.0	100.0	100.0	100.3	100.0
护　理	100.0	100.0	100.0	100.0	100.0
其他综合医疗服务	100.0	100.0	100.0	100.0	100.0
(2)诊断类	100.5	100.0	100.0	100.3	100.0
病理学诊断	109.9	100.0	100.0	100.0	100.0
实验室诊断	100.0	100.0	100.0	100.0	100.0
影像学诊断	100.0	100.0	100.0	100.8	100.0
临床诊断	100.0	100.0	100.0	100.0	100.0
(3)治疗类	107.8	100.0	100.0	100.9	100.0
临床手术治疗	115.7	100.0	100.0	101.6	100.0
临床非手术治疗	100.0	100.0	100.0	100.0	100.0
(4)康复类	100.0	100.0	100.0	100.0	100.0
(5)中医医疗服务类	100.0	100.0	100.0	100.0	100.0
(6)其他医疗保健服务	100.6	100.0	100.0	100.0	100.0
八、其他用品及服务	**101.5**	**99.9**	**100.6**	**100.6**	**100.2**
1.其他用品	101.2	100.7	101.0	100.7	100.3
(1)首饰手表	102.1	100.0	101.9	102.6	101.3
金 饰 品	103.4	100.2	103.5	104.1	102.2
银 饰 品	100.0	100.0	100.0	100.1	100.0
铂金饰品	101.5	99.0	100.2	101.7	100.0
手　表	100.1	100.8	100.0	100.0	100.3
(2)母婴用品	100.2	102.0	100.1	98.2	100.0
母婴洗护喂养用品	99.7	101.8	100.2	97.6	100.3
其他母婴用品	101.2	102.4	100.0	99.2	99.4
(3)其他杂项用品	100.7	100.6	100.4	99.8	98.9
箱　包	100.9	100.7	100.7	99.9	98.2
眼　镜	100.4	100.5	100.0	99.7	100.2
2.其他服务	101.9	98.8	99.9	100.3	99.9
(1)在外住宿	105.2	96.4	99.3	103.6	99.2
宾馆住宿	103.1	97.2	100.2	102.4	100.3
其他住宿	108.3	95.5	98.2	105.2	97.7
(2)美容美发洗浴	103.2	96.5	99.8	100.4	100.0
美　容	99.9	100.0	100.0	100.0	100.0
美　发	103.5	96.4	100.0	100.9	100.0
洗　浴	107.3	91.7	99.0	100.0	99.8
(3)养老服务	100.0	100.0	100.0	100.2	100.0
(4)金融及保险服务	101.5	99.7	100.0	100.0	100.0
(5)中介法律及其他服务	100.8	100.0	100.2	100.1	99.9

6月	7月	8月	9月	10月	11月	12月
100.5	99.8	99.4	99.7	99.6	101.6	99.9
99.9	99.6	100.0	100.0	100.3	99.9	101.2
100.0	100.3	100.0	100.0	99.6	100.1	99.9
100.0	100.0	100.0	100.0	100.4	100.1	100.2
100.0	100.0	100.0	100.1	100.0	100.0	100.4
100.0	100.0	100.0	100.2	100.0	100.0	100.0
100.0	100.0	100.0	100.0	100.0	100.0	100.0
100.0	100.0	100.0	100.0	100.0	100.0	100.0
100.0	100.0	100.0	100.0	100.0	100.0	109.0
100.0	100.0	100.0	100.0	100.0	100.2	100.2
100.0	100.0	100.0	100.0	100.0	100.0	100.0
100.0	100.0	100.0	100.0	100.0	100.0	100.0
100.0	100.0	100.0	100.0	100.0	100.0	100.0
100.0	100.0	100.0	100.0	100.0	101.9	101.7
100.0	100.0	100.0	100.1	100.8	100.0	100.0
100.0	100.0	100.0	100.0	100.0	100.0	100.0
100.0	100.0	100.0	100.1	101.8	100.0	100.0
100.0	100.0	100.0	100.0	104.1	102.3	100.0
100.0	100.0	100.0	100.0	100.3	100.0	101.3
100.0	100.0	100.0	100.1	100.0	100.7	100.2
99.4	**100.5**	**100.0**	**100.5**	**100.1**	**99.6**	**100.4**
99.0	100.9	100.0	100.6	100.2	99.3	100.6
98.9	100.5	100.7	100.8	100.4	99.6	100.5
98.7	101.2	101.0	101.4	100.4	99.6	101.1
100.0	100.0	99.9	100.1	101.1	100.1	100.1
98.9	99.2	100.7	100.1	100.1	99.9	100.7
99.5	100.5	100.3	100.0	100.4	99.4	98.5
98.0	101.3	99.4	101.3	98.9	99.1	101.5
97.4	102.0	98.8	100.5	97.7	101.1	102.5
99.1	100.0	100.4	102.7	100.8	95.9	99.9
100.2	101.2	99.1	99.5	101.1	99.0	100.0
100.2	101.7	98.4	99.2	101.8	98.5	99.9
100.3	100.3	100.2	99.9	100.0	100.0	100.1
100.0	99.9	100.0	100.3	99.9	99.9	100.0
99.6	100.0	100.1	102.6	97.5	97.9	99.7
99.8	99.8	99.6	104.4	97.5	97.5	99.6
99.2	100.3	100.8	100.0	97.5	98.4	99.9
100.0	100.0	100.0	100.7	100.2	100.0	100.3
100.0	99.8	100.0	100.0	100.7	100.0	99.7
100.0	100.0	100.0	101.2	100.0	100.0	100.0
100.0	100.1	99.9	100.4	100.1	100.2	101.9
100.0	100.0	100.0	100.0	100.1	100.0	100.0
100.0	99.8	100.0	100.0	100.0	100.0	100.0
100.5	100.0	100.1	100.1	100.1	100.0	99.9

6-7 居民消费价格分类

（上年同月＝100）

类　　别	1月	2月	3月	4月	5月
居民消费价格指数	**102.7**	**101.7**	**100.9**	**100.0**	**100.4**
一、食品烟酒	**105.7**	**103.8**	**102.8**	**100.3**	**102.1**
1.食品	107.5	104.9	103.3	99.4	101.9
(1)粮食	103.1	103.7	102.5	102.9	101.7
大 米	100.6	101.8	101.0	102.4	101.2
面 粉	103.2	103.0	102.4	101.9	98.6
其他粮食	102.4	102.1	102.2	101.9	101.9
粮食制品	108.3	108.0	105.5	104.5	103.4
(2)薯类	106.3	108.0	104.8	92.6	95.0
(3)豆类	104.2	102.5	102.7	101.9	102.0
干 豆	103.6	103.0	102.7	101.9	101.8
豆 制 品	104.3	102.4	102.7	102.0	102.0
(4)食用油	106.3	106.8	105.8	105.0	105.1
食用植物油	106.3	106.9	105.9	105.0	105.1
食用动物油	106.7	104.3	104.0	104.3	104.7
(5)菜及食用菌	110.2	105.1	94.5	84.5	99.3
鲜 菜	110.5	105.1	93.6	83.0	98.9
鲜 菌	111.1	104.0	102.2	96.8	101.4
干菜干菌及制品	104.9	105.7	105.8	102.5	103.1
(6)畜肉类	110.5	106.0	106.4	102.8	100.9
猪 肉	118.1	108.9	111.6	104.6	100.2
牛 肉	102.4	101.3	100.2	97.9	97.9
羊 肉	98.3	99.2	97.9	96.7	96.1
其他畜肉及副产品	118.4	111.5	112.0	110.4	108.8
畜肉制品	103.0	104.4	103.0	102.3	103.0
(7)禽肉类	107.9	107.1	107.7	106.1	105.4
鸡	108.3	106.5	106.9	104.2	103.3
鸭	109.0	108.5	109.9	108.7	107.7
其他禽肉及制品	106.6	107.0	107.4	107.2	107.1
(8)水产品	104.0	98.6	99.0	97.6	100.9
淡 水 鱼	102.0	95.1	91.9	86.5	94.0
海 水 鱼	108.0	105.8	106.3	105.0	105.5
虾 蟹 类	101.5	95.5	99.6	102.5	103.5
其他水产品及制品	112.2	109.8	109.4	109.0	109.3
(9)蛋类	109.8	109.7	109.9	103.7	100.9
鸡 蛋	110.5	110.1	110.8	103.1	99.7
其他蛋及制品	105.8	107.3	105.7	106.9	107.6
(10)奶类	101.6	102.5	102.1	101.2	101.4
鲜 奶	103.2	102.9	102.4	101.6	102.1
酸 奶	104.5	104.4	103.9	103.5	103.2
奶 粉	97.6	101.1	100.7	98.9	98.9
其他奶制品	104.2	102.9	103.3	104.2	104.9
(11)干鲜瓜果类	113.2	110.4	111.2	103.6	104.4
鲜 果	115.7	112.0	112.9	103.6	104.6
坚 果	102.8	103.5	104.0	104.1	104.2
瓜果制品	102.4	102.0	102.4	102.2	101.8

月度同比指数(2023年)

6月	7月	8月	9月	10月	11月	12月
100.2	**99.9**	**100.1**	**100.0**	**99.9**	**99.6**	**99.8**
102.8	**100.3**	**99.6**	**98.9**	**98.5**	**98.5**	**98.7**
103.3	99.2	98.5	97.3	97.1	97.1	97.5
101.9	101.4	101.0	101.4	100.8	100.9	100.5
101.6	101.3	100.7	101.8	100.9	101.2	100.4
100.2	99.5	98.6	99.9	99.2	99.8	100.3
101.7	102.3	102.8	102.6	102.0	102.1	102.2
103.1	102.0	101.9	100.9	100.9	100.2	100.3
99.7	100.3	99.6	97.8	98.5	97.3	95.7
101.9	101.9	101.5	101.5	101.4	101.0	101.0
101.1	100.6	99.6	100.2	99.5	99.2	99.5
102.1	102.1	101.9	101.7	101.7	101.4	101.3
103.8	101.3	99.6	98.3	98.3	98.2	97.4
103.8	101.5	99.8	98.4	98.5	98.6	97.8
104.0	95.5	95.4	95.5	92.4	87.7	87.6
110.0	98.9	95.1	94.0	99.3	104.1	103.2
111.0	98.6	94.5	93.4	99.3	104.3	103.5
100.7	99.6	99.7	98.5	97.8	108.5	101.5
103.0	102.7	100.5	99.1	100.0	99.3	99.6
98.5	87.5	90.1	89.2	84.9	83.3	85.3
96.0	76.3	82.4	80.8	74.1	71.4	75.0
96.8	94.9	94.3	94.3	93.8	92.9	92.4
96.6	96.4	94.5	94.4	94.4	93.9	94.4
106.2	94.7	94.9	93.9	88.8	85.3	86.5
102.3	101.3	101.2	101.3	100.4	101.6	101.0
105.3	103.2	102.8	101.8	101.5	100.4	100.1
102.9	100.5	99.9	98.7	98.7	97.5	97.0
107.7	105.4	105.6	104.4	104.2	103.0	103.0
107.2	105.9	105.3	104.9	104.0	103.2	102.9
101.0	101.4	101.2	98.6	99.2	99.8	101.9
98.4	100.9	99.2	97.7	97.8	98.1	97.9
105.8	106.1	106.4	105.1	103.4	102.2	100.7
99.2	98.2	100.1	95.6	98.1	100.1	107.1
107.1	105.2	103.3	101.3	100.3	100.3	101.1
100.6	98.6	102.7	100.5	94.4	90.1	91.7
99.4	97.2	102.3	99.9	92.8	88.0	89.9
106.9	106.4	104.4	103.8	103.4	102.4	102.1
101.0	100.6	100.5	99.3	100.3	100.8	100.7
101.6	100.1	99.9	98.8	99.0	99.9	101.1
101.5	101.2	100.1	99.3	100.3	100.7	100.2
99.8	100.9	101.4	99.3	101.8	101.7	100.0
101.8	101.4	101.4	102.1	102.2	102.4	102.4
108.2	107.2	102.4	100.4	101.1	100.7	98.2
109.3	108.0	102.2	99.7	101.1	100.8	97.8
103.5	104.8	104.6	104.2	102.0	100.5	100.4
102.8	99.9	100.4	100.1	99.0	99.7	98.6

6-7 续表 1

(上年同月＝100)

类　别	1月	2月	3月	4月	5月
(12)糖果糕点类	103.8	104.6	104.2	103.3	102.7
食　糖	106.4	107.8	107.2	103.2	103.4
糖　果	106.5	108.7	106.2	104.3	103.1
糕　点	103.6	103.6	103.8	103.3	102.8
其他糖果糕点	100.8	103.6	102.3	101.9	101.7
(13)调味品	105.7	105.5	102.6	102.5	103.2
食 用 盐	103.0	103.0	103.2	103.2	103.3
酱　油	108.2	106.1	101.7	100.8	102.2
食　醋	106.3	107.8	101.3	99.9	103.1
增 味 剂	102.2	103.4	101.2	103.0	101.4
其他调味品	106.3	106.1	105.7	106.2	106.3
(14)其他食品类	103.8	105.3	103.8	104.2	104.3
方便食品	103.2	105.4	103.0	102.6	103.7
淀粉及制品	105.2	104.6	104.9	106.0	104.2
其他食品	104.1	105.8	105.1	107.0	106.5
2.茶及饮料	102.4	103.1	102.9	102.0	102.5
茶　叶	102.2	102.7	102.9	101.2	101.8
固体咖啡	104.3	107.2	105.5	105.6	105.9
其他固体饮料	108.1	106.9	107.5	105.9	106.3
饮 用 水	97.7	96.9	95.5	96.1	96.4
果汁饮料	99.9	101.7	101.5	101.8	102.1
其他液体饮料	104.9	105.2	105.6	104.6	104.8
3.烟酒	102.8	103.1	103.3	103.3	103.4
(1)卷烟	103.6	103.3	104.3	104.4	104.4
(2)酒类	101.3	102.7	101.5	101.4	101.3
白　酒	100.2	102.6	101.2	101.2	101.8
葡 萄 酒	101.6	99.7	98.7	101.1	100.8
啤　酒	103.5	103.4	104.0	100.5	100.6
4.在外餐饮	102.0	100.5	101.0	101.2	101.9
餐馆餐饮	101.4	101.3	101.6	101.7	101.7
饮品店餐饮	102.3	101.9	101.4	101.1	101.2
外　卖	104.0	96.8	98.7	99.8	102.9
其他在外餐饮	101.3	101.1	101.1	101.3	101.4
二、衣着	**101.2**	**101.5**	**101.6**	**101.7**	**101.4**
1.服装	101.1	101.4	101.5	101.6	101.3
(1)男式服装	100.1	100.3	100.5	100.9	100.7
(2)女式服装	101.3	101.8	101.8	101.8	101.8
(3)儿童服装	102.9	103.0	103.5	102.9	101.5
(4)衣着材料及配件	101.0	101.3	100.7	100.5	100.7
袜　子	101.3	101.9	100.9	100.6	101.5
帽　子	101.1	101.2	100.2	99.9	99.3
其他衣着材料及配件	100.3	99.9	100.9	101.2	100.8
(5)衣着服务费	102.0	101.6	101.3	101.6	101.6
衣着洗涤保养	101.8	101.2	100.9	101.1	101.3
其他衣着服务	102.5	102.5	102.2	102.7	102.3
2.鞋类	101.4	101.6	101.9	102.5	101.8
(1)鞋	101.5	101.6	101.9	102.5	101.8

6月	7月	8月	9月	10月	11月	12月
102.9	102.2	101.1	102.1	101.7	101.2	101.5
106.7	104.3	102.8	105.4	105.9	104.4	106.0
103.9	101.7	100.4	101.4	100.7	100.2	100.5
102.3	101.9	100.9	101.7	101.0	100.6	100.8
102.5	103.3	101.5	102.9	103.7	102.9	103.7
102.8	101.7	101.9	101.7	101.6	102.0	102.0
102.5	102.5	101.3	101.5	100.8	100.9	100.3
101.1	99.0	99.7	99.1	99.2	100.5	101.0
102.7	100.3	100.7	99.5	101.4	102.7	102.4
102.0	102.3	103.2	104.0	103.9	103.3	104.4
106.0	105.6	105.3	105.8	103.9	103.5	102.2
104.2	104.9	102.8	102.9	101.2	101.5	101.3
103.7	104.8	101.9	102.5	99.9	101.5	100.5
105.5	105.6	106.0	105.4	104.3	102.8	102.5
104.3	104.4	102.2	101.5	102.1	99.9	102.5
101.1	102.2	101.3	101.7	101.4	101.5	101.6
101.5	102.5	101.5	101.5	101.4	101.1	102.3
100.6	106.2	103.7	105.7	105.4	108.4	107.1
105.3	104.8	102.6	103.5	104.7	104.0	101.4
96.4	96.6	98.2	97.0	96.5	97.3	98.0
101.9	103.2	103.2	104.3	104.0	103.8	102.3
101.9	101.6	100.0	100.8	99.7	99.0	99.2
102.2	102.9	102.4	102.2	101.2	100.7	100.6
104.0	103.9	104.1	104.0	102.8	102.6	102.4
99.2	101.0	99.4	99.0	98.3	97.4	97.3
98.1	100.6	98.4	98.0	97.4	96.2	96.4
101.1	102.5	101.6	102.2	100.4	99.4	98.0
100.9	100.9	100.7	100.1	99.4	99.5	98.9
101.9	102.0	101.6	101.8	101.4	101.5	101.5
101.7	101.5	101.5	101.5	101.6	101.4	101.9
101.2	100.8	100.7	100.7	100.4	100.4	100.3
103.0	104.5	102.6	103.5	101.2	102.5	100.6
101.9	101.9	101.7	101.8	101.8	101.8	102.0
101.1	**101.2**	**101.7**	**101.1**	**101.4**	**101.5**	**101.1**
101.1	101.1	101.4	101.1	101.3	101.5	101.1
100.7	100.9	100.9	100.7	101.0	101.6	101.1
101.4	101.3	101.6	101.4	101.4	101.7	101.2
100.7	100.7	102.0	101.3	101.6	100.9	100.1
100.1	100.4	100.1	100.6	101.4	100.8	100.5
100.0	100.4	99.8	100.0	101.6	100.3	100.9
99.8	100.1	100.4	101.0	100.8	100.7	98.9
100.7	100.8	100.4	101.2	101.9	102.2	101.9
102.0	102.1	102.2	102.2	102.2	101.9	101.8
101.6	101.9	102.0	102.0	102.1	101.6	101.7
103.1	102.8	102.6	102.6	102.6	102.6	102.2
101.5	101.5	103.1	101.1	101.8	101.6	101.2
101.5	101.5	103.1	101.1	101.8	101.6	101.2

6-7 续表 2

(上年同月=100)

类　　别	1月	2月	3月	4月	5月
男 鞋	101.2	100.8	101.0	102.3	101.2
女 鞋	101.5	102.0	102.1	102.7	102.0
童 鞋	101.8	101.8	103.2	102.2	102.5
(2)鞋类服务	100.1	100.1	101.4	101.6	101.6
三、居住	**100.1**	**100.3**	**100.1**	**100.1**	**99.9**
1.租赁房房租	99.7	100.1	99.9	100.1	99.9
私房房租	99.7	100.1	99.9	100.1	99.9
2.住房保养维修及管理	101.3	100.9	100.8	100.8	100.8
(1)住房装潢材料	101.0	100.5	100.2	100.1	99.9
木 地 板	101.1	101.7	101.7	101.4	101.0
瓷 砖	101.6	100.8	100.7	100.9	100.0
水 泥	96.2	94.0	95.2	94.9	95.0
涂 料	101.3	100.9	100.9	100.7	100.5
板 材	100.3	99.6	99.3	99.0	98.2
管 材	102.1	101.8	102.8	102.6	101.8
厨卫设备	100.0	99.5	98.2	98.3	99.2
其他住房装潢材料	100.2	99.8	98.7	98.3	98.5
(2)住房维修管理费用	101.6	101.1	101.3	101.3	101.4
物业管理费	100.0	100.0	100.0	100.0	100.0
其他住房费用	102.2	101.4	101.4	101.5	101.7
3.水电燃料	100.8	101.0	100.1	99.6	99.5
(1)水	100.0	100.0	100.0	100.0	100.0
(2)电	100.0	100.0	100.0	100.0	100.0
(3)燃气	103.6	103.6	99.6	99.0	98.3
管道燃气	100.0	100.0	100.0	100.0	100.0
液化石油气	107.2	107.2	99.3	93.2	96.7
(4)其他水电燃料类	99.7	102.3	102.3	97.9	99.3
4.自有住房	99.8	100.0	99.9	100.0	99.9
四、生活用品及服务	**102.7**	**101.8**	**101.2**	**100.5**	**100.6**
1.家具及室内装饰品	101.8	102.2	102.0	102.4	102.5
(1)家具	102.0	102.4	102.3	102.7	102.7
柜	101.3	101.6	101.2	101.5	102.2
床	101.7	102.0	101.6	102.8	102.8
桌	103.0	103.4	103.2	102.9	102.7
椅	103.0	103.6	103.1	104.2	103.8
沙 发	101.7	102.5	103.4	103.3	102.7
其他家具	103.3	103.6	103.1	103.5	103.3
(2)室内装饰品	99.5	100.2	98.5	98.7	99.4
灯 具	99.2	101.0	96.8	97.3	99.4
其他室内装饰品	99.8	99.3	100.4	100.4	99.4
2.家用器具	100.9	99.4	100.0	98.7	98.3
(1)大型家用器具	101.0	99.3	100.3	98.9	98.4
洗 衣 机	93.6	96.7	99.0	98.4	100.1
电冰箱(柜)	96.6	95.7	96.5	99.3	98.0
抽油烟机	100.7	100.6	97.8	97.5	98.0
空 调 器	103.9	99.7	102.1	99.5	97.8
热 水 器	100.8	96.8	97.5	95.6	97.2

6月	7月	8月	9月	10月	11月	12月
101.3	100.9	101.8	100.7	101.1	101.1	100.3
101.7	101.5	103.3	100.4	101.5	101.1	101.0
101.7	103.5	106.4	106.3	105.7	105.8	105.6
102.2	102.3	102.3	102.3	102.3	102.3	102.3
99.9	**100.0**	**99.9**	**100.0**	**100.0**	**100.0**	**100.1**
99.8	100.0	99.7	99.8	99.7	99.7	99.8
99.8	100.0	99.7	99.8	99.7	99.6	99.8
100.8	100.9	100.5	100.4	100.3	100.2	100.3
100.0	99.6	99.7	99.3	99.1	99.0	99.2
101.2	101.1	101.6	102.2	102.0	101.5	101.8
100.1	99.0	99.4	98.9	99.1	98.3	98.4
94.9	93.9	93.3	90.3	89.0	90.2	90.6
100.4	100.0	99.7	99.9	99.5	99.6	99.6
97.8	97.5	97.5	98.3	98.4	98.7	98.4
100.9	100.2	100.2	99.7	99.3	99.3	99.4
99.8	99.3	99.6	98.9	99.1	98.8	99.5
98.9	100.4	99.8	99.4	98.8	98.9	98.9
101.4	101.8	101.2	101.1	101.1	101.1	101.2
100.0	100.0	100.0	100.0	100.0	100.0	100.0
101.7	101.7	101.7	101.7	101.3	101.3	101.1
99.3	99.4	99.9	100.0	100.4	100.2	100.4
100.0	100.0	100.0	100.0	100.0	100.0	100.0
100.0	100.0	100.0	100.0	100.0	100.0	100.0
97.5	98.6	99.3	100.5	101.6	101.7	102.1
100.0	101.5	101.5	103.1	104.8	104.8	105.6
95.2	95.8	97.2	98.1	98.5	98.8	98.9
98.4	97.6	101.3	99.0	99.9	98.4	99.4
99.9	100.0	99.8	99.9	99.9	99.9	100.1
100.0	**100.1**	**100.0**	**100.2**	**99.7**	**99.6**	**100.7**
101.9	102.1	102.2	102.1	101.4	101.9	101.6
102.0	102.2	102.2	102.0	101.4	101.6	101.5
101.5	101.7	101.6	101.7	100.9	101.1	101.0
103.2	103.1	103.1	102.6	102.3	102.4	102.3
102.3	102.3	102.5	102.5	101.5	102.2	102.0
103.1	103.2	103.3	103.5	102.1	100.9	100.4
100.7	101.4	101.4	100.4	100.5	101.4	101.0
102.4	102.9	102.8	102.9	102.2	102.2	102.5
101.1	100.9	101.5	103.1	101.7	104.9	102.9
102.1	101.4	103.3	106.6	103.6	109.7	104.9
100.0	100.3	99.4	99.3	99.6	99.6	100.7
98.7	98.1	98.0	98.4	98.3	98.3	99.5
98.8	98.3	98.4	98.7	98.6	98.1	99.5
98.0	97.3	98.5	100.5	98.5	98.3	100.4
95.4	96.3	96.6	97.4	96.7	95.5	97.1
97.5	96.4	95.2	94.6	96.4	95.8	101.0
99.5	99.3	99.1	99.1	99.8	99.0	99.1
98.1	97.2	98.1	97.3	99.4	99.1	101.3

6-7 续表 3

(上年同月=100)

类 别	1月	2月	3月	4月	5月
炉具灶具	105.5	106.3	105.6	101.8	97.7
吸 尘 器	108.1	108.4	106.6	97.5	100.1
空气净化器	109.2	107.2	103.7	101.1	102.3
净 水 器	106.8	103.3	98.9	95.1	93.8
其他大型家用器具	101.1	100.7	101.1	101.1	100.8
(2)小家电	100.1	99.6	98.6	97.8	97.8
厨房小家电	100.1	99.7	98.9	98.0	97.7
生活小家电	100.1	99.6	98.2	97.6	98.0
3.家用纺织品	100.1	100.5	100.0	99.7	100.1
(1)床上用品	100.0	100.5	99.9	99.7	100.0
被 子	100.0	100.4	100.2	100.5	100.8
床单被套	100.1	99.8	99.4	98.4	98.7
其他床上用品	99.8	102.5	100.5	100.5	101.1
(2)窗帘门帘	100.5	100.2	100.4	100.0	99.2
(3)其他家用纺织品	100.0	100.1	100.5	100.1	101.5
4.家庭日用杂品	103.8	102.7	102.2	100.2	100.7
(1)洗涤卫生用品	106.4	105.5	103.1	102.2	102.3
清洗用品	99.9	100.0	98.3	95.3	95.2
清洁用具	101.7	99.0	93.4	95.9	96.6
清洁用纸	115.2	114.0	112.3	112.4	112.4
(2)厨具餐具茶具	103.4	101.6	103.4	99.5	98.8
厨 具	102.2	98.8	103.2	98.3	97.5
餐 具	106.5	107.5	104.6	100.5	100.5
茶 具	98.6	95.8	100.0	101.1	99.4
(3)其他家庭日用杂品	100.4	99.5	100.2	97.9	99.5
配电附件	99.1	100.5	101.3	96.7	99.6
雨 具	99.1	97.6	99.0	97.1	96.5
其他日用杂品	102.2	99.6	99.7	99.4	100.9
5.个人护理用品	105.2	104.3	101.2	101.1	101.2
(1)化妆品	106.3	104.9	100.9	101.7	101.3
清洁化妆品	110.5	106.5	104.6	105.1	101.1
护肤化妆品	107.4	106.3	98.2	101.6	101.1
彩妆化妆品	102.2	102.6	104.0	100.4	101.8
化妆器具	105.8	101.2	99.6	100.3	101.6
(2)其他护理用品类	103.0	102.9	101.8	99.9	100.8
清洁类护理用品	104.8	102.3	101.8	98.4	100.0
护发美发用品	100.2	102.4	100.8	99.6	99.6
护理器具	107.3	111.6	105.9	106.1	106.1
其他护理用品	100.3	100.1	100.4	99.7	101.1
6.家庭服务	103.7	102.6	102.3	102.5	102.7
家政服务	104.2	103.6	102.9	102.9	103.3
母婴护理服务	103.9	103.4	103.5	103.6	103.9
家庭维修服务	102.8	101.9	102.1	102.5	102.4
其他家庭服务	102.8	98.6	98.6	98.9	98.7
五、交通通信	**101.6**	**99.6**	**97.0**	**95.1**	**94.8**
1.交通	102.2	99.5	96.3	94.0	93.5
(1)交通工具	96.6	96.4	93.6	92.5	92.8

6月	7月	8月	9月	10月	11月	12月
103.1	99.6	98.9	99.5	97.8	100.0	102.3
101.5	99.3	98.2	99.4	96.4	98.6	100.0
107.2	107.3	103.6	103.5	102.3	101.3	95.8
95.8	95.1	96.4	97.6	97.6	97.7	104.1
101.4	100.5	100.1	100.2	98.7	97.8	98.5
97.6	96.7	96.0	96.1	96.6	99.2	99.8
97.5	98.1	98.4	98.1	98.9	99.4	98.7
97.8	94.9	93.0	93.6	93.8	99.1	101.3
100.1	100.1	99.5	99.9	99.7	100.7	100.5
100.2	100.2	99.4	99.9	99.7	100.8	100.6
101.2	100.9	101.0	101.1	100.9	100.6	100.6
99.0	99.4	97.6	98.6	98.1	98.2	98.3
100.6	100.3	99.4	99.4	100.1	107.0	105.5
99.1	99.1	99.2	99.4	99.4	99.1	99.1
99.8	100.7	101.5	100.3	100.0	101.1	101.6
99.1	99.5	99.3	99.8	99.1	99.4	101.3
100.6	100.6	99.5	99.8	98.6	98.7	102.8
95.8	98.1	96.6	98.5	97.2	101.9	108.3
93.9	94.2	94.0	97.5	98.1	98.8	102.6
108.6	105.8	104.6	102.1	100.3	95.5	97.7
96.4	98.8	99.3	101.9	101.0	102.0	99.3
94.8	99.1	99.6	102.7	101.9	103.9	99.1
97.2	98.0	98.6	101.5	101.2	99.8	99.3
101.6	100.3	100.5	99.8	96.3	100.6	99.9
98.7	98.2	99.0	98.3	98.5	98.7	100.5
99.0	97.8	100.2	99.7	98.1	98.0	97.7
96.9	97.3	97.0	96.7	98.3	101.6	109.7
99.3	99.1	98.9	97.7	99.0	98.0	98.5
99.9	100.8	99.7	99.8	98.7	97.4	99.2
100.0	101.0	100.0	99.9	98.7	96.8	99.0
100.6	100.6	100.1	101.2	100.4	100.9	100.2
99.0	100.6	99.0	97.8	97.2	93.7	96.8
101.8	102.0	101.9	102.3	100.9	99.8	102.4
98.6	100.9	100.0	103.8	98.1	98.6	98.8
99.8	100.4	99.0	99.5	98.5	98.7	99.6
99.7	100.8	98.7	99.5	98.5	99.2	100.4
101.3	99.1	99.8	98.7	97.8	98.6	100.0
102.7	103.1	102.3	102.7	100.0	106.4	98.7
96.2	99.6	96.4	98.7	98.4	93.4	98.0
102.6	102.7	104.2	104.3	104.0	103.8	104.5
103.4	103.5	106.3	106.2	105.9	105.8	107.1
102.2	101.7	103.0	103.2	103.0	102.7	102.9
103.0	104.0	104.0	104.2	103.8	103.7	103.7
100.0	99.6	99.0	99.2	99.2	99.2	99.5
92.9	**94.3**	**96.9**	**97.5**	**97.9**	**96.6**	**96.6**
91.0	93.5	96.8	97.6	98.1	96.5	96.5
93.6	93.3	93.2	93.2	93.2	93.4	93.3

6-7 续表 4

(上年同月=100)

类　别	1月	2月	3月	4月	5月
燃油小汽车	95.4	94.7	91.7	90.5	91.1
新能源小汽车	100.0	101.7	97.9	95.3	95.8
电动自行车	99.6	101.2	100.6	100.4	100.4
自 行 车	102.3	102.6	101.4	100.8	100.0
(2)交通工具用燃料	105.4	100.4	93.6	89.6	88.9
汽 油	105.5	100.4	93.4	89.3	88.6
柴 油	106.1	100.4	92.9	88.7	87.7
(3)交通工具使用和维修	105.9	101.0	101.9	101.8	101.8
停 车 费	100.0	100.4	100.4	100.4	101.1
车辆使用费	100.0	100.0	100.0	100.0	100.0
交通工具零配件	101.0	100.7	101.0	100.9	100.1
车辆修理与保养	114.0	101.9	103.8	103.7	104.0
(4)交通费	109.6	106.1	107.7	103.4	100.8
市内公共交通	100.2	101.0	101.0	101.0	100.1
出租汽车	100.6	99.7	100.2	100.2	100.2
飞 机 票	139.3	127.9	129.7	108.6	99.5
火 车 票	99.0	100.0	101.1	102.1	101.9
长途汽车	101.7	102.0	102.0	102.2	102.1
网 约 车	102.1	99.9	100.0	99.8	99.8
交通工具租赁费	105.3	98.1	104.4	107.5	105.9
其他交通费	102.4	101.4	101.4	101.5	101.4
2.通信	99.8	99.8	99.5	99.4	99.6
(1)通信工具	99.6	99.1	98.0	97.8	98.5
电 话 机	99.7	99.1	98.0	97.8	98.5
其他通信工具及零配件	97.2	99.2	98.5	97.0	98.4
(2)通信服务	99.7	99.9	99.9	99.9	99.9
电 话 费	100.0	100.0	100.0	100.0	100.0
家庭宽带服务	98.6	99.7	99.7	99.7	99.7
(3)邮递服务	102.2	102.1	102.1	102.1	102.1
六、教育文化娱乐	**102.2**	**101.0**	**101.0**	**101.5**	**101.6**
1.教育	101.3	101.4	101.4	101.3	101.3
(1)教育用品	104.5	105.1	105.1	105.1	105.0
工 具 书	100.1	99.9	100.1	100.1	100.0
教 材	103.4	103.6	103.6	103.6	103.6
参考资料	106.9	107.6	107.7	107.7	107.5
其他教育用品	97.4	98.2	97.9	97.5	97.5
(2)教育服务	101.2	101.3	101.3	101.2	101.2
幼儿早期教育	99.3	100.2	100.6	98.4	98.3
学前教育	102.1	102.1	102.1	102.1	102.1
小学初中教育	100.3	100.5	100.1	100.1	100.1
高中中职教育	100.9	99.8	99.8	99.9	99.9
高等教育	99.6	99.6	99.6	99.6	99.6
课外教育	103.1	103.5	103.4	103.4	103.6
专业技能培训	102.9	103.3	103.3	103.9	103.9
其他教育服务	103.3	103.8	103.8	103.8	103.9
2.文化娱乐	103.6	100.5	100.4	102.0	102.1
(1)文娱耐用消费品	99.6	99.1	98.7	98.5	98.9

6月	7月	8月	9月	10月	11月	12月
92.3	92.1	92.2	92.2	92.2	92.3	92.3
96.0	95.1	94.4	94.2	94.0	94.5	94.2
98.9	98.8	98.7	98.0	98.5	98.5	98.0
99.5	99.5	99.3	100.6	101.1	101.4	101.6
82.3	86.8	95.4	98.8	101.8	97.0	98.4
82.0	86.5	95.3	98.8	101.8	96.9	98.4
80.7	85.5	95.0	98.7	102.0	96.8	98.4
101.8	101.9	101.9	101.7	101.5	101.5	101.6
101.1	101.5	101.5	101.5	101.5	101.5	101.5
100.0	100.0	100.0	100.0	100.0	100.0	100.0
100.6	100.8	100.8	101.3	100.8	100.7	101.5
103.7	103.5	103.5	102.8	102.6	102.6	102.5
97.9	104.2	107.0	104.6	101.3	100.7	97.1
100.4	100.0	100.4	100.6	101.6	101.6	101.0
100.2	100.2	100.2	100.2	101.0	100.9	100.9
89.6	112.3	124.7	115.6	102.6	98.9	85.7
101.8	101.8	101.5	100.6	100.6	101.7	101.5
101.8	102.0	101.9	102.6	102.3	102.2	102.3
100.2	100.2	100.3	100.7	99.8	100.1	100.1
103.3	102.3	102.1	103.6	98.5	99.2	101.8
100.6	100.4	100.4	100.5	100.4	100.8	100.9
99.8	97.6	97.3	97.3	96.9	97.0	97.2
99.3	98.1	98.1	97.6	96.5	96.9	98.0
99.4	98.1	98.1	97.6	96.4	96.8	98.1
98.9	97.2	97.9	97.7	100.0	97.4	96.2
99.8	96.8	96.5	96.7	96.6	96.5	96.3
99.9	100.0	99.6	99.6	99.6	99.6	99.5
99.1	82.1	82.1	83.2	82.4	82.3	81.3
102.1	102.1	102.1	102.1	102.1	101.9	101.2
101.6	**102.5**	**102.3**	**102.2**	**101.9**	**101.6**	**101.4**
101.3	101.8	101.2	101.5	101.4	101.4	101.4
105.0	105.3	103.6	102.2	102.3	102.2	102.3
100.5	101.1	101.5	101.2	101.0	101.0	101.1
103.6	104.4	104.1	101.4	101.5	101.5	101.5
107.5	107.4	104.3	103.7	103.7	103.6	103.8
97.8	98.1	97.7	96.7	97.0	96.0	95.8
101.2	101.6	101.1	101.5	101.3	101.3	101.4
98.4	99.4	99.0	99.2	100.1	100.1	100.5
102.1	102.1	101.7	103.3	103.3	103.3	103.3
100.1	100.1	100.1	102.5	102.5	102.5	102.5
99.9	99.9	99.9	99.6	99.6	99.6	99.6
99.6	99.6	99.6	100.3	100.3	100.3	100.3
103.8	105.4	103.8	103.3	102.6	102.6	102.5
103.1	102.9	101.4	101.2	100.9	100.9	100.9
103.8	103.9	103.8	100.9	101.0	101.0	101.0
102.0	103.7	104.0	103.4	102.8	102.0	101.5
97.8	97.3	96.5	95.5	95.9	96.6	97.3

6-7 续表 5

(上年同月＝100)

类　　别	1月	2月	3月	4月	5月
电 视 机	95.1	94.9	94.9	95.8	96.5
照 相 机	102.2	99.9	100.2	101.4	105.9
台式计算机	99.9	99.7	99.6	99.0	98.6
笔记本电脑	98.0	98.8	98.6	97.3	97.5
平板电脑	116.0	110.3	107.8	105.4	107.5
乐 器	102.9	102.5	101.7	102.4	101.9
音 响	98.9	97.2	97.8	96.5	96.8
可穿戴智能设备	98.5	96.8	98.4	93.9	99.0
其他文娱耐用消费品	95.4	96.9	95.9	95.8	92.8
(2)其他文娱用品	102.0	101.9	101.5	101.4	101.0
书报杂志及音像制品	100.5	100.3	100.3	100.3	100.4
纸张文具	100.1	99.2	100.5	100.6	99.3
体育户外用品	104.1	104.0	103.0	102.1	101.4
游戏用品和玩具	103.0	103.0	102.1	100.9	100.4
园艺花卉及用品	102.6	101.8	101.4	101.0	100.8
宠物及用品	105.6	105.2	102.7	103.6	102.8
(3)文化娱乐服务	104.0	99.5	100.4	101.8	101.2
电影及演出票	118.6	95.2	99.3	101.3	109.8
景点门票	97.6	98.9	100.5	105.2	99.7
电视服务	100.1	100.1	100.1	100.1	100.1
健身活动	101.9	101.8	100.4	100.7	100.7
宠物服务	110.2	101.5	101.5	101.7	101.5
网络文娱服务	104.4	99.5	99.2	99.7	94.0
儿童娱乐项目	100.7	100.2	99.9	100.6	100.4
其他文娱服务	104.3	102.9	103.6	102.4	101.0
(4)旅游	106.2	101.0	100.6	104.1	104.9
旅行社收费	106.2	100.5	100.2	103.9	104.5
其他旅游	106.2	103.3	102.6	105.3	106.4
七、医疗保健	**103.9**	**104.1**	**103.0**	**103.0**	**103.0**
1.药品及医疗器具	100.6	100.6	100.6	100.5	100.4
(1)中药	105.0	103.7	103.7	103.7	103.8
中 药 材	114.0	105.9	106.0	106.3	106.8
中 成 药	102.7	103.1	103.2	103.1	103.1
(2)西药	99.2	99.5	99.9	100.0	100.0
抗微生物药	96.0	96.6	98.5	99.2	99.2
消化系统用药	98.4	98.5	97.8	97.6	97.7
呼吸系统用药	97.7	97.8	97.8	98.4	99.1
解热镇痛药	102.5	103.5	103.8	103.6	107.5
抗肿瘤药	82.8	87.3	87.3	88.4	88.5
激素及影响内分泌药	95.3	95.2	95.2	95.2	95.5
心血管系统用药	99.1	99.8	100.0	101.1	101.0
血液系统用药	103.1	103.1	103.2	101.0	100.8
治疗精神障碍药	161.5	160.6	161.3	157.1	151.0
神经系统用药	94.2	94.0	94.1	94.1	94.0
泌尿系统用药	99.4	98.4	98.4	98.3	98.7
维生素、矿物质类药	100.6	100.8	101.3	101.6	101.5
调节水、电解质及酸碱平衡药	102.3	102.2	102.2	102.2	99.7
其他西药	102.2	101.8	101.1	100.6	100.4

6月	7月	8月	9月	10月	11月	12月
96.4	96.7	97.2	97.6	96.7	97.1	99.3
101.9	104.6	102.7	100.9	103.2	102.3	97.0
99.7	97.4	97.5	97.3	96.6	96.6	96.9
99.5	96.6	97.7	93.1	95.1	97.5	97.8
101.6	99.6	94.1	93.1	91.7	91.6	94.8
99.6	100.4	96.0	100.3	99.2	98.6	97.5
87.6	91.2	89.3	86.0	95.0	94.1	95.2
98.3	99.9	95.8	95.7	95.7	97.9	98.4
91.2	91.7	92.9	92.7	93.0	94.5	93.8
100.7	100.8	101.2	101.4	101.3	101.1	101.4
100.4	101.3	101.3	101.6	103.0	103.0	103.0
99.9	100.4	100.9	100.3	100.3	99.5	99.3
103.7	102.6	104.5	107.6	106.2	109.7	105.1
98.4	99.8	99.6	99.6	98.0	96.1	98.7
100.5	100.7	100.8	100.9	100.0	100.2	100.3
103.1	102.0	101.5	102.4	102.3	102.2	103.1
100.9	100.1	99.8	100.8	100.1	100.4	98.9
107.0	107.6	104.2	105.7	104.0	104.6	96.3
100.9	99.8	100.7	101.0	101.0	100.3	100.5
100.1	94.1	94.1	94.1	94.1	94.1	94.1
99.8	99.6	100.3	100.4	101.8	101.8	102.1
101.2	101.2	101.2	101.1	101.1	100.7	100.8
93.0	98.4	98.5	108.5	97.6	104.4	100.5
101.0	101.1	100.6	101.2	101.6	101.4	101.0
99.9	100.4	100.3	100.0	99.6	100.2	99.8
105.5	111.1	112.1	110.1	109.1	106.3	105.5
105.5	111.5	112.9	110.7	109.5	106.5	105.2
105.8	109.2	108.2	107.3	107.2	105.3	107.0
103.0	**103.0**	**103.1**	**103.0**	**103.1**	**103.0**	**102.9**
100.8	101.0	101.1	100.9	101.1	101.3	100.9
104.0	104.6	105.1	105.9	106.5	106.4	104.5
108.7	111.2	114.3	118.1	121.6	120.8	111.6
102.9	103.0	102.8	102.8	102.7	102.8	102.5
100.3	100.2	100.1	99.4	99.5	99.6	99.9
98.9	98.2	98.1	95.5	95.7	95.9	95.4
98.4	98.2	98.2	98.8	99.8	98.6	98.6
100.2	101.4	101.4	101.3	105.8	105.9	106.1
107.5	107.6	104.6	105.4	106.3	106.6	106.6
88.8	90.5	91.0	91.0	99.1	99.2	99.2
99.1	99.5	99.6	99.3	99.0	99.8	100.6
101.1	101.2	101.2	102.9	102.1	102.2	102.2
100.4	99.7	99.7	100.0	99.8	99.8	100.7
150.5	150.2	147.0	122.0	102.5	100.2	100.2
94.1	94.1	94.0	93.2	93.2	95.0	98.8
98.3	98.2	98.7	99.1	99.0	98.9	99.2
100.8	100.9	101.0	100.5	100.3	101.4	101.3
100.2	100.2	100.2	100.2	100.7	101.1	100.2
100.3	100.4	100.2	100.4	100.0	100.0	100.0

6-7 续表 6

(上年同月＝100)

类　　别	1月	2月	3月	4月	5月
(3)滋补保健品	100.1	101.2	100.8	100.3	99.7
(4)医疗卫生器具	97.6	96.7	96.4	96.2	96.3
(5)保健器具	102.7	100.9	99.9	103.3	101.2
2.医疗服务	105.0	105.2	103.8	103.8	103.8
(1)综合医疗类	100.7	100.5	100.4	100.5	100.5
一般医疗服务	100.5	100.4	100.1	100.4	100.4
一般治疗操作	100.1	100.0	100.0	100.1	100.1
护　理	102.7	102.5	102.2	102.2	102.2
其他综合医疗服务	100.0	100.0	100.0	100.0	100.0
(2)诊断类	100.8	101.0	101.1	101.0	101.0
病理学诊断	108.0	108.9	108.8	108.8	108.8
实验室诊断	100.5	101.4	101.4	101.0	101.0
影像学诊断	100.1	99.9	99.9	100.0	100.1
临床诊断	100.7	100.7	100.7	100.6	100.6
(3)治疗类	117.8	118.4	112.0	112.0	112.0
临床手术治疗	131.8	132.8	119.3	119.2	119.2
临床非手术治疗	103.4	103.4	103.6	103.6	103.6
(4)康复类	101.9	102.4	103.9	103.9	103.9
(5)中医医疗服务类	100.6	100.7	100.4	100.3	100.3
(6)其他医疗保健服务	100.3	100.2	100.2	100.9	100.9
八、其他用品及服务	**104.3**	**103.8**	**103.4**	**104.6**	**103.9**
1.其他用品	106.1	105.0	103.9	105.2	104.1
(1)首饰手表	106.9	105.1	103.9	108.0	109.4
金 饰 品	110.6	108.9	106.8	111.2	113.4
银 饰 品	100.6	100.0	99.4	99.0	99.0
铂金饰品	105.5	99.6	99.0	106.6	107.9
手　表	100.5	101.8	101.6	102.7	102.8
(2)母婴用品	109.4	108.9	106.8	101.9	96.7
母婴洗护喂养用品	109.0	111.2	110.4	103.8	98.3
其他母婴用品	110.2	104.0	99.7	97.9	93.3
(3)其他杂项用品	101.5	101.1	101.0	102.0	99.5
箱　包	102.2	101.6	101.3	103.0	99.1
眼　镜	99.8	99.9	100.2	100.0	100.5
2.其他服务	102.1	102.4	102.9	103.9	103.6
(1)在外住宿	105.2	104.5	110.7	122.5	119.4
宾馆住宿	104.5	104.4	110.3	121.5	118.1
其他住宿	106.6	104.8	111.3	124.6	122.0
(2)美容美发洗浴	99.6	101.1	101.0	100.8	100.8
美　容	99.1	99.7	99.7	100.2	100.2
美　发	98.6	102.5	102.4	101.6	101.2
洗　浴	101.9	100.6	100.3	100.3	100.9
(3)养老服务	103.3	103.1	103.1	102.9	102.9
(4)金融及保险服务	102.8	102.8	102.8	102.8	102.8
(5)中介法律及其他服务	100.3	100.4	100.4	100.4	100.4

6月	7月	8月	9月	10月	11月	12月
99.8	99.8	100.0	99.8	99.9	100.9	100.3
97.7	98.2	98.3	98.3	98.1	97.8	98.1
101.2	102.9	102.8	101.9	101.6	103.4	100.3
103.7	103.7	103.7	103.7	103.8	103.4	103.5
100.5	100.5	100.5	100.5	100.4	100.2	100.2
100.3	100.3	100.3	100.3	100.4	100.4	100.4
100.1	100.1	100.1	100.1	100.1	100.1	100.1
102.2	102.2	102.2	102.2	101.3	99.9	99.6
100.0	100.0	100.0	100.0	100.0	100.0	102.6
100.8	100.8	100.8	100.8	100.8	100.9	101.0
108.8	108.8	108.8	108.8	108.8	108.7	108.7
101.0	101.0	101.0	101.0	101.0	101.0	101.0
99.6	99.7	99.7	99.7	99.7	99.6	99.6
100.6	100.6	100.6	100.4	100.2	102.1	102.7
111.9	111.9	111.9	111.9	112.3	110.7	110.8
119.1	119.1	119.1	119.1	118.9	118.9	118.9
103.6	103.6	103.6	103.6	104.7	101.5	101.7
103.4	103.4	103.4	103.1	104.2	105.7	105.7
100.3	100.3	100.3	100.3	100.5	100.1	100.4
100.9	100.9	100.9	100.9	100.9	101.0	101.0
102.9	**104.6**	**104.0**	**104.8**	**104.1**	**103.4**	**103.3**
102.9	106.2	105.3	106.6	105.2	104.4	104.4
108.8	112.7	111.6	114.2	112.0	109.6	109.8
113.7	119.8	118.3	122.9	120.0	116.3	115.9
99.1	99.3	99.1	99.5	100.8	100.8	102.4
103.4	105.4	104.0	104.5	100.4	98.1	98.9
102.9	104.4	103.8	104.1	104.6	104.7	105.2
93.1	97.7	95.9	97.2	95.8	96.6	97.3
92.8	98.3	95.3	95.7	92.9	95.8	96.6
93.7	96.2	97.1	100.7	102.5	98.3	98.9
99.9	100.3	100.8	99.1	99.4	100.3	99.1
99.5	100.4	101.0	98.6	99.0	100.8	98.7
100.6	100.2	100.4	100.2	100.2	99.4	99.8
102.9	102.7	102.5	102.8	102.8	102.2	102.1
110.9	110.4	112.6	114.0	114.6	108.4	107.4
111.3	111.7	113.1	113.7	116.3	109.6	108.3
110.0	107.8	111.6	114.7	111.0	106.0	105.7
100.5	100.5	100.6	101.2	101.3	101.7	101.4
100.2	100.1	100.1	101.6	101.6	102.1	101.8
00.4	100.3	100.3	100.7	100.9	100.9	100.3
01.3	101.2	101.6	101.4	101.7	102.7	102.6
03.2	103.2	101.8	101.8	101.0	101.0	101.0
02.9	102.5	102.1	102.1	102.1	101.9	101.9
100.5	100.5	100.5	100.5	100.5	100.4	100.6

6-8 城市居民消费价格

(上年同月＝100)

类　　别	1月	2月	3月	4月	5月
居民消费价格指数	**102.7**	**101.8**	**100.9**	**100.0**	**100.4**
一、食品烟酒	**105.7**	**103.7**	**102.5**	**99.9**	**101.9**
1.食品	107.5	104.9	103.0	93.9	101.7
(1)粮食	103.5	103.6	102.2	102.8	101.6
大　米	101.0	101.4	100.2	102.1	101.0
面　粉	103.6	103.1	102.4	101.8	98.0
其他粮食	101.8	101.6	102.1	101.5	101.9
粮食制品	108.7	108.3	106.1	104.7	103.6
(2)薯类	105.2	107.2	104.0	91.0	95.0
(3)豆类	103.9	102.4	102.7	101.9	101.9
干　豆	104.0	102.9	102.9	102.7	102.2
豆 制 品	103.9	102.4	102.7	101.8	101.8
(4)食用油	106.5	107.1	106.1	105.7	105.6
食用植物油	106.5	107.2	106.2	105.7	105.6
食用动物油	107.2	103.6	102.4	103.1	103.0
(5)菜及食用菌	110.3	105.2	94.1	83.9	98.9
鲜　菜	110.5	105.2	93.1	82.3	98.5
鲜　菌	111.5	104.7	101.9	97.1	101.8
干菜干菌及制品	105.2	105.5	106.1	102.8	103.4
(6)畜肉类	110.4	105.9	105.9	102.1	100.5
猪　肉	118.2	108.9	111.1	104.1	99.8
牛　肉	103.1	101.9	100.4	98.1	98.3
羊　肉	98.9	98.9	97.4	95.9	95.2
其他畜肉及副产品	118.1	111.1	111.2	109.3	107.8
畜肉制品	102.4	103.8	102.2	101.3	102.3
(7)禽肉类	107.6	106.9	107.5	105.8	105.2
鸡	107.8	106.4	106.9	104.0	103.2
鸭	108.6	107.9	109.1	108.0	107.0
其他禽肉及制品	106.5	106.8	107.2	107.2	106.9
(8)水产品	103.7	98.5	98.9	97.6	101.0
淡 水 鱼	102.1	95.2	92.0	86.3	94.5
海 水 鱼	107.0	105.0	105.2	103.7	104.7
虾 蟹 类	100.8	95.0	99.1	102.4	102.8
其他水产品及制品	113.0	110.3	110.1	109.5	109.8
(9)蛋类	109.2	109.3	109.5	103.0	100.7
鸡　蛋	109.9	109.8	110.4	102.4	99.6
其他蛋及制品	105.3	106.9	105.0	106.1	106.7
(10)奶类	102.0	102.7	102.3	101.1	101.3
鲜　奶	103.8	103.5	102.8	101.8	102.2
酸　奶	105.7	105.7	105.1	104.8	104.5
奶　粉	97.4	100.3	100.0	97.7	97.8
其他奶制品	104.7	103.3	104.1	105.2	105.4
(11)干鲜瓜果类	112.9	110.0	111.0	102.6	103.7
鲜　果	115.3	111.5	112.6	102.4	103.7
坚　果	102.2	103.2	104.0	104.1	104.2
瓜果制品	102.1	102.5	102.6	101.9	102.1

分类月度同比指数(2023年)

6月	7月	8月	9月	10月	11月	12月
100.2	**100.0**	**100.2**	**100.1**	**99.9**	**99.7**	**99.8**
102.7	**100.3**	**99.7**	**99.0**	**98.7**	**98.7**	**98.9**
103.2	99.3	98.6	97.5	97.3	97.4	97.7
102.2	101.1	101.2	101.5	100.7	101.2	100.9
102.0	101.0	101.2	101.9	100.5	101.7	100.9
99.5	99.2	97.7	99.7	98.8	99.6	100.5
101.5	102.4	103.1	103.0	102.5	102.5	102.7
103.2	101.6	101.7	100.8	101.0	100.5	100.7
99.4	99.7	98.8	98.0	98.3	96.5	95.6
101.8	101.8	101.7	101.8	101.7	101.4	101.1
101.6	101.0	100.6	100.8	100.7	100.6	100.8
101.9	102.0	102.0	102.0	101.9	101.5	101.2
104.0	101.2	99.6	98.5	98.7	98.4	98.1
104.1	101.4	99.7	98.6	98.9	98.8	98.5
102.5	94.2	94.6	94.9	91.9	87.0	87.1
110.0	98.8	95.2	94.4	99.7	104.4	103.1
111.0	98.5	94.6	93.9	99.7	104.6	103.5
101.4	100.6	100.8	99.3	97.9	107.3	101.8
103.3	102.6	101.0	99.6	100.5	99.9	99.7
98.3	87.7	90.4	89.6	85.3	83.8	85.7
95.7	76.4	82.5	80.9	74.1	71.6	75.0
97.2	95.8	95.4	95.2	94.3	93.6	93.2
95.9	95.8	94.5	94.5	94.6	94.2	94.2
105.7	94.4	94.6	93.6	88.7	84.7	85.6
101.7	100.4	100.6	101.4	100.3	101.9	101.4
105.1	103.4	103.0	101.9	101.6	100.6	100.3
103.0	100.8	100.3	99.0	99.1	98.1	97.6
107.0	105.3	105.6	104.3	103.8	102.6	102.6
107.1	105.8	105.2	104.7	103.9	102.9	102.8
100.9	101.4	101.4	98.7	99.3	99.5	101.9
99.0	101.5	99.7	98.1	98.0	97.9	97.6
105.4	105.9	106.2	105.5	104.1	102.3	101.0
98.0	97.6	100.0	95.0	97.7	99.3	107.1
107.4	105.5	103.7	101.5	100.6	100.5	101.2
100.5	98.2	102.4	100.4	93.9	89.8	91.6
99.4	96.8	102.3	99.9	92.4	87.7	89.8
105.9	105.3	103.3	103.0	102.6	101.7	101.5
100.8	100.5	100.6	99.2	100.6	101.2	101.0
101.8	100.3	100.0	98.9	99.2	100.5	101.5
102.2	101.5	100.4	99.4	100.9	101.2	100.2
98.5	100.3	101.5	99.1	102.2	102.1	100.6
101.6	100.9	100.7	101.3	101.4	101.7	101.6
107.5	107.1	102.4	100.6	101.1	100.8	98.3
108.4	107.9	102.2	100.0	101.1	100.9	98.0
103.4	104.7	104.3	104.1	101.7	100.5	100.3
102.9	99.3	100.4	100.9	99.0	99.9	98.7

6-8 续表 1

(上年同月=100)

类　别	1月	2月	3月	4月	5月
(12)糖果糕点类	104.1	104.7	104.0	103.1	102.7
食　糖	106.9	108.6	107.9	103.5	104.3
糖　果	106.5	108.0	105.4	103.4	102.7
糕　点	103.7	103.7	103.6	103.3	102.7
其他糖果糕点	101.8	103.7	102.6	101.7	101.7
(13)调味品	105.7	105.7	102.3	101.9	103.3
食用盐	103.0	103.1	103.2	103.2	103.3
酱　油	107.7	105.9	101.1	99.7	101.9
食　醋	106.2	109.0	100.7	99.5	104.5
增味剂	101.6	103.1	100.3	101.9	100.9
其他调味品	107.1	106.7	105.9	106.4	106.5
(14)其他食品类	104.4	106.6	105.4	105.5	106.8
方便食品	103.9	107.0	105.3	104.5	106.6
淀粉及制品	105.8	105.6	105.5	105.9	106.4
其他食品	104.5	106.5	105.7	108.1	107.7
2.茶及饮料	102.0	102.8	102.5	102.2	102.4
茶　叶	101.7	102.4	102.3	101.5	101.5
固体咖啡	104.7	107.5	106.1	107.4	107.5
其他固体饮料	107.6	106.1	106.7	105.4	106.3
饮用水	97.3	96.5	94.8	95.3	95.9
果汁饮料	99.3	100.8	101.0	101.2	101.5
其他液体饮料	104.6	105.5	105.9	104.8	105.1
3.烟酒	102.9	103.4	103.3	103.1	103.2
(1)卷烟	104.0	103.7	104.5	104.4	104.4
(2)酒类	100.9	102.9	101.2	100.8	101.2
白　酒	99.4	102.7	100.9	100.7	101.2
葡萄酒	102.2	99.1	97.9	100.1	100.1
啤　酒	103.3	104.3	103.5	98.9	99.6
4.在外餐饮	101.9	100.2	100.7	101.0	101.6
餐馆餐饮	101.3	101.2	101.5	101.5	101.5
饮品店餐饮	102.2	101.6	101.1	100.8	100.8
外　卖	104.3	96.1	98.0	99.4	102.6
其他在外餐饮	101.0	100.9	100.9	101.1	101.2
二、衣着	**101.6**	**101.9**	**102.0**	**102.3**	**101.8**
1.服装	101.5	101.9	102.0	102.1	101.7
(1)男式服装	100.5	100.7	100.9	101.4	101.3
(2)女式服装	101.8	102.4	102.3	102.3	102.1
(3)儿童服装	103.6	103.7	104.3	103.7	101.8
(4)衣着材料及配件	100.9	101.3	100.8	100.5	100.7
袜　子	101.5	102.5	101.4	100.9	101.8
帽　子	100.8	100.9	100.1	99.5	98.8
其他衣着材料及配件	99.9	99.3	100.6	101.2	101.2
(5)衣着服务费	101.8	101.3	101.1	101.5	101.5
衣着洗涤保养	101.6	101.0	101.0	101.2	101.4
其他衣着服务	102.3	102.3	101.6	102.3	101.8
2.鞋类	101.8	102.0	102.5	103.3	102.3
(1)鞋	101.8	102.0	102.5	103.3	102.3

6月	7月	8月	9月	10月	11月	12月
102.7	102.0	100.9	102.0	101.6	100.9	101.3
107.1	104.2	103.2	105.9	105.6	104.1	105.4
103.4	101.2	100.1	101.3	100.8	99.7	99.8
102.0	101.6	100.7	101.5	100.8	100.5	100.6
102.7	103.3	101.3	102.5	104.3	102.6	103.7
102.5	101.4	101.7	101.7	101.6	101.8	101.8
102.6	102.6	101.2	101.9	101.5	101.6	100.6
99.9	98.2	99.1	98.8	98.4	99.2	100.2
103.8	101.1	101.9	101.0	104.0	104.2	104.3
102.0	102.0	103.0	103.4	103.6	103.2	104.2
105.5	105.0	104.7	105.3	103.2	103.0	101.4
105.7	105.7	103.6	103.8	102.9	103.3	102.6
106.0	106.2	102.9	103.8	102.5	104.3	102.2
105.8	106.1	106.7	106.0	104.7	103.3	103.1
104.9	104.0	102.5	101.6	102.4	100.5	103.4
100.9	102.0	101.4	101.7	101.3	101.6	101.6
101.2	102.2	101.2	101.0	101.0	100.7	102.2
101.3	107.2	104.5	106.8	106.4	110.3	107.7
104.8	104.1	102.3	103.1	104.4	103.7	100.4
95.8	96.2	98.6	96.8	96.5	97.2	97.6
101.3	102.7	103.3	104.5	104.1	104.1	102.2
101.9	101.6	100.3	101.1	99.6	99.2	99.3
102.0	102.9	102.3	102.0	101.1	100.9	100.6
103.9	103.8	104.1	103.9	102.5	102.2	102.0
98.8	101.4	99.3	98.8	98.6	98.4	98.0
97.6	101.1	98.2	97.8	97.9	97.8	97.7
100.9	102.4	101.5	101.6	99.8	98.8	96.8
100.5	101.1	100.3	99.9	99.1	99.6	98.7
101.7	101.9	101.5	101.7	101.3	101.4	101.2
101.5	101.4	101.4	101.4	101.5	101.3	101.6
100.9	100.5	100.7	100.7	100.3	100.3	100.3
102.7	104.5	102.2	103.4	100.7	102.2	100.1
101.8	102.0	101.9	102.1	102.2	102.2	102.3
101.5	**101.4**	**101.9**	**101.2**	**101.5**	**101.5**	**101.0**
101.4	101.3	101.6	101.2	101.4	101.5	100.9
101.3	101.4	101.1	100.8	101.2	101.6	101.2
101.7	101.5	101.8	101.5	101.5	101.6	101.1
100.8	100.7	102.1	101.2	101.3	100.6	99.7
100.0	100.3	100.2	100.6	101.4	100.9	100.5
99.9	100.4	100.1	100.2	102.0	100.6	101.4
99.4	99.5	100.1	101.2	100.5	100.7	98.7
101.2	101.3	100.5	100.9	101.5	101.8	101.4
102.1	102.3	102.4	102.4	102.5	102.1	102.0
101.8	102.1	102.2	102.2	102.4	101.7	101.8
103.0	103.0	103.0	103.0	103.0	103.0	102.5
101.9	101.9	103.7	101.1	102.0	101.5	101.3
101.9	101.9	103.7	101.1	102.0	101.5	101.3

6-8 续表 2

(上年同月＝100)

类　　别	1月	2月	3月	4月	5月
男 鞋	101.1	100.7	101.3	103.0	101.8
女 鞋	102.1	102.7	102.9	103.6	102.5
童 鞋	102.3	102.3	104.1	102.8	103.2
(2)鞋类服务	100.1	100.1	102.0	101.9	101.9
三、居住	**100.2**	**100.5**	**100.3**	**100.2**	**100.1**
1.租赁房房租	99.7	100.2	100.0	100.1	99.9
私房房租	99.7	100.2	100.0	100.1	99.9
2.住房保养维修及管理	101.6	101.0	100.9	100.9	100.9
(1)住房装潢材料	101.2	100.7	100.4	100.3	100.3
木 地 板	101.1	101.7	101.8	101.7	101.5
瓷 砖	102.2	101.1	101.2	101.5	100.5
水 泥	97.6	95.5	97.1	96.8	96.9
涂 料	101.7	101.4	101.3	101.1	101.3
板 材	99.7	99.5	99.4	99.6	99.1
管 材	102.4	101.9	103.2	102.6	101.8
厨卫设备	99.5	98.9	97.4	97.5	98.9
其他住房装潢材料	101.6	101.1	99.7	98.9	99.0
(2)住房维修管理费用	101.9	101.2	101.3	101.3	101.3
物业管理费	100.0	100.0	100.0	100.0	100.0
其他住房费用	101.9	101.0	101.0	101.0	101.3
3.水电燃料	100.4	100.8	100.0	99.4	99.4
(1)水	100.0	100.0	100.0	100.0	100.0
(2)电	100.0	100.0	100.0	100.0	100.0
(3)燃气	102.2	102.6	98.9	98.4	98.0
管道燃气	100.0	100.0	100.0	100.0	100.0
液化石油气	105.5	106.4	97.4	96.2	95.2
(4)其他水电燃料类	99.3	103.1	103.0	97.2	98.9
4.自有住房	100.0	100.3	100.2	100.3	100.1
四、生活用品及服务	**102.7**	**101.9**	**101.3**	**100.5**	**100.6**
1.家具及室内装饰品	101.7	102.2	101.9	102.3	102.3
(1)家具	101.9	102.4	102.2	102.6	102.6
柜	100.7	101.1	100.6	100.7	101.2
床	101.9	102.3	101.7	103.3	103.4
桌	103.1	103.4	103.2	102.7	102.6
椅	102.2	103.2	102.4	103.1	102.9
沙 发	101.9	102.7	103.7	103.6	102.9
其他家具	103.4	103.9	103.4	103.9	103.7
(2)室内装饰品	99.4	100.2	98.5	98.7	99.3
灯 具	99.1	100.7	96.7	97.2	99.1
其他室内装饰品	99.8	99.5	100.7	100.6	99.6
2.家用器具	101.0	99.5	100.2	98.9	98.4
(1)大型家用器具	101.1	99.4	100.4	99.0	98.5
洗 衣 机	93.7	96.8	99.1	98.7	100.3
电冰箱(柜)	96.5	95.6	96.6	99.5	98.2
抽油烟机	100.5	100.3	97.6	97.3	98.1
空 调 器	103.8	99.7	102.1	99.4	97.6
热 水 器	100.9	97.0	97.5	95.6	97.2

6月	7月	8月	9月	10月	11月	12月
101.8	101.4	102.4	101.2	101.5	101.3	100.4
102.0	101.9	103.8	100.0	101.4	100.7	100.9
102.0	104.0	107.5	107.5	107.2	107.2	106.5
102.8	102.9	102.9	102.9	102.9	102.9	102.9
100.0	**100.1**	**100.0**	**100.0**	**100.0**	**99.9**	**100.1**
99.8	99.9	99.7	99.7	99.6	99.5	99.7
99.8	99.9	99.6	99.7	99.5	99.5	99.7
100.9	101.2	100.7	100.6	100.5	100.4	100.5
100.4	100.1	100.1	99.7	99.6	99.4	99.6
101.7	101.5	102.1	103.1	102.9	102.3	102.6
100.4	99.9	100.4	100.0	100.2	99.2	99.0
96.3	95.1	94.3	90.7	89.3	90.0	90.2
101.2	100.7	100.2	100.5	99.9	99.8	99.8
99.2	99.1	99.0	100.1	100.1	99.9	100.0
101.5	100.6	100.6	100.1	99.5	99.7	99.8
99.6	99.0	99.4	98.5	98.8	98.7	99.6
99.0	100.5	99.5	98.7	98.3	98.5	98.5
101.3	101.9	101.2	101.2	101.2	101.1	101.2
100.0	100.0	100.0	100.0	100.0	100.0	100.0
101.3	101.3	101.3	101.3	100.7	100.7	100.5
99.3	99.5	100.0	100.2	100.5	100.4	100.6
100.0	100.0	100.0	100.0	100.0	100.0	100.0
100.0	100.0	100.0	100.0	100.0	100.0	100.0
97.7	99.2	99.5	101.1	102.3	102.5	103.0
100.0	101.7	101.7	103.5	105.4	105.4	105.9
94.5	95.6	96.3	97.8	98.0	98.4	98.7
97.9	97.0	101.9	99.0	100.1	98.3	99.7
99.9	100.0	99.8	99.9	99.8	99.8	100.0
100.0	**100.1**	**99.9**	**100.1**	**99.6**	**99.6**	**100.7**
101.7	101.9	101.8	101.6	100.8	101.5	101.2
101.7	101.9	101.9	101.5	100.8	101.2	101.0
100.4	100.6	100.6	100.9	100.2	100.3	100.3
103.8	103.7	103.7	103.0	102.4	102.3	102.1
102.4	102.2	101.7	101.4	100.1	101.1	101.0
102.3	102.4	102.3	101.4	99.6	99.6	99.2
100.4	101.3	101.3	100.1	100.1	101.3	100.9
102.8	103.2	102.9	103.1	102.5	102.7	103.0
101.2	101.0	101.4	103.3	101.4	105.0	103.1
101.8	101.3	103.3	106.6	103.1	109.6	104.7
100.6	100.7	99.3	99.6	99.6	100.0	101.1
98.9	98.1	98.1	98.5	98.3	98.3	99.6
99.1	98.4	98.5	98.9	98.6	98.1	99.5
98.3	97.5	98.8	100.8	98.5	98.5	100.6
95.7	96.2	96.7	97.6	96.7	95.4	97.3
97.4	96.4	95.3	94.7	96.4	95.6	100.9
99.5	99.0	99.0	99.1	99.7	99.0	99.2
[illegible]	97.3	98.2	97.4	99.2	98.9	101.2

6-8 续表 3

（上年同月＝100）

类　别	1月	2月	3月	4月	5月
炉具灶具	105.4	106.1	105.5	101.5	97.8
吸 尘 器	108.3	108.6	106.9	97.8	100.4
空气净化器	108.9	106.9	103.6	101.4	102.4
净 水 器	107.1	103.6	99.0	95.3	94.0
其他大型家用器具	102.0	101.4	101.7	101.9	101.5
(2)小家电	100.3	99.8	98.8	98.1	98.0
厨房小家电	100.5	100.0	99.2	98.4	98.0
生活小家电	100.2	99.6	98.3	97.8	98.0
3.家用纺织品	100.0	100.4	100.2	99.7	99.9
(1)床上用品	99.9	100.4	100.1	99.6	99.8
被 子	100.1	100.5	100.4	100.5	100.7
床单被套	99.7	99.4	99.2	98.1	98.1
其他床上用品	99.9	102.7	101.6	101.1	101.3
(2)窗帘门帘	100.4	100.1	100.2	100.2	99.6
(3)其他家用纺织品	100.1	100.4	100.7	100.0	102.0
4.家庭日用杂品	103.8	102.7	102.3	100.3	100.8
(1)洗涤卫生用品	106.9	105.9	103.6	102.7	102.8
清洗用品	99.9	99.7	98.0	95.0	95.2
清洁用具	101.5	98.5	92.7	95.5	95.9
清洁用纸	115.9	114.9	113.3	113.1	113.1
(2)厨具餐具茶具	103.0	101.6	103.3	99.4	98.6
厨 具	101.8	98.5	103.1	98.5	97.4
餐 具	106.1	107.8	104.5	100.0	100.0
茶 具	98.6	95.9	100.2	101.1	99.2
(3)其他家庭日用杂品	100.0	99.3	100.0	97.7	99.5
配电附件	98.9	100.3	100.9	96.5	99.4
雨 具	99.0	97.4	98.9	96.8	96.4
其他日用杂品	101.6	99.4	99.7	99.3	101.1
5.个人护理用品	105.1	104.1	101.0	101.0	101.1
(1)化妆品	106.1	104.8	100.7	101.7	101.2
清洁化妆品	110.4	106.8	104.6	105.1	101.1
护肤化妆品	106.9	105.9	97.9	101.5	100.8
彩妆化妆品	102.2	102.6	104.1	100.4	101.9
化妆器具	105.8	101.1	99.6	100.3	101.8
(2)其他护理用品类	103.0	102.7	101.5	99.6	100.7
清洁类护理用品	104.8	102.2	101.6	98.0	99.8
护发美发用品	100.3	102.4	100.8	99.6	99.5
护理器具	106.6	110.9	105.3	105.5	105.7
其他护理用品	100.8	99.8	100.1	99.4	101.3
6.家庭服务	103.7	102.5	102.2	102.4	102.7
家政服务	104.1	103.5	102.7	102.7	103.1
母婴护理服务	104.1	103.5	103.5	103.8	104.1
家庭维修服务	102.8	101.7	102.0	102.4	102.6
其他家庭服务	103.2	98.3	98.3	98.6	98.4
五、交通通信	**101.8**	**99.7**	**97.2**	**95.2**	**94.9**
1.交通	102.4	99.7	96.5	94.1	93.6
(1)交通工具	96.8	96.7	94.0	92.7	93.1

6月	7月	8月	9月	10月	11月	12月
103.2	99.5	98.8	99.4	97.6	99.7	102.0
101.9	99.7	98.6	99.9	96.7	98.7	100.2
107.4	107.2	103.8	103.4	102.2	101.1	95.9
96.1	95.1	96.4	97.5	97.0	97.5	103.8
102.4	101.2	100.9	100.7	98.8	97.7	98.4
97.8	96.8	96.1	96.2	96.7	99.4	99.9
97.8	98.5	98.7	98.5	99.2	99.8	99.0
97.8	94.7	92.8	93.3	93.6	98.8	101.0
99.9	100.2	99.4	99.7	99.6	100.9	100.6
100.0	100.2	99.2	99.6	99.5	100.9	100.5
101.1	101.0	100.9	100.5	100.5	100.3	100.2
98.6	99.1	97.2	98.5	98.1	98.2	98.4
100.4	100.6	99.6	99.7	100.0	108.7	106.7
100.0	100.0	100.0	100.2	100.3	99.8	99.8
99.7	100.6	101.8	100.2	100.1	101.6	102.0
99.3	99.5	99.3	99.7	99.3	99.5	101.3
101.2	100.9	99.6	99.7	98.8	98.5	102.7
95.8	98.4	96.7	98.5	97.1	101.5	108.5
93.8	93.5	93.5	97.0	98.0	98.7	102.0
109.4	105.7	104.5	101.6	100.7	95.7	97.7
96.3	98.8	99.0	102.0	101.1	102.3	99.5
94.7	99.5	99.5	102.8	102.1	104.4	99.5
97.0	97.6	97.8	101.6	101.2	99.9	99.5
101.2	100.1	100.5	99.7	96.0	100.9	99.8
98.7	98.2	99.0	98.3	98.8	99.2	100.6
98.6	97.6	99.8	99.4	98.1	98.2	97.3
96.8	97.1	96.8	96.5	98.3	101.4	109.4
99.6	99.4	99.4	98.3	99.8	99.1	99.3
99.8	100.6	99.5	99.6	98.5	97.1	99.1
99.9	100.9	99.9	99.8	98.6	96.5	98.9
100.4	100.6	100.0	101.4	100.5	100.9	100.2
98.8	100.4	98.7	97.5	96.9	93.3	96.6
101.9	102.1	102.0	102.4	100.9	99.8	102.4
98.7	100.9	100.1	103.8	98.1	98.7	98.9
99.5	100.0	98.5	99.1	98.4	98.5	99.5
99.2	100.6	98.3	98.9	98.3	99.0	100.4
101.3	98.7	99.3	98.4	97.7	98.6	99.9
102.5	102.8	102.1	102.5	100.0	106.6	98.8
95.9	98.7	95.9	98.5	98.2	92.5	97.7
102.6	102.7	104.4	104.4	104.1	103.9	104.7
103.3	103.4	106.4	106.3	106.0	105.8	107.3
102.2	101.7	103.1	103.1	103.0	102.6	102.7
103.3	104.6	104.6	104.8	104.3	104.0	104.1
99.8	99.4	98.7	99.0	99.0	98.9	99.3
92.9	**94.4**	**97.0**	**97.6**	**97.8**	**96.5**	**96.5**
91.0	93.6	97.0	97.7	98.1	96.5	96.4
93.8	93.6	93.5	93.3	93.3	93.4	93.2

6-8 续表 4

（上年同月＝100）

类　　别	1月	2月	3月	4月	5月
燃油小汽车	95.6	94.9	92.1	90.7	91.2
新能源小汽车	100.1	102.0	98.3	96.9	96.5
电动自行车	100.2	102.5	101.7	101.5	101.7
自 行 车	103.4	103.2	101.9	101.4	100.3
(2)交通工具用燃料	105.4	100.4	93.6	89.6	88.9
汽 油	105.5	100.4	93.4	89.3	88.6
柴 油	106.1	100.4	92.9	88.7	87.7
(3)交通工具使用和维修	106.1	100.9	101.6	101.5	101.5
停 车 费	100.0	100.4	100.4	100.4	101.2
车辆使用费	100.0	100.0	100.0	100.0	100.0
交通工具零配件	101.1	100.7	101.2	101.0	100.1
车辆修理与保养	114.8	101.5	103.1	102.9	103.3
(4)交通费	110.3	106.5	108.2	103.6	101.0
市内公共交通	100.7	101.0	101.0	101.0	101.0
出租汽车	100.6	99.6	100.2	100.2	100.2
飞 机 票	139.1	127.5	129.4	108.6	99.5
火 车 票	99.0	100.0	101.0	102.0	101.8
长途汽车	101.9	102.6	102.6	102.6	102.8
网 约 车	101.9	99.5	99.7	99.7	99.7
交通工具租赁费	106.7	98.2	106.7	109.9	109.0
其他交通费	102.0	101.7	101.7	101.7	101.9
2.通信	99.8	99.8	99.4	99.3	99.6
(1)通信工具	99.4	99.1	97.9	97.6	98.5
电 话 机	99.5	99.0	97.9	97.7	98.5
其他通信工具及零配件	97.1	99.5	98.5	97.0	98.4
(2)通信服务	99.8	100.0	100.0	100.0	100.0
电 话 费	100.0	100.0	100.0	100.0	100.0
家庭宽带服务	98.8	99.8	99.8	99.8	99.8
(3)邮递服务	101.9	101.9	101.9	101.9	101.9
六、教育文化娱乐	**102.1**	**100.9**	**100.9**	**101.5**	**101.5**
1.教育	101.0	101.3	101.2	101.1	101.1
(1)教育用品	104.9	105.6	105.3	105.3	105.3
工 具 书	100.2	99.9	100.2	100.2	100.2
教 材	103.9	104.4	104.4	104.4	104.4
参考资料	107.1	107.9	107.4	107.4	107.4
其他教育用品	97.1	97.9	97.4	97.1	96.8
(2)教育服务	100.9	101.1	101.1	101.0	101.0
幼儿早期教育	99.1	100.2	100.7	98.0	97.9
学前教育	101.8	101.8	101.8	101.8	101.8
小学初中教育	98.8	98.9	98.6	98.6	98.6
高中中职教育	99.5	99.3	99.3	99.3	99.3
高等教育	99.5	99.5	99.5	99.5	99.5
课外教育	103.1	103.7	103.6	103.6	103.6
专业技能培训	103.2	103.8	103.8	104.5	104.4
其他教育服务	103.9	104.5	104.5	104.5	104.5
2.文化娱乐	103.7	100.4	100.4	102.0	102.1
(1)文娱耐用消费品	99.5	99.0	98.7	98.3	98.8

6月	7月	8月	9月	10月	11月	12月
92.4	92.3	92.4	92.3	92.1	92.2	92.1
96.5	95.9	95.0	94.8	94.8	95.3	95.0
99.6	99.4	99.0	98.2	98.4	98.3	97.7
99.7	99.6	99.4	101.4	101.7	101.9	102.2
82.4	86.8	95.4	98.8	101.8	97.0	98.4
82.0	86.5	95.3	98.8	101.8	96.9	98.4
80.7	85.5	95.0	98.7	102.0	96.8	98.4
101.5	101.6	101.6	101.4	101.1	101.1	101.3
101.2	101.7	101.7	101.7	101.7	101.7	101.7
100.0	100.0	100.0	100.0	100.0	100.0	100.0
100.7	100.9	101.0	101.7	100.9	100.8	101.8
102.9	102.8	102.8	101.8	101.6	101.6	101.5
97.7	104.5	107.3	104.9	101.1	100.5	96.7
100.5	99.9	100.5	100.5	100.5	100.5	100.4
100.2	100.2	100.2	100.2	100.2	100.0	100.0
89.8	112.3	124.3	115.5	102.4	98.8	85.8
101.7	101.7	101.4	100.4	100.5	101.5	101.4
102.4	102.6	102.4	103.4	103.2	103.2	103.3
100.1	100.3	100.2	100.5	99.5	99.8	99.8
105.2	103.9	103.6	105.8	99.7	101.4	104.6
100.6	100.4	100.4	100.4	100.4	100.9	101.2
99.9	97.4	97.1	97.1	96.7	96.7	96.9
99.5	98.2	98.3	97.7	96.7	96.9	98.0
99.6	98.3	98.3	97.7	96.5	96.9	98.1
98.8	97.2	97.9	97.7	99.9	97.4	96.2
99.9	96.5	96.1	96.3	96.1	96.1	95.8
100.0	100.0	99.5	99.5	99.5	99.5	99.4
99.2	80.9	80.9	81.9	81.1	81.0	79.9
101.9	101.9	101.9	101.9	101.9	101.6	101.6
101.4	**102.5**	**102.3**	**102.4**	**102.1**	**101.8**	**101.5**
101.1	101.6	101.0	101.6	101.5	101.5	101.5
105.3	105.6	103.5	101.8	101.8	101.6	101.7
100.2	100.8	100.8	101.2	100.9	100.9	101.1
104.4	105.4	105.2	101.9	101.9	101.9	101.9
107.4	107.2	103.5	102.3	102.3	102.2	102.5
97.3	97.7	97.1	96.9	97.4	95.8	94.7
101.0	101.4	101.0	101.6	101.5	101.5	101.5
98.1	99.0	98.9	99.1	100.1	100.1	100.7
101.8	101.8	101.8	103.1	103.1	103.1	103.1
98.6	98.6	98.6	103.1	103.1	103.1	103.1
99.3	99.3	99.3	100.4	100.4	100.4	100.4
99.5	99.5	99.5	100.2	100.2	100.2	100.2
103.8	105.4	103.9	103.5	102.6	102.6	102.5
103.6	103.4	101.5	101.3	100.9	101.0	101.0
104.4	104.4	104.4	100.8	100.9	100.9	100.9
101.9	103.8	104.2	103.6	103.0	102.1	101.5
97.9	97.2	96.4	95.5	96.0	96.9	97.4

6-8 续表 5

(上年同月＝100)

类别	1月	2月	3月	4月	5月
电视机	94.9	94.7	94.7	95.5	96.5
照相机	102.3	100.0	100.2	101.5	106.1
台式计算机	99.8	99.5	99.6	98.9	98.4
笔记本电脑	97.9	98.5	98.2	96.9	97.3
平板电脑	115.8	110.2	107.7	105.2	107.3
乐器	103.0	102.5	101.6	102.4	101.9
音响	98.8	97.2	97.8	96.5	96.8
可穿戴智能设备	98.3	96.7	98.3	98.5	98.5
其他文娱耐用消费品	94.2	96.0	95.3	95.2	91.9
(2)其他文娱用品	102.1	101.9	101.4	101.3	100.9
书报杂志及音像制品	100.6	100.3	100.3	100.3	100.3
纸张文具	99.5	98.4	99.9	99.9	98.4
体育户外用品	104.2	104.2	103.1	102.1	101.3
游戏用品和玩具	103.1	103.1	102.4	101.0	100.5
园艺花卉及用品	102.9	101.8	101.5	101.2	101.0
宠物及用品	105.8	105.5	102.7	103.9	102.5
(3)文化娱乐服务	104.0	99.4	100.4	101.6	101.1
电影及演出票	118.7	95.6	99.9	101.9	110.3
景点门票	97.5	98.8	100.6	104.7	99.5
电视服务	100.0	100.0	100.0	100.0	100.0
健身活动	101.9	101.8	100.3	100.6	100.6
宠物服务	110.5	100.9	100.9	100.8	100.6
网络文娱服务	104.1	99.2	99.0	99.6	93.9
儿童娱乐项目	100.4	100.0	100.0	100.4	100.2
其他文娱服务	103.1	102.2	103.0	101.6	99.9
(4)旅游	106.0	101.0	100.6	104.1	104.7
旅行社收费	106.0	100.5	100.2	103.8	104.4
其他旅游	106.2	103.5	102.5	105.3	106.3
七、医疗保健	**103.6**	**103.8**	**103.0**	**102.9**	**102.9**
1.药品及医疗器具	100.9	100.7	100.8	100.8	100.6
(1)中药	105.5	103.8	104.0	104.0	104.1
中药材	117.1	106.4	106.7	107.0	107.5
中成药	102.6	103.1	103.4	103.3	103.3
(2)西药	99.6	99.6	100.3	100.4	100.5
抗微生物药	96.7	96.7	98.9	100.5	100.4
消化系统用药	99.9	100.1	100.1	99.8	99.9
呼吸系统用药	97.3	97.3	97.3	98.2	99.0
解热镇痛药	103.0	103.9	104.5	103.8	108.8
抗肿瘤药	88.7	88.7	88.7	90.5	90.5
激素及影响内分泌药	95.5	95.5	95.4	95.4	95.8
心血管系统用药	98.7	98.7	99.2	100.2	100.2
血液系统用药	103.8	103.8	103.8	101.0	100.7
治疗精神障碍药	165.0	165.0	164.9	159.9	151.6
神经系统用药	92.8	92.6	92.7	92.7	92.7
泌尿系统用药	99.9	98.5	98.5	98.4	98.9
维生素、矿物质类药	100.8	101.0	101.7	102.0	102.0
调节水、电解质及酸碱平衡药	102.0	102.0	102.0	102.0	98.8
其他西药	102.7	102.4	102.4	102.1	101.8

6月	7月	8月	9月	10月	11月	12月
96.8	97.1	97.6	97.9	97.2	98.1	100.3
102.1	104.7	102.7	101.0	103.3	102.5	97.2
99.5	97.0	97.3	97.2	96.5	96.6	97.0
99.6	96.5	97.6	93.2	95.2	97.5	97.7
101.3	99.2	93.7	92.8	91.4	91.3	94.5
99.6	100.4	96.1	100.5	99.4	98.7	97.6
87.6	91.3	89.5	86.2	95.3	94.3	95.2
97.9	99.3	95.5	95.4	95.3	97.7	98.2
90.1	90.9	92.5	92.4	92.8	94.4	93.4
100.6	100.8	101.2	101.3	101.2	101.2	101.6
100.3	101.4	101.4	101.6	103.2	103.2	103.2
98.9	99.7	100.2	99.6	100.1	99.6	99.5
103.8	102.4	104.4	107.6	106.2	109.8	105.1
98.3	100.0	99.8	99.6	98.1	96.3	99.0
100.7	100.9	101.1	101.1	99.9	100.4	100.7
103.0	101.8	101.5	102.5	102.4	102.3	103.4
100.7	99.9	99.7	100.7	100.0	100.3	98.6
107.6	108.0	104.6	106.2	104.5	105.0	95.8
100.6	100.1	100.9	101.1	101.1	100.2	100.5
100.0	92.2	92.2	92.2	92.2	92.2	92.2
99.6	99.4	100.2	100.3	101.9	101.8	102.1
100.3	100.3	100.3	100.3	100.3	99.9	100.0
92.7	98.2	98.2	108.2	97.5	104.2	100.1
100.9	101.1	100.6	101.2	101.7	101.4	101.0
99.3	99.9	99.7	99.4	99.0	99.8	99.4
105.0	110.8	112.0	110.2	109.0	106.3	105.4
104.9	111.2	112.8	110.8	109.4	106.5	105.0
105.7	109.2	108.2	107.3	107.3	105.2	107.0
103.0	**103.0**	**103.0**	**102.9**	**103.0**	**102.8**	**102.7**
100.9	101.0	101.1	100.6	100.9	101.2	100.6
104.2	104.8	105.3	105.5	106.1	106.0	103.8
109.5	112.4	116.0	116.7	120.1	119.4	107.5
102.9	102.9	102.6	102.8	102.6	102.7	102.8
100.9	100.3	100.1	98.8	99.3	99.5	99.8
100.3	98.1	98.1	94.7	95.1	95.4	94.9
100.9	99.9	99.9	99.9	101.0	99.5	99.5
100.6	101.0	101.0	101.0	107.2	107.2	107.2
108.6	108.8	104.9	105.6	106.8	107.1	107.2
90.0	90.0	90.0	90.0	99.4	99.4	99.4
99.7	99.3	99.5	99.2	98.8	99.9	100.9
100.4	100.6	100.6	100.6	100.5	100.5	100.7
100.1	100.1	100.1	100.1	99.8	99.8	99.9
150.5	150.5	150.5	117.6	104.0	101.5	101.9
92.7	92.8	92.8	91.5	91.5	94.2	98.5
98.4	98.1	98.9	99.4	99.3	99.2	99.1
101.4	101.4	101.5	100.9	100.6	102.1	102.1
95.4	98.9	98.9	98.9	99.6	99.9	99.9
101.7	101.9	101.6	101.6	101.2	101.2	101.2

6-8 续表 6

(上年同月=100)

类别	1月	2月	3月	4月	5月
(3)滋补保健品	100.1	101.3	100.9	100.3	99.6
(4)医疗卫生器具	98.1	97.0	96.6	96.3	96.2
(5)保健器具	103.6	101.0	99.4	104.5	101.3
2.医疗服务	104.5	104.8	103.6	103.6	103.6
(1)综合医疗类	100.2	100.2	100.2	100.2	100.2
一般医疗服务	100.0	100.0	100.0	100.0	100.0
一般治疗操作	100.0	100.0	100.0	100.0	100.0
护理	101.3	101.3	101.3	101.3	101.3
其他综合医疗服务	100.0	100.0	100.0	100.0	100.0
(2)诊断类	100.5	100.9	100.9	100.7	100.7
病理学诊断	107.5	108.6	108.5	108.5	108.5
实验室诊断	100.7	101.8	101.8	101.3	101.3
影像学诊断	99.5	99.2	99.2	99.2	99.3
临床诊断	100.5	100.5	100.5	100.5	100.5
(3)治疗类	117.4	118.1	112.5	112.5	112.5
临床手术治疗	129.6	130.9	119.5	119.5	119.5
临床非手术治疗	103.9	103.9	103.9	103.9	103.9
(4)康复类	101.4	101.9	103.7	103.7	103.7
(5)中医医疗服务类	100.5	100.5	100.4	100.4	100.4
(6)其他医疗保健服务	100.0	100.0	100.0	101.0	101.0
八、其他用品及服务	**104.4**	**103.9**	**103.5**	**104.9**	**104.1**
1.其他用品	106.2	105.0	103.9	105.4	104.3
(1)首饰手表	107.0	105.0	103.9	108.1	109.6
金饰品	110.4	108.7	106.8	110.9	113.0
银饰品	100.2	100.1	99.3	98.8	98.8
铂金饰品	106.3	99.2	98.6	107.9	109.5
手表	100.7	102.0	101.8	103.1	103.0
(2)母婴用品	109.3	108.9	106.9	102.1	96.8
母婴洗护喂养用品	109.3	111.5	110.6	104.3	98.6
其他母婴用品	109.4	103.2	99.1	97.3	92.7
(3)其他杂项用品	101.5	101.1	100.9	102.0	99.4
箱包	102.4	101.8	101.5	103.2	99.1
眼镜	99.7	99.6	99.8	99.5	100.2
2.其他服务	102.5	102.6	103.2	104.2	103.9
(1)在外住宿	105.3	105.1	111.6	124.4	120.9
宾馆住宿	104.9	105.1	111.4	123.4	119.7
其他住宿	106.1	105.0	112.2	126.5	123.7
(2)美容美发洗浴	100.4	101.1	101.0	100.7	100.7
美容	99.3	99.5	99.5	100.1	100.1
美发	99.9	102.7	102.5	101.3	100.8
洗浴	102.5	100.7	100.6	100.5	101.1
(3)养老服务	104.0	103.7	103.7	103.5	103.5
(4)金融及保险服务	102.9	102.9	102.9	102.9	102.9
(5)中介法律及其他服务	100.1	100.2	100.2	100.2	100.2

6月	7月	8月	9月	10月	11月	12月
99.6	99.7	100.0	99.8	100.0	100.8	100.2
97.8	98.5	98.5	98.6	98.3	98.0	98.0
101.4	104.0	103.9	102.6	102.2	105.2	100.5
103.6	103.6	103.6	103.6	103.6	103.4	103.4
100.2	100.2	100.2	100.2	100.1	100.0	100.0
100.0	100.0	100.0	100.0	100.1	100.1	100.1
100.0	100.0	100.0	100.0	100.0	100.0	100.0
101.3	101.3	101.3	101.3	100.1	99.5	99.5
100.0	100.0	100.0	100.0	100.0	100.0	100.0
100.7	100.8	100.8	100.8	100.8	100.9	101.0
108.5	108.5	108.5	108.5	108.5	108.4	108.4
101.3	101.3	101.3	101.3	101.3	101.3	101.3
99.3	99.4	99.4	99.4	99.4	99.2	99.2
100.5	100.5	100.5	100.5	100.2	102.1	102.5
112.5	112.5	112.5	112.5	112.7	111.1	111.2
119.5	119.5	119.5	119.5	119.3	119.3	119.3
103.9	103.9	103.9	103.9	104.6	101.3	101.6
103.7	103.7	103.7	103.7	104.3	105.6	105.6
100.4	100.4	100.4	100.4	100.5	100.0	100.0
101.0	101.0	101.0	101.0	101.0	100.8	100.8
103.1	**104.8**	**104.2**	**105.0**	**104.2**	**103.4**	**103.4**
103.1	106.4	105.4	106.7	105.1	104.3	104.3
108.8	113.0	111.7	114.5	112.0	109.5	109.8
113.4	119.6	118.1	122.8	119.6	116.0	115.6
98.9	99.1	98.9	99.4	100.7	100.7	102.7
104.0	106.6	104.6	105.3	100.3	97.3	98.1
103.1	104.6	104.0	104.3	105.0	105.1	106.0
93.0	97.5	95.4	96.6	95.2	95.9	96.7
93.1	98.5	95.1	95.3	92.4	95.2	96.0
92.7	95.2	96.1	99.9	101.9	97.6	98.3
99.8	100.2	100.7	98.9	99.1	100.0	98.7
99.6	100.4	101.1	98.5	98.7	100.6	98.4
100.2	99.6	99.9	99.9	99.7	98.7	99.3
103.1	102.9	102.8	103.0	103.1	102.4	102.3
111.5	111.0	113.5	114.9	116.0	109.2	108.2
112.2	112.6	114.2	114.4	117.7	110.3	109.0
110.1	107.6	112.0	116.0	112.5	106.7	106.5
100.4	100.4	100.5	101.1	101.2	101.7	101.5
100.1	100.1	100.1	101.8	101.8	102.4	102.1
99.9	99.9	99.9	100.1	100.3	100.3	99.9
101.5	101.4	101.9	101.6	102.0	103.1	103.0
103.8	103.8	102.1	102.1	101.2	101.2	101.2
103.0	102.7	102.3	102.3	102.3	102.0	102.0
100.2	100.2	100.2	100.2	100.2	100.2	100.3

6-9 农村居民消费价格

（上年同月＝100）

类　　别	1月	2月	3月	4月	5月
居民消费价格指数	**102.6**	**101.7**	**100.9**	**100.2**	**100.4**
一、食品烟酒	**105.9**	**104.2**	**103.9**	**102.2**	**102.9**
1.食品	107.4	105.1	104.3	101.6	102.5
(1)粮食	101.9	104.1	103.3	103.4	101.9
大　米	99.6	103.1	103.5	103.4	101.7
面　粉	102.3	102.8	102.4	102.4	100.5
其他粮食	104.4	103.8	102.5	103.7	101.8
粮食制品	106.7	106.9	103.4	103.6	102.6
(2)薯类	109.1	110.1	107.1	96.9	95.1
(3)豆类	105.0	102.7	102.7	101.9	102.2
干　豆	102.9	103.3	102.3	100.1	101.0
豆 制 品	105.4	102.6	102.7	102.3	102.4
(4)食用油	105.5	105.8	104.9	103.1	103.7
食用植物油	105.5	105.8	104.8	103.0	103.6
食用动物油	105.3	106.3	108.7	103.0	109.7
(5)菜及食用菌	110.0	104.3	96.9	87.6	101.2
鲜　菜	110.4	104.3	96.2	85.5	101.3
鲜　菌	109.6	100.9	103.8	95.0	99.7
干菜干菌及制品	103.7	107.2	104.5	100.9	102.0
(6)畜肉类	111.0	106.5	108.5	105.1	102.2
猪　肉	117.9	108.7	113.2	106.6	101.3
牛　肉	99.2	98.5	99.6	97.3	96.2
羊　肉	96.3	100.6	99.7	99.4	99.6
其他畜肉及副产品	119.7	112.6	114.9	114.2	112.4
畜肉制品	105.8	107.1	106.4	106.3	105.6
(7)禽肉类	109.5	108.0	108.6	107.1	106.5
鸡	110.1	106.9	106.9	104.9	103.9
鸭	110.6	110.9	113.0	111.5	110.4
其他禽肉及制品	107.5	107.8	108.1	107.5	107.8
(8)水产品	105.2	99.1	99.5	98.0	100.4
淡 水 鱼	101.6	94.7	91.6	87.7	91.7
海 水 鱼	114.0	110.5	112.6	112.5	109.8
虾 蟹 类	105.4	97.9	102.3	103.3	107.4
其他水产品及制品	106.8	106.8	105.4	106.2	106.0
(9)蛋类	111.8	110.8	111.4	106.0	101.7
鸡　蛋	112.6	111.2	111.9	105.3	100.1
其他蛋及制品	107.4	108.8	108.6	110.1	111.0
(10)奶类	100.1	101.8	101.4	101.4	101.5
鲜　奶	101.1	101.2	101.0	101.2	101.6
酸　奶	98.9	98.8	98.7	97.8	97.2
奶　粉	98.6	104.0	103.3	103.2	102.6
其他奶制品	102.3	101.6	100.8	100.6	103.2
(11)干鲜瓜果类	115.0	112.2	112.1	109.0	107.9
鲜　果	117.7	114.6	114.5	110.4	109.1
坚　果	105.3	104.5	104.0	103.9	104.1
瓜果制品	104.3	99.4	101.6	103.4	100.7

分类月度同比指数(2023年)

6月	7月	8月	9月	10月	11月	12月
100.2	**99.7**	**99.8**	**99.7**	**99.7**	**99.4**	**99.7**
103.4	**100.3**	**99.4**	**98.4**	**97.9**	**97.6**	**98.2**
103.6	99.1	98.0	96.6	96.2	95.9	96.6
101.2	102.3	100.5	101.2	101.3	99.7	99.3
100.1	102.0	99.3	101.3	101.9	99.7	99.2
102.3	100.5	101.1	100.5	100.2	100.4	99.6
102.3	102.0	101.9	100.9	100.3	100.4	100.3
102.9	103.5	102.7	101.2	100.3	99.4	99.2
100.5	101.8	101.4	97.5	99.1	99.2	96.0
102.1	101.9	101.0	100.9	100.6	100.2	100.8
100.0	99.6	97.6	99.1	97.0	96.2	96.7
102.5	102.4	101.7	101.2	101.3	101.0	101.7
103.1	101.7	99.8	98.0	97.3	97.7	95.6
103.0	101.7	99.9	98.0	97.5	98.0	95.8
108.5	99.5	97.7	97.1	93.6	89.5	88.8
109.8	99.2	94.2	91.7	97.6	102.9	103.5
111.1	99.2	94.0	91.2	97.6	102.9	103.9
97.6	94.6	94.4	94.8	97.4	114.2	99.9
101.4	103.2	98.2	96.8	97.9	96.4	99.2
99.4	86.7	89.3	87.8	83.6	81.4	84.0
96.9	76.0	82.3	80.2	74.0	70.8	74.9
95.0	91.2	90.0	90.8	91.3	89.6	89.3
99.4	98.8	94.7	93.8	93.8	92.9	95.1
107.8	96.1	95.9	95.1	89.1	87.8	89.7
104.9	104.9	103.4	101.1	100.8	100.4	99.2
105.8	102.5	102.3	101.6	101.2	99.9	99.4
102.6	99.0	98.6	97.8	97.2	95.4	94.6
110.5	105.6	105.8	104.7	105.7	104.4	104.6
107.8	106.3	105.9	105.7	104.6	104.3	103.7
101.7	101.3	100.0	98.4	98.7	101.0	101.9
96.2	98.7	97.2	96.2	97.2	98.8	99.1
108.5	107.6	107.3	102.5	99.4	101.7	99.2
105.6	101.3	100.4	98.9	100.2	104.2	107.3
105.2	103.3	100.6	99.4	98.8	99.2	100.4
[illegible]	100.2	103.4	100.8	95.8	91.1	92.2
99.5	98.4	102.5	99.8	94.1	88.8	90.2
110.7	110.2	108.7	106.8	106.4	105.3	104.4
101.9	101.1	100.2	99.5	99.5	99.3	99.5
100.9	99.5	99.2	98.5	98.5	98.0	99.6
98.0	99.6	98.8	98.7	97.9	98.5	100.1
104.7	103.4	101.1	100.0	100.3	100.3	97.8
102.5	103.2	104.2	104.9	105.1	104.8	105.6
111.7	107.4	102.6	99.1	101.5	100.1	97.7
114.0	108.2	102.0	98.1	101.3	100.0	97.0
104.0	105.0	105.8	104.7	103.1	100.9	100.7
101.9	102.7	100.7	96.4	98.9	98.5	97.9

6-9 续表 1

(上年同月=100)

类　　别	1月	2月	3月	4月	5月
(12)糖果糕点类	102.8	104.3	104.9	104.0	102.8
食　糖	105.1	105.5	104.9	102.1	100.6
糖　果	107.0	111.8	110.0	108.7	105.0
糕　点	103.0	103.0	104.7	103.6	102.9
其他糖果糕点	96.8	103.0	100.7	102.7	101.4
(13)调味品	106.0	105.0	103.7	104.1	103.0
食 用 盐	103.0	102.9	103.1	103.0	103.1
酱　油	109.4	106.9	103.2	104.2	102.8
食　醋	106.3	104.8	102.9	101.0	99.6
增 味 剂	104.0	104.3	104.1	106.7	102.9
其他调味品	104.2	104.4	105.0	105.7	106.0
(14)其他食品类	102.5	102.6	100.5	101.4	99.3
方便食品	101.5	101.9	98.0	98.6	97.4
淀粉及制品	104.1	102.8	103.9	106.2	100.1
其他食品	103.4	104.2	103.9	104.5	104.0
2.茶及饮料	103.8	104.0	104.2	101.5	102.5
茶　叶	104.5	104.1	105.6	100.1	103.3
固体咖啡	102.5	105.8	103.3	98.5	99.4
其他固体饮料	110.6	110.4	111.1	108.0	106.5
饮 用 水	99.4	98.2	98.6	99.3	98.3
果汁饮料	101.9	104.8	103.3	103.7	104.2
其他液体饮料	105.8	104.2	104.5	103.7	103.4
3.烟酒	102.6	102.3	103.1	104.0	104.0
(1)卷烟	102.6	102.3	103.6	104.5	104.3
(2)酒类	102.7	102.3	102.2	103.1	103.5
白　酒	102.4	102.3	102.0	102.7	103.4
葡 萄 酒	99.6	101.5	101.0	103.9	103.0
啤　酒	104.0	101.1	105.4	105.0	103.5
4.在外餐饮	102.7	102.4	103.0	103.0	103.4
餐馆餐饮	102.7	102.3	102.6	103.0	103.0
饮品店餐饮	103.2	103.7	103.3	103.4	103.3
外　卖	102.1	101.9	104.2	102.8	105.2
其他在外餐饮	102.8	102.3	102.6	102.8	102.7
二、衣着	**99.3**	**99.6**	**99.5**	**99.5**	**99.7**
1.服装	99.1	99.4	99.5	99.4	99.7
(1)男式服装	98.2	98.6	98.7	98.4	98.1
(2)女式服装	99.2	99.5	99.6	99.9	100.4
(3)儿童服装	99.7	99.7	100.1	99.3	100.3
(4)衣着材料及配件	101.3	101.1	100.3	100.6	100.6
袜　子	100.1	99.4	98.9	99.6	100.4
帽　子	102.6	103.0	101.0	101.5	101.8
其他衣着材料及配件	101.9	102.3	102.2	101.4	99.4
(5)衣着服务费	102.7	102.7	101.8	102.0	102.0
衣着洗涤保养	102.4	102.4	100.6	100.8	100.8
其他衣着服务	103.2	103.2	104.4	104.4	104.4
2.鞋类	100.2	100.3	99.8	99.8	100.0
(1)鞋	100.3	100.3	99.8	99.3	100.0

6月	7月	8月	9月	10月	11月	12月
103.8	103.3	101.8	102.6	102.0	102.0	102.7
105.7	104.6	101.3	103.8	106.6	105.6	107.8
105.9	104.2	101.7	101.5	100.3	102.4	103.7
103.6	102.9	101.7	102.3	101.9	100.9	101.5
101.4	103.5	102.6	104.5	101.2	104.3	103.8
103.6	102.5	102.3	101.7	101.4	102.5	102.3
102.4	102.1	101.7	100.6	99.2	99.3	99.6
104.4	101.4	101.4	100.0	101.5	103.9	103.4
99.9	98.2	97.7	95.8	95.1	99.0	97.7
101.9	103.2	103.7	105.7	104.7	103.4	105.2
107.4	107.3	106.9	107.0	105.7	104.7	104.3
101.0	103.2	101.1	100.9	97.7	97.4	98.6
98.7	101.9	99.6	99.4	94.2	95.3	96.8
105.1	104.6	104.8	104.3	103.4	101.8	101.3
103.2	105.4	101.5	101.4	101.4	98.7	100.5
101.8	102.9	101.1	101.8	101.6	101.0	101.8
102.6	104.0	102.7	103.6	103.0	102.6	102.7
97.5	102.2	100.5	101.2	101.3	100.6	104.3
107.7	107.8	103.8	105.4	105.8	105.5	105.4
98.8	98.3	97.0	97.6	96.3	97.5	99.8
103.8	105.0	102.9	103.4	103.7	103.1	102.6
101.8	101.6	99.2	99.7	99.9	98.1	98.7
102.9	102.8	102.6	102.5	101.4	100.4	100.5
104.3	104.3	104.2	104.1	103.6	103.6	103.6
100.4	100.1	99.6	99.6	97.4	94.5	95.2
99.5	99.3	98.9	98.7	96.0	92.2	92.9
101.7	102.9	102.1	104.2	102.4	101.3	101.7
102.1	100.2	101.8	100.7	100.3	99.1	99.4
103.4	103.0	102.5	102.3	102.4	102.3	102.9
102.9	102.6	102.3	102.2	102.2	102.2	103.5
103.3	102.5	101.3	101.2	101.0	101.0	100.4
105.4	105.2	105.1	104.5	105.1	104.7	104.4
102.5	101.6	100.8	100.2	100.0	99.9	100.3
99.7	**100.0**	**100.6**	**100.8**	**101.1**	**101.8**	**101.5**
99.6	100.1	100.5	100.8	101.1	101.8	101.6
98.1	98.8	99.8	100.1	100.2	101.4	101.0
100.4	100.6	100.8	101.0	101.2	102.1	102.1
100.0	100.9	101.6	102.1	103.0	102.5	102.1
100.5	100.8	99.8	100.3	101.3	100.7	100.4
100.5	100.4	98.6	99.2	99.7	98.9	98.9
101.8	103.2	101.5	100.4	102.1	100.9	99.9
98.7	98.6	100.1	102.6	103.7	103.8	104.0
101.6	101.2	100.9	100.9	100.9	100.9	101.1
100.8	100.8	100.8	100.8	100.8	100.8	101.1
103.3	101.9	101.1	101.1	101.1	101.1	101.1
100.1	100.0	100.9	100.9	101.2	101.7	100.9
100.1	99.9	100.9	100.9	101.3	101.7	100.9

6-9 续表 2

(上年同月=100)

类别	1月	2月	3月	4月	5月
男鞋	101.4	101.4	100.2	99.6	99.3
女鞋	99.6	99.7	99.5	99.8	100.3
童鞋	100.3	100.2	100.3	100.3	100.4
(2)鞋类服务	100.0	100.0	100.0	100.9	100.9
三、居住	**99.8**	**99.5**	**99.2**	**99.2**	**99.4**
1.租赁房房租	99.5	99.2	99.2	99.5	99.7
私房房租	99.4	99.1	99.1	99.5	99.7
2.住房保养维修及管理	100.3	100.4	100.4	100.4	100.2
(1)住房装潢材料	100.2	99.7	99.4	99.1	98.5
木地板	101.4	101.9	101.3	100.1	99.3
瓷砖	99.4	99.8	99.3	98.9	98.5
水泥	92.2	89.7	89.7	89.5	89.6
涂料	100.2	99.0	99.5	99.2	97.9
板材	102.7	100.0	98.7	96.5	94.6
管材	101.5	101.7	101.8	102.4	101.7
厨卫设备	101.6	101.6	101.0	100.9	100.2
其他住房装潢材料	95.0	94.6	94.6	95.9	96.3
(2)住房维修管理费用	100.4	101.0	101.3	101.5	101.8
物业管理费	100.3	100.3	100.3	100.3	100.3
其他住房费用	103.1	103.1	103.1	103.4	103.4
3.水电燃料	102.1	101.7	100.4	100.2	99.8
(1)水	100.0	100.0	100.0	100.0	100.0
(2)电	100.0	100.0	100.0	100.0	100.0
(3)燃气	107.6	106.6	101.6	100.8	99.0
管道燃气	100.0	100.0	100.0	100.0	100.0
液化石油气	109.7	108.4	102.1	101.0	98.8
(4)其他水电燃料类	101.3	99.8	99.9	100.2	100.5
4.自有住房	98.9	98.5	98.4	98.6	99.0
四、生活用品及服务	**102.6**	**101.7**	**101.2**	**100.4**	**100.4**
1.家具及室内装饰品	102.2	102.3	102.3	102.7	103.1
(1)家具	102.5	102.5	102.7	103.1	103.4
柜	103.4	103.3	103.4	104.1	106.0
床	100.8	101.0	101.4	101.0	100.5
桌	102.6	103.4	103.2	103.4	103.0
椅	105.4	104.6	105.3	107.5	106.7
沙发	101.1	101.6	101.8	102.0	101.8
其他家具	102.6	101.8	101.6	101.3	101.3
(2)室内装饰品	99.7	100.3	98.3	98.7	99.7
灯具	99.5	101.9	97.1	97.6	100.5
其他室内装饰品	99.8	98.5	99.6	99.8	98.8
2.家用器具	100.5	99.0	99.4	98.3	97.9
(1)大型家用器具	100.7	99.0	99.7	98.5	98.0
洗衣机	93.4	96.1	98.5	97.5	99.1
电冰箱(柜)	96.8	96.1	96.1	98.5	97.4
抽油烟机	101.3	101.8	98.8	98.2	97.7
空调器	104.3	100.0	101.8	99.9	98.6
热水器	100.3	95.8	97.3	95.7	97.3

6月	7月	8月	9月	10月	11月	12月
99.4	99.0	99.4	99.0	99.8	100.4	99.7
100.4	100.1	101.4	101.6	102.1	102.5	101.3
100.7	101.7	102.6	102.3	101.0	101.3	102.3
100.9	100.9	100.9	100.9	100.9	100.9	100.9
99.7	**99.8**	**99.9**	**100.0**	**100.0**	**100.2**	**100.3**
100.3	100.2	100.2	100.5	100.6	100.7	100.6
100.3	100.2	100.2	100.5	100.6	100.7	100.6
100.1	99.7	99.7	99.6	99.3	99.5	99.5
98.5	97.9	98.1	97.8	97.5	97.8	97.8
99.5	99.5	99.7	99.0	98.4	98.5	98.5
98.9	95.8	96.1	95.3	95.5	95.6	96.5
90.7	90.5	90.5	89.2	88.3	90.7	91.9
97.7	97.5	97.9	98.0	97.9	98.8	99.0
92.2	91.4	91.7	91.6	91.8	93.7	92.2
99.4	99.0	99.3	98.6	98.7	98.5	98.5
100.2	100.4	100.4	100.2	100.1	99.1	98.9
98.6	99.8	100.7	102.2	101.2	100.9	100.6
101.6	101.2	101.1	101.1	100.9	101.1	101.1
100.3	100.3	100.0	100.0	100.0	100.0	100.0
103.4	103.4	103.4	103.4	103.4	103.4	103.3
99.2	99.1	99.6	99.6	99.8	99.7	99.8
100.0	100.0	100.0	100.0	100.0	100.0	100.0
100.0	100.0	100.0	100.0	100.0	100.0	100.0
97.0	97.0	98.8	98.8	99.5	99.5	99.8
100.0	100.0	100.0	100.0	100.0	100.0	102.7
96.2	96.2	98.5	98.5	99.3	99.3	99.1
100.1	99.6	99.3	99.3	99.1	98.7	98.6
99.7	100.0	99.9	100.2	100.3	100.4	100.6
99.7	**100.1**	**100.0**	**100.4**	**99.9**	**99.9**	**100.8**
102.8	103.1	103.5	103.8	103.6	103.3	103.0
103.0	103.3	103.6	103.9	103.7	103.2	103.0
105.1	105.3	105.2	104.5	103.3	103.8	103.6
101.1	101.2	101.2	101.2	102.0	102.8	103.0
102.1	103.0	105.1	106.0	106.2	105.7	105.3
105.3	105.5	106.1	109.7	109.3	104.4	103.8
102.1	102.1	102.1	102.0	102.3	101.4	101.5
99.9	101.5	102.2	101.6	100.9	99.8	99.6
100.8	100.5	101.7	102.5	102.7	104.4	102.5
103.5	101.8	103.4	106.7	105.7	110.1	105.4
98.0	99.1	99.8	98.2	99.6	98.5	99.4
97.6	97.9	97.5	97.9	98.5	98.4	99.3
97.7	98.2	97.8	98.3	98.8	98.4	99.3
96.6	96.6	97.6	99.6	98.4	97.7	99.5
94.4	96.4	96.2	96.7	96.7	95.9	96.5
97.9	96.6	95.0	94.4	96.6	96.5	101.5
99.4	100.2	99.3	99.2	100.2	99.2	98.8
97.2	96.9	97.6	97.2	100.1	100.0	101.4

6-9 续表 3

(上年同月＝100)

类　别	1月	2月	3月	4月	5月
炉具灶具	106.0	107.0	106.1	102.6	97.4
吸 尘 器	107.2	107.5	105.2	95.1	98.7
空气净化器	110.5	108.6	103.7	100.1	101.8
净 水 器	106.0	102.4	98.5	94.6	93.3
其他大型家用器具	96.5	97.3	97.8	97.2	97.8
(2)小家电	99.3	98.9	97.8	96.7	97.2
厨房小家电	98.7	98.3	97.7	96.6	96.7
生活小家电	100.1	99.7	97.9	96.8	97.9
3.家用纺织品	100.5	100.8	99.3	99.9	100.6
(1)床上用品	100.5	101.0	99.1	99.9	101.2
被 子	99.6	99.9	98.9	100.6	101.1
床单被套	102.2	102.0	100.9	100.0	101.9
其他床上用品	99.2	101.7	96.1	98.0	100.1
(2)窗帘门帘	100.8	100.9	100.9	99.1	98.0
(3)其他家用纺织品	100.0	98.2	99.1	100.7	98.8
4.家庭日用杂品	103.8	102.5	101.8	99.9	100.1
(1)洗涤卫生用品	104.4	103.9	101.4	100.7	100.6
清洗用品	99.7	100.8	99.0	96.3	95.4
清洁用具	102.2	100.2	95.1	97.0	98.1
清洁用纸	112.3	110.5	108.5	109.2	109.4
(2)厨具餐具茶具	105.0	101.9	103.7	99.9	99.8
厨 具	103.9	100.2	103.5	97.5	97.6
餐 具	108.3	106.2	105.3	102.7	102.3
茶 具	98.8	95.3	99.0	100.9	100.0
(3)其他家庭日用杂品	101.9	100.5	101.1	98.6	99.6
配电附件	100.1	101.6	103.0	97.2	100.6
雨 具	99.1	98.4	99.9	98.5	97.2
其他日用杂品	105.0	100.6	99.9	99.9	100.0
5.个人护理用品	106.0	105.0	102.5	101.8	101.6
(1)化妆品	108.2	106.0	102.3	102.3	102.0
清洁化妆品	111.2	105.2	104.8	105.3	100.8
护肤化妆品	111.0	109.3	100.5	102.5	103.5
彩妆化妆品	102.1	102.3	104.0	100.2	100.8
化妆器具	105.8	101.7	99.8	100.3	100.1
(2)其他护理用品类	103.0	103.7	102.9	101.2	101.2
清洁类护理用品	104.9	102.8	102.8	99.9	100.6
护发美发用品	99.6	102.0	100.7	99.9	99.8
护理器具	110.6	115.0	108.7	108.4	107.9
其他护理用品	98.1	101.4	102.1	101.1	99.8
6.家庭服务	103.2	102.9	102.9	103.1	102.7
家政服务	105.2	104.4	104.4	104.7	104.7
母婴护理服务	102.7	102.7	102.7	102.5	102.5
家庭维修服务	102.4	102.4	102.4	102.7	101.5
其他家庭服务	100.8	100.8	100.8	100.7	100.7
五、交通通信	**100.9**	**99.0**	**96.4**	**94.8**	**94.5**
1.交通	101.1	98.8	95.6	93.6	93.2
(1)交通工具	95.7	95.4	92.3	91.6	92.0

6月	7月	8月	9月	10月	11月	12月
102.9	100.0	99.5	100.0	98.8	101.0	103.3
99.5	97.4	96.5	97.6	95.0	98.1	99.4
106.4	107.7	103.0	103.7	102.7	102.0	95.4
94.9	94.9	96.4	98.1	99.0	98.3	105.0
96.2	97.1	96.6	97.7	98.3	98.2	99.0
97.0	96.4	95.7	95.9	96.4	98.8	99.6
96.4	96.9	97.2	96.8	97.7	97.8	97.4
97.8	95.8	94.0	94.7	94.9	100.1	102.2
100.9	99.8	99.9	100.8	100.1	99.7	100.2
101.6	100.2	100.4	101.4	100.7	100.3	100.7
101.7	100.3	101.6	104.3	103.1	102.1	103.0
101.5	100.7	99.9	99.4	97.8	98.3	98.0
101.7	99.1	98.4	98.4	100.4	100.0	100.5
96.3	96.3	96.7	96.7	96.6	96.7	96.7
100.5	101.1	99.7	101.1	99.8	98.4	99.8
98.3	99.2	99.3	100.0	98.3	98.8	101.2
98.6	99.9	99.1	100.3	98.1	99.3	103.3
95.7	97.2	96.4	98.4	97.3	103.1	107.5
94.2	95.8	95.4	98.7	98.4	99.3	103.9
105.5	106.2	105.0	103.9	98.9	94.4	97.4
96.9	98.7	100.6	101.7	100.7	100.9	98.3
94.8	97.7	99.9	102.2	101.1	102.1	97.5
97.9	99.4	101.7	101.4	101.3	99.6	98.7
102.9	101.0	100.4	100.4	97.2	99.8	100.3
98.8	98.2	98.8	98.1	97.1	96.4	99.8
100.6	98.8	101.6	101.2	97.7	96.9	99.1
97.1	98.1	97.9	97.8	98.7	102.6	110.8
98.1	97.7	96.8	95.5	95.7	93.1	95.3
100.8	101.9	101.0	100.9	99.5	99.2	99.8
100.5	101.6	101.0	100.7	99.7	98.7	99.6
101.5	100.6	100.7	100.2	99.9	101.2	100.5
100.4	102.6	101.2	100.0	99.5	97.0	98.1
100.7	101.1	101.4	101.7	100.2	99.5	102.0
97.9	100.8	99.6	103.3	98.2	98.5	97.8
101.1	102.3	100.9	101.3	99.2	100.1	100.1
101.5	101.5	100.6	101.7	99.4	100.0	100.6
101.6	101.0	102.1	100.3	98.1	99.0	100.5
103.7	104.1	103.0	103.4	100.2	105.6	98.3
97.8	104.4	98.7	100.0	99.3	98.1	99.6
102.8	102.7	102.8	103.1	103.0	103.2	103.4
104.8	105.1	105.4	105.1	104.8	105.2	105.2
102.7	102.4	102.5	103.4	103.5	103.7	104.5
101.5	101.0	100.9	101.7	101.7	101.9	101.9
100.7	100.7	100.7	100.7	100.7	100.7	100.7
92.8	**94.1**	**96.6**	**97.4**	**98.1**	**97.0**	**97.1**
91.1	93.0	96.2	97.2	98.2	96.6	96.7
92.9	92.2	92.3	92.7	93.2	93.3	93.4

6-9 续表 4

(上年同月＝100)

类　　别	1月	2月	3月	4月	5月
燃油小汽车	94.4	93.9	90.5	89.9	90.7
新能源小汽车	99.4	100.4	96.4	94.3	93.4
电动自行车	98.2	97.9	97.6	97.4	97.2
自 行 车	99.5	101.1	100.2	99.5	99.1
(2)交通工具用燃料	105.5	100.4	93.5	89.5	88.7
汽　油	105.5	100.4	93.4	89.3	88.6
柴　油	106.1	100.4	92.9	88.7	87.7
(3)交通工具使用和维修	105.5	101.7	103.0	103.0	102.9
停 车 费	100.1	100.1	100.1	100.1	100.1
车辆使用费	100.1	100.1	100.1	100.1	100.1
交通工具零配件	100.8	101.0	100.7	100.4	100.2
车辆修理与保养	111.5	102.9	106.1	106.3	106.3
(4)交通费	106.8	104.7	105.7	102.6	100.0
市内公共交通	98.5	100.7	100.7	100.7	96.5
出租汽车	100.6	100.0	100.0	100.0	100.0
飞 机 票	140.8	130.0	131.3	108.4	99.6
火 车 票	98.9	100.0	101.2	102.3	102.3
长途汽车	101.3	100.9	100.9	101.5	100.9
网 约 车	103.3	101.5	101.2	100.3	100.3
交通工具租赁费	101.6	97.7	98.7	101.1	98.2
其他交通费	103.4	100.6	100.6	101.3	100.5
2.通信	100.0	99.8	99.6	99.5	99.6
(1)通信工具	100.2	99.3	98.6	98.3	98.5
电 话 机	100.3	99.4	98.6	98.4	98.5
其他通信工具及零配件	97.5	97.9	98.7	96.9	98.2
(2)通信服务	99.5	99.7	99.7	99.7	99.7
电 话 费	99.8	99.8	99.8	99.8	99.8
家庭宽带服务	97.8	99.3	99.3	99.3	99.3
(3)邮递服务	103.3	103.1	103.1	103.1	103.1
六、教育文化娱乐	**102.7**	**101.6**	**101.5**	**102.0**	**102.1**
1.教育	102.4	102.0	101.9	102.0	102.1
(1)教育用品	103.4	103.4	104.5	104.4	103.9
工 具 书	99.8	99.8	99.8	99.8	99.6
教 材	101.7	100.9	101.1	101.1	101.1
参考资料	106.3	106.7	108.8	108.6	107.6
其他教育用品	98.1	98.9	98.9	98.5	99.2
(2)教育服务	102.4	101.9	101.8	101.9	102.1
幼儿早期教育	100.2	100.2	100.2	100.2	100.2
学前教育	103.2	103.2	103.2	103.2	103.2
小学初中教育	106.8	106.9	106.2	106.2	106.2
高中中职教育	105.0	101.4	101.4	101.8	101.8
高等教育	100.0	100.0	100.0	100.0	100.0
课外教育	102.9	102.9	102.9	102.9	103.8
专业技能培训	101.8	101.6	101.6	101.6	101.9
其他教育服务	100.4	100.4	100.4	100.4	100.8
2.文化娱乐	103.3	100.8	100.6	101.9	102.1
(1)文娱耐用消费品	100.0	99.4	99.1	99.1	99.3

6月	7月	8月	9月	10月	11月	12月
91.8	91.2	91.4	92.0	92.5	92.7	92.8
94.0	92.4	91.7	91.8	91.2	91.3	91.3
97.1	97.3	97.7	97.6	98.9	98.9	98.9
99.3	99.3	98.9	98.6	99.8	100.0	100.3
82.1	86.6	95.4	98.8	101.8	97.0	98.4
82.0	86.5	95.3	98.8	101.8	96.9	98.4
80.7	85.5	95.0	98.7	102.0	96.8	98.4
103.0	102.8	102.9	102.7	102.9	102.9	102.8
100.4	100.4	100.4	100.3	100.3	100.3	100.3
100.1	100.1	100.1	100.1	100.1	100.1	100.0
100.4	100.5	100.3	100.0	100.5	100.4	100.3
106.3	105.7	106.0	106.0	106.0	106.0	106.0
98.4	103.2	105.5	103.5	102.2	101.6	98.6
100.2	100.2	100.0	101.1	105.5	105.5	103.5
100.0	100.0	100.0	100.0	104.3	104.8	104.8
88.8	112.4	127.2	116.1	103.6	99.3	85.2
102.3	102.3	102.3	101.1	101.1	102.3	102.3
100.8	100.8	101.1	101.1	100.6	100.3	100.3
100.6	99.7	100.9	101.4	101.0	101.4	101.2
98.6	98.1	98.1	97.6	95.4	93.7	94.8
100.5	100.5	100.5	100.7	100.5	100.5	100.3
99.4	98.3	98.2	98.3	97.9	98.1	98.3
98.5	97.3	97.0	97.0	96.0	96.9	98.3
98.5	97.4	97.0	96.9	95.8	96.8	98.4
99.3	96.9	97.7	97.8	100.0	97.7	96.2
99.5	98.3	98.3	98.5	98.3	98.3	98.3
99.6	99.8	99.8	99.8	99.8	99.8	99.8
98.5	88.4	88.4	89.7	88.6	88.4	88.4
103.1	102.9	102.9	102.9	102.9	102.9	99.6
102.3	**102.7**	**102.0**	**101.2**	**101.1**	**101.0**	**101.1**
102.1	102.5	101.7	100.8	100.9	100.9	100.9
104.0	104.4	103.7	103.8	104.0	104.0	104.3
101.3	101.9	103.0	101.3	101.3	101.3	101.3
101.1	101.1	100.2	99.4	100.1	100.1	100.1
107.6	108.2	107.3	108.9	108.7	108.7	108.7
98.9	99.1	99.1	96.2	96.2	96.4	98.4
102.0	102.4	101.6	100.7	100.8	100.8	100.8
100.2	101.3	99.7	99.9	99.9	99.9	99.9
103.2	103.2	101.4	104.0	104.0	104.0	104.0
106.2	106.2	106.2	100.3	100.3	100.3	100.3
101.8	101.8	101.8	97.1	97.1	97.1	97.1
100.0	100.0	100.0	100.6	100.6	100.6	100.6
103.8	105.5	102.8	102.3	102.6	102.6	102.6
101.1	101.1	101.1	100.9	100.8	100.8	100.8
100.8	101.4	100.9	101.2	101.2	101.2	101.2
102.7	103.1	102.8	102.1	101.6	101.2	101.4
97.8	97.5	96.5	95.4	95.4	95.4	96.8

6-9 续表 5

(上年同月＝100)

类　别	1月	2月	3月	4月	5月
电 视 机	95.9	95.5	95.4	96.6	96.6
照 相 机	100.8	98.5	99.2	100.1	104.4
台式计算机	100.3	100.6	99.9	99.5	99.7
笔记本电脑	98.6	100.0	100.5	99.4	98.7
平板电脑	116.8	110.9	108.5	106.5	108.7
乐 器	102.9	101.9	102.9	102.4	101.8
音 响	99.8	97.0	97.6	96.3	96.2
可穿戴智能设备	99.5	97.7	99.3	100.9	101.7
其他文娱耐用消费品	104.3	103.4	100.1	99.7	99.4
(2)其他文娱用品	101.7	102.0	101.8	101.7	101.2
书报杂志及音像制品	100.2	100.3	100.3	100.3	100.7
纸张文具	101.6	101.3	102.1	102.3	101.7
体育户外用品	103.6	102.8	102.5	102.1	101.7
游戏用品和玩具	102.7	102.6	100.9	100.4	100.0
园艺花卉及用品	101.6	101.6	100.8	100.5	100.0
宠物及用品	104.7	103.3	102.4	101.7	104.2
(3)文化娱乐服务	104.1	100.2	100.3	102.6	102.0
电影及演出票	117.1	91.6	94.2	96.6	105.2
景点门票	98.1	99.5	99.5	110.5	101.5
电视服务	100.4	100.4	100.4	100.4	100.4
健身活动	101.6	101.6	101.7	102.4	102.4
宠物服务	108.2	106.3	106.3	108.3	108.3
网络文娱服务	106.9	101.2	100.3	100.3	94.6
儿童娱乐项目	102.3	101.8	99.3	101.8	101.8
其他文娱服务	112.3	107.5	107.1	107.1	108.2
(4)旅游	107.9	101.5	100.9	104.4	106.4
旅行社收费	108.5	101.4	100.3	104.2	106.3
其他旅游	105.2	101.7	103.9	105.7	106.9
七、医疗保健	**105.1**	**105.2**	**103.3**	**103.4**	**103.5**
1.药品及医疗器具	99.4	100.1	99.8	99.7	99.9
(1)中药	103.3	103.3	102.7	102.8	102.8
中 药 材	104.1	104.0	103.7	104.2	104.5
中 成 药	103.2	103.2	102.4	102.5	102.4
(2)西药	97.9	99.2	99.0	98.7	98.7
抗微生物药	94.0	96.1	97.3	95.4	95.6
消化系统用药	93.7	93.5	91.0	90.7	91.0
呼吸系统用药	98.9	99.3	99.3	99.2	99.5
解热镇痛药	100.7	102.2	101.4	102.7	103.0
抗肿瘤药	60.9	80.1	80.1	78.6	78.8
激素及影响内分泌药	94.3	94.3	94.3	94.3	94.3
心血管系统用药	100.4	103.0	102.3	103.6	103.6
血液系统用药	101.5	101.5	101.5	101.0	101.0
治疗精神障碍药	152.2	148.7	151.7	149.5	149.5
神经系统用药	98.5	98.5	98.4	98.4	98.1
泌尿系统用药	97.9	97.9	97.9	97.9	98.0
维生素、矿物质类药	100.2	100.2	100.3	100.3	100.1
调节水、电解质及酸碱平衡药	103.0	102.9	102.9	102.9	102.5
其他西药	100.6	100.0	97.4	96.0	96.0

6月	7月	8月	9月	10月	11月	12月
95.2	95.8	95.9	96.6	95.4	94.0	96.3
100.0	102.9	101.7	100.3	101.9	100.0	95.7
100.2	99.1	98.4	97.7	96.9	96.4	96.4
99.0	96.8	98.1	92.6	94.8	97.4	97.9
103.5	101.6	95.7	94.6	93.1	93.0	96.6
99.0	100.0	94.4	98.5	97.6	97.4	96.7
87.0	89.9	88.1	85.1	93.1	93.2	95.2
100.6	103.2	97.4	97.4	97.9	99.1	99.5
99.1	98.0	95.9	95.0	94.8	94.8	96.0
101.2	101.1	101.3	102.0	101.5	100.8	100.9
100.7	100.7	100.7	102.0	102.0	102.0	102.0
102.5	102.5	102.8	102.2	101.1	99.5	98.8
103.0	103.7	105.4	107.5	105.9	109.2	105.5
99.0	99.1	99.0	99.4	97.4	95.4	97.7
99.8	99.8	99.7	100.2	100.0	99.0	98.6
103.7	102.8	101.2	101.6	101.8	101.3	101.3
101.7	101.1	100.9	101.8	100.6	101.7	101.4
101.4	104.0	100.3	101.1	98.7	100.6	101.6
104.3	97.4	98.8	99.9	99.9	102.1	101.0
100.4	100.0	100.0	100.0	100.0	100.0	100.0
102.4	101.8	101.9	100.8	100.8	101.2	101.2
108.3	108.3	108.3	107.6	107.6	107.0	107.0
94.5	100.2	100.2	110.7	98.6	106.3	103.5
101.8	101.1	101.1	101.1	101.1	101.1	101.1
103.8	103.4	103.6	104.1	103.7	103.2	102.3
111.2	114.1	113.3	109.7	109.5	107.1	107.4
112.2	115.1	114.3	110.4	110.2	107.1	107.4
106.3	109.1	108.0	106.4	106.1	107.3	107.2
103.1	**103.3**	**103.2**	**103.5**	**103.7**	**103.4**	**103.5**
100.2	101.0	100.9	102.2	101.7	101.9	101.9
103.4	104.0	104.5	107.0	107.7	107.6	106.7
106.2	107.4	108.9	122.8	126.8	125.2	126.6
102.7	103.2	103.3	103.0	102.9	103.0	101.7
98.7	100.1	99.9	101.2	100.0	100.0	100.1
94.7	98.2	97.8	97.8	97.8	97.3	97.0
90.8	93.0	93.0	95.3	95.9	95.6	95.6
99.0	102.6	102.6	102.0	102.0	102.3	102.9
103.8	103.5	103.5	104.6	104.3	104.9	104.6
82.7	93.5	97.2	97.2	97.2	98.2	98.2
97.2	100.0	100.0	99.3	99.6	99.7	99.6
103.1	102.9	102.9	109.5	106.4	107.1	106.5
101.0	98.8	98.8	99.6	99.6	99.6	102.6
150.7	149.4	137.3	137.7	98.0	96.4	95.3
98.2	98.2	98.0	98.3	98.2	97.6	99.7
98.0	98.2	98.2	98.2	98.0	98.0	99.5
99.0	99.4	99.4	99.4	99.4	99.3	98.8
102.9	104.1	104.1	104.0	104.0	104.7	101.2
96.0	96.0	95.9	96.8	96.4	96.4	96.3

6-9 续表 6

(上年同月=100)

类　　别	1月	2月	3月	4月	5月
(3)滋补保健品	100.0	100.5	99.8	100.4	100.4
(4)医疗卫生器具	95.0	95.3	95.3	95.5	96.9
(5)保健器具	100.9	100.8	100.9	101.0	101.0
2.医疗服务	106.8	106.7	104.3	104.5	104.5
(1)综合医疗类	102.4	101.8	100.9	101.7	101.7
一般医疗服务	102.2	101.5	100.4	101.6	101.6
一般治疗操作	100.3	100.0	100.0	100.3	100.3
护　理	108.0	107.0	105.5	105.5	105.5
其他综合医疗服务	100.0	100.0	100.0	100.0	100.0
(2)诊断类	101.6	101.6	101.7	101.9	101.9
病理学诊断	109.9	109.9	109.9	109.9	109.9
实验室诊断	99.8	99.8	100.0	100.0	100.0
影像学诊断	102.1	102.1	102.1	102.9	102.9
临床诊断	101.7	101.7	101.7	100.9	100.9
(3)治疗类	119.0	119.0	110.8	110.6	110.6
临床手术治疗	138.8	138.8	118.7	118.1	118.1
临床非手术治疗	102.2	102.3	102.9	102.9	102.9
(4)康复类	104.8	104.8	104.8	104.8	104.8
(5)中医医疗服务类	100.9	101.1	100.3	100.0	100.0
(6)其他医疗保健服务	101.0	100.6	100.6	100.6	100.6
八、其他用品及服务	**103.4**	**103.5**	**102.8**	**103.3**	**102.6**
1.其他用品	105.7	105.0	103.8	104.3	103.1
(1)首饰手表	106.5	105.4	103.9	107.3	108.7
金 饰 品	111.7	109.9	107.2	113.1	115.5
银 饰 品	101.8	99.7	99.7	99.9	99.9
铂金饰品	102.2	101.3	100.7	101.8	101.7
手　表	99.5	100.5	100.3	100.5	101.7
(2)母婴用品	109.6	108.7	106.3	101.0	96.4
母婴洗护喂养用品	107.8	109.9	109.3	101.7	97.1
其他母婴用品	112.8	106.7	101.5	99.9	95.3
(3)其他杂项用品	101.1	101.0	101.2	102.1	100.0
箱　包	101.5	101.1	100.8	102.4	99.2
眼　镜	100.5	101.0	101.8	101.4	101.6
2.其他服务	100.3	101.4	101.4	101.8	101.8
(1)在外住宿	104.6	99.9	101.9	105.2	105.3
宾馆住宿	100.9	97.3	99.6	101.4	102.0
其他住宿	110.2	103.6	105.3	111.1	110.2
(2)美容美发洗浴	95.6	101.0	100.7	101.3	101.4
美　容	97.5	100.7	100.7	100.7	100.7
美　发	93.4	101.6	101.6	102.5	102.5
洗　浴	98.2	99.7	98.7	99.4	99.8
(3)养老服务	100.0	100.0	100.0	100.2	100.2
(4)金融及保险服务	102.2	102.0	102.0	102.0	102.0
(5)中介法律及其他服务	101.6	101.6	101.8	101.8	101.7

6月	7月	8月	9月	10月	11月	12月
101.3	101.0	99.9	99.7	99.3	101.4	101.0
97.4	96.9	97.1	97.0	97.3	97.1	99.1
100.8	100.9	100.7	100.6	100.3	100.0	99.9
103.9	103.9	103.9	103.8	104.2	103.8	104.0
101.5	101.5	101.5	101.6	101.6	100.9	101.1
101.3	101.3	101.3	101.4	101.4	101.1	101.1
100.3	100.3	100.3	100.3	100.3	100.3	100.3
105.5	105.5	105.5	105.5	105.5	101.2	100.0
100.0	100.0	100.0	100.0	100.0	100.0	109.0
100.9	100.9	100.9	100.8	100.8	101.0	101.2
109.9	109.9	109.9	109.9	109.9	109.9	109.9
100.0	100.0	100.0	100.0	100.0	100.0	100.0
100.8	100.8	100.8	100.7	100.7	100.7	100.7
100.9	100.9	100.9	100.0	100.0	101.9	103.7
110.4	110.4	110.4	110.4	111.3	109.8	109.8
117.6	117.6	117.6	117.6	117.7	117.7	117.7
102.9	102.9	102.9	103.0	104.9	101.9	101.9
101.9	101.9	101.9	100.0	104.1	106.4	106.4
100.0	100.0	100.0	100.0	100.3	100.3	101.6
100.6	100.6	100.6	100.7	100.7	101.3	101.5
102.0	**103.5**	**103.4**	**104.0**	**103.7**	**103.4**	**103.2**
102.2	105.0	104.8	105.7	105.4	104.9	104.7
108.5	111.3	110.8	112.7	112.0	110.1	109.7
115.4	120.5	119.6	123.3	122.4	118.3	117.6
99.9	100.0	99.9	100.1	101.1	101.2	101.3
101.1	101.0	101.7	101.5	100.9	101.2	102.0
101.5	103.3	102.3	102.5	101.9	101.6	99.9
93.5	98.3	97.8	99.5	98.5	99.2	99.8
91.7	97.5	96.4	97.4	95.1	98.5	99.2
96.7	99.6	100.4	103.4	104.6	100.5	101.0
100.1	101.0	101.3	99.8	100.7	101.4	100.6
99.2	100.3	100.9	98.9	100.2	101.3	100.0
101.9	102.2	102.1	101.5	101.6	101.6	101.7
101.8	101.5	101.3	101.5	101.2	101.2	101.0
104.8	105.2	104.5	105.2	100.8	101.3	100.7
101.9	102.5	101.9	105.3	101.3	101.8	101.1
109.1	109.3	108.4	105.2	100.1	100.5	100.3
101.4	101.2	101.2	101.7	101.7	101.7	100.9
100.7	100.6	100.6	100.6	100.4	100.4	100.1
102.5	102.1	102.1	103.3	103.3	103.3	101.8
99.8	99.9	99.8	99.9	99.9	100.1	99.8
100.2	100.2	100.2	100.2	100.2	100.2	100.2
102.0	101.4	101.1	101.1	101.1	101.1	101.1
102.1	102.2	102.1	101.8	101.9	101.8	101.8

6-10　22个调查市县居民

(上年＝100)

地　区	居民消费价格总指数	食品烟酒				
			粮食	鲜菜	畜肉类	蛋类
全　省	**100.4**	**101.0**	**101.8**	**99.2**	**94.8**	**100.7**
城　市	**100.5**	**100.9**	**101.9**	**99.2**	**94.8**	**100.4**
南　京	100.6	101.1	100.7	103.0	94.3	102.7
无　锡	100.6	100.2	103.5	96.3	96.5	101.6
徐　州	100.4	100.4	101.2	99.3	93.8	97.8
常　州	100.4	101.1	99.8	101.9	94.3	98.6
苏　州	100.2	100.6	103.3	96.9	95.4	100.5
南　通	100.5	100.5	102.3	96.4	93.9	98.3
连云港	100.5	100.7	101.8	96.1	94.1	100.1
淮　安	100.4	101.1	98.9	100.8	95.7	100.7
盐　城	100.8	102.5	102.6	99.0	94.8	101.7
扬　州	100.4	100.9	103.2	102.0	92.6	99.6
镇　江	100.5	101.3	99.3	98.9	93.8	99.8
泰　州	100.6	102.7	102.2	101.9	95.7	102.2
宿　迁	100.6	101.1	101.1	101.0	95.3	97.7
农　村	**100.3**	**101.1**	**101.7**	**99.5**	**94.5**	**101.8**
宜　兴	100.1	101.3	102.3	100.8	91.3	103.1
邳　州	100.2	100.7	98.8	92.6	92.5	95.6
常　熟	100.0	100.2	98.3	98.1	96.7	103.0
启　东	100.3	100.8	103.2	103.0	90.5	101.3
盱　眙	101.1	100.2	103.0	97.1	96.0	101.3
大　丰	100.0	101.5	103.0	100.3	92.3	101.1
滨　海	100.4	101.5	104.2	98.5	98.7	103.8
丹　阳	100.7	102.0	101.9	102.4	97.5	100.2
泰　兴	100.3	102.0	100.2	100.5	94.6	107.6

消费价格指数(2023年)

衣着	居住	水电燃料	生活用品及服务	交通通信	教育文化娱乐	医疗保健	其他用品及服务
101.4	**100.0**	**100.1**	**100.6**	**96.7**	**101.8**	**103.2**	**103.9**
101.6	**100.1**	**100.1**	**100.6**	**96.8**	**101.7**	**103.0**	**104.1**
101.9	100.1	100.6	100.6	97.5	102.1	101.6	105.0
100.5	100.7	100.0	101.5	97.0	102.5	103.6	103.9
100.3	99.9	99.9	101.4	97.1	104.5	101.6	103.5
101.8	99.7	98.9	101.4	97.8	100.9	101.5	103.3
102.2	100.5	100.5	100.4	94.7	100.7	104.8	104.0
104.0	100.3	99.8	100.6	98.5	99.8	101.1	106.0
100.7	99.8	100.0	100.2	97.5	102.6	104.8	104.3
103.6	98.7	99.9	100.7	96.8	103.4	102.4	104.1
100.0	100.2	99.9	97.9	96.4	100.8	107.3	102.3
101.1	99.7	100.4	100.5	97.5	102.5	102.6	103.5
101.9	99.8	100.0	99.6	96.4	101.6	104.5	103.3
100.1	99.6	98.7	100.8	95.9	102.4	101.9	103.2
103.0	99.7	100.6	100.4	97.6	102.6	101.6	104.1
100.3	**99.7**	**100.1**	**100.6**	**96.5**	**101.8**	**103.7**	**103.2**
96.8	98.9	100.3	102.4	97.7	100.0	104.1	103.2
99.7	99.8	102.5	100.0	97.5	101.5	102.6	104.9
100.2	99.4	100.2	101.7	94.4	102.0	107.1	103.5
101.1	100.1	100.2	99.7	98.4	100.9	100.4	103.9
100.8	98.4	98.7	101.1	98.5	107.2	107.5	104.2
98.1	99.3	99.5	98.9	95.7	102.5	103.7	102.0
102.2	101.0	100.3	99.4	95.5	99.7	104.1	102.6
102.3	100.6	99.7	101.1	95.8	101.6	102.9	102.7
101.7	100.1	99.9	99.4	96.0	101.5	100.9	102.1

主要统计指标解释

居民消费价格指数 居民消费价格，是指城乡居民购买并用于日常生活消费的商品和服务项目的价格。居民消费价格调查的任务是调查、搜集和整理这些商品和服务项目的价格，并编制居民消费价格指数（英文名称：Consumer Price Index 缩写：CPI），以反映一定时期内居民所消费商品及服务项目的价格水平变动趋势和程度。编制居民消费价格指数的目的，是了解全国各地价格变动的基本情况，分析研究价格变动对社会经济和居民生活的影响，满足各级政府制定政策和计划、进行宏观调控的需要，并为国民经济核算提供参考依据。

7

生产价格

7-1 历年工业生产者出厂及购进价格指数

(上年＝100)

年 份	工业生产者出厂价格总指数	按轻、重工业分		按部类分		工业生产者购进价格总指数
		轻工业	重工业	生产资料	生活资料	
1991	103.2	104.0	102.4	102.0	104.7	107.0
1992	103.8	101.6	106.3	105.2	102.1	110.2
1993	118.5	108.7	129.6	126.4	108.6	125.7
1994	121.4	124.9	117.5	118.3	125.3	120.1
1995	114.2	117.4	110.7	113.1	115.4	117.3
1996	100.6	100.4	100.9	100.1	101.5	103.9
1997	97.9	97.6	98.1	97.4	98.7	97.9
1998	94.5	96.1	93.7	93.4	97.0	91.4
1999	96.1	95.4	96.5	96.2	96.0	94.4
2000	101.1	97.9	102.8	103.0	96.6	107.1
2001	99.1	98.4	99.3	99.1	98.8	99.5
2002	97.6	97.6	97.6	97.3	98.6	98.6
2003	102.3	100.6	104.4	103.0	99.8	106.5
2004	106.5	102.5	111.7	107.9	102.0	116.3
2005	102.6	100.3	105.4	103.2	100.5	107.6
2006	101.5	100.4	102.7	101.7	100.5	106.4
2007	102.6	100.7	104.9	102.8	102.1	105.0
2008	104.6	101.5	108.2	104.9	103.2	115.0
2009	95.2	96.5	93.7	94.2	99.5	91.9
2010	107.3	104.9	109.7	108.2	103.1	112.8
2011	106.2	107.4	105.8	106.3	105.4	108.9
2012	97.1	98.1	96.8	96.4	100.4	95.8
2013	98.0	99.2	97.6	97.5	100.1	97.1
2014	98.3	99.0	98.1	98.0	99.5	97.0
2015	95.3	98.3	94.3	94.4	99.6	92.1
2016	98.1	98.9	97.8	97.8	99.3	98.0
2017	104.8	101.9	105.9	105.9	100.8	109.7
2018	102.8	100.8	103.4	103.4	100.3	104.6
2019	98.9	98.3	99.2	98.6	100.0	97.2
2020	97.8	97.1	98.0	97.3	99.6	96.5
2021	106.3	103.5	107.4	107.6	101.3	113.8
2022	103.2	102.9	103.3	103.6	101.8	105.8
2023	96.7	96.9	97.0	96.1	99.2	96.4

7−2 主要年份分类工业

（上年=100）

项目名称	1991年	1995年	2000年	2005年	2010年
总指数	**103.2**	**114.2**	**101.1**	**102.6**	**107.3**
轻工业	104.0	117.4	97.9	100.3	104.9
以农产品为原料	105.5	118.5	97.1	100.9	107.3
以非农产品为原料	101.5	115.6	99.5	100.1	103.6
重工业	102.4	110.7	102.8	105.4	109.7
采掘	97.7	109.8	102.2	121.6	125.0
原料	104.0	113.2	110.9	109.7	113.8
加工	101.8	108.9	96.7	102.1	107.4
其中：生产资料	102.0	113.1	103.0	103.2	108.2
采掘	97.7	109.7	101.9	121.9	124.4
原料	103.4	116.3	110.8	108.9	114.3
加工	101.5	110.6	97.3	100.9	106.3
生活资料	104.7	115.4	96.6	100.5	103.1
食品	101.9	126.2	89.6	99.9	105.6
衣着	109.6	115.7	100.9	102.9	103.2
一般日用品	101.4	112.4	98.5	101.2	102.1
耐用消费品	95.1	100.6	95.6	93.2	100.8
按工业部门分					
冶金工业	102.7	100.3	104.1	103.5	112.6
电力工业	111.8	111.6	105.1	106.0	100.5
煤炭及炼焦工业	98.0	111.2	94.0	116.1	116.8
石油工业	103.1	119.1	144.4	119.6	127.3
化学工业	98.8	124.0	105.2	105.8	113.8
机械工业	101.0	104.9	95.8	100.0	102.9
建筑材料工业	103.4	107.2	99.2	95.4	105.5
森林工业	105.9	99.6	97.1	103.0	101.3
食品工业	101.3	126.2	89.4	99.6	105.1
纺织工业	109.0	119.2	101.8	101.5	111.7
缝纫工业	106.6	103.4	102.0	103.3	103.2
皮革工业	118.4	120.0	102.5	101.5	101.8
造纸工业	99.0	137.7	104.9	101.8	107.9
文教艺术用品工业	112.6	111.0	103.4	102.2	101.1
其他工业	97.7	140.1	102.6	100.8	104.0

生产者出厂价格指数

2015年	2017年	2018年	2019年	2020年	2021年	2022年	2023年
95.3	**104.8**	**102.8**	**98.9**	**97.8**	**106.3**	**103.2**	**96.7**
98.3	101.9	100.8	98.3	97.1	103.5	102.9	96.9
99.1	102.3	101.4	99.8	99.0	103.5	102.7	97.0
97.0	101.4	100.2	96.5	94.8	103.5	103.1	96.9
94.3	105.9	103.4	99.2	98.0	107.4	103.3	96.6
80.8	110.8	111.3	102.8	100.5	164.8	124.0	86.2
91.1	110.7	107.6	97.8	94.9	114.1	109.9	92.3
95.4	104.4	102.1	99.5	98.9	105.2	101.3	97.9
94.4	105.9	103.4	98.6	97.3	107.6	103.6	96.1
80.8	110.8	111.3	102.8	100.5	164.8	124.0	86.2
90.5	111.0	106.8	96.5	94.1	115.1	109.5	93.0
95.6	104.5	102.4	99.2	98.2	105.2	101.7	97.0
99.6	100.8	100.3	100.0	99.6	101.3	101.8	99.2
99.1	101.7	99.5	101.3	103.2	105.3	104.4	96.7
100.6	101.6	101.4	100.7	98.6	99.9	101.5	99.0
99.3	100.6	100.5	99.3	97.7	99.6	100.8	100.1
99.5	99.7	99.9	99.5	99.4	101.2	101.4	99.7
86.5	117.8	107.0	98.5	98.5	119.1	99.0	92.7
00.7	101.2	101.0	95.9	95.6	102.9	118.6	97.7
81.6	137.8	107.3	107.3	84.3	196.2	124.8	76.7
[illegible]0.0	113.8	112.2	98.1	85.4	118.5	123.5	95.8
91.1	108.2	106.0	97.2	94.7	112.1	103.1	93.0
[illegible]3.7	100.1	99.5	99.1	98.7	101.5	102.6	99.1
[illegible]4.5	110.3	114.6	105.3	102.0	104.2	95.5	88.6
101.0	98.6	100.9	102.1	99.7	101.5	102.0	99.0
98.7	101.6	99.5	101.0	103.6	106.2	105.0	96.9
98.3	101.7	101.6	99.3	94.9	102.3	102.2	97.5
100.6	101.5	101.4	100.6	98.3	99.9	101.7	98.9
9[illegible].6	99.7	101.0	101.2	100.6	100.3	98.6	100.6
9[illegible].4	111.2	107.3	93.1	98.4	104.1	97.9	93.0
100.3	102.3	100.6	102.2	100.0	100.9	101.6	100.3
100.4	100.4	101.3	98.3	97.6	99.1	102.6	101.3

7-3 主要年份分类工业

(上年=100)

项目名称	1991年	1995年	2000年	2005年	2010年
总 指 数	**107.0**	**117.3**	**107.1**	**107.6**	**112.8**
燃料、动力类	101.2	107.7	112.4	113.2	119.6
黑色金属材料类	107.7	96.0	105.4	105.7	110.3
钢材		96.6	107.0	106.3	105.3
其他		94.0	103.2	107.1	117.3
有色金属材料及电线类	101.5	123.5	109.9	120.4	118.4
化工原料类	102.7	131.6	121.1	109.8	117.0
木材及纸浆类	107.7	124.6	98.6	103.3	111.3
建筑材料及非金属类	108.3	104.3	97.9	94.2	103.1
其他工业原材料及半成品类		110.8	102.1	105.4	103.4
农副产品类	119.0	131.9	98.0	97.4	110.8
纺织原料类	105.3	125.7	100.8	102.4	107.6

生产者购进价格指数

2015年	2017年	2018年	2019年	2020年	2021年	2022年	2023年
92.1	**109.7**	**104.6**	**97.2**	**96.5**	**113.8**	**105.8**	**96.4**
85.1	114.5	107.4	96.4	89.7	122.1	125.6	94.5
87.8	117.2	107.8	100.6	99.7	119.9	97.4	94.4
90.6	115.1	108.2	98.8	98.3	114.1	101.1	93.4
80.2	121.6	106.8	104.6	102.6	134.2	89.5	96.5
90.2	115.6	103.8	97.3	100.9	126.0	104.8	101.0
91.1	113.1	106.0	90.7	89.3	119.8	103.9	91.2
102.5	104.3	106.0	97.3	97.9	107.0	104.5	97.4
91.7	108.1	110.7	102.0	100.2	108.3	101.9	91.1
96.7	103.0	101.3	98.6	99.1	105.3	102.5	99.1
93.5	104.7	98.9	98.9	99.8	116.4	109.8	93.1
95.0	103.9	102.2	99.1	95.9	104.4	103.7	97.2

7-4 各月分类工业生产者

(上年同期=100)

项目名称	全年	1月	2月	3月	4月
总指数	**96.7**	**98.2**	**97.7**	**97.2**	**96.5**
核心指数	96.7	97.8	97.2	97.0	96.4
高技术	100.0	102.4	101.1	101.8	101.4
能源	96.7	101.1	101.4	98.9	97.1
按轻重工业分					
轻工业	96.9	99.5	98.5	98.1	97.8
以农产品为原料	97.0	99.4	98.8	97.4	97.0
以非农产品为原料	96.9	99.5	98.3	98.6	98.3
重工业	96.6	97.8	97.5	96.9	96.0
采掘	86.2	111.3	104.0	98.8	86.7
原材料	92.3	94.6	94.6	92.4	91.0
加工	97.9	98.6	98.3	98.3	97.6
按生产生活资料分					
生产资料	96.1	97.6	97.2	96.7	95.8
采掘	86.2	111.3	104.0	98.8	86.7
原材料	93.0	94.9	95.0	92.8	91.6
加工	97.0	98.3	97.8	97.8	97.2
生活资料	99.2	100.9	100.1	99.4	99.2
食品	96.7	101.8	100.9	98.0	97.9
衣着	99.0	98.8	99.4	98.7	99.2
一般日用品	100.1	100.6	99.4	99.6	99.5
耐用消费品	99.7	101.5	100.6	100.2	99.6
按初级中间最终产品分					
初级产品	89.1	102.9	99.1	96.1	87.3
矿产品	86.2	111.3	104.0	98.8	86.7
中间产品	96.0	97.8	97.2	96.6	95.7
最终产品	97.9	99.7	99.2	98.7	98.2
最终投资品	97.6	99.5	98.8	98.6	98.0
最终消费品	98.5	100.0	99.9	99.0	98.8
按工业部门分					
冶金工业	92.7	91.8	92.0	91.0	89.3
电力工业	97.7	98.3	100.4	99.8	99.4
煤炭及炼焦工业	76.7	115.3	106.1	102.9	83.9
石油工业	95.8	106.6	103.2	96.9	93.5
化学工业	93.0	93.9	93.3	92.2	91.7
机械工业	99.1	101.2	100.4	100.7	100.2
建筑材料工业	88.6	87.7	87.1	88.7	88.7
森林工业	99.0	99.5	98.9	98.9	98.9
食品工业	96.9	102.6	101.8	98.8	98.0
纺织工业	97.5	97.5	97.0	96.2	96.3
缝纫工业	98.9	98.7	99.4	98.7	99.2
皮革工业	100.6	100.5	99.1	99.6	99.7
造纸工业	93.0	95.0	94.0	94.0	92.3
文教艺术用品工业	100.3	100.8	100.2	100.5	100.9
其他工业	101.3	102.7	102.9	101.7	102.0

出厂价格同比指数(2023年)

5月	6月	7月	8月	9月	10月	11月	12月
95.5	**95.0**	**95.6**	**96.7**	**97.2**	**97.0**	**96.8**	**96.7**
95.5	95.1	95.9	96.9	97.3	97.1	97.1	96.9
100.3	100.1	99.9	99.5	99.7	98.8	98.2	96.9
96.4	94.7	93.2	95.6	95.8	96.2	94.8	95.2
96.7	95.9	95.9	96.3	96.6	96.3	95.8	95.8
95.9	95.1	95.6	96.4	96.8	97.3	97.3	97.4
97.3	96.5	96.1	96.2	96.4	95.7	94.8	94.6
95.1	94.6	95.5	96.9	97.4	97.2	97.2	97.0
77.1	73.1	74.7	84.0	80.3	79.0	85.3	85.7
89.6	88.1	89.0	92.7	93.9	94.3	94.0	94.3
96.9	96.7	97.6	98.1	98.5	98.1	98.2	97.8
94.8	94.2	94.9	96.2	96.6	96.4	96.3	96.2
77.1	73.1	74.7	84.0	80.3	79.0	85.3	85.7
90.3	88.8	89.7	93.4	94.7	95.2	94.9	95.4
96.3	95.9	96.5	97.0	97.3	96.9	96.8	96.5
98.5	98.3	98.7	98.9	99.3	99.1	99.0	98.5
95.5	93.2	94.4	96.3	96.2	95.7	95.3	95.8
98.4	98.5	98.5	98.5	98.6	100.0	100.2	99.4
99.3	99.8	100.4	100.2	100.9	100.6	100.7	100.2
99.5	99.8	99.5	99.3	99.8	99.3	99.1	98.1
80.3	78.5	82.8	89.3	86.7	86.1	90.9	91.1
77.1	73.1	74.7	84.0	80.3	79.0	85.3	85.7
94.6	93.9	94.7	96.0	96.5	96.3	96.2	96.1
97.5	97.0	97.0	97.6	97.9	97.7	97.2	97.1
97.0	96.5	96.7	97.4	97.6	97.4	96.9	96.8
98.3	97.9	97.6	98.0	98.4	98.2	97.9	97.7
88.2	87.6	91.5	95.0	95.9	96.2	98.0	97.8
99.7	99.8	96.4	96.7	96.6	96.3	95.2	94.2
67.0	60.5	60.2	73.3	63.2	59.3	69.3	68.0
92.0	87.2	88.8	94.6	96.3	98.4	95.7	99.1
90.3	89.2	90.3	93.4	95.4	95.5	95.8	96.1
93.4	99.1	98.8	98.6	98.6	97.9	97.3	96.8
87.4	88.4	90.5	89.9	89.7	88.5	88.3	88.5
98.8	99.1	98.8	98.8	98.7	98.9	99.1	99.1
95.7	93.3	94.3	96.2	96.2	95.6	95.1	95.6
96.5	96.7	97.3	97.6	98.0	98.9	99.5	99.2
98.4	98.4	98.2	98.3	98.4	99.9	100.1	99.2
99.6	100.5	102.0	102.1	101.3	100.8	100.9	101.5
90.7	91.4	90.4	90.7	92.6	94.2	94.6	95.7
100.2	100.5	100.0	100.7	99.9	100.1	99.5	99.8
100.3	101.0	101.0	101.0	100.6	101.0	100.6	100.7

7-5 各月分大中类工业生产者

(上年同期=100)

大中类行业名称	全年	1月	2月	3月	4月
煤炭开采和洗选业	76.7	115.3	106.1	102.9	83.9
烟煤和无烟煤开采洗选	76.7	115.3	106.1	102.9	83.9
石油和天然气开采业	89.8	110.2	100.8	86.8	81.2
石油开采	89.8	110.2	100.8	86.8	81.2
黑色金属矿采选业	92.6	95.1	89.7	86.7	80.0
铁矿采选	92.6	95.1	89.7	86.7	80.0
有色金属矿采选业	90.4	99.3	96.9	101.7	96.1
常用有色金属矿采选	90.4	99.3	96.9	101.7	96.1
非金属矿采选业	104.7	110.2	110.2	110.2	107.5
采盐	104.7	110.2	110.2	110.2	107.5
农副食品加工业	94.6	104.7	103.0	97.8	95.9
谷物磨制	102.4	107.0	107.6	104.9	103.0
饲料加工	103.4	108.8	110.1	107.2	103.8
植物油加工	85.6	100.7	96.0	85.2	84.8
制糖业	113.7	105.0	104.8	107.5	107.1
屠宰及肉类加工	93.0	109.1	107.0	110.5	103.1
水产品加工	102.0	101.3	104.9	105.2	106.0
蔬菜、菌类、水果和坚果加工	103.2	103.5	104.4	100.2	102.5
其他农副食品加工	94.8	106.6	106.3	105.1	100.7
食品制造业	94.3	95.4	94.6	95.7	95.0
焙烤食品制造	101.2	101.9	102.0	101.9	103.3
糖果、巧克力及蜜饯制造	100.3	100.6	100.3	100.3	101.3
方便食品制造	103.5	100.9	99.2	98.4	99.7
乳制品制造	102.9	102.7	103.6	103.9	104.2
罐头食品制造	105.8	111.9	111.8	107.4	107.8
调味品、发酵制品制造	83.8	87.7	82.9	83.8	85.2
其他食品制造	88.4	90.6	90.3	92.8	89.7
酒、饮料和精制茶制造业	97.4	99.4	98.9	98.8	98.6
酒的制造	97.5	101.3	100.4	100.3	99.7
饮料制造	97.3	96.8	96.9	96.6	96.9
烟草制品业	100.0	100.0	100.0	100.0	100.0
卷烟制造	100.0	100.0	100.0	100.0	100.0
纺织业	97.6	97.6	97.1	96.4	96.5
棉纺织及印染精加工	97.3	98.9	98.4	97.2	97.0
毛纺织及染整精加工	96.3	94.4	95.5	94.6	95.1
麻纺织及染整精加工	111.3	106.4	106.6	107.4	107.2
丝绢纺织及印染精加工	104.5	97.0	98.5	103.3	103.0
化纤织造及印染精加工	96.9	94.8	94.8	94.0	92.2

出厂价格同比指数(2023年)

5月	6月	7月	8月	9月	10月	11月	12月
67.0	60.5	60.2	73.3	63.2	59.3	69.3	68.0
67.0	60.5	60.2	73.3	63.2	59.3	69.3	68.0
79.9	72.6	75.3	86.6	97.3	101.7	99.2	99.5
79.9	72.6	75.3	86.6	97.3	101.7	99.2	99.5
77.3	78.3	92.8	102.0	104.9	103.8	106.9	110.3
77.3	78.3	92.8	102.0	104.9	103.8	106.9	110.3
92.3	86.7	83.4	83.3	83.8	88.9	86.9	87.9
92.3	86.7	83.4	83.3	83.8	88.9	86.9	87.9
106.6	110.5	103.8	96.1	94.6	97.8	105.0	106.5
106.6	110.5	103.8	96.1	94.6	97.8	105.0	106.5
92.3	88.8	90.4	93.7	93.7	92.4	91.9	92.5
101.1	101.9	100.7	101.2	103.6	99.9	98.6	100.0
103.1	101.7	101.1	101.4	102.4	101.7	100.0	100.1
78.9	71.8	79.8	86.6	86.9	86.9	87.4	85.7
112.8	117.9	117.0	118.1	119.6	118.5	118.2	117.2
99.5	97.3	86.1	89.0	83.7	79.8	78.8	84.9
106.5	105.3	99.8	98.5	100.1	99.4	98.0	99.6
102.4	102.5	103.1	101.5	104.6	105.0	105.0	103.5
93.0	93.5	92.6	89.6	85.7	89.2	89.8	88.5
94.5	93.5	93.2	93.2	94.3	94.2	94.0	94.5
99.2	100.4	100.1	98.4	102.2	101.5	101.9	101.7
101.5	101.7	101.5	101.1	100.4	98.1	98.1	98.1
98.6	99.0	104.5	108.6	108.9	108.3	108.4	108.3
104.6	104.1	102.2	101.5	102.4	102.5	101.4	102.2
106.1	106.9	107.6	106.5	105.9	105.9	96.9	96.6
87.6	87.2	82.6	78.7	81.4	82.6	81.3	84.2
89.2	86.9	86.1	86.2	87.0	86.7	87.5	87.8
97.6	95.6	96.1	96.3	96.3	97.6	96.9	97.0
98.1	95.3	95.9	96.3	96.2	96.0	95.2	95.3
97.0	96.1	96.3	96.3	96.4	99.9	99.4	99.5
100.0	100.0	100.0	100.0	100.0	100.0	100.0	100.0
100.0	100.0	100.0	100.0	100.0	100.0	100.0	100.0
96.6	96.8	97.4	97.6	98.1	98.9	99.5	99.1
95.4	95.5	95.8	96.7	97.4	98.3	98.8	98.2
97.8	97.8	97.6	95.7	95.8	95.8	97.9	97.9
106.7	107.9	105.8	108.9	119.0	119.7	118.6	120.2
103.2	101.3	103.7	107.1	107.9	108.8	111.2	109.7
94.5	96.3	98.5	99.7	99.4	100.6	100.4	98.9

7-5 续表 1

(上年同期=100)

大中类行业名称	全年	1月	2月	3月	4月
针织或钩针编织物及其制品制造	98.9	99.8	99.3	99.6	99.5
家用纺织制成品制造	98.2	98.9	95.8	95.5	97.0
产业用纺织制成品制造	97.2	95.4	94.9	94.7	95.9
纺织服装、服饰业	98.9	98.5	99.4	98.5	99.2
机织服装制造	97.7	96.1	98.0	96.9	97.7
针织或钩针编织服装制造	102.9	105.8	103.2	104.1	104.2
服饰制造	100.0	103.7	102.9	100.3	100.4
皮革、毛皮、羽毛及其制品和制鞋业	101.5	101.6	100.5	100.8	102.4
皮革鞣制加工	98.8	96.0	95.4	96.1	99.0
皮革制品制造	102.2	104.8	102.5	103.1	102.3
羽毛(绒)加工及制品制造	103.8	103.8	102.2	102.9	107.5
制鞋业	99.8	98.8	98.8	98.5	99.3
木材加工和木、竹、藤、棕、草制品业	99.4	100.3	99.6	99.4	99.5
木材加工	99.3	99.7	99.7	99.7	99.5
人造板制造	99.0	100.4	99.7	98.9	99.2
木质制品制造	100.5	100.2	99.5	100.5	100.1
家具制造业	99.4	99.9	100.1	100.9	99.7
木质家具制造	96.9	96.3	95.8	96.8	96.3
金属家具制造	106.8	105.7	108.4	111.7	109.4
其他家具制造	100.3	103.2	103.6	103.0	101.3
造纸和纸制品业	93.0	95.0	94.0	94.0	92.3
造纸	90.6	92.9	91.7	91.6	89.6
纸制品制造	99.1	100.4	100.0	100.2	99.4
印刷和记录媒介复制业	98.9	96.1	96.1	97.1	98.0
印刷	98.9	96.1	96.1	97.1	98.0
文教、工美、体育和娱乐用品制造业	103.2	105.1	105.3	103.8	104.1
文教办公用品制造	100.0	100.7	100.3	100.3	100.2
乐器制造	101.3	104.7	104.0	103.1	102.4
工艺美术及礼仪用品制造	105.1	105.3	106.1	104.5	105.3
体育用品制造	98.1	101.9	100.7	97.9	97.7
玩具制造	97.2	98.8	98.6	97.9	97.3
游艺器材及娱乐用品制造	114.5	128.2	128.2	125.3	124.8
石油、煤炭及其他燃料加工业	95.0	106.2	101.9	95.1	92.1
精炼石油产品制造	95.0	106.2	101.9	95.0	92.1
生物质燃料加工	97.1	103.0	101.5	97.7	97.8
化学原料和化学制品制造业	89.2	90.8	90.2	88.4	87.3
基础化学原料制造	89.1	93.2	91.5	88.0	86.4
肥料制造	86.2	101.8	103.7	99.9	92.1
农药制造	85.5	91.3	89.4	90.1	90.1

5月	6月	7月	8月	9月	10月	11月	12月
98.4	99.1	97.7	97.8	98.9	99.0	99.2	98.7
98.3	98.3	100.2	97.2	97.9	99.8	99.6	100.4
97.3	97.4	97.4	98.8	98.0	98.4	99.1	99.3
98.4	98.3	98.3	98.3	98.3	100.0	100.2	99.3
96.6	96.6	96.9	97.1	97.4	99.9	100.2	99.4
103.8	102.9	102.1	101.8	101.7	102.1	102.5	101.3
101.3	101.9	101.1	100.6	99.0	97.3	96.6	95.0
102.1	102.4	101.6	102.0	101.4	100.9	100.8	101.9
100.6	100.8	99.9	99.7	99.7	99.2	99.3	99.7
101.8	102.9	103.3	102.4	101.6	100.7	100.3	101.3
106.9	106.3	100.9	103.1	102.6	102.9	101.7	105.1
99.0	99.5	101.3	101.2	100.5	99.9	100.6	100.3
99.3	99.7	99.4	99.3	99.3	99.4	99.2	98.9
99.6	99.7	99.2	98.8	99.1	98.7	98.7	99.1
99.4	99.3	98.6	99.0	98.1	98.6	98.7	98.1
99.0	100.8	101.3	100.4	102.0	101.6	100.5	100.6
98.6	98.4	99.2	98.6	98.8	99.2	99.3	100.4
96.3	96.2	96.4	96.4	96.3	96.7	98.7	100.4
106.9	105.7	108.9	106.5	107.5	107.3	101.9	102.6
98.9	98.8	99.5	98.6	98.9	99.4	99.2	99.3
90.7	91.4	90.4	90.7	92.6	94.2	94.6	95.7
87.4	88.4	86.9	87.4	90.2	92.6	93.4	95.1
99.3	99.3	99.4	99.1	98.8	98.1	97.6	97.2
98.0	97.8	97.6	101.9	101.1	101.1	101.0	101.0
98.0	97.8	97.6	101.9	101.1	101.1	101.0	101.0
103.4	104.2	104.0	102.5	101.7	102.3	101.3	101.5
99.4	99.8	100.2	100.2	99.9	99.9	99.9	99.8
101.7	102.2	100.0	99.2	99.5	99.4	99.8	100.1
104.4	105.8	106.1	105.8	104.0	105.0	104.3	104.4
98.0	98.0	98.0	97.8	97.5	97.3	96.2	96.7
97.3	96.6	96.8	97.1	96.9	98.3	95.5	95.2
124.8	124.8	118.5	101.8	104.1	102.4	102.0	103.1
90.9	85.8	87.8	94.5	96.3	98.7	95.3	98.7
90.9	85.6	87.7	94.5	96.3	98.8	95.3	98.7
96.4	95.7	95.5	96.6	93.8	95.4	98.2	94.6
85.1	83.4	85.4	90.2	92.6	92.7	92.9	93.2
83.6	81.1	82.8	90.0	94.1	93.7	93.8	93.4
74.9	73.3	70.1	75.7	85.3	86.0	89.4	87.3
87.9	83.5	81.6	82.0	82.6	82.6	81.4	82.2

7-5 续表 2

(上年同期=100)

大中类行业名称	全年	1月	2月	3月	4月
涂料、油墨、颜料及类似产品制造	97.2	98.2	96.8	96.6	96.8
合成材料制造	86.0	84.6	85.4	84.6	84.1
专用化学产品制造	88.9	87.8	87.5	85.9	84.5
日用化学产品制造	106.9	106.8	109.1	110.4	110.0
医药制造业	101.0	100.5	99.4	99.3	100.5
化学药品原料药制造	98.2	100.0	99.3	98.6	98.8
化学药品制剂制造	99.6	100.4	98.1	97.6	98.3
中药饮片加工	110.4	101.0	100.5	100.2	112.5
中成药生产	106.3	100.5	108.8	106.6	111.0
生物药品制品制造	101.4	97.3	97.4	101.1	101.1
卫生材料及医药用品制造	110.1	107.1	107.7	110.3	109.6
化学纤维制造业	96.7	96.5	96.9	95.9	96.2
纤维素纤维原料及纤维制造	98.8	95.2	98.8	97.8	100.2
合成纤维制造	95.3	97.4	95.6	94.5	93.6
橡胶和塑料制品业	95.7	96.2	95.8	95.8	95.6
橡胶制品业	99.9	101.6	100.4	102.1	101.0
塑料制品业	94.3	94.4	94.3	93.7	93.8
非金属矿物制品业	89.7	88.8	88.5	89.7	89.7
水泥、石灰和石膏制造	76.7	69.7	73.3	76.9	76.8
石膏、水泥制品及类似制品制造	88.8	89.1	89.2	89.7	89.4
砖瓦、石材等建筑材料制造	87.9	92.0	80.2	85.7	86.4
玻璃制造	98.4	91.6	91.7	92.3	94.7
玻璃制品制造	95.0	98.7	94.2	95.1	95.8
玻璃纤维和玻璃纤维增强塑料制品制造	97.8	100.4	100.0	98.7	99.4
陶瓷制品制造	99.1	101.1	101.6	102.4	101.0
耐火材料制品制造	99.8	101.4	101.4	100.8	100.2
石墨及其他非金属矿物制品制造	97.9	95.9	98.9	96.5	96.3
黑色金属冶炼和压延加工业	89.1	87.7	88.1	87.7	85.5
炼钢	87.6	86.0	85.8	85.7	82.6
钢压延加工	89.2	87.5	88.0	87.7	85.7
铁合金冶炼	98.9	108.2	107.2	104.0	99.2
有色金属冶炼和压延加工业	95.9	95.7	95.7	92.4	90.8
常用有色金属冶炼	89.8	88.6	90.1	88.2	86.4
有色金属合金制造	94.8	97.2	98.5	94.7	90.7
有色金属压延加工	97.0	96.1	95.4	92.1	91.4
金属制品业	96.5	96.4	96.6	96.3	95.9
结构性金属制品制造	96.5	97.1	97.0	96.6	96.4
金属工具制造	97.9	98.0	97.9	98.3	98.6
集装箱及金属包装容器制造	91.7	87.1	87.1	88.7	88.9

5月	6月	7月	8月	9月	10月	11月	12月
96.5	96.0	95.8	96.5	97.7	98.2	98.5	98.4
82.7	81.0	82.0	86.3	89.5	90.6	91.1	91.7
82.8	83.0	88.8	93.6	93.5	93.1	93.8	95.7
108.5	108.0	107.7	108.0	105.8	105.4	102.1	101.3
100.3	101.4	100.7	100.3	102.8	102.5	102.6	101.4
97.6	100.8	98.8	95.6	95.2	95.2	100.3	98.3
98.6	99.9	99.0	98.6	102.6	101.2	100.7	100.5
112.5	112.5	113.7	114.0	114.3	114.5	114.5	114.4
106.4	106.0	105.9	106.5	106.4	106.1	105.6	105.4
101.3	101.3	101.5	102.4	102.4	104.4	103.3	103.1
109.3	107.2	109.0	110.9	109.6	121.0	121.3	101.3
94.9	93.1	94.1	96.5	98.1	98.5	99.2	101.5
98.9	96.8	98.1	98.9	99.9	99.3	100.1	102.1
92.3	90.6	91.5	94.9	96.9	97.9	98.6	101.0
95.5	94.4	94.6	95.4	95.8	96.1	96.6	96.6
102.1	102.2	99.3	98.3	98.4	98.3	97.8	96.9
93.3	91.8	93.0	94.4	94.9	95.3	96.2	96.5
88.5	89.4	91.2	90.8	90.8	89.9	89.5	89.7
79.4	80.8	81.2	78.2	78.3	75.4	74.7	78.1
88.9	89.1	89.3	88.7	88.7	88.0	88.3	87.4
73.6	78.4	96.5	102.0	95.0	91.5	89.9	91.3
98.3	98.5	99.6	101.1	104.3	105.1	103.3	101.8
93.8	93.4	93.9	92.5	96.0	95.2	96.5	95.4
98.5	97.9	96.6	95.8	96.8	98.0	96.2	95.5
101.1	100.3	99.5	98.2	97.1	96.2	95.9	95.3
99.5	99.8	99.8	98.6	99.4	99.2	98.9	99.3
96.5	97.3	96.2	98.5	99.4	101.0	99.2	99.7
84.0	82.2	87.2	91.4	92.6	93.2	96.7	97.3
80.4	78.9	87.5	92.3	90.9	92.4	96.5	98.2
84.5	82.5	86.9	91.0	92.8	93.2	96.7	97.2
93.8	94.4	95.2	99.2	97.2	98.0	96.8	95.8
90.8	91.8	96.0	99.6	100.5	100.5	100.1	98.8
86.4	86.7	89.5	92.1	93.4	93.0	91.7	93.0
89.6	91.6	92.0	95.5	96.5	97.5	98.8	95.6
91.7	92.5	98.1	101.9	102.6	102.4	101.5	100.5
94.8	94.9	95.4	96.9	97.5	97.3	98.1	97.5
95.0	96.0	94.9	96.6	96.8	96.9	98.2	97.1
98.0	97.2	97.1	97.8	98.3	98.6	98.0	97.6
88.6	90.8	93.1	94.8	93.6	94.3	97.5	97.9

7-5 续表 3

(上年同期=100)

大中类行业名称	全年	1月	2月	3月	4月
金属丝绳及其制品制造	96.2	96.4	97.7	96.1	94.2
建筑、安全用金属制品制造	98.6	100.2	100.6	100.7	99.9
金属表面处理及热处理加工	96.5	94.6	96.0	96.8	96.2
金属制日用品制造	104.2	112.1	104.3	104.3	104.3
铸造及其他金属制品制造	96.6	96.7	97.0	96.6	96.6
通用设备制造业	100.0	99.0	100.1	100.4	101.1
锅炉及原动设备制造	100.5	99.9	100.8	100.3	100.6
金属加工机械制造	98.5	98.3	98.3	98.4	98.5
物料搬运设备制造	98.9	97.1	98.1	99.1	100.1
泵、阀门、压缩机及类似机械制造	99.1	99.3	99.5	99.8	99.7
轴承、齿轮和传动部件制造	99.1	100.2	100.0	100.0	99.3
烘炉、风机、包装等设备制造	101.5	102.0	102.0	102.0	101.9
文化、办公用机械制造	104.6	89.4	105.3	109.9	111.1
通用零部件制造	99.8	99.2	98.2	97.3	102.0
其他通用设备制造业	103.1	102.7	107.7	108.9	108.9
专用设备制造业	100.6	100.1	100.6	100.7	100.7
采矿、冶金、建筑专用设备制造	100.4	100.1	99.6	100.0	99.5
化工、木材、非金属加工专用设备制造	98.3	100.2	99.2	99.0	98.4
食品、饮料、烟草及饲料生产专用设备制造	103.9	105.3	105.3	106.0	105.7
印刷、制药、日化及日用品生产专用设备制造	100.5	100.0	100.7	100.4	101.7
纺织、服装和皮革加工专用设备制造	102.4	103.6	104.3	103.8	103.7
电子和电工机械专用设备制造	100.6	103.6	103.2	101.8	101.8
农、林、牧、渔专用机械制造	100.3	99.6	101.6	101.8	101.8
医疗仪器设备及器械制造	101.1	97.9	101.0	102.1	100.7
环保、邮政、社会公共服务及其他专用设备制造	101.6	99.0	100.8	100.6	102.5
汽车制造业	99.0	99.8	99.3	99.4	99.4
汽车整车制造	99.3	100.2	100.2	100.0	100.2
汽车用发动机制造	100.6	101.5	101.6	102.4	102.4
改装汽车制造	100.8	102.0	103.0	101.9	101.2
汽车车身、挂车制造	100.5	100.9	100.9	100.9	100.9
汽车零部件及配件制造	98.8	99.5	98.7	98.9	98.9
铁路、船舶、航空航天和其他运输设备制造业	102.2	103.5	103.5	103.6	103.4
铁路运输设备制造	96.6	96.7	96.2	99.2	99.1
城市轨道交通设备制造	100.9	108.8	108.0	98.2	98.0
船舶及相关装置制造	105.4	105.8	106.1	106.3	106.3
航空、航天器及设备制造	105.4	106.0	106.4	106.4	106.2
摩托车制造	99.5	103.6	102.3	102.4	101.6
自行车和残疾人座车制造	100.5	100.6	100.3	100.1	101.2
助动车制造	101.5	106.1	106.7	105.3	103.6

5月	6月	7月	8月	9月	10月	11月	12月
91.9	91.5	94.9	97.7	100.5	99.3	98.0	97.4
99.0	97.4	97.7	98.1	97.3	95.9	99.1	97.8
94.7	95.1	95.8	98.5	98.4	98.1	97.2	97.3
104.3	104.3	104.3	103.2	103.2	103.2	103.2	100.4
96.1	95.2	95.4	96.2	97.0	97.0	97.8	97.6
100.8	100.3	100.1	99.6	99.7	99.6	99.7	99.8
100.3	100.1	100.3	99.7	100.0	101.3	101.3	101.4
98.0	98.2	98.2	99.0	99.3	99.0	98.5	98.8
99.8	100.0	99.6	98.7	98.2	98.5	98.9	99.3
99.3	98.9	98.7	97.6	99.2	98.8	99.1	99.6
99.2	98.8	98.8	98.8	98.6	98.4	98.4	98.5
101.7	101.8	101.5	101.6	101.5	100.5	100.8	100.4
111.4	109.0	106.4	106.9	102.2	102.8	101.6	102.5
[illegible]	100.7	100.8	98.5	100.5	99.7	99.9	99.5
106.9	101.1	101.6	99.4	99.4	100.3	100.8	101.1
101.0	100.5	100.6	101.6	101.1	99.9	100.7	100.0
[illegible]	99.7	99.8	102.2	101.7	100.0	100.9	100.9
[illegible]	99.2	98.2	97.2	97.3	97.1	97.7	96.2
104.8	104.8	102.9	103.0	102.8	102.8	101.6	101.6
102.1	99.2	100.2	99.4	99.3	99.7	102.0	101.0
103.7	103.1	103.0	102.9	102.2	100.5	99.2	98.7
100.3	101.6	100.2	100.0	99.0	99.1	99.3	97.3
101.6	100.6	101.4	100.2	99.3	99.2	99.2	97.0
101.1	101.8	102.3	102.0	101.2	101.4	101.1	100.7
101.0	100.6	101.9	103.9	103.3	100.7	103.2	102.0
99.4	99.3	99.2	98.7	98.4	98.6	98.4	98.7
100.2	100.2	98.9	98.6	98.6	98.5	97.9	97.9
101.7	102.3	100.3	100.0	99.1	99.2	98.8	98.8
100.9	101.2	100.1	100.3	100.3	99.6	99.6	99.2
100.9	100.9	100.0	100.0	100.0	100.0	100.0	100.0
98.9	98.7	99.2	98.7	98.3	98.5	98.6	99.1
103.1	102.6	101.7	101.2	101.6	101.3	100.5	100.1
99.6	98.7	94.8	95.3	95.7	94.8	94.5	94.5
98.6	98.6	98.6	99.8	101.1	101.1	101.1	100.7
106.1	105.7	105.8	104.6	105.9	105.0	103.9	103.1
104.6	105.8	106.7	106.5	105.2	104.7	103.2	103.7
100.8	99.3	100.0	98.9	96.3	97.4	95.7	96.1
101.1	101.1	100.5	100.2	100.0	100.6	100.8	99.8
101.3	100.2	99.2	99.0	99.0	100.3	99.7	99.0

7–5　续表 4

（上年同期=100）

大中类行业名称	全年	1月	2月	3月	4月
电气机械和器材制造业	96.3	101.6	99.8	99.5	97.9
电机制造	97.3	97.5	97.5	96.3	96.2
输配电及控制设备制造	91.0	102.9	97.0	99.9	97.6
电线、电缆、光缆及电工器材制造	102.6	101.4	103.2	100.5	97.7
电池制造	95.6	104.0	102.2	101.5	99.7
家用电力器具制造	97.1	101.3	101.2	97.8	98.9
非电力家用器具制造	100.0	100.3	100.1	100.3	100.4
照明器具制造	99.8	100.7	100.6	100.9	100.4
其他电气机械及器材制造	106.6	106.7	106.6	106.6	106.4
计算机、通信和其他电子设备制造业	99.7	102.5	100.7	101.5	101.0
计算机制造	101.1	102.5	101.3	102.4	101.8
通信设备制造	103.4	108.0	106.1	106.4	105.2
广播电视设备制造	95.7	101.1	97.9	96.5	96.5
非专业视听设备制造	94.8	89.1	87.8	86.7	87.6
智能消费设备制造	101.7	110.0	105.5	105.3	101.0
电子器件制造	100.7	104.1	101.1	102.4	102.7
电子元件及电子专用材料制造	96.4	99.9	99.4	100.7	100.3
其他电子设备制造	96.2	96.6	96.6	97.1	96.3
仪器仪表制造业	101.4	105.4	105.0	105.5	104.3
通用仪器仪表制造	101.2	105.3	104.9	105.6	104.1
光学仪器制造	103.9	108.6	108.2	106.8	107.7
其他仪器仪表制造业	101.5	101.2	101.6	101.6	101.7
其他制造业	100.3	104.2	104.6	101.4	101.8
日用杂品制造	102.0	107.8	108.4	103.8	104.3
其他未列明制造业	96.3	96.0	96.0	96.0	96.0
废弃资源综合利用业	93.0	88.4	89.5	90.2	86.9
金属废料和碎屑加工处理	93.0	88.4	89.5	90.2	86.9
金属制品、机械和设备修理业	100.0	100.0	100.0	100.0	100.0
铁路、船舶、航空航天等运输设备修理	100.0	100.0	100.0	100.0	100.0
电力、热力生产和供应业	97.7	98.3	100.4	99.8	99.4
电力生产	99.8	100.0	100.1	100.2	100.0
电力供应	96.6	97.0	100.4	99.3	99.0
热力生产和供应	93.4	106.8	106.4	105.4	99.8
燃气生产和供应业	99.1	106.9	107.3	103.6	99.6
燃气生产和供应业	99.1	106.9	107.3	103.6	99.6
水的生产和供应业	99.5	99.7	99.7	99.7	99.7
自来水生产和供应	99.9	99.9	99.9	99.9	99.9
污水处理及其再生利用	98.3	99.0	99.0	99.0	99.0

5月	6月	7月	8月	9月	10月	11月	12月
96.5	96.2	95.4	95.3	95.1	94.3	92.4	92.3
97.1	95.5	96.4	97.4	97.8	98.4	98.7	99.2
95.5	93.1	90.5	88.3	86.2	83.7	79.9	79.0
97.6	100.8	101.4	103.3	106.3	107.1	105.4	106.4
94.1	92.7	94.3	93.5	93.4	92.7	90.1	89.6
96.5	97.1	95.2	96.4	95.1	94.5	95.4	95.6
100.4	100.6	99.8	99.9	99.2	99.8	99.4	100.3
101.0	99.1	99.6	99.6	99.1	99.8	98.6	97.9
107.8	109.2	107.5	106.8	106.6	106.1	106.1	102.7
101.0	99.8	100.3	99.4	99.4	98.4	97.7	96.2
100.9	101.7	102.8	101.9	101.4	100.1	98.8	97.7
102.1	102.8	103.6	102.4	102.9	102.2	102.0	97.8
100.3	94.4	90.2	90.3	94.1	94.8	100.3	91.7
93.3	94.0	96.4	96.8	102.7	101.7	102.0	102.5
100.3	100.0	100.6	100.2	100.5	99.7	98.8	99.1
100.5	101.2	102.0	101.2	100.1	98.7	98.0	97.2
98.8	96.7	96.2	94.6	94.4	93.3	92.3	90.8
97.1	96.6	95.0	94.3	95.1	96.0	96.6	97.5
102.8	101.6	96.8	100.6	100.0	99.0	98.2	97.7
102.6	101.3	96.5	100.6	99.9	98.9	98.0	97.5
107.1	106.5	100.7	100.8	101.5	101.0	100.0	99.9
101.7	101.8	101.6	101.6	101.4	101.2	101.1	101.2
100.4	98.3	99.8	96.7	99.1	99.5	99.8	98.8
102.2	99.2	101.8	97.4	99.8	100.3	100.7	99.4
96.0	96.0	95.1	95.1	97.5	97.5	97.5	97.5
84.6	87.0	98.2	97.1	97.5	99.2	101.1	100.8
84.6	87.0	98.2	97.1	97.5	99.2	101.1	100.8
100.0	100.0	100.0	100.0	100.0	100.0	100.0	100.0
100.0	100.0	100.0	100.0	100.0	100.0	100.0	100.0
99.7	99.8	96.4	96.7	96.6	96.3	95.2	94.2
100.1	100.1	100.0	99.9	100.1	99.9	98.6	98.9
99.7	99.6	94.5	95.0	94.8	94.6	93.6	91.9
95.9	100.5	89.6	89.5	84.8	82.6	83.2	80.8
96.8	94.3	94.3	96.0	96.4	97.3	96.9	100.2
96.8	94.3	94.3	96.0	96.4	97.3	96.9	100.2
99.5	93.5	99.5	99.5	99.4	98.1	99.9	99.9
100.0	99.9	99.9	99.9	99.9	99.9	99.9	99.9
98.2	98.2	98.2	98.2	98.0	93.1	100.0	100.0

7–6 各月分类工业生产者

(上月=100)

项目名称	全年	1月	2月	3月	4月
总指数	**96.7**	**99.5**	**99.7**	**100.1**	**99.8**
核心指数	96.9	99.5	99.7	100.2	99.9
高技术	96.9	99.0	99.0	100.5	99.8
能源	95.2	99.4	100.5	99.5	99.4
按轻重工业分					
轻工业	95.8	99.2	99.3	100.3	99.9
以农产品为原料	97.4	99.4	99.5	99.6	99.8
以非农产品为原料	94.6	99.0	99.1	100.8	100.0
重工业	97.0	99.6	99.9	100.1	99.8
采掘	85.7	100.8	98.0	99.3	93.6
原材料	94.3	98.9	100.4	99.7	99.6
加工	97.8	99.8	99.8	100.2	99.9
按生产生活资料分					
生产资料	96.2	99.4	99.8	100.2	99.7
采掘	85.7	100.8	98.0	99.3	93.6
原材料	95.4	98.9	100.6	99.8	99.8
加工	96.5	99.6	99.5	100.3	99.8
生活资料	98.5	99.6	99.6	99.8	100.2
食品	95.8	99.0	99.6	99.4	100.1
衣着	99.4	99.0	99.8	99.5	100.6
一般日用品	100.2	100.5	99.7	100.3	100.2
耐用消费品	98.1	99.3	99.4	99.6	100.1
按初级中间最终产品分					
初级产品	91.1	100.8	99.8	99.8	95.5
矿产品	85.7	100.8	98.0	99.3	93.6
中间产品	96.1	99.5	99.7	100.2	99.8
最终产品	97.1	99.5	99.6	100.0	99.8
最终投资品	96.8	99.4	99.5	100.2	99.6
最终消费品	97.7	99.7	99.8	99.6	100.2
按工业部门分					
冶金工业	97.8	101.0	100.9	100.4	99.9
电力工业	94.2	99.4	100.4	99.4	100.2
煤炭及炼焦工业	68.0	103.1	94.5	98.2	88.7
石油工业	99.1	99.1	101.0	99.8	98.4
化学工业	96.1	99.0	100.1	100.2	99.8
机械工业	96.8	99.3	99.3	100.2	99.8
建筑材料工业	88.5	99.0	97.7	100.9	100.2
森林工业	99.1	99.5	99.6	99.8	100.1
食品工业	95.6	99.1	99.8	99.4	99.6
纺织工业	99.2	100.1	99.8	100.0	100.3
缝纫工业	99.2	98.9	99.8	99.5	100.6
皮革工业	101.5	100.2	99.7	99.8	100.1
造纸工业	95.7	99.6	98.6	99.4	98.7
文教艺术用品工业	99.8	99.7	99.7	100.1	100.4
其他工业	100.7	99.7	100.2	99.7	101.5

出厂价格环比指数(2023年)

5月	6月	7月	8月	9月	10月	11月	12月
99.3	**99.6**	**99.4**	**100.0**	**100.2**	**99.8**	**99.7**	**99.5**
99.3	99.6	99.6	99.9	100.2	99.8	99.7	99.5
99.6	100.4	100.0	99.9	100.4	99.7	99.9	98.7
99.4	100.4	96.5	101.3	100.6	100.1	98.8	99.2
99.3	99.7	99.6	99.8	100.1	99.6	99.4	99.5
99.3	99.7	99.9	100.1	100.2	100.0	99.9	99.9
99.4	99.7	99.4	99.5	100.0	99.2	99.0	99.3
99.3	99.6	99.3	100.1	100.2	99.9	99.8	99.5
91.5	94.6	98.4	103.1	99.9	101.1	105.4	99.8
98.6	99.0	97.8	100.9	100.7	100.4	99.0	99.1
99.5	99.7	99.7	99.8	100.1	99.7	100.0	99.6
99.2	99.5	99.2	100.0	100.2	99.8	99.6	99.4
91.5	94.6	98.4	103.1	99.9	101.1	105.4	99.8
98.8	99.2	98.1	100.9	100.8	100.4	98.9	99.2
99.4	99.6	99.5	99.8	100.0	99.7	99.8	99.5
99.7	100.2	100.1	99.9	100.2	99.7	99.9	99.7
98.6	99.0	100.3	100.7	100.0	99.6	99.7	99.7
99.7	100.2	100.3	100.0	100.1	99.9	99.9	100.3
100.0	100.5	100.1	99.5	100.4	99.7	100.2	99.2
99.9	100.5	99.9	99.7	100.2	99.7	99.7	99.9
93.4	96.8	98.9	102.4	100.0	100.2	103.3	100.2
91.5	94.6	98.4	103.1	99.9	101.1	105.4	99.8
99.2	99.5	99.3	100.0	100.2	99.8	99.6	99.4
99.6	100.0	99.3	100.0	100.2	99.8	99.6	99.6
99.6	99.9	99.5	100.0	100.2	99.8	99.6	99.5
99.7	100.3	99.1	100.1	100.1	99.8	99.6	99.8
98.3	98.0	100.0	100.0	99.6	99.4	100.3	100.1
[illegible]	101.8	95.1	100.1	100.0	99.9	98.7	99.3
[illegible]	88.0	93.9	105.9	97.2	100.0	112.7	99.2
[illegible]	98.0	99.8	103.7	102.1	100.6	98.5	99.1
98.8	98.8	99.2	100.1	101.0	100.4	99.5	99.1
[illegible]	100.2	99.6	99.9	100.1	99.6	99.6	99.4
98.9	97.7	97.7	97.9	98.8	100.0	99.4	99.5
[illegible]	99.8	99.7	100.0	100.2	100.6	99.9	100.0
[illegible]	98.9	100.2	100.7	100.2	99.7	99.6	99.7
[illegible]	100.3	99.7	99.7	100.3	100.0	100.1	99.4
[illegible]	100.1	100.3	100.1	100.0	100.0	99.9	100.2
[illegible]	101.1	99.9	99.9	100.2	99.4	100.0	101.0
[illegible]	99.6	98.6	99.1	100.5	101.8	100.2	100.5
100.1	100.0	100.1	99.8	99.8	100.4	99.4	100.3
100.4	100.5	99.9	99.6	100.4	99.8	99.9	100.1

7-7 各月分大中类工业生产者

(上月=100)

大中类行业名称	全年	1月	2月	3月	4月
煤炭开采和洗选业	68.0	103.1	94.5	98.2	88.7
烟煤和无烟煤开采洗选	68.0	103.1	94.5	98.2	88.7
石油和天然气开采业	99.5	93.2	101.8	100.1	100.0
石油开采	99.5	93.2	101.8	100.1	100.0
黑色金属矿采选业	110.3	103.4	104.6	102.0	98.3
铁矿采选	110.3	103.4	104.6	102.0	98.3
有色金属矿采选业	87.9	96.9	99.3	99.2	96.6
常用有色金属矿采选	87.9	96.9	99.3	99.2	96.6
非金属矿采选业	106.5	100.0	100.0	100.0	97.6
采盐	106.5	100.0	100.0	100.0	97.6
农副食品加工业	92.5	98.3	99.2	99.0	98.7
谷物磨制	100.0	100.8	99.8	100.1	99.4
饲料加工	100.1	99.8	102.0	99.7	98.6
植物油加工	85.7	98.7	97.6	96.6	98.3
制糖业	117.2	100.1	99.8	102.7	101.7
屠宰及肉类加工	84.9	92.1	97.1	101.8	97.7
水产品加工	99.6	100.0	102.9	99.9	100.5
蔬菜、菌类、水果和坚果加工	103.5	98.6	101.0	98.2	102.7
其他农副食品加工	88.5	100.0	100.0	98.9	96.6
食品制造业	94.5	99.0	99.6	98.9	99.0
焙烤食品制造	101.7	101.0	100.0	100.0	104.9
糖果、巧克力及蜜饯制造	98.1	101.9	99.7	100.0	101.0
方便食品制造	108.3	99.8	100.4	99.2	101.3
乳制品制造	102.2	100.4	99.7	100.8	99.5
罐头食品制造	96.6	99.9	99.8	96.2	100.8
调味品、发酵制品制造	84.2	97.1	99.3	101.2	97.5
其他食品制造	87.8	98.1	99.3	97.8	96.8
酒、饮料和精制茶制造业	97.0	100.0	99.5	100.1	100.1
酒的制造	95.3	100.1	99.3	100.4	100.0
饮料制造	99.5	99.9	99.9	99.7	100.2
烟草制品业	100.0	100.0	100.0	100.0	100.0
卷烟制造	100.0	100.0	100.0	100.0	100.0
纺织业	99.1	100.1	99.8	100.0	100.2
棉纺织及印染精加工	98.2	100.8	99.4	99.2	100.2
毛纺织及染整精加工	97.9	100.5	100.0	100.7	100.4
麻纺织及染整精加工	120.2	98.8	100.4	100.4	99.2
丝绢纺织及印染精加工	109.7	99.6	101.1	101.9	99.3
化纤织造及印染精加工	98.9	100.4	100.8	101.4	98.3

出厂价格环比指数(2023年)

5月	6月	7月	8月	9月	10月	11月	12月
84.4	88.0	93.9	105.9	97.2	100.0	112.7	99.2
84.4	88.0	93.9	105.9	97.2	100.0	112.7	99.2
98.8	96.9	103.4	107.4	107.8	102.7	96.2	92.5
98.8	96.9	103.4	107.4	107.8	102.7	96.2	92.5
94.1	99.1	102.4	100.6	98.7	98.3	98.8	110.4
94.1	99.1	102.4	100.6	98.7	98.3	98.8	110.4
99.9	98.8	97.2	97.6	100.5	102.4	99.6	99.2
99.9	98.8	97.2	97.6	100.5	102.4	99.6	99.2
100.0	103.2	99.6	96.5	97.8	103.4	107.3	101.4
100.0	103.2	99.6	96.5	97.8	103.4	107.3	101.4
98.3	98.5	100.3	101.3	100.3	99.6	99.5	99.3
98.3	100.2	99.0	101.3	102.2	99.9	99.5	99.6
100.3	98.6	99.5	100.6	101.7	100.2	99.4	100.0
96.0	96.1	102.6	101.7	99.3	99.2	100.2	98.5
107.0	105.0	99.1	100.6	101.1	100.2	99.7	99.2
98.6	99.5	99.2	102.9	98.4	98.9	97.7	100.1
101.0	99.3	97.5	100.9	99.9	99.1	98.5	100.2
102.6	99.9	100.9	98.1	101.7	99.6	101.7	98.6
97.2	101.3	99.1	99.0	97.7	101.7	99.2	97.3
99.4	99.7	99.5	99.9	100.2	99.6	99.9	99.6
96.6	100.4	98.3	100.1	103.1	99.7	99.6	98.2
99.6	100.2	99.8	98.3	100.0	97.8	100.0	100.0
100.2	100.5	103.5	102.5	100.2	100.0	100.0	100.6
99.9	100.3	99.4	100.6	99.8	100.5	100.2	101.1
98.9	100.6	100.9	99.6	100.0	101.1	99.1	99.8
99.9	99.6	95.9	95.1	99.6	99.5	98.9	99.4
99.5	99.0	99.0	99.7	99.8	99.3	100.0	98.9
99.1	98.1	100.3	100.1	100.2	99.7	99.3	100.5
98.3	97.4	100.4	100.1	100.0	99.6	99.0	100.7
100.3	99.1	100.1	100.1	100.5	99.9	99.8	100.2
100.0	100.0	100.0	100.0	100.0	100.0	100.0	100.0
100.0	100.0	100.0	100.0	100.0	100.0	100.0	100.0
99.4	100.3	99.8	99.7	100.1	100.0	100.2	99.4
98.8	100.7	99.9	100.4	100.1	99.8	99.9	99.1
100.2	100.1	97.4	98.6	100.4	98.5	101.9	99.4
100.7	101.3	98.7	103.0	110.9	103.3	101.2	101.4
99.7	99.8	101.2	101.0	101.3	101.1	103.3	100.1
99.0	100.0	101.2	100.0	99.2	100.5	98.9	99.2

7-7 续表 1

(上月=100)

大中类行业名称	全年	1月	2月	3月	4月
针织或钩针编织物及其制品制造	98.7	99.8	100.1	101.1	100.1
家用纺织制成品制造	100.4	97.3	100.0	100.1	102.6
产业用纺织制成品制造	99.3	100.0	99.4	99.8	100.5
纺织服装、服饰业	99.3	98.7	99.8	99.3	100.6
机织服装制造	99.4	98.4	100.0	99.2	100.8
针织或钩针编织服装制造	101.3	99.9	99.7	100.2	100.6
服饰制造	95.0	98.9	98.6	99.1	99.9
皮革、毛皮、羽毛及其制品和制鞋业	101.9	99.7	98.2	99.8	99.9
皮革鞣制加工	99.7	98.5	99.2	99.9	100.6
皮革制品制造	101.3	100.7	99.4	99.4	100.1
羽毛(绒)加工及制品制造	105.1	98.6	95.1	99.7	99.0
制鞋业	100.3	100.1	99.7	100.0	100.4
木材加工和木、竹、藤、棕、草制品业	98.9	99.4	99.5	99.7	100.1
木材加工	99.1	100.0	99.9	99.9	99.9
人造板制造	98.1	99.3	99.3	99.5	100.1
木质制品制造	100.6	99.2	99.8	100.0	100.4
家具制造业	100.4	99.6	100.3	100.2	99.6
木质家具制造	100.4	100.0	100.0	100.1	100.1
金属家具制造	102.6	98.6	101.9	101.6	99.5
其他家具制造	99.3	99.6	100.1	99.9	98.9
造纸和纸制品业	95.7	99.6	98.6	99.4	98.7
造纸	95.1	99.4	98.4	99.0	98.4
纸制品制造	97.2	100.1	99.1	100.2	99.5
印刷和记录媒介复制业	101.0	100.0	100.0	101.0	101.0
印刷	101.0	100.0	100.0	101.0	101.0
文教、工美、体育和娱乐用品制造业	101.5	99.9	100.2	99.5	100.7
文教办公用品制造	99.8	100.1	99.9	99.8	100.1
乐器制造	100.1	99.8	99.8	99.3	100.1
工艺美术及礼仪用品制造	104.4	100.3	100.6	99.9	101.5
体育用品制造	96.7	99.7	99.7	97.5	99.9
玩具制造	95.2	98.5	99.7	99.7	99.3
游艺器材及娱乐用品制造	103.1	100.0	100.0	100.0	99.6
石油、煤炭及其他燃料加工业	98.7	97.2	101.7	99.9	98.9
精炼石油产品制造	98.7	97.2	101.7	99.9	98.9
生物质燃料加工	94.6	99.3	100.9	98.5	100.4
化学原料和化学制品制造业	93.2	98.1	100.1	100.2	99.5
基础化学原料制造	93.4	98.0	99.9	100.1	100.1
肥料制造	87.3	100.3	103.4	100.8	93.0
农药制造	82.2	97.0	98.9	99.0	98.5

5月	6月	7月	8月	9月	10月	11月	12月
99.3	99.9	100.1	99.6	97.7	100.6	100.7	99.5
100.3	99.9	100.0	97.9	101.3	100.8	99.7	100.5
100.7	100.0	99.8	99.4	99.7	100.2	100.2	99.7
99.8	100.1	100.4	100.1	100.3	99.9	99.8	100.3
99.6	100.1	100.7	100.0	100.6	99.9	99.6	100.6
99.8	99.7	99.7	100.3	100.0	101.0	100.5	99.8
100.7	101.1	99.3	100.2	99.2	98.5	99.6	99.7
101.8	100.9	99.5	100.5	100.1	99.2	100.6	101.8
100.8	100.1	99.4	100.1	100.8	100.0	99.8	100.6
100.2	101.4	100.0	100.0	100.1	98.5	100.0	101.5
105.8	100.7	98.7	102.3	100.4	99.2	101.1	105.0
100.3	100.9	99.7	99.6	99.8	99.4	100.7	99.7
99.9	99.8	99.6	100.0	100.3	100.7	100.0	99.9
100.0	100.0	99.5	99.5	100.3	99.7	99.9	100.4
99.9	99.6	99.5	100.6	99.7	100.8	99.9	99.9
99.8	100.4	100.0	98.9	101.5	100.9	100.0	99.7
100.1	100.1	100.8	99.6	100.4	99.9	99.5	100.2
100.1	99.8	100.1	100.0	100.0	99.9	99.9	100.4
100.3	100.6	103.8	98.7	101.9	99.8	96.9	99.2
100.0	100.1	100.3	99.3	100.4	100.0	100.2	100.5
99.0	99.6	98.6	99.1	100.5	101.8	100.2	100.5
98.4	99.4	98.0	99.0	100.9	102.6	100.5	101.1
100.5	99.8	100.1	99.2	99.8	100.1	99.5	99.2
100.0	99.9	100.0	100.0	99.3	100.0	99.9	100.0
100.0	99.9	100.0	100.0	99.3	100.0	99.9	100.0
101.6	101.2	100.1	99.3	100.3	100.0	99.4	100.3
99.6	100.5	100.4	99.8	99.8	100.0	100.0	99.8
100.4	99.9	99.4	99.7	99.9	100.7	100.3	100.6
101.0	101.9	100.0	98.9	100.3	99.7	100.0	100.4
100.5	100.1	100.2	99.9	99.9	100.0	99.0	100.4
99.3	100.4	100.3	99.9	99.9	100.8	97.1	99.8
100.3	100.0	100.2	99.9	102.3	100.4	99.6	101.2
99.6	98.5	100.2	104.3	102.6	100.4	97.7	97.8
99.6	98.5	100.2	104.4	102.7	100.4	97.6	97.9
98.3	99.4	101.0	101.5	97.2	100.7	102.3	95.1
97.7	97.8	98.9	100.4	101.4	101.0	99.0	98.9
97.4	97.7	98.4	101.5	102.8	101.6	98.2	97.6
89.9	97.4	89.2	105.3	105.7	101.5	102.5	99.3
96.5	94.9	97.2	98.9	100.4	100.4	99.8	99.3

7-7 续表 2

(上月=100)

大中类行业名称	全年	1月	2月	3月	4月
涂料、油墨、颜料及类似产品制造	98.4	99.4	100.2	99.9	100.4
合成材料制造	91.7	96.9	100.7	100.4	99.5
专用化学产品制造	95.7	99.0	99.8	100.6	99.0
日用化学产品制造	101.3	101.4	101.3	100.4	100.0
医药制造业	101.4	101.1	99.9	100.2	100.9
化学药品原料药制造	98.3	100.7	99.4	99.8	99.8
化学药品制剂制造	100.5	101.8	99.1	99.9	100.5
中药饮片加工	114.4	100.0	100.5	99.8	112.2
中成药生产	105.4	99.5	107.8	98.8	103.7
生物药品制品制造	103.1	99.3	99.9	104.4	99.1
卫生材料及医药用品制造	101.3	99.8	100.6	100.2	100.1
化学纤维制造业	101.5	98.9	101.9	100.8	100.6
纤维素纤维原料及纤维制造	102.1	98.7	104.6	100.4	101.9
合成纤维制造	101.0	99.1	100.1	101.1	99.7
橡胶和塑料制品业	96.6	99.8	99.6	100.2	99.6
橡胶制品业	96.9	99.7	99.3	101.8	98.9
塑料制品业	96.5	99.8	99.6	99.7	99.8
非金属矿物制品业	89.7	99.0	98.1	100.7	100.2
水泥、石灰和石膏制造	78.1	95.3	99.6	104.8	101.5
石膏、水泥制品及类似制品制造	87.4	99.1	99.3	99.0	99.7
砖瓦、石材等建筑材料制造	91.3	101.5	85.6	104.9	100.0
玻璃制造	101.8	99.3	100.7	100.3	101.6
玻璃制品制造	95.4	99.0	95.9	101.5	101.3
玻璃纤维和玻璃纤维增强塑料制品制造	95.5	99.9	99.0	100.4	100.1
陶瓷制品制造	95.3	100.1	100.5	99.5	99.9
耐火材料制品制造	99.3	100.3	99.8	99.7	99.6
石墨及其他非金属矿物制品制造	99.7	100.4	102.1	99.2	99.8
黑色金属冶炼和压延加工业	97.3	102.0	101.1	100.8	100.0
炼钢	98.2	102.7	101.1	100.0	100.1
钢压延加工	97.2	102.0	101.2	101.0	100.1
铁合金冶炼	95.8	98.6	100.2	98.9	97.9
有色金属冶炼和压延加工业	98.8	100.1	100.9	99.9	100.0
常用有色金属冶炼	93.0	97.1	101.0	100.0	99.8
有色金属合金制造	95.6	100.3	101.3	98.8	98.7
有色金属压延加工	100.5	100.4	100.7	100.2	100.4
金属制品业	97.5	99.7	100.2	99.8	100.0
结构性金属制品制造	97.1	99.1	99.6	100.0	100.4
金属工具制造	97.6	99.8	99.5	100.6	99.9
集装箱及金属包装容器制造	97.9	99.3	100.2	99.7	99.4

5月	6月	7月	8月	9月	10月	11月	12月
99.8	99.5	99.4	99.7	100.2	100.2	99.7	100.0
98.0	97.0	98.2	100.5	101.0	101.1	98.7	99.3
97.7	98.9	101.0	99.2	100.3	100.0	100.4	99.8
98.9	100.1	99.8	100.0	99.5	101.4	98.3	100.4
100.1	100.6	99.1	100.1	100.6	99.5	100.7	98.5
100.3	101.1	99.4	94.7	100.3	99.7	104.6	98.7
100.5	100.7	98.7	100.8	101.0	99.5	100.2	97.9
100.0	100.0	101.1	100.3	100.0	100.1	100.1	100.1
95.6	100.0	100.0	100.5	99.7	100.0	100.2	100.0
100.5	100.2	100.1	100.8	99.9	99.8	99.9	99.4
100.0	100.4	99.6	101.2	99.6	98.8	100.7	100.4
99.5	100.0	99.9	100.1	101.2	100.0	98.5	100.0
98.5	100.2	100.1	99.7	101.1	99.0	98.2	99.8
100.2	99.9	99.8	100.3	101.4	100.7	98.7	100.1
99.9	98.9	99.7	99.3	99.9	99.9	100.3	99.6
100.8	99.2	99.2	98.5	99.5	100.6	100.2	99.1
99.5	98.7	99.9	99.5	100.1	99.6	100.3	99.8
99.1	97.9	98.0	98.2	99.1	100.0	99.3	99.5
97.9	91.2	92.2	95.2	98.1	100.2	99.3	101.1
99.0	98.6	98.3	97.8	98.4	99.5	99.2	98.6
99.2	100.2	100.1	98.9	98.1	101.6	100.2	102.1
103.2	98.2	98.1	100.8	102.0	100.3	98.8	98.7
98.5	99.9	99.6	100.0	100.9	99.7	99.7	99.3
99.3	100.2	99.4	98.2	100.3	101.0	99.0	98.7
98.9	99.2	99.1	99.2	98.9	100.0	100.0	99.8
99.4	100.4	100.3	99.7	100.5	99.9	99.7	100.1
00.0	99.1	99.2	100.9	101.0	99.8	98.9	99.5
97.7	96.5	99.8	99.7	99.2	99.2	100.6	100.6
97.5	97.5	100.4	100.5	96.7	99.1	101.1	101.6
97.7	96.2	99.7	99.4	99.8	99.2	100.6	100.4
99.4	99.7	99.4	104.6	98.8	100.9	98.1	99.4
98.9	99.0	100.3	100.6	99.8	99.7	100.1	99.4
100.0	98.3	99.4	99.3	98.9	98.6	98.8	101.7
99.4	99.7	98.8	100.6	99.5	99.8	101.1	97.7
98.6	98.8	100.9	100.8	100.1	99.9	100.0	99.7
99.3	99.7	99.9	100.1	99.9	99.6	99.8	99.7
99.3	100.0	99.6	100.1	99.6	99.1	100.3	100.0
9[illegible].5	99.7	99.6	99.7	100.0	100.0	99.2	100.1
9[illegible].8	101.1	102.0	100.8	98.7	100.7	97.4	99.9

7–7　续表 3

(上月=100)

大中类行业名称	全年	1月	2月	3月	4月
金属丝绳及其制品制造	97.4	100.8	101.6	99.4	98.8
建筑、安全用金属制品制造	97.8	101.2	100.0	100.0	100.2
金属表面处理及热处理加工	97.3	98.5	99.8	100.0	99.2
金属制日用品制造	100.4	103.2	100.0	100.0	100.0
铸造及其他金属制品制造	97.6	99.6	100.2	99.7	100.4
通用设备制造业	99.8	99.5	100.2	100.2	100.2
锅炉及原动设备制造	101.4	99.9	100.9	100.0	100.4
金属加工机械制造	98.8	99.7	99.6	100.1	100.0
物料搬运设备制造	99.3	99.9	99.9	100.1	100.1
泵、阀门、压缩机及类似机械制造	99.6	99.5	100.1	99.9	99.9
轴承、齿轮和传动部件制造	98.5	100.4	100.1	99.8	99.1
烘炉、风机、包装等设备制造	100.4	99.2	100.6	100.4	100.0
文化、办公用机械制造	102.5	95.7	103.2	102.5	101.5
通用零部件制造	99.5	99.4	98.9	99.8	101.6
其他通用设备制造业	101.1	100.1	99.9	100.1	99.7
专用设备制造业	100.0	99.8	99.9	100.2	100.0
采矿、冶金、建筑专用设备制造	100.9	99.7	99.5	100.1	99.7
化工、木材、非金属加工专用设备制造	96.2	99.8	99.0	99.9	99.7
食品、饮料、烟草及饲料生产专用设备制造	101.6	100.3	100.0	100.0	99.7
印刷、制药、日化及日用品生产专用设备制造	101.0	100.5	100.8	99.9	101.3
纺织、服装和皮革加工专用设备制造	98.7	100.2	100.6	100.2	99.9
电子和电工机械专用设备制造	97.3	100.9	99.6	100.1	100.5
农、林、牧、渔专用机械制造	97.0	100.1	100.0	100.4	100.0
医疗仪器设备及器械制造	100.7	99.1	100.0	101.1	99.1
环保、邮政、社会公共服务及其他专用设备制造	102.0	99.6	101.0	100.1	100.9
汽车制造业	98.7	100.0	99.8	100.1	99.8
汽车整车制造	97.9	100.0	100.0	100.0	100.1
汽车用发动机制造	98.8	100.0	100.1	100.0	99.9
改装汽车制造	99.2	100.4	101.0	99.7	99.1
汽车车身、挂车制造	100.0	100.0	100.0	100.0	100.0
汽车零部件及配件制造	99.1	100.0	99.6	100.1	99.7
铁路、船舶、航空航天和其他运输设备制造业	100.1	100.4	100.2	100.8	99.9
铁路运输设备制造	94.5	97.1	99.8	103.1	99.9
城市轨道交通设备制造	100.7	100.0	99.3	100.0	100.0
船舶及相关装置制造	103.1	102.4	100.3	100.1	100.0
航空、航天器及设备制造	103.7	98.6	101.6	100.1	99.9
摩托车制造	96.1	100.5	99.7	100.9	99.3
自行车和残疾人座车制造	99.8	99.3	100.1	99.8	101.1
助动车制造	99.0	99.7	100.6	99.5	99.0

5月	6月	7月	8月	9月	10月	11月	12月
98.6	99.2	100.0	99.3	101.7	98.9	99.2	100.1
98.8	98.5	99.5	99.6	99.8	99.3	102.8	98.2
99.8	100.3	99.4	101.2	99.1	100.3	99.6	100.1
100.0	100.0	100.0	100.0	100.0	100.0	100.0	97.3
99.5	99.4	99.7	100.1	99.6	99.8	99.9	99.6
99.9	100.1	99.8	99.9	100.3	99.9	100.0	100.0
100.1	99.9	100.2	99.8	100.1	100.0	100.3	99.8
99.9	100.2	99.6	100.5	100.3	99.5	99.7	99.7
100.2	100.3	99.3	99.6	100.1	100.0	99.9	99.9
100.0	99.8	99.9	99.1	100.8	99.8	100.6	100.3
99.7	99.9	100.0	100.3	99.6	99.4	100.0	100.1
99.9	100.3	99.6	100.5	100.1	100.1	100.1	99.6
99.9	99.3	100.7	99.9	98.8	100.7	99.4	101.0
99.8	99.7	99.5	100.1	101.6	99.9	99.2	99.9
99.4	101.1	100.4	99.2	100.3	100.7	99.9	100.3
100.5	99.9	100.1	100.2	99.8	100.0	100.5	99.2
100.9	99.8	100.0	101.0	100.1	99.9	100.5	99.8
100.7	99.8	99.2	98.7	100.3	99.6	100.7	98.7
99.8	100.1	100.8	99.9	100.6	100.0	100.1	100.2
100.2	97.0	100.6	99.4	99.4	101.8	101.0	99.1
100.0	99.7	99.9	100.4	99.3	99.5	99.3	99.7
99.3	100.6	98.9	99.7	99.1	100.3	99.7	98.5
100.8	100.0	100.1	98.8	99.0	99.9	100.1	97.8
100.5	100.5	100.5	99.8	100.2	100.5	99.8	99.6
100.1	99.8	100.8	100.4	99.4	99.7	101.5	98.7
99.8	100.0	99.6	99.8	99.9	100.1	100.0	99.9
100.0	100.0	98.7	99.7	100.0	100.0	99.4	100.0
99.5	100.7	99.8	99.8	99.2	100.1	99.6	99.9
99.6	100.4	99.6	100.1	100.1	100.4	100.0	99.8
100.0	100.0	100.0	100.0	100.0	100.0	100.0	100.0
99.8	100.0	100.1	99.8	99.8	100.1	100.2	99.9
100.1	99.9	98.9	100.0	99.9	100.1	99.8	100.2
100.1	100.0	94.6	100.0	99.9	100.0	99.7	100.3
100.5	100.0	100.0	101.2	100.0	100.0	100.0	99.6
100.[illegible]	99.8	99.9	99.8	100.2	100.0	100.1	100.3
101.0	101.1	101.0	100.4	99.9	100.2	99.9	100.0
99.0	99.3	100.6	99.3	98.3	100.4	98.3	100.5
100.3	100.3	99.5	100.2	99.7	100.3	99.8	99.6
100.2	99.7	100.0	100.2	99.9	100.6	99.8	99.8

7-7 续表 4

(上月=100)

大中类行业名称	全年	1月	2月	3月	4月
电气机械和器材制造业	92.3	99.4	98.7	100.0	99.5
电机制造	99.2	100.5	99.5	99.5	99.9
输配电及控制设备制造	79.0	96.6	95.6	103.2	98.6
电线、电缆、光缆及电工器材制造	106.4	102.5	102.0	97.4	100.2
电池制造	89.6	99.7	98.3	100.2	97.7
家用电力器具制造	95.6	99.6	99.9	97.0	101.7
非电力家用器具制造	100.3	99.8	100.2	100.1	100.0
照明器具制造	97.9	99.7	99.1	99.8	100.2
其他电气机械及器材制造	102.7	100.3	100.1	100.3	100.0
计算机、通信和其他电子设备制造业	96.2	98.4	98.7	100.6	99.7
计算机制造	97.7	98.6	98.4	100.5	99.8
通信设备制造	97.8	98.7	99.0	100.5	98.7
广播电视设备制造	91.7	99.6	97.0	105.3	100.0
非专业视听设备制造	102.5	99.1	98.5	99.3	101.3
智能消费设备制造	99.1	99.2	99.6	99.8	100.1
电子器件制造	97.2	97.9	98.1	100.8	100.0
电子元件及电子专用材料制造	90.8	97.8	99.3	100.6	99.7
其他电子设备制造	97.5	99.7	99.8	100.2	98.8
仪器仪表制造业	97.7	99.7	99.9	99.7	99.3
通用仪器仪表制造	97.5	99.7	99.9	99.8	99.2
光学仪器制造	99.9	100.0	99.6	98.4	100.8
其他仪器仪表制造业	101.2	100.6	100.3	100.0	100.1
其他制造业	98.8	99.9	99.8	99.5	100.1
日用杂品制造	99.4	99.9	100.4	99.3	100.1
其他未列明制造业	97.5	100.0	98.5	100.0	100.0
废弃资源综合利用业	100.8	100.9	103.0	100.7	98.7
金属废料和碎屑加工处理	100.8	100.9	103.0	100.7	98.7
金属制品、机械和设备修理业	100.0	100.0	100.0	100.0	100.0
铁路、船舶、航空航天等运输设备修理	100.0	100.0	100.0	100.0	100.0
电力、热力生产和供应业	94.2	99.4	100.4	99.4	100.2
电力生产	98.9	100.0	100.1	100.1	100.0
电力供应	91.9	99.0	100.8	99.1	100.5
热力生产和供应	80.8	99.9	95.9	97.6	95.6
燃气生产和供应业	100.2	105.3	98.9	99.3	97.1
燃气生产和供应业	100.2	105.3	98.9	99.3	97.1
水的生产和供应业	99.9	100.0	100.0	100.0	100.0
自来水生产和供应	99.9	100.0	100.0	100.0	100.0
污水处理及其再生利用	100.0	100.0	100.0	100.0	100.0

5月	6月	7月	8月	9月	10月	11月	12月
99.1	100.4	98.8	99.6	100.0	98.6	98.4	99.5
100.9	100.1	99.1	99.8	100.4	100.1	99.4	100.1
98.6	98.7	97.1	98.7	98.5	97.0	96.4	97.9
100.0	103.9	99.2	100.9	101.8	98.8	99.4	100.3
96.3	98.8	102.3	98.7	100.2	99.9	97.9	99.4
98.3	99.8	99.5	99.9	99.2	99.2	100.0	101.3
100.5	99.7	99.5	99.8	99.7	100.1	99.9	100.9
100.3	99.6	100.6	99.7	100.1	100.5	98.9	99.3
100.0	101.9	100.0	100.3	99.6	100.2	100.0	100.0
99.9	100.6	100.4	99.4	100.4	99.7	99.8	98.6
100.2	101.2	100.9	99.5	100.3	100.1	99.9	98.4
100.1	100.9	100.7	99.3	100.7	100.2	100.5	98.6
100.4	97.3	97.8	98.4	100.7	98.6	105.0	92.0
101.3	101.9	100.6	100.8	100.9	99.2	99.2	100.5
100.3	100.3	100.6	99.8	100.2	99.6	99.9	99.7
99.7	101.4	100.8	99.3	100.5	99.7	99.9	99.2
99.2	98.9	99.5	99.2	100.3	99.0	99.0	97.8
100.5	99.6	99.3	99.2	100.2	100.4	99.8	99.9
98.4	99.5	97.1	104.3	99.8	100.1	100.1	99.8
98.3	99.4	96.9	104.7	99.8	100.1	100.1	99.8
99.8	99.9	99.9	100.2	101.0	100.3	100.1	99.9
100.0	100.1	99.8	100.0	100.0	100.0	100.0	100.2
99.7	100.0	100.3	97.7	102.0	100.5	100.0	99.2
99.6	100.1	100.8	96.8	102.8	100.8	100.0	98.9
100.0	100.0	99.0	100.0	100.0	100.0	100.0	100.0
96.5	99.9	99.5	101.4	100.2	99.0	100.4	100.7
96.5	99.9	99.5	101.4	100.2	99.0	100.4	100.7
100.0	100.0	100.0	100.0	100.0	100.0	100.0	100.0
100.0	100.0	100.0	100.0	100.0	100.0	100.0	100.0
[illegible]	101.8	95.1	100.1	100.0	99.9	98.7	99.3
100.0	100.0	100.0	99.8	100.3	99.6	98.9	100.1
100.0	102.9	92.2	100.5	99.9	100.0	98.5	98.7
97.2	104.7	93.9	96.0	100.1	100.1	98.9	99.5
98.2	96.5	98.4	101.2	99.7	101.1	101.5	103.5
98.2	96.5	98.4	101.2	99.7	101.1	101.5	103.5
[illegible]	99.9	100.0	100.0	100.0	100.0	100.0	100.0
[illegible]	99.9	100.0	100.0	100.0	100.0	100.0	100.0
[illegible]	100.0	100.0	100.0	99.8	100.2	100.0	100.0

7-8 各月分类工业生产者

(2020年=100)

项目名称	全年	1月	2月	3月	4月
总指数	**106.1**	**107.6**	**107.3**	**107.4**	**107.2**
核心指数	104.4	105.7	105.4	105.6	105.5
高技术	100.2	101.0	100.0	100.5	100.3
能源	127.7	130.0	130.6	130.0	129.2
按轻重工业分					
轻工业	103.2	104.9	104.1	104.4	104.4
以农产品为原料	103.1	104.7	104.2	103.3	103.6
以非农产品为原料	103.3	105.0	104.1	104.9	104.9
重工业	107.2	108.5	108.4	108.5	108.3
采掘	176.1	203.8	199.6	198.3	185.6
原材料	115.8	118.5	119.0	118.7	118.2
加工	104.3	105.2	105.0	105.2	105.0
按生产生活资料分					
生产资料	107.0	108.7	108.4	108.6	108.4
采掘	176.1	203.8	199.6	198.3	185.6
原材料	117.1	119.0	119.7	119.5	119.2
加工	103.8	105.4	104.9	105.2	105.0
生活资料	102.3	102.9	102.5	102.3	102.5
食品	106.3	108.5	108.1	107.5	107.5
衣着	100.3	100.3	100.1	99.7	100.3
一般日用品	100.5	100.3	100.0	100.3	100.4
耐用消费品	102.3	103.1	102.5	102.1	102.3
按初级中间最终产品分					
初级产品	156.8	171.5	171.2	171.0	163.3
矿产品	176.1	203.8	199.6	198.3	185.6
中间产品	106.5	108.2	107.9	108.0	107.8
最终产品	105.2	106.4	106.0	106.1	105.9
最终投资品	104.9	106.2	105.7	106.0	105.6
最终消费品	105.8	106.8	106.6	106.2	106.4
按工业部门分					
冶金工业	109.3	110.9	111.9	112.3	112.2
电力工业	119.3	121.3	121.8	121.1	121.3
煤炭及炼焦工业	187.7	259.3	245.1	240.7	213.4
石油工业	140.2	140.6	142.0	141.6	139.4
化学工业	107.6	109.2	109.3	109.5	109.4
机械工业	103.1	104.2	103.5	103.8	103.5
建筑材料工业	88.1	93.3	91.2	92.0	92.2
森林工业	102.5	103.0	102.6	102.4	102.5
食品工业	108.0	110.5	110.3	109.6	109.1
纺织工业	102.0	102.4	102.2	102.1	102.4
缝纫工业	100.5	100.5	100.3	99.8	100.4
皮革工业	99.5	99.2	98.9	98.7	98.8
造纸工业	94.7	98.7	97.3	96.7	95.4
文教艺术用品工业	102.8	102.7	102.4	102.5	103.0
其他工业	103.0	102.3	102.5	102.2	102.7

出厂价格定基指数(2023年)

5月	6月	7月	8月	9月	10月	11月	12月
106.5	**106.1**	**105.4**	**105.4**	**105.6**	**105.4**	**105.1**	**104.5**
104.8	104.4	103.9	103.8	103.9	103.7	103.4	102.9
99.9	100.3	100.3	100.2	100.5	100.3	100.1	98.9
128.5	129.0	124.5	126.2	127.0	127.1	125.6	124.6
103.7	103.4	103.0	102.7	102.9	102.4	101.8	101.3
102.8	102.5	102.4	102.6	102.8	102.8	102.7	102.6
104.2	103.9	103.3	102.9	102.9	102.1	101.1	100.3
107.5	107.1	106.3	106.4	106.6	106.5	106.3	105.7
169.8	160.7	158.2	163.0	162.9	164.7	173.5	173.2
116.6	115.4	112.9	113.9	114.6	115.1	114.0	113.0
104.5	104.3	104.0	103.8	103.9	103.7	103.6	103.2
107.5	106.9	106.1	106.1	106.3	106.1	105.7	105.1
169.8	160.7	158.2	163.0	162.9	164.7	173.5	173.2
117.8	116.8	114.5	115.5	116.4	116.9	115.6	114.7
104.3	103.8	103.3	103.1	103.2	102.8	102.6	102.1
102.1	102.3	102.4	102.3	102.5	102.2	102.1	101.8
106.0	105.0	105.3	106.0	106.1	105.7	105.3	105.0
100.0	100.2	100.5	100.5	100.6	100.6	100.5	100.8
100.5	101.0	101.0	100.5	100.9	100.7	100.8	100.0
102.2	102.6	102.6	102.3	102.5	102.3	101.9	101.8
152.6	147.6	145.9	149.4	149.5	149.8	154.8	155.1
169.8	160.7	158.2	163.0	162.9	164.7	173.5	173.2
106.9	106.3	105.6	105.6	105.8	105.6	105.2	104.6
105.4	105.4	104.7	104.8	104.9	104.7	104.3	103.8
105.1	105.0	104.4	104.4	104.7	104.4	104.0	103.4
106.0	106.3	105.3	105.4	105.5	105.3	104.9	104.7
110.3	108.1	108.1	108.1	107.7	107.0	107.3	107.4
121.3	123.5	117.5	117.6	117.6	117.5	115.9	115.1
180.0	158.4	148.7	157.5	153.1	153.1	172.5	171.1
138.3	135.5	135.2	140.2	143.1	144.0	141.9	140.6
108.0	106.7	105.9	106.0	107.0	107.4	106.9	105.9
103.2	103.5	103.1	103.0	103.1	102.7	102.3	101.6
91.2	89.2	87.1	85.3	84.3	84.3	83.8	83.4
102.4	102.3	102.0	102.0	102.2	102.8	102.7	102.7
107.7	106.5	106.7	107.5	107.7	107.3	106.9	106.6
101.8	102.1	101.9	101.6	101.9	101.8	102.0	101.4
100.2	100.3	100.6	100.7	100.7	100.7	100.6	100.8
99.0	100.1	100.0	99.9	100.1	99.5	99.5	100.5
94.5	94.1	92.8	91.9	92.4	94.1	94.3	94.8
[illegible]	103.0	103.2	103.0	102.7	103.1	102.5	102.8
[illegible]	103.6	103.5	103.1	103.5	103.2	103.2	103.3

7-9 各月分大类工业生产者

(2020年=100)

大类行业名称	全年	1月	2月	3月	4月
煤炭开采和洗选业	187.7	259.3	245.1	240.7	213.4
石油和天然气开采业	206.8	195.1	198.6	193.8	198.8
黑色金属矿采选业	114.1	112.7	118.0	120.3	118.3
有色金属矿采选业	120.9	128.9	128.0	126.9	122.6
非金属矿采选业	125.0	125.3	125.3	125.3	122.3
农副食品加工业	112.7	117.4	116.4	115.2	113.7
食品制造业	105.8	109.0	108.6	107.4	106.4
酒、饮料和精制茶制造业	99.5	101.4	100.9	101.1	101.1
烟草制品业	100.0	100.0	100.0	100.0	100.0
纺织业	102.3	102.7	102.5	102.6	102.8
纺织服装、服饰业	99.4	99.4	99.2	98.6	99.2
皮革、毛皮、羽毛及其制品和制鞋业	101.4	101.6	99.8	99.5	99.4
木材加工和木、竹、藤、棕、草制品业	102.1	102.8	102.3	102.0	102.1
家具制造业	105.5	104.9	105.3	105.6	105.1
造纸和纸制品业	94.7	98.7	97.3	96.7	95.4
印刷和记录媒介复制业	98.1	96.9	96.9	97.9	98.8
文教、工美、体育和娱乐用品制造业	107.1	105.8	106.0	105.6	106.3
石油、煤炭及其他燃料加工业	144.6	142.0	144.5	144.3	142.8
化学原料和化学制品制造业	110.0	113.2	113.3	113.5	112.9
医药制造业	96.4	95.5	95.5	95.7	96.6
化学纤维制造业	120.6	117.4	119.6	120.6	121.4
橡胶和塑料制品业	99.4	101.2	100.7	100.9	100.5
非金属矿物制品业	89.7	94.2	92.5	93.2	93.4
黑色金属冶炼和压延加工业	104.0	106.5	107.7	108.5	108.6
有色金属冶炼和压延加工业	120.7	121.2	122.3	122.1	122.1
金属制品业	107.3	108.4	108.5	108.3	108.3
通用设备制造业	103.0	102.7	102.8	103.0	103.2
专用设备制造业	101.6	101.2	101.1	101.3	101.3
汽车制造业	99.3	100.0	99.8	99.9	99.7
铁路、船舶、航空航天和其他运输设备制造业	105.2	105.1	105.3	106.1	106.0
电气机械和器材制造业	107.6	111.3	109.8	109.8	109.2
计算机、通信和其他电子设备制造业	100.7	101.5	100.2	100.8	100.5
仪器仪表制造业	105.6	107.6	107.5	107.3	106.5
其他制造业	97.9	98.6	98.5	98.0	98.0
废弃资源综合利用业	122.4	122.2	125.9	126.8	125.2
金属制品、机械和设备修理业	100.6	100.6	100.6	100.6	100.6
电力、热力生产和供应业	119.3	121.3	121.8	121.1	121.3
燃气生产和供应业	118.9	127.1	125.7	124.8	121.2
水的生产和供应业	100.2	100.2	100.2	100.2	100.2

出厂价格定基指数(2023年)

5月	6月	7月	8月	9月	10月	11月	12月
180.0	158.4	148.7	157.5	153.1	153.1	172.5	171.1
196.4	190.3	196.8	211.4	227.9	234.1	225.1	208.2
111.3	110.3	113.0	113.7	112.2	110.3	108.9	120.2
122.5	121.1	117.7	114.9	115.4	118.2	117.8	116.9
122.3	126.1	125.6	121.2	118.6	122.6	131.5	133.4
111.8	110.1	110.5	111.9	112.2	111.7	111.2	110.4
105.7	105.4	104.9	104.8	105.0	104.6	104.5	104.0
100.2	98.3	98.6	98.7	98.8	98.6	97.9	98.4
100.0	100.0	100.0	100.0	100.0	100.0	100.0	100.0
102.2	102.5	102.3	102.0	102.1	102.1	102.3	101.7
99.0	99.1	99.5	99.6	99.9	99.9	99.7	100.0
101.3	102.2	101.6	102.1	102.3	101.4	102.0	103.8
102.0	101.8	101.5	101.5	101.7	102.4	102.4	102.3
105.2	105.3	106.1	105.7	106.1	106.0	105.5	105.7
94.5	94.1	92.8	91.9	92.4	94.1	94.3	94.8
98.8	98.7	98.7	98.7	98.0	98.0	97.9	97.9
106.9	108.1	108.2	107.5	107.8	107.8	107.2	107.5
142.1	140.0	140.3	146.4	150.3	150.9	147.4	144.2
110.3	107.9	106.7	107.2	108.7	109.7	108.7	107.5
96.7	97.2	96.4	96.5	97.1	96.6	97.3	95.8
130.8	120.8	120.7	120.7	122.2	122.3	120.4	120.4
100.4	99.2	98.9	98.2	98.1	98.0	98.3	98.0
92.5	90.6	88.7	87.1	86.4	86.4	85.8	85.4
105.1	102.4	102.2	101.9	101.1	100.3	100.9	101.5
121.7	119.5	119.9	120.7	120.5	120.2	120.3	119.6
107.5	107.2	107.1	107.1	107.0	106.5	106.3	106.0
103.1	103.2	102.9	102.8	103.1	103.0	103.0	103.0
101.8	101.6	101.7	101.9	101.7	101.7	102.2	101.4
99.5	99.5	99.2	98.9	98.8	98.9	98.8	98.8
106.0	106.0	104.8	104.7	104.6	104.8	104.6	104.8
108.3	108.7	107.5	107.1	107.0	105.6	103.8	103.4
100.4	101.0	101.4	100.8	101.2	100.9	100.7	99.3
104.9	104.3	101.3	105.6	105.4	105.6	105.7	105.5
97.8	97.8	98.1	95.9	97.8	98.3	98.3	97.5
120.7	120.6	120.0	121.7	121.9	120.7	121.2	122.1
100.6	100.6	100.6	100.6	100.6	100.6	100.6	100.6
121.3	123.5	117.5	117.6	117.6	117.5	115.9	115.1
119.0	114.8	112.9	114.3	113.9	115.1	116.9	121.0
100.2	100.2	100.1	100.1	100.1	100.1	100.1	100.1

7-10 工业生产者出厂价格完整同比指数(2023年)

(上年＝100)

项目名称	指　数	项目名称	指　数
煤炭开采和洗选业	76.7	蒸煮香肠制品	99.6
烟煤和无烟煤开采洗选	76.7	其他未列明肉制品	102.3
无烟煤开采洗选	76.7	水产品加工	102.0
石油和天然气开采业	89.8	水产品冷冻加工	100.9
石油开采	89.8	冷冻虾	100.9
陆地石油开采	89.8	鱼糜制品及水产品干腌制加工	103.1
黑色金属矿采选业	92.6	干制水产品	103.1
铁矿采选	92.6	蔬菜、菌类、水果和坚果加工	103.2
铁矿石成品矿	92.6	蔬菜加工	103.2
有色金属矿采选业	90.4	其他农副食品加工	94.8
常用有色金属矿采选	90.4	蛋品加工	99.5
铅锌矿采选	90.4	其他未列明农副食品加工	89.9
非金属矿采选业	104.7	食品制造业	94.3
采盐	104.7	焙烤食品制造	101.2
井盐	104.7	糕点、面包制造	100.5
农副食品加工业	94.6	糕点制造	100.5
谷物磨制	102.4	饼干及其他焙烤食品制造	101.6
稻谷加工	101.1	饼干	101.6
小麦加工	103.7	糖果、巧克力及蜜饯制造	100.3
饲料加工	103.4	糖果、巧克力制造	100.3
其他饲料加工	103.4	其他糖果、巧克力	100.3
配合饲料	103.4	方便食品制造	103.5
植物油加工	85.6	速冻食品制造	103.5
食用植物油加工	85.6	乳制品制造	102.9
食用植物油	85.8	液体乳制造	102.9
其他食用植物油	85.0	罐头食品制造	105.8
制糖业	113.7	蔬菜、水果罐头制造	105.8
屠宰及肉类加工	93.0	调味品、发酵制品制造	83.8
牲畜屠宰	81.5	酱油、食醋及类似制品制造	89.5
鲜、冷藏肉及冻肉	81.5	食醋	89.5
禽类屠宰	99.5	其他调味品、发酵制品制造	77.0
肉制品及副产品加工	100.2	发酵类制品	77.0

7-10 续表 1

(上年＝100)

项目名称	指　数
其他食品制造	88.4
营养食品制造	98.8
保健食品制造	99.9
食品及饲料添加剂制造	81.4
食品添加剂	82.6
饲料添加剂	78.1
酒、饮料和精制茶制造业	97.4
酒的制造	97.5
酒精制造	95.8
白酒制造	96.8
啤酒制造	101.4
饮料制造	97.3
碳酸饮料制造	95.4
果菜汁及果菜汁饮料制造	103.2
含乳饮料和植物蛋白饮料制造	100.6
含乳饮料	100.6
固体饮料制造	95.0
茶饮料及其他饮料制造	99.8
茶饮料	101.4
其他茶饮料及饮料	99.2
烟草制品业	100.0
卷烟制造	100.0
卷烟	100.0
纺织业	97.6
棉纺织及印染精加工	97.3
棉纺纱加工	94.0
纱	93.9
线	97.8
棉织造加工	99.2
布(棉布、棉混纺布、化纤布)	99.1
其他棉织造加工	100.0
棉印染精加工	100.7
毛纺织及染整精加工	96.3
毛条和毛纱线加工	96.7
毛织造加工	95.9
毛机织物(呢绒)	95.9
麻纺织及染整精加工	111.3
麻织造加工	111.3
丝绢纺织及印染精加工	104.5
缫丝加工	105.2
绢纺和丝织加工	102.5
化纤织造及印染精加工	96.9
化纤织造加工	95.7
化纤织物染整精加工	100.8
针织或钩针编织物及其制品制造	98.9
针织或钩针编织物织造	98.9
家用纺织制成品制造	98.2
床上用品制造	98.2
床褥单、枕套、被罩、套件、被面	97.0
其他床上用品	101.3
毛巾类制品制造	102.9
其他家用纺织制成品制造	96.3
产业用纺织制成品制造	97.2
非织造布制造	97.2
绳、索、缆制造	98.5
纺织带和帘子布制造	94.5
篷、帆布制造	100.4
其他产业用纺织制成品制造	98.6
纺织服装、服饰业	98.9
机织服装制造	97.7
运动机织服装制造	90.0
其他机织服装制造	97.9
羽绒服	96.7
西服及西服套装	101.3

7-10 续表 2

(上年＝100)

项目名称	指　数
上衣	97.7
衬衫	104.9
裤	99.7
职业服装、工作服及类似服装	98.7
其他机织服装制造业	98.7
针织或钩针编织服装制造	102.9
运动休闲针织服装制造	101.7
其他针织或钩针编织服装制造	103.5
服饰制造	100.0
皮革、毛皮、羽毛及其制品和制鞋业	101.5
皮革鞣制加工	98.8
成品革	98.8
皮革制品制造	102.2
皮箱、包(袋)制造	102.2
手提包(袋)、背包	102.2
羽毛(绒)加工及制品制造	103.8
羽毛(绒)加工	103.8
制鞋业	99.8
纺织面料鞋制造	100.8
皮鞋制造	98.9
橡胶鞋制造	100.0
木材加工和木、竹、藤、棕、草制品业	99.4
木材加工	99.3
其他木材加工	99.3
人造板制造	99.0
胶合板制造	99.5
纤维板制造	97.2
木质制品制造	100.5
木门窗制造	101.0
木地板制造	100.4
木制容器制造	100.8
家具制造业	99.4
木质家具制造	96.9
卧室用木质家具	100.8
办公室用木质家具	102.6
其他木制家具	95.2
金属家具制造	106.8
金属制坐具	106.8
其他家具制造	100.3
软体坐具	100.9
床垫、褥垫	97.2
造纸和纸制品业	93.0
造纸	90.6
机制纸及纸板制造	90.6
未涂布印刷书写用纸	93.0
卫生用纸原纸	101.9
其他机制纸及纸板	89.7
纸制品制造	99.1
纸和纸板容器制造	96.9
其他纸制品制造	101.2
卫生用纸制品	101.8
其他纸制品	100.9
印刷和记录媒介复制业	98.9
印刷	98.9
书、报刊印刷	100.6
多色印刷品	100.6
包装装潢及其他印刷	98.7
其他包装装潢及印刷	98.7
文教、工美、体育和娱乐用品制造业	103.2
文教办公用品制造	100.0
笔的制造	100.0
乐器制造	101.3
西乐器制造	101.3
工艺美术及礼仪用品制造	105.1

7-10 续表 3

（上年＝100）

项目名称	指　数	项目名称	指　数
金属工艺品制造	109.8	硝酸	87.4
其他金属工艺品	109.8	其他无机酸产品	72.7
地毯、挂毯制造	101.8	无机碱制造	86.2
机制地毯、挂毯	101.8	烧碱	78.3
体育用品制造	98.1	纯碱类	93.1
专项运动器材及配件制造	101.0	无机盐制造	90.6
运动用球类器材及器械	101.0	金属硫化物及硫酸盐	79.7
健身器材制造	97.4	氰化物、氧氰化物及氰络合物	103.3
玩具制造	97.2	稀土化合物	80.1
塑胶玩具制造	97.1	有机化学原料制造	88.5
儿童乘骑玩耍的童车类产品制造	99.9	链烯烃	91.2
其他玩具制造	95.6	芳烃	93.4
游艺器材及娱乐用品制造	114.5	无环烃饱和氯化衍生物	81.6
游艺用品及室内游艺器材制造	114.5	无环醇及其衍生物	89.1
石油、煤炭及其他燃料加工业	95.0	羧酸及其衍生物	83.4
精炼石油产品制造	95.0	氨基化合物	79.1
原油加工及石油制品制造	95.0	醚	79.1
汽油	94.9	酮	91.3
柴油	92.6	其他有机化学原料	79.6
润滑油	101.5	其他基础化学原料制造	99.4
燃料油	94.6	金属氧化物	95.4
石脑油	91.9	气体及稀有气体	103.5
液化石油气	90.6	肥料制造	86.2
石油沥青	95.3	氮肥制造	85.9
其他原油加工及石油制品制造	98.5	复混肥料制造	86.7
生物质燃料加工	97.1	农药制造	85.5
生物质致密成型燃料加工	97.1	化学农药制造	85.5
化学原料和化学制品制造业	89.2	杀虫(杀螨)用原药及制剂	82.2
基础化学原料制造	89.1	杀菌用原药及制剂	85.8
无机酸制造	68.1	除草用原药及制剂	89.8
硫酸	38.8	其他化学农药	67.4
盐酸	83.3	涂料、油墨、颜料及类似产品制造	97.2

7-10 续表 4

(上年＝100)

项目名称	指　数
涂料制造	99.0
水性涂料	99.4
非水性涂料	100.9
建筑涂料	95.3
油墨及类似产品制造	96.9
印刷油墨	96.9
工业颜料制造	92.9
无机颜料	92.9
染料制造	91.2
密封用填料及类似品制造	94.9
合成材料制造	86.0
初级形态塑料及合成树脂制造	84.9
合成橡胶制造	88.5
其他合成橡胶	88.5
合成纤维单(聚合)体制造	88.1
合成纤维单体	90.4
合成纤维聚合物	86.7
其他合成材料制造	90.9
专用化学产品制造	88.9
化学试剂和助剂制造	89.2
催化剂及载体	84.8
橡胶助剂	93.3
塑料助剂	93.8
纺织工业用整理剂、助剂	92.7
其他化学试剂和助剂	80.9
专项化学用品制造	87.3
工业用脂肪酸	74.9
建工建材用化学助剂	79.8
表面活性剂	97.1
其他专项化学用品制造	77.3
文化用信息化学品制造	101.3
环境污染处理专用药剂材料制造	81.7
水处理剂	81.7
其他专用化学产品制造	84.2
日用化学产品制造	106.9
肥皂及洗涤剂制造	100.6
化妆品制造	109.9
护肤用化妆品	109.9
其他日用化学产品制造	101.8
医药制造业	101.0
化学药品原料药制造	98.2
消化系统用药	99.2
维生素类	91.5
心血管系统用药	101.0
血液系统用药	87.5
其他化学药品原料药	97.9
化学药品制剂制造	99.6
粉针剂	99.2
注射液	102.0
输液	105.1
片剂	100.7
胶囊剂	80.5
冻干粉针剂	100.3
中药饮片加工	110.4
植物类饮片	110.4
中成药生产	106.3
中成药颗粒剂	100.3
中成药胶囊	100.8
中成药注射液	93.5
中成药合剂	111.4
生物药品制品制造	101.4
生物药品制造	101.4
卫生材料及医药用品制造	110.1
卫生材料及敷料	110.1

7-10 续表 5

(上年＝100)

项目名称	指　数	项目名称	指　数
化学纤维制造业	96.7	医疗卫生用塑料制品	95.7
纤维素纤维原料及纤维制造	98.8	塑料粒料	88.5
人造纤维(纤维素纤维)制造	98.8	其他塑料零件	103.0
合成纤维制造	95.3	其他未列明塑料制品	95.0
锦纶纤维制造	93.8	非金属矿物制品业	89.7
涤纶纤维制造	96.1	水泥、石灰和石膏制造	76.7
氨纶纤维制造	67.2	水泥制造	76.7
橡胶和塑料制品业	95.7	通用硅酸盐水泥	77.1
橡胶制品业	99.9	硅酸盐水泥熟料	75.0
轮胎制造	101.8	石膏、水泥制品及类似制品制造	88.8
轮胎外胎	101.8	水泥制品制造	87.3
橡胶板、管、带制造	97.4	商品混凝土	87.4
橡胶传动带	97.4	水泥混凝土电杆	98.1
橡胶零件制造	99.4	预应力混凝土桩	86.5
再生橡胶制造	95.2	砼结构构件制造	96.9
日用及医用橡胶制品制造	96.8	钢筋混凝土预制结构件	98.8
其他橡胶制品制造	99.9	其他水泥砼结构构件	95.9
塑料制品业	94.3	轻质建筑材料制造	98.5
塑料薄膜制造	93.1	其他水泥类似制品制造	92.2
塑料板、管、型材制造	94.4	砖瓦、石材等建筑材料制造	87.9
塑料板、片	95.2	粘土砖瓦及建筑砌块制造	92.4
塑料管及附件	96.8	建筑砌块	92.4
其他塑料板、管、型材	92.0	隔热和隔音材料制造	95.7
塑料丝、绳及编织品制造	93.6	矿物绝热和吸声材料	95.7
泡沫塑料制造	93.6	其他建筑材料制造	81.5
塑料人造革、合成革制造	97.0	玻璃制造	98.4
塑料包装箱及容器制造	93.3	平板玻璃制造	101.7
日用塑料制品制造	99.6	特种玻璃制造	97.4
建筑用塑料制品	96.7	其他玻璃制造	96.7
其他日用塑料制品	100.5	玻璃制品制造	95.0
塑料零件及其他塑料制品制造	93.5	技术玻璃制品制造	92.9
汽车或类似品塑料配件	100.0	光学玻璃制造	91.8

7-10 续表 6

(上年＝100)

项目名称	指 数	项目名称	指 数
日用玻璃制品制造	102.2	焊接钢管	94.7
玻璃包装容器制造	101.3	其他钢材	87.3
玻璃纤维和玻璃纤维增强塑料制品制造	97.8	铁合金冶炼	98.9
玻璃纤维及制品制造	96.7	特种铁合金	98.9
玻璃纤维布	98.8	有色金属冶炼和压延加工业	95.9
其他玻璃纤维制品	91.4	常用有色金属冶炼	89.8
玻璃纤维增强塑料制品制造	102.1	铜冶炼	91.2
陶瓷制品制造	99.1	精炼铜(电解铜)	91.2
特种陶瓷制品制造	99.1	镍钴冶炼	70.0
耐火材料制品制造	99.8	钴	70.0
耐火陶瓷制品及其他耐火材料制造	99.8	铝冶炼	93.5
其他耐火材料制品	99.8	原铝(电解铝)	93.5
石墨及其他非金属矿物制品制造	97.9	其他常用有色金属冶炼	91.9
石墨及碳素制品制造	98.8	有色金属合金制造	94.8
其他石墨及碳素产品	98.8	常用有色金属合金	95.3
其他非金属矿物制品制造	97.0	其他有色金属合金	86.3
磨具	98.0	有色金属压延加工	97.0
其他非金属矿物制品	95.8	铜压延加工	98.6
黑色金属冶炼和压延加工业	89.1	铝压延加工	95.2
炼钢	87.6	铝材	95.2
合金钢粗钢	87.6	其他有色金属压延加工	91.1
钢压延加工	89.2	金属制品业	96.5
轧制锻造钢坯	92.4	结构性金属制品制造	96.5
大型型钢	90.5	金属结构制造	96.1
棒材	87.8	钢结构	96.8
钢筋(线材)	88.6	钢铁结构体部件、加工钢材	93.1
中板	91.5	金属门窗制造	99.4
冷轧薄板	93.5	金属工具制造	97.9
中厚宽钢带	88.6	切削工具制造	98.7
热轧薄宽钢带	86.7	手工具制造	98.9
镀层板带	91.4	其他金属工具制造	95.9
无缝钢管	92.7	集装箱及金属包装容器制造	91.7

7-10 续表 7

（上年＝100）

项目名称	指 数	项目名称	指 数
集装箱制造	86.6	工业锅炉	101.9
金属压力容器制造	95.6	锅炉及辅助设备零件	98.2
金属包装容器及材料制造	94.7	内燃机及配件制造	102.9
钢铁制包装容器	94.7	内燃机零部件及配件	102.7
金属丝绳及其制品制造	96.2	其他内燃机	103.3
钢丝	95.3	汽轮机及辅机制造	107.3
铜丝	98.4	风能原动设备制造	94.0
钢丝绳	92.9	金属加工机械制造	98.5
钢绞线	90.2	金属切削机床制造	97.9
金属丝绳制品	100.0	普通金属切削机床	97.3
其他金属丝绳及其制品	92.7	数控切削机床	98.9
建筑、安全用金属制品制造	98.6	金属成形机床制造	96.9
建筑、家具用金属配件制造	100.7	普通金属成形机床	99.0
锁具及配件	100.7	数控金属成形机床	97.0
其他建筑、安全用金属制品制造	94.1	其他金属成形机床	96.3
金属表面处理及热处理加工	96.5	铸造机械制造	98.3
金属制日用品制造	104.2	金属切割及焊接设备制造	99.6
金属制餐具和器皿制造	104.2	机床功能部件及附件制造	99.8
不锈钢厨用器皿及餐具制造业	104.2	其他金属加工机械制造	101.6
铸造及其他金属制品制造	96.6	物料搬运设备制造	98.9
黑色金属铸造	97.3	轻小型起重设备制造	99.6
铸铁件	94.8	生产专用起重机制造	98.7
铸钢件	101.5	生产专用车辆制造	100.0
有色金属铸造	98.2	连续搬运设备制造	101.8
锻件及粉末冶金制品制造	96.9	输送机械(输送机和提升机)	101.8
锻件	97.1	电梯、自动扶梯及升降机制造	99.5
冲压件、钣金件	96.8	电梯	99.5
其他未列明金属制品制造	94.5	其他物料搬运设备制造	92.2
通用设备制造业	100.0	泵、阀门、压缩机及类似机械制造	99.1
锅炉及原动设备制造	100.5	泵及真空设备制造	100.3
锅炉及辅助设备制造	99.9	气体压缩机械制造	97.9
电站锅炉	100.0	空调压缩机	99.1

7-10 续表 8

(上年=100)

项目名称	指　数	项目名称	指　数
非制冷设备用压缩机	97.0	钢铁制紧固件	96.6
阀门和旋塞制造	100.2	弹簧制造	95.0
液压动力机械及元件制造	97.4	机械零部件加工	103.0
液压元件	97.0	其他通用零部件制造	99.1
液压系统及装置	99.8	其他通用设备制造业	103.1
轴承、齿轮和传动部件制造	99.1	其他未列明通用设备制造业	103.1
滚动轴承制造	99.7	干燥设备	99.2
齿轮及齿轮减、变速箱制造	98.4	其他通用设备	103.7
齿轮	98.5	专用设备制造业	100.6
齿轮传动装置(齿轮箱)	98.3	采矿、冶金、建筑专用设备制造	100.4
其他传动部件制造	100.6	矿山机械制造	99.4
钢铁铰接链(工业链条)	97.1	采掘、凿岩设备	99.5
其他齿轮、传动和驱动部件及零件	101.2	矿山用牵引车及其矿车	96.8
烘炉、风机、包装等设备制造	101.5	矿山设备专用配套件及其他矿山专用设备	101.2
风机、风扇制造	107.8	石油钻采专用设备制造	99.8
离心式通风机	107.8	石油钻探、开采专用设备零件及其他石油钻采专用设备	99.8
气体、液体分离及纯净设备制造	101.2	建筑工程用机械制造	100.7
气体、液体分离及纯净设备	101.2	挖掘、铲土运输机械	100.7
制冷、空调设备制造	99.5	压实机械	100.5
工商用制冷设备	104.7	建筑材料生产专用机械制造	102.0
中央空调冷水/热泵机组	99.1	水泥专用设备	102.0
制冷、空调设备零部件	97.2	冶金专用设备制造	98.6
风动和电动工具制造	103.0	冶金专用设备配套件及其他冶金专用设备	98.6
电动手提式工具	103.0	化工、木材、非金属加工专用设备制造	98.3
包装专用设备制造	97.8	炼油、化工生产专用设备制造	95.9
容器装封、贴标签及包封机	97.8	反应器(釜)	95.5
文化、办公用机械制造	104.6	热交换装置	102.8
幻灯及投影设备制造	104.7	其他炼油、化工生产专用设备制造业	95.0
照相机及器材制造	102.8	塑料加工专用设备制造	99.7
复印和胶印设备制造	105.2	模具制造	98.9
通用零部件制造	99.8	金属、硬质合金用型模	98.8
紧固件制造	96.6	塑料用模具	98.9

7-10 续表 9

（上年＝100）

项目名称	指 数
食品、饮料、烟草及饲料生产专用设备制造	103.9
食品、酒、饮料及茶生产专用设备制造	103.6
食品制造机械	103.6
农副食品加工专用设备制造	104.0
磨粉机械	104.0
印刷、制药、日化及日用品生产专用设备制造	100.5
制浆和造纸专用设备制造	101.2
其他制浆和造纸专用设备及零件	101.2
印刷专用设备制造	100.0
印刷机设备	100.0
纺织、服装和皮革加工专用设备制造	102.4
纺织专用设备制造	102.4
电子和电工机械专用设备制造	100.6
电工机械专用设备制造	97.7
电子元器件与机电组件设备制造	103.2
农、林、牧、渔专用机械制造	100.3
拖拉机制造	98.0
中型拖拉机	98.0
机械化农业及园艺机具制造	100.8
农作物收获机械	102.1
其他机械化农业及园艺机具制造	99.9
医疗仪器设备及器械制造	101.1
医疗诊断、监护及治疗设备制造	100.0
X射线诊断设备	100.0
医疗、外科及兽医用器械制造	101.0
注射穿刺器械	99.2
手术室、急救室、诊疗室设备及器具	101.8
外科手术器械	101.7
康复辅具制造	103.9
眼镜制造	98.7
眼镜片	98.7
其他医疗设备及器械制造	104.1
其他医疗设备和器械	104.1
环保、邮政、社会公共服务及其他专用设备制造	101.6
环境保护专用设备制造	101.4
大气污染防治设备	103.2
水质污染防治设备	93.9
社会公共安全设备及器材制造	97.6
其他社会公共安全设备及器材制造业	97.6
其他专用设备制造	104.6
汽车制造业	99.0
汽车整车制造	99.3
汽柴油车整车制造	99.4
基本型乘用车(轿车)	98.7
运动型多用途乘用车(SUV)	100.0
新能源车整车制造	98.3
新能源公交汽车	98.3
汽车用发动机制造	100.6
改装汽车制造	100.8
汽车车身、挂车制造	100.5
挂车及半挂车零件	100.5
汽车零部件及配件制造	98.8
车身以及零配件	98.2
底盘以及零配件	97.6
汽车电子制造	99.9
汽车通用件	99.8
铁路、船舶、航空航天和其他运输设备制造业	102.2
铁路运输设备制造	96.6
高铁设备、配件制造	95.3
铁路机车车辆配件制造	99.4
铁路车辆车身及其零件	101.0
其他铁路机车车辆配件	96.9
城市轨道交通设备制造	100.9
城市轨道交通器材配件制造业	100.9

7-10 续表 10

（上年＝100）

项目名称	指 数
船舶及相关装置制造	105.4
金属船舶制造	108.8
民用钢质船舶	113.8
钢质机动货船	102.1
船用配套设备制造	102.8
海洋工程装备制造	99.7
航空、航天器及设备制造	105.4
飞机制造	105.4
摩托车制造	99.5
摩托车整车制造	97.1
两轮摩托车	97.2
三轮摩托车	96.9
摩托车零部件及配件制造	102.6
自行车和残疾人座车制造	100.5
自行车制造	100.5
助动车制造	101.5
电气机械和器材制造业	96.3
电机制造	97.3
发电机及发电机组制造	97.4
风力发电机组	99.3
内燃发电机组	99.9
电机及发电机组专用零件	93.8
电动机制造	95.4
直流电动机	99.2
交流电动机	95.0
其他电机及零件	94.9
微特电机及组件制造	96.3
控制微电机	96.3
其他电机制造	100.4
输配电及控制设备制造	91.0
变压器、整流器和电感器制造	99.5
变压器	96.4
静止式变流器	103.4
其他变压器、整流器和电感器	98.5
配电开关控制设备制造	98.8
高压电路开关、保护电器装置	98.9
低压开关、保护控制装置	98.6
电力控制或电力分配装置	99.7
其他配电开关控制设备	98.5
电力电子元器件制造	97.3
电力连接装置	106.4
其他电力电子元器件	97.0
光伏设备及元器件制造	82.5
其他输配电及控制设备制造	97.0
电线、电缆、光缆及电工器材制造	102.6
电线、电缆制造	103.4
绝缘电线	96.1
专用电缆	100.6
其他电线、电缆	110.5
光纤制造	97.6
光缆制造	101.4
绝缘制品制造	97.8
其他电工器材制造	98.3
电池制造	95.6
锂离子电池制造	95.2
铅蓄电池制造	98.9
其他电池制造	95.6
电池零部件	95.6
家用电力器具制造	97.1
家用制冷电器具制造	96.5
家用清洁卫生电器具制造	97.6
家用洗衣机	95.9
电热水器	100.3
家用清洁器具	102.4
家用电力器具专用配件制造	97.1
家用空调设备零件	98.2
家用电冰箱用配件	94.6
家用洗衣机用配件	97.8
非电力家用器具制造	100.0
燃气及类似能源家用器具制造	100.7
太阳能器具制造	99.5
照明器具制造	99.8
电光源制造	96.8
半导体发光器件	96.8
照明灯具制造	100.2
户外照明用灯具及装置	99.5
机动车辆用电气照明装置	101.7
其他照明灯具	97.4
灯用电器附件及其他照明器具制造	102.6
电光源、灯具及照明装置零件	102.6
其他电气机械及器材制造	106.6
其他未列明电气机械及器材制造	106.6
计算机、通信和其他电子设备制造业	99.7
计算机制造	101.1
计算机整机制造	102.2
微型计算机设备	102.2
计算机零部件制造	95.7
计算机外围设备制造	103.8
输入设备及装置	103.9
外存储设备及部件	103.9
输出设备及装置	102.3
其他计算制造	103.0
网络连接设备	103.0
通信设备制造	103.4

7-10 续表 11

(上年＝100)

项目名称	指 数	项目名称	指 数
通信系统设备制造	100.6	其他电子设备制造	96.2
卫星通信设备	102.7	仪器仪表制造业	101.4
微波通信设备	96.9	通用仪器仪表制造	101.2
其他通信系统设备	100.9	工业自动控制系统装置制造	101.4
通信终端设备制造	105.4	工业自动控制系统	101.4
移动通信手持机(手机)	105.8	普通压力仪表	103.5
移动通信终端设备零件	99.9	其他工业自动控制系统装置	98.1
广播电视设备制造	95.7	电工仪器仪表制造	100.3
广播电视接收设备制造	93.4	其他电工仪器仪表	100.3
应用电视设备及其他广播电视设备制	103.9	绘图、计算及测量仪器制造	101.1
非专业视听设备制造	94.8	量具	101.1
电视机制造	92.1	供应用仪器仪表制造	100.3
液晶(LCD)电视机	92.1	电能表	100.3
音响设备制造	99.7	光学仪器制造	103.9
汽车用音响设备	99.7	其他光学仪器及零件、附件	103.9
智能消费设备制造	101.7	其他仪器仪表制造业	101.5
智能车载设备制造	97.3	其他制造业	100.3
其他智能消费设备制造	103.9	日用杂品制造	102.0
电子器件制造	100.7	鬃毛加工、制刷及清扫工具制造	102.0
半导体分立器件制造	97.2	刷子类制品	102.0
半导体二极管、三极管	97.2	其他未列明制造业	96.3
集成电路制造	106.4	废弃资源综合利用业	93.0
集成电路成品	92.0	金属废料和碎屑加工处理	93.0
集成电路圆片	111.2	熔炼用废钢	91.5
集成电路封装测试系列	104.5	有色金属废料与碎屑	101.0
显示器件制造	99.5	金属制品、机械和设备修理业	100.0
半导体照明器件制造	104.7	铁路、船舶、航空航天等运输设备修理	100.0
光电子器件制造	97.6	船舶修理	100.0
发光器件	97.6	电力、热力生产和供应业	97.7
其他电子器件制造	99.0	电力生产	99.8
电子元件及电子专用材料制造	96.4	火力发电	99.9
电阻电容电感元件制造	97.2	热电联产	99.8
电容器	113.2	电力供应	96.6
电阻器及电阻网络	99.0	热力生产和供应	93.4
电子元件、组件零件	90.0	燃气生产和供应业	99.1
电子电路制造	98.1	燃气生产和供应业	99.1
刚性印制电路板	96.3	天然气生产和供应业	99.9
挠性印制电路板	101.2	天然气供应	99.9
其他印制电路板	101.7	液化石油气生产和供应业	95.5
敏感元件及传感器制造	99.2	水的生产和供应业	99.5
传感器	99.2	自来水生产和供应	99.9
电声器件及零件制造	94.5	自来水生产	100.1
电子专用材料制造	81.3	自来水供应	99.9
电子半导体材料	81.3	污水处理及其再生利用	98.3
其他电子元件制造	103.0	污水的处理及深度净化	98.3
连接器与线缆组件	103.0		

7-11　各月分类工业生产者

（上年同期=100）

项目名称	全年	1月	2月	3月	4月
总 指 数	**96.4**	**99.1**	**98.7**	**97.7**	**96.3**
按初级中间最终产品分					
初级产品	94.5	104.1	105.0	100.7	94.3
农产品	94.8	104.0	102.2	99.9	96.8
矿产品	94.9	105.8	108.6	102.4	94.3
废料	89.6	91.2	88.8	90.1	85.4
中间产品	96.7	98.3	97.6	97.2	96.6
九大类原材料购进价格指数					
燃料、动力类	94.5	107.2	107.0	100.8	94.8
黑色金属材料类	94.4	92.7	93.9	94.0	93.4
钢材	93.4	93.1	93.2	93.6	93.4
其他	96.5	91.3	95.3	94.5	92.4
有色金属材料及电线类	101.0	99.2	99.2	99.2	98.0
化工原料类	91.2	92.7	92.4	91.6	90.5
木材及纸浆类	97.4	103.2	102.0	102.1	100.5
建筑材料类及非金属类	91.1	90.1	91.1	90.7	92.0
其他工业原材料及半成品类	99.1	100.8	99.7	100.0	99.7
农副产品类	93.1	103.6	101.4	97.8	94.5
纺织原料类	97.2	97.1	96.6	95.9	95.8

购进价格同比指数(2023年)

5月	6月	7月	8月	9月	10月	11月	12月
94.9	**93.6**	**94.1**	**95.6**	**97.0**	**96.9**	**96.6**	**96.7**
90.3	87.7	88.3	91.1	94.1	93.8	93.2	92.8
95.3	92.0	92.3	92.2	92.8	90.7	90.0	90.4
89.2	86.4	86.3	90.4	94.8	95.4	94.3	93.6
80.4	81.7	87.6	92.3	93.2	94.4	98.0	96.2
95.7	94.7	95.2	96.3	97.5	97.4	97.2	97.3
92.6	89.1	87.1	89.5	91.5	93.2	92.3	91.3
9[illegible].0	90.6	92.1	93.5	96.0	96.8	98.8	100.1
93.0	91.8	92.2	92.7	93.6	93.5	94.8	95.6
88.7	86.8	91.4	95.2	102.1	105.2	109.3	112.1
95.[illegible]	96.9	101.9	105.7	108.2	105.7	102.4	101.2
88.5	86.6	86.3	90.0	93.2	93.6	94.5	95.7
100.7	97.7	95.2	93.9	93.5	93.3	93.7	93.8
91.7	91.5	91.5	91.1	91.4	90.8	90.6	90.8
98.7	98.4	98.9	99.0	99.3	98.9	98.3	98.1
92.6	88.9	89.6	90.4	91.1	89.5	89.0	89.7
95.6	95.5	96.0	96.9	98.6	99.4	99.5	99.8

7-12 各月分类工业生产者

(上月=100)

项目名称	全年	1月	2月	3月	4月
总指数	**96.7**	**99.5**	**99.8**	**100.2**	**99.6**
按初级中间最终产品分					
初级产品	92.8	99.8	100.4	99.5	98.1
农产品	90.4	99.4	98.9	99.9	98.3
矿产品	93.6	99.8	101.2	99.1	98.1
废料	96.2	101.4	101.0	101.0	98.1
中间产品	97.3	99.4	99.7	100.3	99.9
九大类原材料购进价格指数					
燃料、动力类	91.3	97.9	99.7	98.4	98.2
黑色金属材料类	100.1	100.7	100.8	100.5	100.7
钢材	95.6	99.5	99.9	99.9	99.8
其他	112.1	103.8	103.0	101.9	102.7
有色金属材料及电线类	101.2	101.0	101.7	102.3	99.2
化工原料类	95.7	98.8	100.1	100.3	99.5
木材及纸浆类	93.8	100.0	99.0	100.1	98.9
建筑材料类及非金属类	90.8	98.4	99.5	99.5	100.8
其他工业原材料及半成品类	98.1	99.5	99.2	100.3	100.0
农副产品类	89.7	99.3	98.6	99.3	98.1
纺织原料类	99.8	99.5	99.7	99.8	100.0

购进价格环比指数(2023年)

5月	6月	7月	8月	9月	10月	11月	12月
99.2	**99.0**	**99.4**	**100.1**	**100.4**	**100.1**	**99.6**	**99.6**
96.7	97.8	99.2	100.2	101.4	100.9	99.5	99.2
98.8	97.6	100.9	98.5	100.5	98.0	99.6	99.6
95.8	97.8	98.3	101.1	102.0	102.5	99.4	98.8
95.5	99.3	99.1	100.1	100.2	100.0	99.9	100.8
99.6	99.2	99.5	100.1	100.3	100.0	99.7	99.7
98.9	98.1	97.8	101.5	100.2	102.5	99.9	98.1
99.2	98.2	99.6	99.0	100.2	100.1	100.8	100.5
99.9	98.8	99.7	98.9	99.4	99.1	100.3	100.3
97.5	96.7	99.5	99.2	102.1	102.4	101.8	101.2
97.8	100.0	100.6	101.1	100.5	99.0	98.6	99.5
98.7	98.3	98.2	100.6	101.7	101.0	99.0	99.5
99.7	98.4	98.9	99.0	99.6	99.9	100.3	99.8
99.6	97.8	97.4	98.3	99.2	100.0	100.3	99.7
99.8	99.9	100.1	99.9	100.4	99.8	99.6	99.7
98.3	97.6	100.5	99.0	100.5	98.3	99.6	99.7
100.[illegible]	100.0	100.0	100.4	100.6	99.9	99.7	100.2

7-13 各月分类工业生产者

(2020年=100)

项目名称	全年	1月	2月	3月	4月
总 指 数	**116.1**	**118.0**	**117.7**	**117.9**	**117.5**
按初级中间最终产品分					
初级产品	137.7	144.4	145.0	144.3	141.6
农产品	118.1	124.4	123.0	122.9	120.8
矿产品	151.2	158.5	160.3	158.8	155.7
废料	112.3	116.3	117.4	118.6	116.4
中间产品	112.4	113.6	113.3	113.6	113.4
九大类原材料购进价格指数					
燃料、动力类	144.9	152.1	151.6	149.1	146.5
黑色金属材料类	110.3	110.7	111.5	112.1	112.8
钢材	107.7	109.9	109.8	109.7	109.5
其他	116.0	111.7	115.0	117.3	120.5
有色金属材料及电线类	133.3	131.0	133.2	136.3	135.2
化工原料类	113.5	115.8	115.8	116.3	115.7
木材及纸浆类	108.9	113.3	112.1	112.3	111.0
建筑材料类及非金属类	100.6	104.7	104.2	103.7	104.5
其他工业原材料及半成品类	107.0	107.8	107.0	107.2	107.2
农副产品类	119.0	126.4	124.6	123.7	121.3
纺织原料类	105.2	105.3	105.0	104.8	104.8

购进价格定基指数(2023年)

5月	6月	7月	8月	9月	10月	11月	12月
116.5	**115.4**	**114.8**	**114.8**	**115.4**	**115.5**	**115.1**	**114.6**
136.9	133.9	132.8	133.0	134.8	136.0	135.4	134.3
119.4	116.5	117.5	115.8	116.3	114.0	113.5	113.1
149.2	145.8	143.3	144.8	147.7	151.4	150.5	148.7
111.1	110.3	109.3	109.4	109.6	109.5	109.4	110.3
113.0	112.1	111.6	111.6	111.9	112.0	111.6	111.2
144.9	142.1	139.0	141.0	141.3	144.9	144.7	141.9
111.9	109.9	109.5	108.4	108.6	108.7	109.5	110.1
109.4	108.1	107.8	106.6	106.0	105.0	105.4	105.6
117.4	113.5	112.9	112.0	114.4	117.2	119.2	120.6
132.3	132.3	133.1	134.5	135.2	133.8	132.0	131.3
114.1	112.2	110.2	110.8	112.7	113.8	112.7	112.2
110.7	108.9	107.6	106.5	106.1	106.1	106.4	106.2
104.1	101.8	99.2	97.5	96.7	96.7	97.0	96.7
107.0	106.9	106.9	106.8	107.2	107.0	106.5	106.2
119.8	117.0	117.6	116.4	117.0	115.0	114.5	114.2
104.8	104.8	104.8	105.3	105.8	105.8	105.4	105.6

7-14 工业生产者购进价格完整同比指数(2023年)

(上年＝100)

项目名称	指　数	项目名称	指　数
农业	93.4	猪的饲养	90.7
谷物种植	102.0	羊的饲养	100.0
稻谷种植	101.3	家禽饲养	101.5
小麦种植	99.3	鸡的饲养	100.4
玉米种植	100.5	鸭的饲养	102.5
其他谷物种植	113.9	其他畜牧业	98.6
高粱	111.7	天然蜂蜜及副产品	93.6
大麦	115.2	蚕茧	101.5
豆类、油料和薯类种植	90.5	渔业	111.5
豆类种植	89.7	水产养殖	111.5
大豆	89.7	海水养殖	111.5
油料种植	106.2	煤炭开采和洗选业	87.9
油菜籽	106.2	烟煤和无烟煤开采洗选	86.9
薯类种植	103.4	无烟煤开采洗选	87.7
木薯	103.4	烟煤开采洗选	86.8
棉、麻、糖、烟草种植	95.1	其他煤炭采选	104.5
棉花种植	94.9	石油和天然气开采业	91.0
糖料种植	96.7	石油开采	91.0
其他糖料	96.7	陆地石油开采	92.6
蔬菜、食用菌及园艺作物种植	95.5	海洋石油开采	85.9
蔬菜种植	95.5	天然气开采	87.1
中药材种植	100.6	陆地天然气开采	87.1
林业	93.1	黑色金属矿采选业	95.0
木材和竹材采运	100.2	铁矿采选	95.0
木材采运	100.2	铁矿石成品矿	95.3
非针叶原木	100.5	铁矿石原矿	93.6
其他木材	99.8	其他黑色金属矿采选	75.9
林产品采集	88.9	有色金属矿采选业	122.4
非木竹材林产品采集	88.9	常用有色金属矿采选	100.7
天然橡胶	87.6	其他常用有色金属矿采选	100.7
天然树脂、树胶、栲胶原料	99.3	钛矿	100.7
畜牧业	98.8	稀有稀土金属矿采选	140.4
牲畜饲养	95.4	钨钼矿采选	140.4
牛的饲养	96.9	钼矿	140.4

7-14 续表 1

（上年＝100）

项目名称	指　数	项目名称	指　数
非金属矿采选业	87.9	水产品加工	107.6
土砂石开采	88.6	其他水产品加工	107.6
石灰石、石膏开采	96.8	蔬菜、菌类、水果和坚果加工	102.8
石灰石	95.0	蔬菜加工	100.7
石膏类	103.1	水果和坚果加工	105.8
建筑装饰用石开采	95.1	其他农副食品加工	97.8
其他建筑用石料	95.1	淀粉及淀粉制品制造	97.8
粘土及其他土砂石开采	86.8	食品制造业	93.0
粘土	100.4	乳制品制造	96.8
砂石	86.4	液体乳制造	101.4
采盐	81.9	乳粉制造	93.1
井盐	81.9	调味品、发酵制品制造	96.6
石棉及其他非金属矿采选	100.8	其他调味品、发酵制品制造	96.6
其他未列明非金属矿采选	100.8	发酵类制品	96.6
农副食品加工业	89.0	其他食品制造	87.7
谷物磨制	100.8	食品及饲料添加剂制造	87.7
稻谷加工	102.1	食品添加剂	87.7
小麦加工	100.0	酒、饮料和精制茶制造业	111.8
饲料加工	111.6	酒的制造	98.2
其他饲料加工	111.6	酒精制造	98.2
配合饲料	105.2	饮料制造	114.8
动物源性饲料	120.8	果菜汁及果菜汁饮料制造	122.6
水产饲料制造	121.9	固体饮料制造	98.2
植物油加工	79.7	纺织业	97.2
食用植物油加工	79.6	棉纺织及印染精加工	95.7
毛油(初榨植物油)	79.9	棉纺纱加工	92.5
食用植物油	78.8	已梳皮棉	87.1
其他食用植物油	85.1	纱	96.5
非食用植物油加工	80.5	线	94.2
制糖业	109.4	棉织造加工	97.3
屠宰及肉类加工	98.2	布(棉布、棉混纺布、化纤布)	97.1
牲畜屠宰	92.7	其他棉织造加工	100.7
鲜、冷藏肉及冻肉	92.7	棉印染精加工	101.6
禽类屠宰	106.3	毛纺织及染整精加工	99.8

7-14 续表 2

(上年＝100)

项目名称	指数	项目名称	指数
毛条和毛纱线加工	97.6	造纸和纸制品业	96.1
毛织造加工	100.1	纸浆制造	97.4
毛机织物(呢绒)	99.9	木竹浆制造	97.4
特种羊毛或动物细毛织物	103.0	造纸	94.9
麻纺织及染整精加工	118.8	机制纸及纸板制造	93.7
麻纤维纺前加工和纺纱	118.8	未涂布印刷书写用纸	99.6
丝绢纺织及印染精加工	110.0	其他机制纸及纸板	93.2
缫丝加工	111.9	加工纸制造	99.8
绢纺和丝织加工	100.6	纸制品制造	94.1
家用纺织制成品制造	98.7	纸和纸板容器制造	92.7
其他家用纺织制成品制造	98.7	其他纸制品制造	96.4
产业用纺织制成品制造	93.4	其他纸制品	96.4
非织造布制造	99.3	印刷和记录媒介复制业	100.6
纺织带和帘子布制造	89.4	印刷	100.6
其他产业用纺织制成品制造	99.5	包装装潢及其他印刷	100.6
皮革、毛皮、羽毛及其制品和制鞋业	103.8	塑料印刷品	95.8
皮革鞣制加工	100.0	其他包装装潢及印刷	102.3
成品革	100.0	石油、煤炭及其他燃料加工业	89.8
毛皮鞣制及制品加工	102.2	精炼石油产品制造	94.5
毛皮鞣制加工	102.2	原油加工及石油制品制造	94.5
羽毛(绒)加工及制品制造	104.2	柴油	95.3
羽毛(绒)加工	104.2	润滑油	101.1
制鞋业	98.1	燃料油	103.2
橡胶鞋制造	98.1	液化石油气	89.7
木材加工和木、竹、藤、棕、草制品业	97.9	石油沥青	98.8
木材加工	97.1	石蜡	101.6
锯材加工	95.7	其他原油加工及石油制品制造	93.8
木片加工	97.6	煤炭加工	78.7
单板加工	96.6	炼焦	78.7
人造板制造	98.2	焦炭	78.7
胶合板制造	98.7	化学原料和化学制品制造业	89.5
纤维板制造	97.9	基础化学原料制造	89.2
刨花板制造	97.8	无机酸制造	73.0
其他人造板制造	98.7	硫酸	46.1

7-14 续表 3

（上年＝100）

项目名称	指 数	项目名称	指 数
盐酸	70.0	肥料制造	85.2
其他无机酸产品	79.3	氮肥制造	86.1
无机碱制造	92.2	磷肥制造	87.2
烧碱	85.5	钾肥制造	83.3
纯碱类	96.1	复混肥料制造	85.0
其他无机碱产品	96.9	农药制造	72.9
无机盐制造	86.6	化学农药制造	72.9
非金属卤化物及硫化物	85.6	杀虫(杀螨)用原药及制剂	78.8
氯化物及其盐	78.6	除草用原药及制剂	71.0
氰化物、氧氰化物及氰络合物	96.6	涂料、油墨、颜料及类似产品制造	95.1
碳化物及碳酸盐	90.9	涂料制造	96.7
贵金属化合物	103.0	水性涂料	100.9
稀土化合物	88.1	非水性涂料	96.1
有机化学原料制造	89.2	建筑涂料	66.1
链烯烃	91.9	涂料辅助材料	98.8
芳烃	95.7	油墨及类似产品制造	100.0
无环烃不饱和氯化衍生物	68.8	印刷油墨	100.0
烃磺化、硝化或亚硝化衍生物	80.0	工业颜料制造	91.9
无环醇及其衍生物	83.6	无机颜料	91.7
酚	77.4	其他颜料及类似产品	92.3
羧酸及其衍生物	83.1	染料制造	92.0
氨基化合物	79.6	合成材料制造	89.7
醚	82.4	初级形态塑料及合成树脂制造	86.1
醛	87.8	合成橡胶制造	80.5
酮	76.8	丁苯橡胶	96.1
有机一无机化合物	87.8	其他合成橡胶	80.3
其他有机化学原料	82.9	合成纤维单(聚合)体制造	90.9
其他基础化学原料制造	89.2	合成纤维单体	91.0
金属氧化物	88.5	合成纤维聚合物	87.4
非金属基础化学品	99.7	其他合成材料制造	92.3
气体及稀有气体	99.9	专用化学产品制造	92.6
硫磺	50.1	化学试剂和助剂制造	96.0
磷	75.4	化学试剂	103.0
其他未列明基础化学原料	94.5	塑料助剂	88.5

7-14 续表 4

(上年＝100)

项目名称	指 数	项目名称	指 数
纺织工业用整理剂、助剂	91.5	橡胶和塑料制品业	94.6
炭黑	97.2	橡胶制品业	100.9
其他化学试剂和助剂	97.6	轮胎制造	100.8
专项化学用品制造	90.8	轮胎外胎	100.8
矿物油用配制添加剂	98.6	橡胶板、管、带制造	101.7
工业用脂肪酸	87.3	橡胶传动带	101.7
表面活性剂	90.5	橡胶零件制造	99.4
其他专项化学用品制造	85.8	日用及医用橡胶制品制造	97.1
文化用信息化学品制造	89.8	其他橡胶制品制造	106.0
其他专用化学产品制造	86.9	塑料制品业	94.5
日用化学产品制造	99.9	塑料薄膜制造	93.7
香料、香精制造	99.9	塑料板、管、型材制造	93.5
医药制造业	101.1	塑料板、片	93.4
化学药品原料药制造	101.2	塑料管及附件	98.0
抗菌素(抗感染药)	107.7	其他塑料板、管、型材	81.5
消化系统用药	102.9	塑料丝、绳及编织品制造	98.9
中枢神经系统用药	103.9	泡沫塑料制造	92.3
抗肿瘤药	97.6	塑料人造革、合成革制造	100.2
心血管系统用药	101.7	塑料包装箱及容器制造	97.9
血液系统用药	77.6	塑料零件及其他塑料制品制造	96.0
其他化学药品原料药	100.3	汽车或类似品塑料配件	100.0
生物药品制品制造	100.5	医疗卫生用塑料制品	94.3
生物药品制造	100.5	塑料粒料	93.6
化学纤维制造业	92.9	其他塑料零件	98.8
纤维素纤维原料及纤维制造	93.4	其他未列明塑料制品	110.0
化纤浆粕制造	92.4	非金属矿物制品业	92.4
人造纤维(纤维素纤维)制造	98.0	水泥、石灰和石膏制造	81.0
合成纤维制造	92.0	水泥制造	80.8
锦纶纤维制造	92.0	通用硅酸盐水泥	80.2
涤纶纤维制造	92.7	硅酸盐水泥熟料	81.2
腈纶纤维制造	87.2	石灰和石膏制造	89.5
丙纶纤维制造	96.8	熟石膏	89.5
氨纶纤维制造	74.5	砖瓦、石材等建筑材料制造	93.4
其他合成纤维制造	97.7	其他建筑材料制造	93.4

7-14 续表 5

(上年＝100)

项目名称	指　数	项目名称	指　数
玻璃制造	99.0	钢压延加工	93.2
平板玻璃制造	98.7	轧制锻造钢坯	94.4
特种玻璃制造	99.3	大型型钢	86.7
其他玻璃制造	100.1	中小型型钢	89.2
玻璃制品制造	100.9	棒材	93.4
技术玻璃制品制造	102.5	钢筋(线材)	87.7
光学玻璃制造	99.6	厚钢板	91.4
玻璃包装容器制造	99.5	中板	91.9
其他玻璃制品制造	105.9	热轧薄板	92.1
玻璃纤维和玻璃纤维增强塑料制品制造	92.3	冷轧薄板	90.9
玻璃纤维及制品制造	92.3	热轧薄宽钢带	85.8
玻璃纤维纱	91.4	冷轧薄宽钢带	93.7
玻璃纤维布	92.0	热轧窄钢带	94.9
其他玻璃纤维制品	96.2	冷轧窄钢带	89.9
玻璃纤维增强塑料制品制造	90.7	镀层板带	95.9
陶瓷制品制造	100.8	电工钢板带	83.3
特种陶瓷制品制造	100.8	无缝钢管	93.2
耐火材料制品制造	101.8	焊接钢管	90.1
耐火陶瓷制品及其他耐火材料制造	101.8	其他钢材	95.8
其他耐火材料制品	101.8	铁合金冶炼	87.5
石墨及其他非金属矿物制品制造	99.5	普通铁合金	90.4
石墨及碳素制品制造	119.5	特种铁合金	96.6
石墨制品	119.5	其他铁合金	82.1
其他非金属矿物制品制造	97.8	有色金属冶炼和压延加工业	98.6
磨料	95.0	常用有色金属冶炼	100.3
沥青、泥炭	98.5	铜冶炼	101.9
其他非金属矿物制品	98.3	粗铜	111.5
黑色金属冶炼和压延加工业	93.1	精炼铜(电解铜)	101.7
炼铁	88.3	铅锌冶炼	100.1
生铁	86.8	铅	102.9
其他炼铁产品	95.0	锌	89.1
炼钢	93.5	镍钴冶炼	87.6
非合金钢粗钢	90.3	镍	97.4
合金钢粗钢	94.5	钴	70.7

7-14 续表 6

(上年=100)

项目名称	指 数	项目名称	指 数
铝冶炼	94.5	金属丝绳及其制品制造	99.4
氧化铝	96.4	钢丝	93.7
原铝(电解铝)	94.5	铜丝	99.8
再生铝	92.7	钢丝绳	95.4
贵金属冶炼	101.9	其他金属丝绳及其制品	100.6
金冶炼	114.7	建筑、安全用金属制品制造	100.8
矿山成品金	114.7	建筑装饰及水暖管道零件制造	100.8
银冶炼	115.2	金属建筑装饰材料	100.8
其他贵金属冶炼	79.5	金属制日用品制造	99.3
稀有稀土金属冶炼	91.2	其他金属制日用品制造	99.3
稀土金属冶炼	91.2	铸造及其他金属制品制造	98.3
混合稀土金属	91.2	黑色金属铸造	97.1
有色金属合金制造	94.6	铸铁件	96.9
常用有色金属合金	94.6	铸钢件	97.5
硬质合金	102.0	铸铁管及其附件	94.5
其他有色金属合金	93.0	有色金属铸造	99.9
有色金属压延加工	96.6	锻件及粉末冶金制品制造	99.2
铜压延加工	97.7	锻件	98.7
铝压延加工	94.4	冲压件、钣金件	100.1
铝材	94.4	其他未列明金属制品制造	99.9
铝盘条、铝粉及片状粉末	93.5	通用设备制造业	100.5
其他有色金属压延加工	94.8	锅炉及原动设备制造	99.2
金属制品业	98.7	内燃机及配件制造	99.2
结构性金属制品制造	97.5	船舶用汽、柴油发动机	101.6
金属结构制造	97.5	内燃机零部件及配件	98.0
钢结构	100.1	其他内燃机	98.9
钢铁结构体部件、加工钢材	96.6	金属加工机械制造	98.4
金属工具制造	98.9	机床功能部件及附件制造	98.4
其他金属工具制造	98.9	泵、阀门、压缩机及类似机械制造	99.5
集装箱及金属包装容器制造	92.4	泵及真空设备制造	98.0
金属包装容器及材料制造	92.4	气体压缩机械制造	101.2
钢铁制包装容器	92.6	空调压缩机	101.8
铝制包装容器	91.8	冰箱压缩机	101.7
其他金属包装容器	89.8	其他气体压缩机械及零件	97.8

7-14 续表 7

(上年=100)

项目名称	指　数	项目名称	指　数
阀门和旋塞制造	101.4	环保、邮政、社会公共服务及其他专用设备制造	97.8
液压动力机械及元件制造	98.7	其他专用设备制造	97.8
液压元件	98.4	汽车制造业	100.7
液压系统及装置	100.8	汽车用发动机制造	104.6
液力动力机械及元件制造	100.9	汽车车身、挂车制造	107.5
气压动力机械及元件制造	100.4	汽车车身	107.5
轴承、齿轮和传动部件制造	99.2	汽车零部件及配件制造	99.3
滚动轴承制造	98.6	车身以及零配件	99.4
滑动轴承制造	101.1	底盘以及零配件	98.2
齿轮及齿轮减、变速箱制造	99.6	汽车电子制造	100.8
齿轮传动轴	99.1	汽车通用件	99.3
齿轮	100.8	新能源汽车专用配件	91.5
齿轮传动装置(齿轮箱)	99.6	铁路、船舶、航空航天和其他运输设备制造业	99.3
其他传动部件制造	98.4	铁路运输设备制造	100.4
其他齿轮、传动和驱动部件及零件	98.4	铁路机车车辆配件制造	100.4
烘炉、风机、包装等设备制造	101.9	其他铁路机车车辆配件	100.4
制冷、空调设备制造	101.9	船舶及相关装置制造	102.3
工商用空调设备	99.5	船用配套设备制造	102.3
制冷、空调设备零部件	102.4	摩托车制造	101.0
文化、办公用机械制造	104.9	摩托车零部件及配件制造	101.0
照相机及器材制造	101.5	自行车和残疾人座车制造	99.2
复印和胶印设备制造	108.5	自行车制造	99.2
通用零部件制造	101.5	助动车制造	94.7
金属密封件制造	100.0	电气机械和器材制造业	97.3
紧固件制造	96.9	电机制造	100.6
钢铁制紧固件	101.0	发电机及发电机组制造	101.9
其他金属紧固件	95.8	交流发电机	98.6
其他通用零部件制造	102.3	直流发电机	100.6
其他通用设备制造业	101.0	电机及发电机组专用零件	102.2
工业机器人制造	101.0	电动机制造	98.1
专用设备制造业	98.3	直流电动机	103.2
医疗仪器设备及器械制造	99.0	交流电动机	97.3
医疗诊断、监护及治疗设备制造	99.0	交直流两用电动机	97.2
X射线其他附属设备及部件	99.0	其他电机及零件	98.0

7-14 续表 8

(上年＝100)

项目名称	指 数	项目名称	指 数
微特电机及组件制造	99.3	照明器具制造	99.0
驱动微电机	99.3	电光源制造	99.1
其他电机制造	98.7	半导体发光器件	98.8
输配电及控制设备制造	92.8	其他电光源、灯具零件	100.2
变压器、整流器和电感器制造	99.9	照明灯具制造	92.8
变压器	98.0	其他照明灯具	92.8
静止式变流器	111.4	灯用电器附件及其他照明器具制造	99.2
电感器	97.3	电光源、灯具及照明装置零件	99.2
其他变压器、整流器和电感器	99.4	其他电气机械及器材制造	103.6
电容器及其配套设备制造	90.5	其他未列明电气机械及器材制造	103.6
电力电容器	90.5	计算机、通信和其他电子设备制造业	99.5
配电开关控制设备制造	99.8	计算机制造	99.7
高压电路开关、保护电器装置	97.7	计算机整机制造	100.0
低压开关、保护控制装置	101.4	微型计算机设备	100.0
电力控制或电力分配装置	100.7	计算机零部件制造	97.2
其他配电开关控制设备	99.4	计算机外围设备制造	104.9
电力电子元器件制造	98.3	外存储设备及部件	104.9
电力连接装置	99.5	输出设备及装置	105.5
其他电力电子元器件	98.3	通信设备制造	97.4
光伏设备及元器件制造	83.1	通信终端设备制造	97.4
电线、电缆、光缆及电工器材制造	98.8	移动通信终端设备零件	97.4
电线、电缆制造	99.2	电子器件制造	99.4
绝缘电线	98.0	半导体分立器件制造	102.1
其他电线、电缆	99.6	半导体二极管、三极管	101.3
光纤制造	97.0	其他半导体分立器件	108.2
其他电工器材制造	99.0	集成电路制造	98.4
电池制造	101.2	集成电路成品	100.1
锂离子电池制造	99.5	集成电路圆片	99.2
其他电池制造	102.1	集成电路封装测试系列	88.8
电池零部件	105.1	其他集成电路	98.9
其他电池及类似品	93.3	显示器件制造	99.3
家用电力器具制造	93.9	半导体照明器件制造	97.2
家用电力器具专用配件制造	93.9	光电子器件制造	88.7
其他家用电力器具专用配件	93.9	激光器件	98.2

7-14 续表 9

(上年＝100)

项目名称	指数	项目名称	指数
发光器件	87.6	其他通用仪器制造	99.3
其他电子器件制造	103.3	光学仪器制造	100.9
电子元件及电子专用材料制造	99.4	其他光学仪器及零件、附件	100.9
电阻电容电感元件制造	99.5	废弃资源综合利用业	89.6
电容器	96.9	金属废料和碎屑加工处理	90.0
电阻器及电阻网络	72.9	熔炼用废钢	89.7
电感器件	102.1	熔炼用废铁	90.9
电子元件、组件零件	100.2	有色金属废料与碎屑	97.7
电子电路制造	107.9	其他金属废料和碎屑	99.9
刚性印制电路板	98.0	非金属废料和碎屑加工处理	87.1
挠性印制电路板	101.1	造纸废料、废纸	86.5
其他印制电路板	109.0	塑料废料	94.9
敏感元件及传感器制造	99.7	其他非金属废料和碎屑	103.6
传感器	99.7	电力、热力生产和供应业	101.9
电子专用材料制造	87.6	电力供应	103.3
磁性材料元件	92.0	热力生产和供应	100.7
电子半导体材料	87.4	燃气生产和供应业	95.2
其他电子元件制造	98.1	燃气生产和供应业	95.2
连接器与线缆组件	98.1	天然气生产和供应业	98.8
其他电子设备制造	92.7	天然气供应	98.8
仪器仪表制造业	100.8	液化石油气生产和供应业	82.2
通用仪器仪表制造	100.4	水的生产和供应业	96.1
工业自动控制系统装置制造	100.7	自来水生产和供应	99.7
执行器	100.9	自来水供应	99.7
其他工业自动控制系统装置	100.0	污水处理及其再生利用	82.4
电工仪器仪表制造	100.2	污水的处理及深度净化	82.4
其他电工仪器仪表	100.2	其他水的处理、利用与分配	98.8

7-15 南京市分月商品住宅销售

(上年同月=100)

项　目	1月	2月	3月	4月	5月
新建商品住宅	**100.2**	**99.7**	**100.1**	**101.2**	**101.5**
90平方米及以下	100.1	100.2	100.7	101.7	101.4
90～144平方米	99.8	99.5	99.6	100.6	101.1
144平方米以上	101.1	100.1	100.8	102.3	102.4
二手住宅	**97.4**	**98.7**	**99.2**	**99.7**	**99.9**
90平方米及以下	98.9	99.5	99.9	100.0	99.7
90～144平方米	96.0	97.9	98.5	99.5	100.2
144平方米以上	96.5	98.3	98.7	99.4	100.0

7-16 南京市分月商品住宅销售

(上月=100)

项　目	1月	2月	3月	4月	5月
新建商品住宅	**100.0**	**100.3**	**100.5**	**100.5**	**99.7**
90平方米及以下	99.8	100.3	100.7	100.6	99.6
90～144平方米	100.0	100.4	100.5	100.5	99.8
144平方米以上	100.1	100.0	100.7	100.5	99.6
二手住宅	**100.5**	**100.6**	**100.4**	**99.9**	**99.4**
90平方米及以下	100.6	100.2	100.3	99.9	99.3
90～144平方米	100.7	101.0	100.5	99.9	99.5
144平方米以上	100.1	100.6	100.3	100.0	99.1

价格同比指数(2023年)

6月	7月	8月	9月	10月	11月	12月
100.9	**100.5**	**99.8**	**99.5**	**99.2**	**98.0**	**96.9**
100.2	100.1	99.4	99.1	98.3	96.8	96.2
100.8	100.2	99.4	99.0	98.7	97.7	96.0
101.6	101.5	100.9	101.0	101.2	99.5	99.5
99.3	**98.3**	**97.0**	**96.0**	**95.6**	**94.6**	**93.9**
99.0	97.8	96.9	95.7	95.9	94.4	93.9
99.7	98.5	97.0	96.3	94.9	94.6	93.7
99.3	99.2	97.5	96.4	96.4	95.0	94.9

价格环比指数(2023年)

6月	7月	8月	9月	10月	11月	12月
99.8	**99.9**	**99.6**	**99.2**	**99.3**	**99.0**	**98.8**
99.5	99.9	99.5	99.4	98.5	99.2	99.2
100.0	99.7	99.6	99.1	99.2	98.9	98.3
99.7	100.5	99.9	99.5	100.0	99.2	99.8
98.9	**99.1**	**99.4**	**99.1**	**98.9**	**98.6**	**98.9**
99.1	99.0	99.7	98.8	99.6	98.0	99.1
98.7	99.0	99.1	99.2	98.1	99.3	98.6
99.1	99.8	99.4	99.8	99.1	98.4	99.1

7-17 南京市分月商品住宅销售

(上年同期=100)

项　　目	1月	2月	3月	4月	5月
新建商品住宅	**100.2**	**100.0**	**100.0**	**100.3**	**100.5**
90平方米及以下	100.1	100.1	100.3	100.7	100.8
90～144平方米	99.8	99.6	99.6	99.9	100.1
144平方米以上	101.1	100.6	100.7	101.1	101.3
二手住宅	**97.4**	**98.1**	**98.4**	**98.3**	**99.0**
90平方米及以下	98.9	99.2	99.4	99.6	99.6
90～144平方米	96.0	96.9	97.4	98.0	98.4
144平方米以上	96.5	97.4	97.8	98.2	98.6

7-18 无锡市分月商品住宅

(上年同月=100)

项　　目	1月	2月	3月	4月	5月
新建商品住宅	**99.1**	**98.8**	**98.9**	**99.5**	**99.5**
90平方米及以下	98.4	98.6	98.5	99.3	99.5
90～144平方米	99.3	99.2	99.3	99.9	99.9
144平方米以上	98.6	98.0	97.9	98.2	98.2
二手住宅	**99.7**	**100.8**	**101.0**	**101.0**	**99.8**
90平方米及以下	99.4	100.8	101.3	101.2	99.9
90～144平方米	99.9	100.9	100.8	100.8	99.7
144平方米以上	99.6	100.3	100.7	100.9	99.9

价格累计同比指数(2023年)

6月	7月	8月	9月	10月	11月	12月
100.6	**100.6**	**100.5**	**100.4**	**100.3**	**100.1**	**99.8**
100.7	100.6	100.5	100.3	100.1	99.8	99.5
100.2	100.2	100.1	100.0	99.9	99.7	99.4
101.4	101.4	101.3	101.3	101.3	101.1	101.0
99.0	**98.9**	**98.7**	**98.4**	**98.1**	**97.8**	**97.5**
99.5	99.3	99.0	98.6	98.3	98.0	97.6
98.6	98.6	98.4	98.2	97.9	97.6	97.2
98.7	98.8	98.6	98.4	98.2	97.9	97.6

销售价格同比指数(2023年)

6月	7月	8月	9月	10月	11月	12月
98.9	**98.6**	**97.9**	**98.4**	**98.7**	**98.4**	**97.6**
99.4	99.5	98.9	99.4	99.5	98.2	97.4
99.2	98.8	98.0	98.5	98.8	98.5	97.6
97.7	97.8	97.3	97.7	98.1	98.2	97.5
98.6	**97.7**	**96.9**	**96.9**	**97.2**	**96.5**	**96.0**
98.4	97.7	96.5	96.8	96.9	95.8	95.1
98.7	97.7	97.3	96.9	97.5	97.0	97.0
98.8	97.4	96.7	97.0	97.2	96.8	95.1

7-19 无锡市分月商品住宅销售

（上月=100）

项　目	1月	2月	3月	4月	5月
新建商品住宅	**99.7**	**100.3**	**100.3**	**100.4**	**99.8**
90平方米及以下	99.1	100.7	100.1	100.8	100.0
90～144平方米	100.0	100.2	100.4	100.5	99.7
144平方米以上	99.0	100.2	100.1	100.0	99.9
二手住宅	**99.6**	**101.0**	**100.7**	**99.8**	**99.6**
90平方米及以下	99.7	100.9	100.6	99.5	99.5
90～144平方米	99.6	100.9	100.9	99.9	99.5
144平方米以上	99.2	101.1	100.7	99.8	99.7

7-20 无锡市分月商品住宅销售

（上年同期=100）

项　目	1月	2月	3月	4月	5月
新建商品住宅	**99.1**	**99.0**	**98.9**	**99.1**	**99.1**
90平方米及以下	98.4	98.5	98.5	98.7	98.9
90～144平方米	99.3	99.2	99.3	99.4	99.5
144平方米以上	98.6	98.3	98.2	98.2	98.2
二手住宅	**99.7**	**100.2**	**100.5**	**100.6**	**100.4**
90平方米及以下	99.4	100.1	100.5	100.7	100.5
90～144平方米	99.9	100.4	100.5	100.6	100.4
144平方米以上	99.6	99.9	100.2	100.3	100.3

价格环比指数(2023年)

6月	7月	8月	9月	10月	11月	12月
99.6	**99.4**	**99.7**	**100.1**	**99.5**	**99.3**	**99.6**
99.9	99.3	99.9	100.1	98.8	98.6	100.0
99.5	99.2	99.6	100.0	99.5	99.3	99.5
99.6	100.0	99.8	100.3	99.7	99.7	99.4
99.3	**99.2**	**99.4**	**99.7**	**99.9**	**99.0**	**98.9**
99.2	99.2	99.1	99.9	99.9	98.4	99.0
99.3	99.3	99.6	99.5	100.0	99.4	99.1
99.5	99.0	99.3	99.8	99.7	99.3	97.9

价格累计同比指数(2023年)

6月	7月	8月	9月	10月	11月	12月
99.1	**99.0**	**98.9**	**98.8**	**98.8**	**98.8**	**98.7**
98.9	99.0	99.0	99.1	99.1	99.0	98.9
99.5	99.4	99.2	99.1	99.1	99.0	98.9
98.1	98.1	98.0	97.9	97.9	98.0	97.9
100.1	**99.8**	**99.4**	**99.1**	**98.9**	**98.7**	**98.5**
100.2	99.8	99.4	99.1	98.9	98.6	98.3
100.1	99.8	99.5	99.2	99.0	98.8	98.7
100.0	99.6	99.3	99.0	98.8	98.6	98.4

7-21 徐州市分月商品住宅销售

(上年同月=100)

项　　目	1月	2月	3月	4月	5月
新建商品住宅	**98.4**	**99.1**	**100.3**	**101.4**	**101.3**
90平方米及以下	98.2	98.6	99.4	101.0	101.3
90～144平方米	98.3	99.1	100.3	101.5	101.4
144平方米以上	98.8	99.6	100.6	101.4	100.8
二手住宅	**98.0**	**99.2**	**100.2**	**99.4**	**98.5**
90平方米及以下	97.6	99.2	100.0	99.2	98.6
90～144平方米	98.4	99.4	100.4	99.5	98.4
144平方米以上	97.7	98.4	100.1	99.5	98.6

7-22 徐州市分月商品住宅销售

(上月=100)

项　　目	1月	2月	3月	4月	5月
新建商品住宅	**100.2**	**100.6**	**101.0**	**100.6**	**100.1**
90平方米及以下	100.5	100.3	100.8	100.8	100.3
90～144平方米	100.1	100.6	101.0	100.7	100.1
144平方米以上	100.7	100.9	100.9	100.0	100.0
二手住宅	**100.1**	**100.8**	**100.3**	**99.6**	**99.4**
90平方米及以下	100.2	101.1	100.3	99.6	99.4
90～144平方米	100.0	100.6	100.2	99.7	99.4
144平方米以上	100.1	100.9	100.8	99.6	99.2

价格同比指数(2023年)

	6月	7月	8月	9月	10月	11月	12月
	100.7	**100.8**	**100.3**	**99.9**	**98.8**	**98.5**	**97.9**
	100.5	101.4	101.3	100.6	98.9	98.8	98.5
	100.8	100.8	100.4	100.0	98.8	98.4	97.5
	100.1	100.4	99.9	99.1	98.6	99.4	99.8
	98.2	**97.8**	**98.0**	**97.1**	**95.8**	**94.0**	**92.4**
	98.2	97.7	97.6	97.0	95.5	93.2	92.0
	98.3	97.8	98.2	96.8	95.8	94.3	92.2
	98.0	98.0	98.4	98.4	97.0	95.2	94.4

价格环比指数(2023年)

	6月	7月	8月	9月	10月	11月	12月
	99.9	**100.2**	**99.2**	**99.4**	**98.4**	**99.2**	**99.0**
	99.8	100.5	99.2	99.4	98.0	99.8	99.1
	100.0	100.2	99.1	99.5	98.3	99.1	98.9
	99.9	100.6	99.3	99.1	99.1	100.0	99.5
	99.1	**99.1**	**99.4**	**98.7**	**98.8**	**98.2**	**98.5**
	99.0	98.9	99.0	98.9	98.6	97.9	98.9
	99.2	99.2	99.6	98.5	99.0	98.5	98.1
	99.0	99.6	99.9	99.0	98.9	98.2	99.2

7-23 徐州市分月商品住宅销售

(上年同期=100)

项　目	1月	2月	3月	4月	5月
新建商品住宅	**98.4**	**98.8**	**99.3**	**99.8**	**100.1**
90平方米及以下	98.2	98.4	98.8	99.3	99.7
90～144平方米	98.3	98.7	99.2	99.8	100.1
144平方米以上	98.8	99.2	99.7	100.1	100.3
二手住宅	**98.0**	**98.6**	**99.1**	**99.2**	**99.1**
90平方米及以下	97.6	98.4	98.9	99.0	98.9
90～144平方米	98.4	98.9	99.4	99.4	99.2
144平方米以上	97.7	98.1	98.7	98.9	98.9

7-24 扬州市分月商品住宅

(上年同月=100)

项　目	1月	2月	3月	4月	5月
新建商品住宅	**97.6**	**98.4**	**99.3**	**100.4**	**101.3**
90平方米及以下	97.4	98.1	98.3	99.0	100.8
90～144平方米	97.7	98.3	99.5	100.6	101.5
144平方米以上	97.5	99.0	99.0	99.6	100.7
二手住宅	**97.3**	**97.7**	**97.9**	**99.0**	**99.0**
90平方米及以下	95.8	96.4	97.2	98.3	98.2
90～144平方米	98.5	98.8	98.5	99.8	99.8
144平方米以上	98.0	98.1	98.2	98.2	98.6

价格累计同比指数(2023年)

6月	7月	8月	9月	10月	11月	12月
100.2	**100.3**	**100.3**	**100.2**	**100.1**	**100.0**	**99.8**
99.9	100.1	100.2	100.3	100.1	100.0	99.9
100.2	100.3	100.3	100.3	100.1	100.0	99.8
100.2	100.3	100.2	100.1	99.9	99.9	99.9
98.9	**98.8**	**98.7**	**98.5**	**98.2**	**97.8**	**97.4**
98.8	98.6	98.5	98.3	98.1	97.6	97.2
99.1	98.9	98.8	98.6	98.3	98.0	97.5
98.7	98.6	98.6	98.6	98.4	98.1	97.8

销售价格同比指数(2023年)

6月	7月	8月	9月	10月	11月	12月
101.8	**100.7**	**100.0**	**99.6**	**99.1**	**98.4**	**97.3**
101.4	100.0	101.0	99.5	99.2	99.1	98.3
101.8	100.7	99.9	99.6	99.4	98.5	97.4
101.8	101.2	100.4	99.3	97.7	97.6	96.3
98.7	**97.8**	**97.1**	**96.9**	**95.9**	**95.1**	**94.1**
98.4	97.6	97.3	97.2	96.8	95.9	95.3
99.1	98.1	96.9	96.4	94.8	94.0	93.0
98.2	97.0	97.5	97.6	97.3	97.2	94.9

7-25 扬州市分月商品住宅

(上月=100)

项　　目	1月	2月	3月	4月	5月
新建商品住宅	**100.4**	**100.4**	**100.6**	**100.0**	**100.3**
90平方米及以下	100.8	100.1	100.2	100.5	100.8
90～144平方米	100.4	100.4	100.7	99.9	100.1
144平方米以上	100.4	100.6	100.2	100.4	100.7
二手住宅	**99.8**	**99.8**	**100.6**	**99.9**	**99.7**
90平方米及以下	100.0	99.7	100.8	99.8	99.5
90～144平方米	99.7	100.0	100.4	100.0	99.9
144平方米以上	99.8	99.8	100.8	99.3	99.9

7-26 扬州市分月商品住宅销售

(上年同期=100)

项　　目	1月	2月	3月	4月	5月
新建商品住宅	**97.6**	**98.0**	**98.5**	**98.9**	**99.4**
90平方米及以下	97.4	97.7	97.9	98.2	98.7
90～144平方米	97.7	98.0	98.5	99.0	99.5
144平方米以上	97.5	98.2	98.5	98.8	99.2
二手住宅	**97.3**	**97.5**	**97.6**	**98.0**	**98.2**
90平方米及以下	95.8	96.1	96.5	96.9	97.2
90～144平方米	98.5	98.7	98.6	98.9	99.1
144平方米以上	98.0	98.0	98.1	98.1	98.2

销售价格环比指数(2023年)

6月	7月	8月	9月	10月	11月	12月
100.1	**99.7**	**99.0**	**99.0**	**99.1**	**99.1**	**99.4**
100.2	99.1	99.9	98.5	99.4	99.1	99.7
100.2	99.8	98.9	99.2	99.3	99.0	99.5
100.1	99.8	99.1	98.3	98.1	99.5	99.2
99.6	**99.6**	**99.2**	**99.3**	**98.9**	**98.8**	**98.7**
100.0	99.8	99.7	99.4	99.4	98.7	98.8
99.3	99.5	98.7	99.2	98.4	98.8	98.8
99.4	99.3	99.8	99.5	99.8	99.8	97.5

价格累计同比指数(2023年)

6月	7月	8月	9月	10月	11月	12月
99.8	**99.9**	**99.9**	**99.9**	**99.8**	**99.7**	**99.5**
99.1	99.3	99.5	99.5	99.5	99.4	99.3
99.9	100.0	100.0	99.9	99.9	99.8	99.6
99.6	99.8	99.9	99.8	99.6	99.4	99.2
98.3	**98.2**	**98.1**	**97.9**	**97.7**	**97.5**	**97.2**
[illegible]	97.4	97.4	97.4	97.3	97.2	97.0
99.1	98.9	98.7	98.4	98.1	97.7	97.3
98.2	98.0	98.0	97.9	97.9	97.8	97.6

主要统计指标解释

工业生产者出厂价格指数 是反映一定时期内全部工业产品第一次出售时的出厂价格总水平的变动趋势和变动幅度的相对数。工业生产者出厂价格是指工业企业向商业（物资）部门或商业企业、其他生产单位、个人出售产品的价格，它是工业产品进入流通领域的最初价格，是制定工业产品批发价格和零售价格的基础。工业生产者出厂价格指数按轻重工业分类，可以分为轻工业出厂价格指数和重工业出厂价格指数；按两大部类分类，可以分为生产资料出厂价格指数和生活资料价格指数。

工业生产者购进价格指数 是反映工业企业作为生产投入，从物资交易市场或能源、原材料生产企业购买原材料、燃料及动力产品时，所支付的价格水平变动趋势和程度的统计指标，它是扣除工业企业物质消耗成本中的价格变动影响的重要依据。目前，编制的工业生产者购进价格指数所调查的产品包括燃料、动力类，黑色金属材料类，有色金属材料和电线类，化工原料类，木材及纸浆类，建筑材料及非金属矿类，其它工业原材料及半成品类，农副产品类，纺织原料类共九大类的产品。

国家统计局从 2011 年 1 月开始实施新的工业生产者价格统计调查制度方法。“工业品价格统计”改称为“工业生产者价格统计”，相应地将“工业品出厂价格指数”和“原材料、燃料、动力购进价格指数”分别改称为“工业生产者出厂价格指数”和“工业生产者购进价格指数”。

2016 年制度更名为《工业生产者价格统计报表制度》，基期年份更新为 2020 年，调整调查项目目录。

按国家统计局的要求，新的国家标准《国民经济行业分类》(GB/T4754−2017) 从 2017 年统计年报和 2018 年定期统计报表起统一使用新标准。2018 年工业生产者出厂价格指数行业分类标准按新的国民经济行业分类标准执行。

为适应分析的需要，在工业生产者出厂价格指数分类中增加了核心指数、高技术指数、能源类指数、初级产品、中间产品、最终产品等新的分类指数。

核心指数是指扣除农副食品加工产品、煤炭、石油、发电等能源类相关产品的其他产品价格变动总体情况的度量指标。

高技术指数是指核电、生物制品、部分药品及医疗器械、飞机制造、大部分通讯电子产品、部分仪表、机床等科技含量比较高的产品价格变动总体情况的度量指标。

能源指数是指煤炭开采、石油天然气开采及加工、核能发电、火力发电、风能发电等能源类产品价格变动总体情况的度量指标。

初级产品指数是指直接开采的产品及废旧物资回收直接粗加工的产品价格波动指数。

中间产品指数是指工业加工处理后可能重新投入生产环节的产品价格变动总体情况的度量指标。

最终产品指数是指工业加工处理后可能投入最终消费或者投资的产品价格变动总体情况的度量指标。

部分产品可以既是中间产品，又是最终产品。

商品住宅销售价格指数 商品住宅销售价格指数是综合反映商品住宅价格水平总体变化趋势和变化幅度的相对数。中国商品住宅销售价格指数由 70 个大中城市的新建商品住宅销售价格指数和二手住宅销售价格指数组成，河南只有郑州、洛阳、平顶山三市作为国家调查城市，开展商品住宅销售价格指数调查编制工作。

调查范围为 70 个大中城市的市辖区，不包括县。新建商品住宅价格调查为全面调查，基础数据直接采用当地房地产管理部门的网签备案数据，包括销售价格、面积、金额等资料；二手住宅销售价格调查为非全面调查，采用重点调查和典型调查相结合的方法，按照房地产经纪机构或房屋居住服务平台等相关企业上报、房地产主管部门提供与调查员实地采价相结合的方式收集基础数据。

8 农产品价格

8-1 历年农产品生产者价格指数

（上年＝100）

农产品名称	2005年	2010年	2015年	2016年	2017年	2018年	2019年	2020年	2021年	2022年	2023年
总 指 数	**100.3**	**108.8**	**102.3**	**104.0**	**97.9**	**100.9**	**109.3**	**107.5**	**100.3**	**100.1**	**98.3**
农业产品	**100.3**	**114.8**	**100.5**	**99.2**	**101.5**	**101.0**	**100.3**	**103.7**	**106.5**	**102.9**	**101.4**
谷物	98.8	114.5	101.5	92.8	105.5	98.3	96.2	103.4	106.9	102.2	100.1
小麦	94.0	110.6	101.8	82.5	113.6	95.0	100.1	101.3	103.5	118.7	97.0
稻谷	102.4	116.6	101.3	99.3	102.6	99.3	93.2	103.9	107.6	97.7	101.5
玉米	97.6	108.0	95.1	90.8	93.8	104.9	100.7	108.6	115.3	101.9	103.3
薯类	106.0		101.6	102.5	105.2	102.7	104.6	94.9	101.3	101.8	102.6
豆类	97.2	109.5	97.6	89.3	99.0	100.1	100.8	108.1	113.5	103.5	94.6
油料	92.8	109.0	95.5	97.4	104.2	101.4	104.7	101.7	102.1	107.5	103.9
花生	95.1	107.3	100.8	104.4	98.5	98.5	105.3	103.9	101.8	102.0	106.1
油菜籽	88.8	109.3	92.8	95.9	105.5	102.0	104.6	101.2	102.1	108.7	103.4
蔬菜	106.9	112.2	101.1	105.1	95.4	103.9	104.5	104.3	105.3	102.2	102.2
水果	100.3	142.6	102.9	104.2	99.6	99.8	107.7	99.3	103.0	101.8	105.3
林业产品	**10[illegible].8**	**131.9**	**99.1**	**98.5**	**99.5**	**102.4**	**104.8**	**102.8**	**100.8**	**99.0**	**100.5**
牧业（畜产品）	**98.5**	**101.4**	**105.7**	**108.8**	**91.2**	**98.8**	**125.8**	**116.6**	**88.6**	**95.3**	**92.7**
牛	108.4	103.13	100.8	98.4	101.4	105.6	113.3	110.0	102.0	98.2	97.7
羊		102.9	91.8	98.5	104.5	108.6	113.7	103.4	105.7	95.4	96.8
猪	96.9	96.5	112.7	119.3	84.0	83.8	151.0	152.5	63.0	85.8	82.6
家禽	99.2	109.6	100.8	100.0	94.7	105.0	107.6	87.8	102.6	103.2	100.6
禽蛋	100.4	105.4	97.6	97.3	93.8	115.6	105.0	84.0	117.7	105.5	101.3
渔业产品	**102.6**	**105.6**	**100.8**	**106.7**	**102.6**	**103.8**	**102.7**	**101.9**	**105.8**	**100.9**	**99.3**

8-2 分季度农产品生产者价格指数(2023年)

(以上年同期价格为100)

农产品名称	全年	一季度	二季度	三季度	四季度
总 指 数	**98.3**	**103.4**	**100.1**	**95.6**	**94.4**
农业产品	**101.4**	**106.1**	**98.0**	**99.4**	**100.6**
谷物	100.1	102.0	92.8	99.7	102.2
小麦	97.0	102.7	88.3	95.8	103.3
稻谷	101.5	99.9			101.8
玉米	103.3	102.6	102.6	107.3	100.4
薯类	102.6	102.8	100.6	101.8	104.9
豆类	94.6	100.5	97.8	92.1	88.4
油料	103.9	104.9	98.4	106.9	101.5
花生	106.1	117.0	115.8	102.5	87.4
油菜籽	103.4	103.8	95.3	109.3	105.7
蔬菜	102.2	110.7	106.3	98.4	99.1
水果	105.3	110.0	104.0	99.9	99.4
林业产品	**100.5**	**97.0**	**101.6**	**97.8**	**97.5**
牧业(畜产品)	**92.7**	**105.9**	**101.1**	**86.4**	**82.4**
牛	97.7	101.1	93.3	99.0	95.9
羊	96.8	95.7	105.0	93.2	94.3
猪	82.6	105.2	99.2	74.7	64.8
家禽	100.6	105.4	102.8	98.0	96.6
禽蛋	101.3	109.7	101.8	101.2	93.5
渔业产品	**99.3**	**95.0**	**102.8**	**100.7**	**98.5**

8-3　各月农产品集贸市场平均价格(2023年)

单位：元/公斤

农产品名称	1月	2月	3月	4月	5月	6月	7月	8月	9月	10月	11月	12月
粮食类												
籼稻(中等)	2.78	2.79	2.82	2.79	2.73	2.72	2.71	2.73	2.72	2.81	2.79	2.80
粳稻(中等)	2.89	2.90	2.88	2.85	2.84	2.86	2.87	2.91	2.91	2.93	2.90	2.89
小麦(中等)	2.93	2.91	2.89	2.82	2.70	2.66	2.66	2.70	2.77	2.76	2.74	2.72
玉米(中等)	3.03	3.02	3.01	3.00	2.98	2.99	3.02	3.05	3.02	2.94	2.96	2.90
大豆(中等)	7.66	7.79	7.75	7.67	7.60	7.59	7.62	7.58	7.54	7.38	7.44	7.36
籼米(中等)	4.47	4.48	4.48	4.46	4.33	4.32	4.33	4.32	4.33	4.21	4.37	4.36
粳米(中等)	4.79	4.77	4.75	4.73	4.72	4.70	4.71	4.74	4.73	4.73	4.74	4.73
经济类												
棉花[籽棉](中准级)												
花生仁(中等)	14.29	14.33	14.37	14.54	14.66	14.78	14.86	15.07	14.81	14.59	14.49	14.35
油菜籽(普通)	6.39	6.35	6.44	6.42	6.55	6.27	6.35	6.24	6.27	6.33	6.32	6.26
畜产品类												
活猪(中等)	18.13	16.31	15.85	15.07	14.78	14.96	14.92	16.98	16.80	16.10	15.71	16.05
仔猪(普通)	34.00	34.04	35.22	33.79	34.31	32.77	30.47	31.06	29.13	26.69	26.30	26.05
猪肉(去骨统肉)	31.01	26.67	25.58	24.21	23.86	23.75	23.61	27.00	27.26	26.32	25.10	26.25
活牛(中等)	37.04	36.53	36.65	36.13	32.97	31.20	30.82	32.07	33.63	32.88	32.13	31.38
牛肉(去骨统肉)	94.75	93.39	93.60	92.79	93.42	91.47	89.16	88.93	90.05	89.19	88.28	87.53
活羊(中等)	41.32	39.85	40.33	40.38	39.49	39.17	39.19	39.31	39.76	39.09	39.53	38.87
羊肉(去骨统肉)	83.84	81.94	83.15	82.00	82.77	82.89	82.49	83.57	83.07	80.09	78.86	78.16
活鸡(普通肉鸡)	22.56	21.43	21.33	21.50	21.00	20.58	21.04	21.53	23.12	23.14	22.79	22.82
鸡蛋(普通鲜蛋)	12.81	11.49	11.48	11.54	10.97	10.45	10.88	11.94	12.50	11.51	11.37	11.14
水产品类												
草鱼(1～2公斤)	17.15	16.94	16.76	16.62	17.20	17.28	17.37	17.13	17.08	16.79	16.70	16.60
鲤鱼(1～2公斤)	10.50	10.27	9.75	9.54	9.14	8.85	8.95	9.14	9.28	9.04	9.02	8.84
鲢鱼(1～2公斤)	13.07	12.46	12.18	12.48	12.57	12.77	13.22	12.92	13.33	12.53	12.52	12.50
带鱼(0.5～1公斤)	35.73	35.94	37.85	38.64	39.05	39.07	38.99	38.95	37.74	38.63	37.80	37.91
蔬菜类												
大白菜(中等)	2.85	2.56	2.56	2.37	2.52	3.75	3.67	3.55	3.53	3.09	2.41	2.48
黄瓜(中等)	12.57	10.88	9.13	7.17	5.81	5.00	5.81	6.25	7.07	7.20	7.75	9.16
西红柿(中等)	10.20	9.70	10.52	9.06	7.48	6.52	7.35	7.23	7.83	8.19	8.11	9.42
菜椒(中等)	10.73	12.03	11.17	9.35	7.98	6.56	7.45	7.16	6.92	6.73	6.57	7.74
四季豆(中等)	23.70	21.20	19.01	17.01	12.71	12.66	14.60	15.22	16.54	16.20	16.38	17.27
水果类												
红富士苹果(中等)	12.53	12.10	12.16	12.50	12.63	12.70	12.74	13.12	13.24	12.90	12.48	12.33
香蕉(中等)	7.80	7.37	7.81	7.96	7.70	7.82	7.39	7.28	7.24	7.22	7.02	7.09
橙子(中等)	15.73	14.72	14.64	14.32	14.28	14.50	14.40	14.82	15.29	14.76	13.88	13.01

主要统计指标解释

农产品生产者价格指数 农产品生产者价格是指农产品生产者第一手（直接）出售其产品时实际获得的单位产品价格，不包括外购再出售农产品的价格。农产品生产者价格指数是反映一定时期内，农产品生产者出售的农产品价格水平变动趋势及幅度的相对数。

农产品集贸市场价格 是指农产品主产区集贸市场主要农产品的成交价格。

9 居民生活

9-1 历年全体居民可支配收入

单位：元

年份	人均可支配收入				
		工资性收入	经营净收入	财产净收入	转移净收入
2005	8712	5311	1627	314	1460
2006	9947	6022	1813	379	1734
2007	11574	6759	2068	635	2112
2008	13237	7794	2463	561	2420
2009	14653	8504	2583	772	2795
2010	17006	9575	2902	1324	3205
2011	19820	11319	3246	1795	3460
2012	22432	12974	3651	1896	3912
2013	24776	14353	3994	2134	4295
2014	27173	15707	4421	2300	4745
2015	29539	17188	4467	2537	5348
2016	32070	18664	4724	2880	5802
2017	35024	20399	4994	3239	6392
2018	38096	21948	5386	3746	7016
2019	41400	23836	5636	4372	7556
2020	43390	24657	5703	4737	8294
2021	47498	26721	6215	5316	9247
2022	49862	28124	6421	5352	9965
2023	52674	30054	6645	5417	10557

注：2013年于始，经国务院同意，国家统计局对长期分开进行的城镇住户调查和农村住户调查实施了一体化改革。在发布全体居民可支配收入的同时，城乡居民收入口径也发生了变化；2018年国家统计局对历史数据进行了重新测算和反馈。

9-2 全体调查户家庭基本情况（2023年）

项　目	单位	数值
基本情况		
调查户数	**户**	**6800**
平均每户家庭常住人口	人	2.90
平均每户就业人口	人	1.53
平均每一就业人口负担人数	人	1.90
平均每户就业面	%	52.70
平均每人现住房建筑面积	平方米	49.54
户主文化程度		
未上过学	%	1.88
小学	%	15.70
初中	%	38.01
高中	%	18.99
大学专科	%	12.27
大学本科	%	11.86
研究生	%	1.30
常住从业人员就业类型		
雇主	%	1.75
公职人员	%	1.40
事业单位人员	%	4.90
国有企业雇员	%	3.98
其他雇员	%	66.02
农业自营	%	12.26
非农自营	%	9.70
常住从业人员从事主要行业		
第一产业	%	14.37
第二产业	%	35.30
第三产业	%	50.33
期末人均住房主要建筑材料		
钢筋混凝土	%	64.57
砖混材料	%	30.87
砖瓦砖木	%	4.56
竹草土坯	%	0.00
其他	%	0.00
住宅外道路路面情况		
水泥或柏油路面	%	96.16
沙石或石板等硬质路面	%	3.15
其他	%	0.69
住户主要饮用水来源情况		
经过净化处理的自来水	%	98.94
受保护的井水和泉水	%	0.72

9-2 续表 1

项　目	单位	数值
不受保护的井水和泉水	%	0.19
江河湖泊水	%	0.02
收集雨水	%	0.00
桶装水	%	0.13
其他水源	%	0.00
获取饮用水存在哪些困难		
单次取水往返时间超过半小时	%	0.00
间断或定时供水	%	0.00
当年连续缺水时间超过15天	%	0.05
无上述困难	%	99.95
住户饮用水使用前采取的主要处理措施		
煮沸	%	92.98
加漂白剂/氯等	%	0.04
使用净水过滤器	%	5.39
其他处理措施	%	0.42
没有任何水处理措施	%	1.18
厨房使用情况		
住宅内独用	%	89.81
住宅内合用	%	1.40
院内独用	%	8.20
院内合用	%	0.23
其他地方独用	%	0.33
其他地方合用	%	0.00
无厨房	%	0.03
住户厕所类型		
水冲式卫生厕所(冲入下水道)	%	74.47
水冲式卫生厕所(冲入化粪池)	%	19.49
水冲式卫生厕所(冲入防渗厕坑)	%	0.27
水冲式非卫生厕所(冲入其他地方)	%	0.67
卫生旱厕	%	3.82
普通旱厕	%	1.28
无厕所	%	0.00
住户厕所使用情况		
住宅内独用	%	87.13
住宅内合用	%	2.20
院内独用	%	8.59
院内合用	%	0.27
其他地方独用	%	1.14
其他地方合用	%	0.04
公用厕所	%	0.65

9-2 续表 2

项　　目	单位	数值
住户洗澡设施情况		
统一供热水	%	1.58
家庭自装热水器	%	94.13
其他	%	3.25
无洗澡设施	%	1.04
住户主要取暖设备状况		
由市政或小区集中供暖	%	1.89
自行供暖	%	88.37
无取暖设备	%	9.74
取水位置		
住宅内管道取水	%	95.49
住宅内其他方式取水	%	0.40
院内管道取水	%	3.72
院内其他方式取水	%	0.35
其他位置取水	%	0.05
住户主要取暖用能源状况		
柴草	%	0.08
煤炭	%	0.14
罐装液化石油气	%	2.52
管道液化石油气	%	0.41
管道煤气	%	0.29
管道天然气	%	9.10
电	%	80.24
燃料用油	%	0.05
沼气	%	0.00
其他	%	0.33
无取暖行为	%	6.84
主要炊用能源状况		
柴草	%	2.45
煤炭	%	0.00
罐装液化石油气	%	34.03
管道液化石油气	%	1.12
管道煤气	%	0.82
管道天然气	%	49.63
电	%	11.10
燃料用油	%	0.08
沼气	%	0.00
其他	%	0.01
无炊用行为	%	0.74

9-3 全体居民人均可支配收入(2023年)

指　　标	单位	绝对量
可支配收入	**元**	**52674**
工资性收入	元	30054
工资	元	28768
实物福利	元	166
其他	元	1120
经营净收入	元	6645
第一产业经营净收入	元	1481
农业	元	1048
林业	元	13
牧业	元	19
渔业	元	401
第二产业经营净收入	元	1180
第三产业经营净收入	元	3984
财产净收入	元	5417
转移净收入	元	10557

9-4 全体居民人均可支配收入构成(2023年)

指　　标	单位	占比
可支配收入	%	**100.00**
工资性收入	%	57.06
工资	%	54.62
实物福利	%	0.31
其他	%	2.13
经营净收入	%	12.62
第一产业经营净收入	%	2.82
农业	%	1.99
林业	%	0.03
牧业	%	0.04
渔业	%	0.76
第二产业经营净收入	%	2.24
第三产业经营净收入	%	7.56
财产净收入	%	10.28
转移净收入	%	20.04

9–5 全体居民人均现金可支配收入(2023年)

指　　标	单位	绝对量
现金可支配收入	**元**	**48922**
工资性收入	元	29889
工资	元	28769
其他	元	1120
经营净收入	元	7411
第一产业经营净收入	元	1607
农业	元	1148
林业	元	14
牧业	元	42
渔业	元	403
第二产业经营净收入	元	1448
第三产业经营净收入	元	4356
财产净收入	元	1888
转移净收入	元	9734

9–6 全体居民人均现金可支配收入构成(2023年)

指　　标	单位	占比
现金可支配收入	%	**100.00**
工资性收入	%	61.09
工资	%	58.80
其他	%	2.29
经营净收入	%	15.15
第一产业经营净收入	%	3.29
农业	%	2.35
林业	%	0.03
牧业	%	0.09
渔业	%	0.82
第二产业经营净收入	%	2.96
第三产业经营净收入	%	8.90
财产净收入	%	3.86
转移净收入	%	19.90

9-7 全体居民人均总支出(2023年)

指　　标	单位	绝对量
总支出	**元**	**51713**
人均生活消费支出	元	35491
生产经营费用支出	元	2765
第一产业经营费用支出	元	1252
第二产业经营费用支出	元	489
第三产业经营费用支出	元	1024
财产性支出	元	536
生活贷款利息支出	元	531
其他财产性支出	元	5
转移性支出	元	2803
个人所得税	元	227
社会保障支出	元	2292
外出从业人员寄给家人的支出	元	29
赡养支出	元	162
其他转移性支出	元	93
部分商业保险支出	元	389
意外伤害保险	元	18
商业医疗保险(含大病保险)	元	192
其他非储蓄性商业保险	元	57
其他储蓄性商业保险	元	122
购置资产及非经常性转移支出	元	6174
购置资产支出	元	3270
非经常性转移支出	元	2904
借贷性支出	元	3555
存入储蓄款	元	131
借出款	元	53
归还借款	元	237
购买有价证券	元	24
其他投资支出	元	92
归还住房贷款	元	2589
归还汽车贷款	元	286
归还教育贷款	元	2
归还其他贷款	元	115
其他借贷支出	元	26
服务性消费支出(含自有住房折算租金)	元	16351
服务性消费支出(不含自有住房折算租金)	元	9844
商品性消费支出(年报)	元	19141

9-8 全体居民总支出构成(2023年)

指　标	单位	占比
总支出	%	**100.00**
人均生活消费支出	%	68.63
生产经营费用支出	%	5.35
第一产业经营费用支出	%	2.42
第二产业经营费用支出	%	0.95
第三产业经营费用支出	%	1.98
财产性支出	%	1.04
生活贷款利息支出	%	1.03
其他财产性支出	%	0.01
转移性支出	%	5.42
个人所得税	%	0.44
社会保障支出	%	4.43
外来从业人员寄给家人的支出	%	0.06
赡养支出	%	0.31
其他转移性支出	%	0.18
部分商业保险支出	%	0.75
意外伤害保险	%	0.03
商业医疗保险(含大病保险)	%	0.37
其他非储蓄性商业保险	%	0.11
其他储蓄性商业保险	%	0.24
购置资产及非经常性转移支出	%	11.94
购置资产支出	%	6.32
非经常性转移支出	%	5.62
借贷性支出	%	6.87
存入储蓄款	%	0.25
借出款	%	0.10
归还借款	%	0.46
购买有价证券	%	0.05
其他投资支出	%	0.18
归还住房贷款	%	5.01
归还汽车贷款	%	0.55
归还教育贷款	%	0.00
归还其他贷款	%	0.22
其他借贷支出	%	0.05
服务性消费支出(含自有住房折算租金)	%	31.62
服务性消费支出(不含自有住房折算租金)	%	19.04
商品性消费支出(年报)	%	37.01

9-9 全体居民消费支出(2023年)

指标	单位	绝对量
人均生活消费支出	**元**	**35491**
食品烟酒	元	9926
衣着	元	1891
居住	元	9169
生活用品及服务	元	2030
交通通信	元	5075
教育文化娱乐	元	3334
医疗保健	元	2916
其他用品和服务	元	1151

9-10 全体居民消费支出构成(2023年)

指标	单位	占比
人均生活消费支出	%	**100.00**
食品烟酒	%	27.97
衣着	%	5.33
居住	%	25.84
生活用品及服务	%	5.72
交通通信	%	14.30
教育文化娱乐	%	9.39
医疗保健	%	8.21
其他用品和服务	%	3.24

9-11　全体居民现金消费支出(2023年)

指　　标	单位	绝对量
人均现金生活消费支出	**元**	**27893**
食品烟酒	元	9686
衣着	元	1890
居住	元	2651
生活用品及服务	元	2017
交通通信	元	5065
教育文化娱乐	元	3333
医疗保健	元	2107
其他用品和服务	元	1144

9-12　全体居民现金消费支出构成(2023年)

指　　标	单位	占比
人均现金生活消费支出	%	**100.00**
食品烟酒	%	34.73
衣着	%	6.78
居住	%	9.50
生活用品及服务	%	7.23
交通通信	%	18.16
教育文化娱乐	%	11.95
医疗保健	%	7.55
其他用品和服务	%	4.10

9-13 全体居民家庭人均主要消费品消费量(2016-2023年)

指 标	单位	2016	2017	2018	2019	2020	2021	2022	2023
粮食	千克	116.9	114.8	121.9	120.3	122.1	126.8	130.2	133.3
#小麦	千克	29.8	30.2	35.1	36.1	36.9	38.7	40.7	50.6
稻谷	千克	69.5	67.3	66.4	63.6	64.6	65.7	66.0	55.8
油脂类	千克	12.1	12.2	9.1	9.3	10.2	10.1	9.8	8.3
蔬菜及菜制品	千克	104.8	108.2	100.1	101.4	104.5	121.6	130.2	125.1
肉类	千克	25.9	26.6	28.6	25.3	25.0	33.9	35.9	41.9
#猪肉	千克	19.1	19.5	21.2	17.8	18.1	25.1	27.1	30.2
牛肉	千克	1.8	1.9	2.1	2.3	2.2	2.6	2.5	3.9
羊肉	千克	1.0	0.8	0.9	0.8	0.8	1.1	1.1	1.4
禽类	千克	11.1	10.3	10.7	12.4	13.2	14.0	14.2	15.5
水产品	千克	17.9	18.1	17.8	19.6	19.5	22.1	23.0	24.9
蛋类及蛋制品	千克	10.3	10.7	10.5	11.3	13.2	14.1	15.2	17.0
奶和奶制品	千克	15.8	15.6	15.1	14.7	15.4	15.0	14.4	16.4

9–14 全体居民家庭平均购买商品数量(2016–2023年)

项　目	单位	2016	2017	2018	2019	2020	2021	2022	2023
平均每人购买									
粮食	公斤	75.2	74.7	81.5	64.9	67.2	79.0	75.7	80.1
食用植物油	公斤	10.9	11.0	7.7	7.9	8.9	8.8	8.6	7.6
动物油	公斤	0.2	0.1	0.3	0.2	0.3	0.2	0.2	0.3
鲜菜	公斤	79.3	81.6	76.3	76.0	81.7	98.2	101.7	105.0
猪肉	公斤	19.0	19.4	21.1	17.7	18.0	25.9	27.0	30.0
牛羊肉	公斤	2.7	2.7	3.0	3.1	3.0	3.6	3.5	5.2
禽类	公斤	10.7	9.8	10.3	11.9	12.4	13.1	13.5	15.0
水产品	公斤	17.6	17.8	17.7	19.4	19.3	21.3	22.8	24.4
蛋类	公斤	9.3	9.6	9.5	10.1	11.8	12.5	13.7	15.5
奶类	公斤	15.8	15.6	15.1	14.7	15.3	15.0	14.4	16.4
干鲜瓜果类	公斤	43.4	45.8	45.0	45.5	44.1	53.0	51.8	61.9
糖果糕点类	公斤	6.2	6.0	7.0	6.4	6.1	7.0	1.6	5.3
平均每百户购买									
洗衣机	台	6.4	6.0	5.9	5.7	6.3	7.6	7.3	7.5
电冰箱(柜)	台	5.8	6.2	6.2	5.3	6.7	8.9	9.0	7.7
空调器	台	9.0	10.9	10.6	9.4	10.0	11.2	13.2	12.3
吸尘器	台	1.1	1.3	1.5	1.9	1.8	2.4	1.9	3.0
抽油烟机	台	2.9	3.1	3.4	2.9	3.2	32.4	4.2	2.8
微波炉	台	3.0	2.2	2.8	2.8	2.6	3.2	3.4	4.0
非太阳能热水器	台	3.8	3.4	3.5	3.9	3.9	5.1	5.2	
太阳能热水器	台	1.1	1.3	1.5	1.6	1.2	2.5	1.8	
燃气炉具	台	4.0	3.3	4.6	5.4	5.8	8.6	7.6	8.2
汽车	辆	2.7	2.7	2.8	2.7	2.3	3.1	2.9	3.3
摩托车	辆	0.3	0.3	0.3	0.3	0.3	0.3	0.3	0.4
自行车	辆	2.6	2.7	2.5	2.5	2.6	2.7	3.4	3.7
电动自行车	辆	12.0	12.6	13.4	12.3	13.4	16.0	16.7	15.4
移动电话机	部	42.4	36.6	46.5	38.6	37.1	41.7	36.2	35.9

9-15 全体居民耐用品拥有量(2016-2023年)

项 目	单位	2016	2017	2018	2019	2020	2021	2022	2023
家用汽车	辆	36.1	40.2	43.8	45.9	41.0	47.3	48.9	59.0
摩托车	辆	24.4	23.1	17.6	14.9	14.6	9.4	9.2	7.2
助力车	台	118.3	123.3	122.2	131.3	134.8	139.8	142.2	128.0
洗衣机	台	98.9	100.1	100.4	101.9	102.6	104.1	103.9	102.7
电冰箱(柜)	台	102.5	104.1	108.4	109.0	110.0	111.8	112.0	109.4
微波炉	台	81.9	84.0	78.5	80.7	82.4	85.4	86.1	84.1
彩色电视机	台	166.9	170.3	163.9	165.8	167.1	160.4	161.1	148.2
空调	台	177.1	184.2	193.0	199.3	201.4	217.6	218.5	237.3
热水器	台	101.2	103.2	106.1	105.9	107.6	100.3	100.9	96.9
抽油烟机	台	66.2	69.2	68.9	70.4	72.5	75.1	76.6	83.3
固定电话	线	56.3	53.1	30.7	25.0	22.8	13.4	12.5	8.1
移动电话机	部	239.3	242.9	247.3	251.1	252.3	252.8	252.7	249.5
计算机	台	76.6	78.7	62.6	62.2	62.7	53.0	54.9	61.5
照相机	台	25.4	28.6	14.4	13.7	13.3	10.1	10.6	10.8
中高档乐器	架	4.2	4.8	6.5	6.5	6.4	6.6	7.2	9.6
健身器材	台	5.5	6.2	6.2	6.9	7.5	6.8	7.0	8.2

9-16 历年城镇居民可支配收入

单位：元

年　份	人均可支配收入	工资性收入	经营净收入	财产净收入	转移净收入
1978	288				
1979					
1980	433				
1981	448				
1982	484				
1983	498				
1984	626				
1985	766				
1986	910				
1987	1005				
1988	1218				
1989	1372				
1990	1464				
1991	1623				
1992	2138				
1993	2774				
1994	3779				
1995	4634				
1996	5186				
1997	5765				
1998	6005	4214	79	150	1561
1999	6510	4433	117	120	1840
2000	6756	4536	320	101	1800
2001	7311	4785	364	115	2047
2002	8088	5372	301	139	2276
2003	9140	5895	644	242	2359
2004	10319	6579	757	363	2620
2005	12098	7974	1036	481	2607
2006	13799	8954	1271	572	3003
2007	16009	9956	1497	1005	3550
2008	18215	11418	2020	832	3946
2009	19996	12313	2149	1148	4386
2010	22273	13187	2533	1964	4589
2011	25570	15339	2953	2698	4580
2012	28808	17517	3369	2816	5106
2013	31585	19127	3671	3159	5629
2014	34346	20720	4063	3373	6189
2015	37173	22460	4134	3682	6897
2016	40152	24214	4411	4151	7376
2017	43622	26298	4656	4625	8043
2018	47200	28136	5053	5318	8693
2019	51056	30416	5298	6202	9141
2020	53102	31168	5328	6680	9925
2021	57743	33456	5815	7476	10997
2022	60178	34952	5971	7464	11791
2023	63211	37332	6049	7522	12308

注：2013年开始，经国务院同意，国家统计局对长期分开进行的城镇住户调查和农村住户调查实施了一体化改革。在发布全体居民可支配收入的同时，城乡居民收入口径也发生了变化；2018年国家统计局对历史数据进行了重新測算和反馈。

9-17 城镇调查户家庭基本情况(2023年)

项 目	单位	数值
基本情况		
调查户数	**户**	**4480**
平均每户家庭常住人口	人	2.88
平均每户就业人口	人	1.46
平均每一就业人口负担人数	人	1.98
平均每户就业面	%	50.58
平均每人现住房建筑面积	平方米	44.13
户主文化程度		
未上过学	%	1.21
小学	%	9.67
初中	%	32.31
高中	%	21.25
大学专科	%	16.64
大学本科	%	17.02
研究生	%	1.91
常住从业人员就业类型		
雇主	%	2.24
公职人员	%	1.94
事业单位人员	%	6.69
国有企业雇员	%	5.85
其他雇员	%	70.65
农业自营	%	2.75
非农自营	%	9.90
常住从业人员从事主要行业		
第一产业	%	3.79
第二产业	%	34.22
第三产业	%	61.99
期末人均住房主要建筑材料		
钢筋混凝土	%	80.18
砖混材料	%	17.71
砖瓦砖木	%	2.11
竹草土坯	%	0.00
其他	%	0.00
住宅外道路路面情况		
水泥或柏油路面	%	98.62
沙石或石板等硬质路面	%	1.10
其他	%	0.28
住户主要饮用水来源情况		
经过净化处理的自来水	%	99.52
受保护的井水和泉水	%	0.28

9-17 续表 1

项 目	单位	数值
不受保护的井水和泉水	%	0.00
江河湖泊水	%	0.02
收集雨水	%	0.00
桶装水	%	0.19
其他水源	%	0.00
获取饮用水存在哪些困难		
单次取水往返时间超过半小时	%	0.00
间断或定时供水	%	0.00
当年连续缺水时间超过15天	%	0.04
无上述困难	%	99.96
住户饮用水使用前采取的主要处理措施		
煮沸	%	91.91
加漂白剂/氯等	%	0.04
使用水过滤器	%	6.76
其他处理措施	%	0.51
没有任何水处理措施	%	0.77
厨房使用情况		
住宅内独用	%	96.87
住宅内合用	%	0.87
院内独用	%	2.16
院内合用	%	0.09
其他地方独用	%	0.01
其他地方合用	%	0.00
无厨房	%	0.00
住户厕所类型		
水冲式卫生厕所(冲入下水道)	%	88.13
水冲式卫生厕所(冲入化粪池)	%	10.53
水冲式卫生厕所(冲入防渗厕坑)	%	0.01
水冲式非卫生厕所(冲入其他地方)	%	0.27
卫生旱厕	%	1.04
普通旱厕	%	0.03
无厕所	%	0.00
住户厕所使用情况		
住宅内独用	%	95.76
住宅内合用	%	1.39
院内独用	%	2.05
院内合用	%	0.16
其他地方独用	%	0.31
其他地方合用	%	0.00
公用厕所	%	0.32

9-17 续表 2

项　　目	单位	数值
住户洗澡设施情况		
统一供热水	%	2.07
家庭自装热水器	%	96.25
其他	%	1.40
无洗澡设施	%	0.28
住户主要取暖设备状况		
由市政或小区集中供暖	%	2.77
自行供暖	%	88.56
无取暖设备	%	8.67
取水位置		
住宅内管道取水	%	98.64
住宅内其他方式取水	%	0.25
院内管道取水	%	0.94
院内其他方式取水	%	0.10
其他位置取水	%	0.07
住户主要取暖用能源状况		
柴草	%	0.01
煤炭	%	0.05
罐装液化石油气	%	1.89
管道液化石油气	%	0.52
管道煤气	%	0.43
管道天然气	%	13.23
电	%	76.67
燃料用油	%	0.06
沼气	%	0.00
其他	%	0.43
无取暖行为	%	6.73
主要炊用能源状况		
柴草	%	0.73
煤炭	%	0.01
罐装液化石油气	%	17.43
管道液化石油气	%	1.30
管道煤气	%	1.12
管道天然气	%	69.36
电	%	8.98
燃料用油	%	0.04
沼气	%	0.00
其他	%	0.02
无炊用行为	%	1.01

9-18　城镇居民人均可支配收入(2023年)

指　　标	单位	绝对量
可支配收入	**元**	**63211**
工资性收入	元	37332
工资	元	35595
实物福利	元	188
其他	元	1549
经营净收入	元	6049
第一产业经营净收入	元	377
农业	元	216
林业	元	16
牧业	元	43
渔业	元	102
第二产业经营净收入	元	1291
第三产业经营净收入	元	4380
财产净收入	元	7522
转移净收入	元	12308

9-19　城镇居民人均可支配收入构成(2023年)

指　　标	单位	占比
可支配收入	%	**100.00**
工资性收入	%	59.06
工资	%	56.31
实物福利	%	0.30
其他	%	2.45
经营净收入	%	9.57
第一产业经营净收入	%	0.60
农业	%	0.34
林业	%	0.03
牧业	%	0.07
渔业	%	0.16
第二产业经营净收入	%	2.04
第三产业经营净收入	%	6.93
财产净收入	%	11.90
转移净收入	%	19.47

9-20 城镇居民人均现金可支配收入(2023年)

指　　标	单位	绝对量
现金可支配收入	**元**	**57537**
工资性收入	元	37144
工资	元	35595
其他	元	1549
经营净收入	元	6719
第一产业经营净收入	元	346
农业	元	186
林业	元	16
牧业	元	40
渔业	元	104
第二产业经营净收入	元	1588
第三产业经营净收入	元	4784
财产净收入	元	2317
转移净收入	元	11358

9-21 城镇居民人均现金可支配收入构成(2023年)

指　　标	单位	占比
现金可支配收入	**%**	**100.00**
工资性收入	%	64.56
工资	%	61.86
其他	%	2.69
经营净收入	%	11.68
第一产业经营净收入	%	0.60
农业	%	0.32
林业	%	0.03
牧业	%	0.07
渔业	%	0.18
第二产业经营净收入	%	2.76
第三产业经营净收入	%	8.32
财产净收入	%	4.03
转移净收入	%	19.74

9-22 城镇居民人均总支出(2023年)

指标	单位	绝对量
总支出	**元**	**58935**
人均生活消费支出	元	40461
生产经营费用支出	元	1737
第一产业经营费用支出	元	294
第二产业经营费用支出	元	344
第三产业经营费用支出	元	1100
财产性支出	元	746
生活贷款利息支出	元	742
其他财产性支出	元	4
转移性支出	元	3476
个人所得税	元	308
社会保障支出	元	2829
外来从业人员寄给家人的支出	元	20
赡养支出	元	204
其他转移性支出	元	116
部分商业保险支出	元	516
意外伤害保险	元	20
商业医疗保险(含大病保险)	元	253
其他非储蓄性商业保险	元	78
其他储蓄性商业保险	元	166
购置资产及非经常性转移支出	元	7370
购置资产支出	元	4305
非经常性转移支出	元	3064
借贷性支出	元	4629
存入储蓄款	元	170
借出款	元	64
归还借款	元	204
购买有价证券	元	35
其他投资支出	元	117
归还住房贷款	元	3511
归还汽车贷款	元	351
归还教育贷款	元	4
归还其他贷款	元	136
其他借贷支出	元	37
服务性消费支出(含自有住房折算租金)	元	19541
服务性消费支出(不含自有住房折算租金)	元	11517
商品性消费支出(年报)	元	20919

9-23 城镇居民总支出构成(2023年)

指　　标	单位	占比
总支出	%	**100.00**
人均生活消费支出	%	68.65
生产经营费用支出	%	2.95
第一产业经营费用支出	%	0.50
第二产业经营费用支出	%	0.58
第三产业经营费用支出	%	1.87
财产性支出	%	1.27
生活贷款利息支出	%	1.26
其他财产性支出	%	0.01
转移性支出	%	5.90
个人所得税	%	0.52
社会保障支出	%	4.80
外来从业人员寄给家人的支出	%	0.03
赡养支出	%	0.35
其他转移性支出	%	0.20
部分商业保险支出	%	0.88
意外伤害保险	%	0.03
商业医疗保险(含大病保险)	%	0.43
其他非储蓄性商业保险	%	0.13
其他储蓄性商业保险	%	0.28
购置资产及非经常性转移支出	%	12.50
购置资产支出	%	7.31
非经常性转移支出	%	5.20
借贷性支出	%	7.85
存入储蓄款	%	0.29
借出款	%	0.11
归还借款	%	0.35
购买有价证券	%	0.06
其他投资支出	%	0.20
归还住房贷款	%	5.96
归还汽车贷款	%	0.60
归还教育贷款	%	0.01
归还其他贷款	%	0.23
其他借贷支出	%	0.06
服务性消费支出(含自有住房折算租金)	%	33.16
服务性消费支出(不含自有住房折算租金)	%	19.54
商品性消费支出(年报)	%	35.50

9-24 城镇居民消费支出(2023年)

指　标	单位	绝对量
人均生活消费支出	**元**	**40461**
食品烟酒	元	10746
衣着	元	2174
居住	元	10971
生活用品及服务	元	2268
交通通信	元	5822
教育文化娱乐	元	3898
医疗保健	元	3185
其他用品和服务	元	1397

9-25 城镇居民消费支出构成(2023年)

指　标	单位	占比
人均生活消费支出	%	**100.00**
食品烟酒	%	26.56
衣着	%	5.37
居住	%	27.11
生活用品及服务	%	5.60
交通通信	%	14.39
教育文化娱乐	%	9.63
医疗保健	%	7.87
其他用品和服务	%	3.45

9-26 城镇居民现金消费支出(2023年)

指　　标	单位	绝对量
人均现金生活消费支出	**元**	**31263**
食品烟酒	元	10558
衣着	元	2173
居住	元	2934
生活用品及服务	元	2254
交通通信	元	5814
教育文化娱乐	元	3897
医疗保健	元	2245
其他用品和服务	元	1387

9-27 城镇居民现金消费支出构成(2023年)

指　　标	单位	占比
人均现金生活消费支出	%	**100.00**
食品烟酒	%	33.77
衣着	%	6.95
居住	%	9.39
生活用品及服务	%	7.21
交通通信	%	18.60
教育文化娱乐	%	12.46
医疗保健	%	7.18
其他用品和服务	%	4.44

9-28 城镇居民家庭人均主要消费品消费量(2016-2023年)

单位：千克

指　标	2016	2017	2018	2019	2020	2021	2022	2023
粮食	107.4	103.9	111.6	108.4	109.9	116.0	117.7	119.7
#小麦	29.4	29.1	32.1	32.4	33.3	36.0	37.3	47.3
稻谷	60.5	57.5	61.2	57.5	58.2	59.3	58.9	47.7
油脂类	12.3	12.2	8.5	8.5	9.4	9.2	8.9	7.7
蔬菜及菜制品	111.9	113.8	107.1	105.7	106.7	122.4	128.8	122.0
肉类	28.0	28.4	30.5	27.3	27.1	34.5	36.0	40.7
#猪肉	20.1	20.5	22.2	18.8	19.4	24.9	26.7	28.3
牛肉	2.2	2.3	2.5	2.6	2.6	2.9	2.8	4.4
羊肉	1.1	0.9	1.1	0.9	0.9	1.1	1.1	1.3
禽类	12.3	11.3	11.9	13.2	13.7	14.3	14.4	16.0
水产品	20.2	20.3	20.1	21.8	21.4	23.2	23.9	24.7
蛋类及蛋制品	10.9	11.3	11.2	11.5	13.2	14.0	14.8	15.9
奶和奶制品	18.6	18.1	17.3	16.8	17.6	16.6	15.4	18.0

9-29 城镇居民家庭平均购买商品数量(2016-2023年)

项　目	单位	2016	2017	2018	2019	2020	2021	2022	2023
平均每人购买									
粮食	公斤	79.9	78.2	84.6	66.9	67.6	78.1	72.9	75.6
食用植物油	公斤	11.8	11.7	7.8	7.9	8.6	8.6	8.3	7.2
动物油	公斤	0.1	0.1	0.4	0.2	0.3	0.2	0.2	0.3
鲜菜	公斤	99.6	101.3	92.7	90.9	95.4	110.3	111.5	110.8
猪肉	公斤	20.1	20.5	22.1	18.8	19.3	25.8	26.7	28.2
牛羊肉	公斤	3.2	3.2	3.5	3.5	3.5	4.0	3.8	5.6
禽类	公斤	12.2	11.2	11.7	13.0	13.3	13.8	14.1	15.8
水产品	公斤	20.0	20.1	20.1	21.7	21.3	23.0	23.9	24.5
蛋类	公斤	10.6	10.9	10.7	11.0	12.5	13.1	14.1	15.5
奶类	公斤	18.6	18.1	17.3	16.8	17.6	16.5	15.4	17.9
干鲜瓜果类	公斤	49.5	51.5	51.9	51.7	48.9	56.5	54.2	64.9
糖果糕点类	公斤	6.7	6.4	7.7	7.0	6.5	7.5	1.5	5.5
平均每百户购买									
洗衣机	台	6.7	6.3	5.9	5.8	6.3	7.8	7.8	7.5
电冰箱(柜)	台	5.0	6.1	6.2	5.4	7.4	8.7	8.9	7.2
空调器	台	8.7	10.4	11.1	10.3	10.8	10.8	12.9	12.3
吸尘器	台	1.5	1.4	1.8	2.6	2.5	3.1	2.4	3.5
抽油烟机	台	3.5	3.5	3.6	3.5	3.6	47.4	4.5	3.0
微波炉	台	3.5	2.4	3.1	3.3	3.0	3.6	3.7	4.2
非太阳能热水器	台	4.2	4.3	4.6	4.7	4.5	5.4	5.4	
太阳能热水器	台	0.8	1.0	1.1	1.2	1.1	2.0	1.6	
燃气炉具	台	4.3	3.6	5.0	5.4	6.2	8.8	7.7	7.7
汽车	辆	2.8	2.6	2.3	2.5	2.4	3.6	3.4	3.5
摩托车	辆	0.3	0.2	0.2	0.3	0.2	0.3	0.3	0.4
自行车	辆	3.1	3.1	3.0	2.7	2.9	2.9	3.7	4.2
电动自行车	辆	10.5	10.4	13.1	11.5	13.2	14.8	15.9	14.6
移动电话机	部	43.3	36.2	47.1	39.5	37.8	41.4	35.5	36.1

9-30 城镇居民耐用品拥有量(2016-2023年)

项　目	单位	2016	2017	2018	2019	2020	2021	2022	2023
家用汽车	辆	45.8	47.5	52.2	55.2	49.6	54.5	56.0	67.4
摩托车	辆	14.7	14.1	12.5	10.7	9.9	6.4	6.5	4.5
助力车	台	110.7	115.3	116.4	124.0	127.6	132.8	134.9	116.6
洗衣机	台	100.4	101.2	102.3	104.0	104.3	104.4	103.9	103.0
电冰箱(柜)	台	103.0	104.1	107.3	108.8	109.3	109.6	110.1	107.7
微波炉	台	89.8	91.5	87.0	88.6	89.3	89.6	90.2	87.3
彩色电视机	台	173.9	176.5	171.3	174.2	174.5	165.2	166.2	151.1
空调	台	206.0	211.1	219.7	226.3	227.6	237.6	238.7	254.5
热水器	台	106.0	107.8	111.6	112.1	112.8	102.8	103.6	101.2
抽油烟机	台	82.8	85.5	85.0	86.7	87.3	86.3	87.6	93.2
固定电话	线	57.1	54.4	32.9	27.2	24.3	14.9	13.9	8.3
移动电话机	部	241.0	243.5	248.9	254.5	254.2	254.0	254.4	246.5
计算机	台	94.2	96.8	77.6	78.3	78.0	64.8	66.9	74.5
照相机	台	34.9	38.3	19.9	19.2	18.6	13.9	14.7	14.6
中高档乐器	架	5.9	6.7	8.8	9.3	9.3	9.1	9.9	13.1
健身器材	台	7.3	8.4	8.3	9.1	9.9	8.6	9.2	10.5

9-31 分地区城镇常住居民家庭基本情况(2023年)

指　标	单位	苏　南	苏　中	苏　北	南京市	无锡市	徐州市	常州市	苏州市
基本情况									
调查户数	户	5340	2660	4400	1570	930	1190	690	1480
平均每户家庭人口	人	2.86	3.07	3.10	2.74	2.78	3.06	2.84	2.96
平均每户就业人口	人	1.51	1.64	1.63	1.38	1.57	1.63	1.46	1.56
平均每一就业人口负担人数	人	1.90	1.87	1.90	1.99	1.77	1.88	1.94	1.90
平均每户就业面	%	52.8	53.6	52.6	50.4	56.5	53.3	51.5	52.6
平均每人现住房建筑面积	平方米	43.9	50.0	45.3	37.2	44.3	45.6	50.7	44.7
人均可支配收入	**元**	**77693**	**60012**	**45283**	**79858**	**76644**	**44796**	**71744**	**82989**
工资性收入	元	48938	35735	25757	49472	49282	26580	44478	52613
经营净收入	元	7353	8531	7807	7950	7511	5997	9457	6034
财产净收入	元	9857	6037	3400	8448	8278	3192	6005	14311
转移净收入	元	11544	9709	8319	13988	11573	9027	11804	10030
人均生活消费支出	**元**	**46775**	**36538**	**26568**	**46552**	**48409**	**26937**	**41695**	**50656**
食品烟酒	元	12221	10404	7817	11733	12829	7824	10905	13189
衣着	元	2829	2526	1980	3050	3098	1972	2714	2619
居住	元	10803	8300	5417	10646	11182	5439	8262	12537
生活用品及服务	元	2656	2013	1805	2916	2711	2017	2444	2637
交通通信	元	7194	4881	3454	6342	7697	3700	6609	8278
教育文化娱乐	元	6852	4769	3530	7438	6438	3265	6504	7216
医疗保健	元	2781	2429	1851	2966	2808	1989	2902	2809
其他用品和服务	元	1440	1218	712	1461	1646	732	1355	1372

9-31 续表

指　标	单位	南通市	连云港市	淮安市	盐城市	扬州市	镇江市	泰州市	宿迁市
基本情况									
调查户数	户	1120	610	970	1030	800	670	740	600
平均每户家庭人口	人	3.16	3.23	3.15	2.78	2.91	3.06	3.06	3.46
平均每户就业人口	人	1.62	1.65	1.65	1.41	1.60	1.68	1.73	1.92
平均每一就业人口负担人数	人	1.95	1.96	1.90	1.97	1.82	1.83	1.77	1.80
平均每户就业面	%	51.3	51.1	52.4	50.7	54.9	54.8	56.5	55.5
平均每人现住房建筑面积	平方米	51.9	48.9	45.1	46.3	46.5	49.4	50.3	40.1
人均可支配收入	**元**	**62512**	**43769**	**48498**	**48526**	**56781**	**64602**	**59604**	**38756**
工资性收入	元	36139	23956	27977	26813	34375	40669	36823	21527
经营净收入	元	9608	7482	8909	8654	7548	7399	7745	9088
财产净收入	元	6157	3873	4550	3506	5289	6561	6672	2023
转移净收入	元	10608	8457	7062	9553	9569	9973	8363	6118
人均生活消费支出	**元**	**38897**	**28024**	**26149**	**26884**	**33445**	**37866**	**35991**	**23756**
食品烟酒	元	11097	8871	7798	7543	9647	11004	10080	7022
衣着	元	2579	2006	1855	2021	2609	2645	2371	1982
居住	元	8814	5786	5806	5653	7996	7854	7791	4194
生活用品及服务	元	2252	1736	1634	1645	1909	2227	1718	1801
交通通信	元	5457	2967	3689	3849	3846	5510	4999	2564
教育文化娱乐	元	4734	4218	3070	3292	4903	5344	4739	4076
医疗保健	元	2727	1733	1554	2109	1658	1934	2738	1569
其他用品和服务	元	1237	708	743	773	877	1348	1554	548

9-32 历年农村居民可支配收入

单位：元

年 份	人均可支配收入	工资性收入	经营净收入	财产净收入	转移净收入
1978	155				
1979	200				
1980	218				
1981	258				
1982	309				
1983	357				
1984	448				
1985	493				
1986	561				
1987	627				
1988	797				
1989	876				
1990	884				
1991	921				
1992	1061				
1993	1267				
1994	1832				
1995	2457				
1996	3029				
1997	3270				
1998	3375	1463	1754	42	116
1999	3492	1602	1702	47	141
2000	3591	1629	1793	48	122
2001	3778	1764	1817	51	146
2002	3972	1914	1829	60	169
2003	4229	2082	1856	92	199
2004	4740	2298	2102	107	233
2005	5258	2595	2230	145	289
2006	5791	2859	2398	171	364
2007	6533	3124	2717	215	477
2008	7322	3487	2989	238	607
2009	7962	3733	3126	302	801
2010	9067	4130	3458	361	1118
2011	10744	4973	3709	370	1692
2012	12133	5634	4108	408	1983
2013	13521	6463	4528	440	2090
2014	14958	7170	5031	472	2286
2015	16257	8015	5046	545	2651
2016	17606	8732	5283	606	2985
2017	19158	9513	5620	680	3345
2018	20845	10222	6017	767	3839
2019	22675	11077	6291	825	4482
2020	24198	11789	6445	895	5070
2021	26791	13109	7022	950	5710
2022	28486	13977	7353	974	6182
2023	30488	14733	7901	986	6869

注：2013年开始，经国务院同意，国家统计局对长期分开进行的城镇住户调查和农村住户调查实施了一体化改革。在发布全体居民可支配收入的同时，城乡居民收入口径也发生了变化；2018年国家统计局对历史数据进行了重新测算和反馈。

9-33 农村调查户家庭基本情况(2023年)

项　目	单位	数值
基本情况		
调查户数	**户**	**2320**
平均每户家庭常住人口	人	2.94
平均每户就业人口	人	1.68
平均每一就业人口负担人数	人	1.75
平均每户就业面	%	57.17
平均每人现住房建筑面积	平方米	60.92
户主文化程度		
未上过学	%	3.31
小学	%	28.67
初中	%	50.24
高中	%	14.14
大学专科	%	2.86
大学本科	%	0.77
研究生	%	0.00
常住从业人员就业类型		
雇主	%	0.84
公职人员	%	0.40
事业单位人员	%	1.57
国有企业雇员	%	0.49
其他雇员	%	57.39
农业自营	%	29.98
非农自营	%	9.33
常住从业人员从事主要行业		
第一产业	%	34.08
第二产业	%	37.32
第三产业	%	28.60
期末人均住房主要建筑材料		
钢筋混凝土	%	31.00
砖混材料	%	59.18
砖瓦砖木	%	9.82
竹草土坯	%	0.00
其他	%	0.00
住宅外道路路面情况		
水泥或柏油路面	%	90.85
沙石或石板等硬质路面	%	7.57
其他	%	1.58
住户主要饮用水来源情况		
经过净化处理的自来水	%	97.71
受保护的井水和泉水	%	1.68

9-33 续表 1

项　目	单位	数值
不受保护的井水和泉水	%	0.61
江河湖泊水	%	0.00
收集雨水	%	0.00
桶装水	%	0.00
其他水源	%	0.00
获取饮用水存在哪些困难		
单次取水往返时间超过半小时	%	0.00
间断或定时供水	%	0.00
当年连续缺水时间超过15天	%	0.04
无上述困难	%	99.96
住户饮用水使用前采取的主要处理措施		
煮沸	%	95.27
加漂白剂/氯等	%	0.03
使用水过滤器	%	2.43
其他处理措施	%	0.21
没有任何水处理措施	%	2.07
厨房使用情况		
住宅内独用	%	74.61
住宅内合用	%	2.54
院内独用	%	21.19
院内合用	%	0.54
其他地方独用	%	1.02
其他地方合用	%	0.00
无厨房	%	0.10
住户厕所类型		
水冲式卫生厕所(冲入下水道)	%	45.10
水冲式卫生厕所(冲入化粪池)	%	38.76
水冲式卫生厕所(冲入防渗厕坑)	%	0.83
水冲式非卫生厕所(冲入其他地方)	%	1.55
卫生旱厕	%	9.79
普通旱厕	%	3.97
无厕所	%	0.00
住户厕所使用情况		
住宅内独用	%	68.56
住宅内合用	%	3.93
院内独用	%	22.64
院内合用	%	0.49
其他地方独用	%	2.92
其他地方合用	%	0.11
公用厕所	%	1.35

9-33 续表 2

项　目	单位	数值
住户洗澡设施情况		
统一供热水	%	0.52
家庭自装热水器	%	89.56
其他	%	7.24
无洗澡设施	%	2.67
住户主要取暖设备状况		
由市政或小区集中供暖	%	
自行供暖	%	87.95
无取暖设备	%	12.05
取水位置		
住宅内管道取水	%	88.71
住宅内其他方式取水	%	0.71
院内管道取水	%	9.71
院内其他方式取水	%	0.87
其他位置取水	%	
住户主要取暖用能源状况		
柴草	%	0.22
煤炭	%	0.35
罐装液化石油气	%	3.88
管道液化石油气	%	0.19
管道煤气	%	0.00
管道天然气	%	0.21
电	%	87.93
燃料用油	%	0.05
沼气	%	0.00
其他	%	0.12
无取暖行为	%	7.07
主要炊用能源状况		
柴草	%	6.15
煤炭	%	0.00
罐装液化石油气	%	69.74
管道液化石油气	%	0.75
管道煤气	%	0.17
管道天然气	%	7.22
电	%	15.67
燃料用油	%	0.15
沼气	%	0.00
其他	%	0.00
无炊用行为	%	0.15

9-34 农村居民人均可支配收入(2023年)

指　标	单位	绝对量
可支配收入	**元**	**30488**
工资性收入	元	14733
工资	元	14397
实物福利	元	119
其他	元	216
经营净收入	元	7901
第一产业经营净收入	元	3805
农业	元	2800
林业	元	7
牧业	元	-32
渔业	元	1030
第二产业经营净收入	元	946
第三产业经营净收入	元	3150
财产净收入	元	986
转移净收入	元	6869

9-35 农村居民人均可支配收入构成(2023年)

指　标	单位	占比
可支配收入	**%**	**100.00**
工资性收入	%	48.32
工资	%	47.22
实物福利	%	0.39
其他	%	0.71
经营净收入	%	25.92
第一产业经营净收入	%	12.48
农业	%	9.19
林业	%	0.02
牧业	%	-0.10
渔业	%	3.38
第二产业经营净收入	%	3.10
第三产业经营净收入	%	10.33
财产净收入	%	3.23
转移净收入	%	22.53

9-36 农村居民人均现金可支配收入(2023年)

指 标	单位	绝对量
现金可支配收入	**元**	**30783**
工资性收入	元	14613
工资	元	14397
其他	元	216
经营净收入	元	8869
第一产业经营净收入	元	4263
农业	元	3173
林业	元	11
牧业	元	48
渔业	元	1031
第二产业经营净收入	元	1151
第三产业经营净收入	元	3455
财产净收入	元	986
转移净收入	元	6316

9-37 农村居民人均现金可支配收入构成(2023年)

指 标	单位	占比
现金可支配收入	**%**	**100.00**
工资性收入	%	47.47
工资	%	46.77
其他	%	0.70
经营净收入	%	28.81
第一产业经营净收入	%	13.85
农业	%	10.31
林业	%	0.04
牧业	%	0.16
渔业	%	3.35
第二产业经营净收入	%	3.74
第三产业经营净收入	%	11.22
财产净收入	%	3.20
转移净收入	%	20.52

9-38 农村居民人均总支出(2023年)

指　标	单位	绝对量
总支出	**元**	**36510**
人均生活消费支出	元	25029
生产经营费用支出	元	4927
第一产业经营费用支出	元	3269
第二产业经营费用支出	元	793
第三产业经营费用支出	元	865
财产性支出	元	95
生活贷款利息支出	元	87
其他财产性支出	元	8
转移性支出	元	1384
个人所得税	元	55
社会保障支出	元	1162
外来从业人员寄给家人的支出	元	48
赡养支出	元	74
其他转移性支出	元	45
部分商业保险支出	元	122
意外伤害保险	元	14
商业医疗保险(含大病保险)	元	65
其他非储蓄性商业保险	元	14
其他储蓄性商业保险	元	29
购置资产及非经常性转移支出	元	3658
购置资产支出	元	1092
非经常性转移支出	元	2566
借贷性支出	元	1294
存入储蓄款	元	48
借出款	元	30
归还借款	元	305
购买有价证券	元	2
其他投资支出	元	41
归还住房贷款	元	647
归还汽车贷款	元	148
归还教育贷款	元	0.00
归还其他贷款	元	71
其他借贷支出	元	3
服务性消费支出(含自有住房折算租金)	元	9633
服务性消费支出(不含自有住房折算租金)	元	6323
商品性消费支出(年报)	元	15395

9-39　农村居民总支出构成(2023年)

指　标	单位	占比
总支出	%	**100.00**
人均生活消费支出	%	68.55
生产经营费用支出	%	13.50
第一产业经营费用支出	%	8.96
第二产业经营费用支出	%	2.17
第三产业经营费用支出	%	2.37
财产性支出	%	0.26
生活贷款利息支出	%	0.24
其他财产性支出	%	0.02
转移性支出	%	3.79
个人所得税	%	0.15
社会保障支出	%	3.18
外来从业人员寄给家人的支出	%	0.13
赡养支出	%	0.20
其他转移性支出	%	0.12
部分商业保险支出	%	0.33
意外伤害保险	%	0.04
商业医疗保险(含大病保险)	%	0.18
其他非储蓄性商业保险	%	0.04
其他储蓄性商业保险	%	0.08
购置资产及非经常性转移支出	%	10.02
购置资产支出	%	2.99
非经常性转移支出	%	7.03
借贷性支出	%	3.55
存入储蓄款	%	0.13
借出款	%	0.08
归还借款	%	0.83
购买有价证券	%	0.00
其他投资支出	%	0.11
归还住房贷款	%	1.77
归还汽车贷款	%	0.41
归还教育贷款	%	0.00
归还其他贷款	%	0.19
其他借贷支出	%	0.01
服务性消费支出(含自有住房折算租金)	%	26.39
服务性消费支出(不含自有住房折算租金)	%	17.32
商品性消费支出(年报)	%	42.17

9-40　农村居民消费支出(2023年)

指　　标	单位	绝对量
人均生活消费支出	**元**	**25029**
食品烟酒	元	8199
衣着	元	1294
居住	元	5377
生活用品及服务	元	1529
交通通信	元	3501
教育文化娱乐	元	2147
医疗保健	元	2348
其他用品和服务	元	634

9-41　农村居民消费支出构成(2023年)

指　　标	单位	占比
人均生活消费支出	%	**100.00**
食品烟酒	%	32.76
衣着	%	5.17
居住	%	21.48
生活用品及服务	%	6.11
交通通信	%	13.99
教育文化娱乐	%	8.58
医疗保健	%	9.38
其他用品和服务	%	2.53

9-42 农村居民现金消费支出(2023年)

指　标	单位	绝对量
人均现金生活消费支出	**元**	**20797**
食品烟酒	元	7849
衣着	元	1293
居住	元	2055
生活用品及服务	元	1518
交通通信	元	3489
教育文化娱乐	元	2146
医疗保健	元	1818
其他用品和服务	元	630

9-43 农村居民现金消费支出构成(2023年)

指　标	单位	占比
人均现金生活消费支出	**%**	**100.00**
食品烟酒	%	37.74
衣着	%	6.22
居住	%	9.88
生活用品及服务	%	7.30
交通通信	%	16.78
教育文化娱乐	%	10.32
医疗保健	%	8.74
其他用品和服务	%	3.03

9-44 农村居民家庭人均主要消费品消费量(2016-2023年)

单位：千克

指　　标	2016	2017	2018	2019	2020	2021	2022	2023
粮食	133.9	134.9	141.4	143.3	146.1	148.4	156.1	161.8
#小麦	30.6	32.2	40.9	43.4	44.1	44.2	47.8	57.5
稻谷	85.5	85.3	76.3	75.4	77.2	78.5	80.6	72.7
油脂类	11.8	12.1	10.4	10.6	11.8	11.8	11.6	9.5
蔬菜及菜制品	92.0	97.8	86.9	93.2	100.1	119.8	133.0	131.7
肉类	22.3	23.1	25.0	21.5	20.7	32.8	35.8	44.2
#猪肉	17.2	17.7	19.5	16.0	15.5	25.3	28.0	34.0
牛肉	1.1	1.1	1.4	1.5	1.4	2.0	1.9	2.9
羊肉	0.8	0.7	0.7	0.6	0.6	1.0	1.0	1.4
禽类	9.1	8.5	8.5	10.8	12.2	13.3	13.7	14.4
水产品	14.0	14.2	13.5	15.2	15.8	19.8	21.1	25.3
蛋类及蛋制品	9.2	9.6	9.2	10.9	13.1	14.5	15.9	19.2
奶和奶制品	10.8	11.1	11.0	10.6	11.0	12.0	12.3	13.2

9-45 农村居民家庭平均购买商品数量(2016-2023年)

项　目	单位	2016	2017	2018	2019	2020	2021	2022	2023
平均每人购买									
粮食	公斤	66.7	68.1	75.7	61.0	66.4	80.7	81.4	89.5
食用植物油	公斤	9.3	9.7	7.7	8.1	9.4	9.2	9.1	8.3
动物油	公斤	0.2	0.2	0.2	0.2	0.2	0.3	0.3	0.3
鲜菜	公斤	43.0	45.4	45.1	47.3	54.5	74.0	81.3	92.8
猪肉	公斤	17.0	17.5	19.1	15.6	15.5	26.1	27.9	33.8
牛羊肉	公斤	1.8	1.8	2.1	2.1	2.0	2.9	2.8	4.2
禽类	公斤	8.0	7.4	7.6	9.6	10.7	11.6	12.3	13.2
水产品	公斤	13.3	13.3	13.2	15.0	15.5	19.4	20.7	24.1
蛋类	公斤	7.0	7.3	7.1	8.4	10.3	11.2	12.6	15.7
奶类	公斤	10.8	11.1	11.0	10.6	11.0	11.9	12.2	13.2
干鲜瓜果类	公斤	32.6	35.4	31.7	33.4	34.7	46.0	46.7	55.6
糖果糕点类	公斤	5.4	5.2	5.5	5.3	5.5	5.9	1.9	4.9
平均每百户购买									
洗衣机	台	5.9	5.6	5.9	5.4	6.4	7.1	6.3	7.5
电冰箱(柜)	台	7.1	6.5	6.3	5.3	5.5	9.1	9.3	8.8
空调器	台	9.4	11.8	9.8	7.7	8.3	11.9	13.7	12.4
吸尘器	台	0.5	1.0	0.8	0.7	0.5	0.9	1.1	1.8
抽油烟机	台	1.8	2.2	2.9	1.8	2.4	2.9	3.6	2.4
微波炉	台	2.1	1.8	2.3	2.0	1.7	2.5	2.8	3.6
非太阳能热水器	台	3.0	1.8	1.4	2.4	2.7	4.4	4.8	
太阳能热水器	台	1.7	1.9	2.4	2.3	1.3	3.4	2.2	
燃气炉具	台	3.5	2.7	3.9	5.3	5.0	8.1	7.5	9.5
汽车	辆	2.5	2.8	3.6	3.0	2.1	2.2	1.9	2.9
摩托车	辆	0.5	0.6	0.4	0.4	0.4	0.1	0.4	0.3
自行车	辆	1.6	2.1	1.4	2.1	2.0	2.3	2.6	2.8
电动自行车	辆	14.7	16.7	14.1	13.7	13.7	18.5	18.2	16.9
移动电话机	部	40.8	37.3	45.2	36.9	35.7	42.3	37.6	35.5

9-46 农村居民耐用品拥有量(2016-2023年)

项 目	单位	2016	2017	2018	2019	2020	2021	2022	2023
家用汽车	辆	18.7	26.6	27.8	28.5	24.7	33.3	34.7	40.9
摩托车	辆	42.1	39.7	27.2	22.7	23.6	15.1	14.4	12.9
助力车	台	131.8	138.0	133.0	144.9	148.6	153.5	156.7	152.5
洗衣机	台	96.2	97.9	96.9	97.9	99.5	103.7	103.9	102.0
电冰箱(柜)	台	101.5	104.1	110.4	109.4	111.3	116.1	115.8	113.2
微波炉	台	67.7	70.1	62.5	65.9	69.2	77.3	77.7	77.3
彩色电视机	台	154.5	158.7	149.9	149.9	152.8	150.9	150.8	141.9
空调	台	125.2	134.7	142.8	148.7	151.2	178.2	178.1	200.3
热水器	台	92.7	94.7	95.7	94.3	97.5	95.5	95.7	87.6
抽油烟机	台	36.2	39.0	38.6	39.9	44.1	53.1	54.5	62.0
固定电话	线	54.8	50.8	26.7	20.7	19.8	10.6	9.5	7.7
移动电话机	部	236.2	241.8	244.3	244.7	248.6	250.3	249.4	255.9
计算机	台	45.0	45.4	34.5	31.9	33.2	29.8	30.7	33.6
照相机	台	8.3	10.7	4.2	3.4	3.1	2.7	2.5	2.6
中高档乐器	架	1.1	1.3	2.0	1.2	1.0	1.6	1.9	2.1
健身器材	台	2.1	2.2	2.1	2.6	2.8	3.1	2.7	3.3

9-47 分地区农村常住居民家庭基本情况(2023年)

指标	单位	苏南	苏中	苏北	南京市	无锡市	徐州市	常州市	苏州市
基本情况									
调查户数	户	1860	1510	2860	450	240	670	400	440
平均每户家庭人口	人	2.93	3.10	2.99	2.82	2.81	3.01	2.65	3.17
平均每户就业人口	人	1.64	1.87	1.84	1.57	1.54	1.86	1.55	1.75
平均每一就业人口负担人数	人	1.79	1.66	1.64	1.80	1.82	1.62	1.71	1.81
平均每户就业面	%	56.0	60.2	61.2	55.7	54.8	61.6	58.4	55.1
平均每人现住房建筑面积	平方米	68.6	67.0	58.2	62.8	65.4	58.2	76.2	72.0
人均可支配收入	**元**	**41809**	**32152**	**26591**	**36789**	**44617**	**27065**	**40401**	**46385**
工资性收入	元	25739	18759	12678	24920	27395	12861	24606	27415
经营净收入	元	7354	6907	8265	5519	7451	9782	8457	8047
财产净收入	元	2905	1015	625	1853	3837	400	851	4513
转移净收入	元	5811	5471	5023	4497	5934	4021	6487	6410
人均生活消费支出	**元**	**29922**	**24041**	**18884**	**27811**	**31785**	**19894**	**28895**	**31609**
食品烟酒	元	8697	7308	5939	8243	9599	6136	9006	8520
衣着	元	1769	1327	1222	1480	2320	1403	2106	1463
居住	元	6435	4690	3507	5353	6866	3367	5382	7445
生活用品及服务	元	1801	1502	1250	1856	1716	1514	1845	1897
交通通信	元	4634	3794	2564	4527	4641	3121	3217	5727
教育文化娱乐	元	3519	2712	2439	3659	3592	2252	3553	3435
医疗保健	元	2179	1794	1558	1741	2002	1685	2683	2405
其他用品和服务	元	887	913	405	952	1049	417	1103	717

9-47 续表

指标	单位	南通市	连云港市	淮安市	盐城市	扬州市	镇江市	泰州市	宿迁市
基本情况									
调查户数	户	600	530	600	690	490	330	420	370
平均每户家庭人口	人	3.34	3.12	2.95	2.53	2.88	3.07	2.94	3.45
平均每户就业人口	人	1.97	1.75	1.65	1.50	1.69	1.76	1.89	2.51
平均每一就业人口负担人数	人	1.70	1.78	1.79	1.69	1.71	1.74	1.56	1.37
平均每户就业面	%	58.8	56.1	55.9	59.1	58.5	57.4	64.1	72.8
平均每人现住房建筑面积	平方米	70.3	64.7	59.4	54.6	60.3	59.8	68.0	56.0
人均可支配收入	**元**	**32977**	**24411**	**25287**	**29744**	**31488**	**35466**	**31810**	**24679**
工资性收入	元	19143	11545	13170	13254	18502	22230	18593	12186
经营净收入	元	6622	7315	5887	9035	7315	6737	7053	7578
财产净收入	元	1012	396	464	1193	705	1348	1315	612
转移净收入	元	6200	5155	5766	6263	4966	5151	4850	4303
人均生活消费支出	**元**	**23802**	**17537**	**16581**	**21856**	**24466**	**28576**	**24280**	**16428**
食品烟酒	元	7054	6398	5170	6630	7146	8557	7933	4888
衣着	元	1169	1048	856	1490	1517	1854	1414	1036
居住	元	4651	3296	3434	4256	5334	6500	4207	3007
生活用品及服务	元	1540	1119	1047	1130	1468	1587	1490	1248
交通通信	元	4294	1528	2176	3220	3227	3909	3573	2076
教育文化娱乐	元	2425	2867	1972	2464	3303	3638	2647	2688
医疗保健	元	1826	998	1528	2126	1688	1803	1862	1156
其他用品和服务	元	843	282	398	540	783	728	1153	329

主要统计指标解释

可支配收入 指调查户在调查期内获得的、可用于最终消费支出和储蓄的总和，即调查户可以用来自由支配的收入。可支配收入既包括现金，也包括实物收入。按照收入的来源，可支配收入包含四项，分别为：工资性收入、经营净收入、财产净收入和转移净收入。计算公式为：

可支配收入 ＝ 工资性收入 ＋ 经营净收入 ＋ 财产净收入 ＋ 转移净收入

其中：经营净收入 ＝ 经营收入 － 经营费用 － 生产性固定资产折旧 － 生产税

财产净收入 ＝ 财产性收入 － 财产性支出

转移净收入 ＝ 转移性收入 － 转移性支出

工资性收入 指就业人员通过各种途径得到的全部劳动报酬和各种福利，包括受雇于单位或个人、从事各种自由职业、兼职和零星劳动得到的全部劳动报酬和福利。

经营净收入 指住户或住户成员从事生产经营活动所获得的净收入，是全部经营收入中扣除经营费用、生产性固定资产折旧和生产税之后得到的净收入。计算公式具体为：

经营净收入 ＝ 经营收入 － 经营费用 － 生产性固定资产折旧 － 生产税

财产净收入 指住户或住户成员将其所拥有的金融资产、住房等非金融资产和自然资源交由其他机构单位、住户或个人支配而获得的回报并扣除相关的费用之后得到的净收入。财产净收入包括利息净收入、红利收入、储蓄性保险净收益、转让承包土地经营权租金净收入、出租房屋净收入、出租其他资产净收入和自有住房折算净租金等。

财产净收入不包括转让资产所有权的溢价所得，这应该计入“非收入所得”。

转移净收入 计算公式为：转移净收入=转移性收入 － 转移性支出

转移性收入 指国家、单位、社会团体对住户的各种经常性转移支付和住户之间的经常性收入转移。包括养老金或退休金、社会救济和补助、政策性生产补贴、政策性生活补贴、经常性捐赠和赔偿、报销医疗费、住户之间的赡养收入，以及本住户非常住成员寄回带回的收入等。

转移性收入不包括住户之间的实物馈赠。

转移性支出 指调查户对国家、单位、住户或个人的经常性或义务性转移支付。包括缴纳的税款、各项社会保障支出、赡养支出、经常性捐赠和赔偿支出以及其他经常转移支出等。

消费支出 指住户用于满足家庭日常生活消费需要的全部支出，包括用于消费品的支出和用于服务性消费的支出。根据用途不同，消费支出可划分为食品烟酒、衣着、居住、生活用品及服务、交通通信、教育文化娱乐、医疗保健、其他用品及服务八大类。根据来源不同，消费支出可划分为现金消费支出、实物消费支出（含自产自用、来自单位、来自政府和其他社会组织）。

食品烟酒 指用于各种食品和烟草、酒类的支出，包括食品和烟酒两个种类。

食品（ND） 指住户为摄取身体所需要的营养和满足某种嗜好而购买在家消费的食品。包括粮、油、菜、肉、禽、蛋、奶、水产品、糖、饮料、干鲜瓜果等饮食消费品，不包括在外饮食、餐馆外卖食品（饮食服务）、宠物食品（其他文娱用品）等。

烟酒 包括烟草和酒类。

衣着 指与居民穿着有关的支出，包括服装、服装材料、鞋类、其他衣类及配件、衣着相关加工服务的支出。

居住 指与居住有关的支出，包括房租、水、电、燃料、物业管理等方面的支出，也包括自有住房折算租金。

生活用品及服务 指家庭及个人的各类生活品及家庭服务。包括家具及室内装饰品、家用器具、家用纺织品、家庭日用杂品、个人用品和家庭服务。

交通通信 指用于交通和通信工具及相关的各种服务费、维修费和车辆保险等支出。

交通 指购置交通工具及零配件、支付各种交通费、修理服务费、油料费和车辆保险等支出。

通信 指家庭用于通信方面的全部支出。包括通信工具、电话费、邮费及其他通信费用。

教育文化娱乐 指用于教育和文化娱乐方面的支出。

教育 指按一定的目的要求，对受教育者的德育、智育、体育、爱好、技能等诸方面施以影响的一种有计划的活动，与这一活动直接相关的支出即为教育支出。包括学杂费、培训费、赞助费、一揽子教育服务、教育用品等。可按阶段分为学前教育、小学教育、初中教育、高中教育、中专职高教育、大专及以上教育、其他教育和培训 7 个阶段。

文化和娱乐 包括文娱耐用消费品、其他文娱用品和文化娱乐服务。

医疗保健 指用于医疗和保健的药品、用品和服务的总费用。包括医疗器具及药品，以及医疗服务。

医疗器具及药品 包括药品、滋补保健品、医疗卫生器具及用品和保健器具。

医疗服务（S） 包括门诊和住院的医疗总费用。其中包括从各种医疗保险或其他医疗救助计划中获得的医药费和医疗费的报销款额。报销医疗费应按收付实现制记录，即仅当医疗费报销到手时才计入。

其他用品及服务 指无法直接归入上述各类支出的其他用品与服务支出。

其他用品 指七大类支出以外的各种其他用品。包括首饰、手表和其他杂项用品。

其他服务（S） 指用于个人消费中的服务费，包括旅馆住宿费、美容美发洗浴、其他杂项服务。无法归入七大类服务支出的其他各项服务支出，如迷信服务费、丧葬费、请律师的诉讼费、公证费、房地产中介服务费等也包含在内。

10

全国及各省（区、市）指标

10–1 全国及各省区市主要农产品产量(2023年)

单位：万吨

地 区	粮食	肉类	奶类	禽蛋
全 国	**69541.0**	**9748.2**	**4281.3**	**3563.0**
北 京	47.8	4.2	26.5	9.1
天 津	255.7	31.5	54.1	23.2
河 北	3809.9	495.0	574.3	404.6
山 西	1478.1	155.0	147.5	126.7
内 蒙 古	3957.8	291.2	794.9	67.2
辽 宁	2563.4	473.7	136.0	311.8
吉 林	4186.5	309.4	30.9	95.7
黑 龙 江	7788.2	328.5	504.3	107.4
上 海	101.9	12.2	30.7	3.6
江 苏	3797.7	331.7	72.9	235.3
浙 江	638.8	119.9	20.9	36.3
安 徽	4150.8	497.1	53.6	206.3
福 建	511.0	311.4	25.4	69.1
江 西	2198.3	369.1	6.3	73.2
山 东	5655.3	910.1	318.3	462.2
河 南	6624.3	679.1	241.8	441.2
湖 北	2777.0	457.9	9.0	216.3
湖 南	3068.0	582.6	8.0	119.6
广 东	1285.2	507.5	20.3	49.9
广 西	1395.4	478.9	13.8	33.4
海 南	147.0	76.4	0.3	7.1
重 庆	1095.9	215.8	3.1	53.1
四 川	3593.8	697.1	72.1	181.1
贵 州	1119.7	246.9	3.7	38.8
云 南	1974.0	536.1	73.9	46.6
西 藏	108.9	31.3	64.3	1.4
陕 西	1323.7	135.7	163.9	65.2
甘 肃	1272.9	157.4	102.8	23.5
青 海	116.2	41.4	33.9	1.7
宁 夏	378.8	41.4	430.6	12.7
新 疆	2119.2	222.6	243.2	39.9

10−2 全国及各省区市居民消费价格指数(2023年)

(上年=100)

地　区	居民消费价格总指数	食品烟酒	衣着	居住	生活用品及服务	交通通信	教育文化娱乐	医疗保健	其他用品及服务
全　国	**100.2**	**100.3**	**101.0**	**100.0**	**100.1**	**97.7**	**102.0**	**101.1**	**103.2**
北　京	100.4	100.1	100.6	100.3	100.3	98.3	102.8	100.2	104.2
天　津	100.4	100.5	101.0	100.5	100.0	97.2	103.1	100.4	103.6
河　北	100.6	100.5	102.3	100.3	100.6	97.6	101.5	103.2	103.2
山　西	99.9	99.8	100.3	100.0	100.3	98.0	100.4	100.9	102.4
内蒙古	100.6	100.6	101.2	100.1	100.5	98.0	101.5	103.3	103.5
辽　宁	100.1	100.1	100.5	100.4	100.2	98.1	101.0	100.1	103.1
吉　林	99.9	99.3	100.1	100.0	100.2	97.8	101.4	100.7	103.4
黑龙江	100.6	100.6	101.7	100.1	100.3	98.1	101.6	102.5	102.8
上　海	100.3	98.8	102.0	100.2	100.4	99.1	103.6	100.2	104.8
江　苏	**100.4**	**101.0**	**101.4**	**100.0**	**100.6**	**96.7**	**101.8**	**103.2**	**103.9**
浙　江	100.3	100.6	101.0	99.6	100.4	97.9	102.8	101.0	103.6
安　徽	100.2	100.5	101.6	99.7	100.1	97.5	102.0	100.7	103.2
福　建	100.0	100.9	100.0	99.8	99.9	96.7	101.6	100.7	103.1
江　西	100.3	100.4	101.9	100.1	99.8	97.5	102.3	100.7	103.3
山　东	100.1	100.3	100.6	100.1	100.0	97.7	102.0	100.2	103.7
河　南	99.8	99.6	99.8	99.6	99.6	97.9	101.4	100.9	103.2
湖　北	100.1	99.9	101.3	100.4	100.2	97.5	101.8	100.5	102.9
湖　南	100.2	99.4	101.0	100.4	100.1	98.0	101.6	102.0	103.0
广　东	100.4	101.4	101.8	99.5	99.9	97.7	102.7	100.4	102.3
广　西	99.8	100.0	102.1	99.1	99.0	96.9	101.8	101.5	102.1
海　南	100.3	101.3	99.8	99.4	100.2	98.5	101.8	99.8	102.0
重　庆	99.7	98.6	101.0	100.2	99.8	98.8	101.3	100.2	102.4
四　川	100.0	99.8	99.0	100.4	100.0	97.9	102.5	100.6	102.6
贵　州	99.7	99.8	102.0	99.8	100.0	97.3	100.4	100.0	101.9
云　南	100.3	100.9	100.5	100.3	100.2	97.2	102.2	100.7	103.0
西　藏	99.9	99.9	100.1	100.2	100.0	98.1	100.6	101.0	103.7
陕　西	100.1	99.8	100.4	100.4	99.7	97.9	101.0	101.4	103.8
甘　肃	100.5	100.3	100.2	99.6	100.0	99.2	101.6	103.5	103.2
青　海	100.5	99.4	100.5	100.1	100.1	99.2	104.2	102.1	103.5
宁　夏	100.4	100.3	100.5	100.6	99.8	98.5	101.7	100.8	104.6
新　疆	100.0	99.6	102.5	100.0	99.4	98.0	101.0	100.3	104.4

10-3 全国及各省区市分月工业生产者出厂价格指数(2023年)

(上年同期=100)

地区	全年	1月	2月	3月	4月	5月	6月	7月	8月	9月	10月	11月	12月
全国		**99.2**	**98.6**	**97.5**	**96.4**	**95.4**	**94.6**	**95.6**	**97.0**	**97.5**	**97.4**	**97.0**	**97.3**
北京		99.2	99.7	99.2	98.6	99.0	98.2	98.9	99.4	99.6	99.7	99.8	99.4
天津		99.4	97.9	95.2	95.5	93.4	91.8	94.0	96.5	98.3	98.5	98.1	98.3
河北		95.6	95.1	94.6	92.5	90.5	90.5	93.3	96.1	96.4	96.4	97.6	97.9
山西		100.2	99.8	97.4	90.8	86.5	84.7	87.1	90.9	90.5	89.8	88.6	89.2
内蒙古		98.5	96.3	93.5	90.6	89.0	86.6	89.0	92.4	93.2	93.2	91.7	92.2
辽宁		101.1	100.0	97.9	95.5	94.4	91.8	92.5	96.0	97.6	98.1	97.0	97.3
吉林		100.0	99.1	98.6	98.1	97.5	97.7	97.8	98.6	98.9	98.4	97.1	98.6
黑龙江		101.9	100.2	96.0	94.3	92.6	89.2	90.3	95.0	96.2	98.3	97.7	98.0
上海		101.4	100.8	100.5	99.9	99.3	98.3	98.7	99.7	99.7	99.6	99.1	99.3
江苏		**98.2**	**97.7**	**97.2**	**96.5**	**95.5**	**95.0**	**95.6**	**96.7**	**97.2**	**97.0**	**96.8**	**96.7**
浙江		99.1	98.6	97.7	97.0	96.2	95.6	96.5	97.3	97.8	97.7	97.2	97.1
安徽		98.2	98.1	97.1	96.5	95.4	94.7	95.3	96.6	97.1	97.1	96.6	96.9
福建		99.7	99.5	98.9	97.9	97.3	96.6	97.3	97.7	98.5	98.4	98.3	98.2
江西		98.4	98.1	96.7	95.7	94.5	94.1	96.2	97.4	97.7	97.2	97.0	96.6
山东		99.1	98.4	96.5	95.7	94.4	93.5	94.9	97.1	97.5	97.3	96.8	97.2
河南		100.6	100.2	98.7	97.2	95.7	94.9	95.6	97.2	97.9	97.2	97.3	97.0
湖北		99.3	98.9	98.3	97.6	96.8	95.9	96.1	96.9	97.3	97.2	97.2	97.7
湖南		99.4	99.6	98.9	98.2	97.5	97.3	98.0	98.9	99.1	98.4	98.4	98.4
广东		100.6	99.8	99.3	98.6	97.7	97.3	98.1	98.6	98.9	98.2	97.7	97.7
广西		98.4	98.5	97.2	95.9	95.4	94.2	95.8	97.8	98.4	98.1	97.5	97.6
海南		104.3	101.4	98.7	96.7	96.0	90.3	90.3	95.3	98.1	99.9	99.4	98.5
重庆		99.2	98.0	98.0	97.7	97.2	97.2	97.4	98.0	97.9	98.1	97.7	97.7
四川		99.1	98.9	98.4	97.1	96.8	96.1	96.3	97.2	98.1	98.1	97.7	97.7
贵州		100.0	99.0	99.0	97.7	95.9	96.5	96.8	98.2	98.6	98.5	98.5	98.2
云南		98.1	97.8	96.6	95.7	93.8	93.0	95.2	97.2	98.2	98.6	97.9	98.1
西藏		103.2	103.5	101.0	100.1	97.9	98.4	102.6	101.8	103.4	101.0	100.7	99.6
陕西		99.1	98.7	96.3	93.2	93.3	91.2	92.7	94.1	95.1	95.6	94.9	95.1
甘肃		99.7	98.4	93.7	91.8	91.3	90.4	95.0	98.0	98.3	99.3	98.3	97.2
青海		101.4	99.3	97.4	96.2	94.4	92.7	94.0	94.4	96.2	97.3	97.0	96.0
宁夏		99.1	98.3	94.7	91.9	90.1	88.5	89.4	91.9	93.3	92.5	91.7	91.2
新疆		97.2	95.7	92.2	91.2	89.8	87.6	90.2	93.7	94.6	97.8	96.6	97.0

10-4　全国及各省区市分月工业生产者购进价格指数(2023年)

(上年同期=100)

地　区	全年	1月	2月	3月	4月	5月	6月	7月	8月	9月	10月	11月	12月
全　国		**100.1**	**99.5**	**98.2**	**96.2**	**94.7**	**93.5**	**93.9**	**95.4**	**96.4**	**96.3**	**96.0**	**96.2**
北　京		100.5	100.9	99.9	97.5	98.2	96.6	96.6	98.0	99.2	98.7	99.3	98.9
天　津		100.6	98.9	97.4	94.9	93.1	91.4	92.0	94.7	96.5	97.5	98.1	98.1
河　北		97.5	97.4	96.1	92.2	89.4	88.4	90.2	93.1	95.3	95.6	95.7	95.9
山　西		101.2	101.1	98.7	94.6	92.0	90.4	91.6	92.5	93.3	93.5	94.1	94.3
内蒙古		99.4	99.9	97.3	93.6	90.6	85.4	87.4	90.9	94.0	92.5	92.2	93.6
辽　宁		101.4	99.9	97.3	95.5	93.9	92.0	91.6	94.7	95.8	95.9	96.4	96.2
吉　林		101.2	101.4	101.4	100.5	99.3	98.4	97.1	98.8	97.5	97.3	96.8	97.2
黑龙江		104.4	103.4	101.2	98.6	96.3	94.5	93.8	97.3	97.1	95.7	94.4	93.7
上　海		102.1	100.4	99.1	98.2	97.3	96.3	97.5	98.6	100.0	99.5	98.9	99.3
江　苏		**99.1**	**98.7**	**97.7**	**96.3**	**94.9**	**93.6**	**94.1**	**95.6**	**97.0**	**96.9**	**96.6**	**96.7**
浙　江		98.3	97.9	96.6	94.2	92.9	91.5	91.6	93.5	95.1	95.3	95.3	95.4
安　徽		97.6	97.3	96.5	94.8	93.4	92.2	93.4	94.9	95.9	95.4	94.9	95.4
福　建		99.5	98.8	97.3	95.8	95.0	93.6	94.2	95.4	96.2	96.1	96.1	96.9
江　西		101.1	100.5	99.1	96.6	94.3	91.7	92.6	94.1	95.2	95.3	94.5	94.6
山　东		100.9	100.1	98.9	96.9	95.4	94.4	94.7	96.3	97.2	96.9	96.4	96.6
河　南		100.3	99.2	98.4	96.4	93.6	91.7	92.5	94.3	94.9	94.6	94.3	93.9
湖　北		99.8	99.7	98.3	97.0	94.7	93.5	92.6	93.8	95.5	96.0	94.9	95.5
湖　南		99.3	98.6	97.8	96.5	96.3	95.8	96.4	97.0	97.8	97.9	97.9	98.1
广　东		100.5	100.1	99.1	97.5	96.2	96.2	96.6	97.3	97.4	97.2	96.7	96.7
广　西		101.5	100.6	99.1	95.9	94.7	92.8	92.5	93.7	94.9	94.6	94.4	94.1
海　南		107.2	109.8	107.4	103.1	100.7	96.7	94.8	95.6	99.6	98.0	98.5	97.4
重　庆		98.9	98.8	98.4	96.8	95.9	95.6	96.2	97.0	97.2	96.8	96.1	96.5
四　川		101.2	100.5	100.0	98.2	96.9	94.9	93.9	95.4	96.3	96.5	95.8	95.7
贵　州		103.8	101.6	100.2	97.0	94.0	92.3	92.3	93.1	93.9	93.7	93.7	93.0
云　南		101.1	100.1	98.0	95.9	95.3	93.5	93.4	94.9	96.6	97.7	97.2	98.1
西　藏													
陕　西		100.9	99.7	96.4	93.7	92.3	90.4	90.3	93.6	93.9	93.5	93.4	93.7
甘　肃		99.4	97.1	93.5	91.1	89.3	87.0	88.8	90.8	93.0	93.6	92.8	94.3
青　海		102.9	103.9	99.8	98.8	96.2	95.0	96.4	96.7	97.3	96.2	96.1	93.4
宁　夏		102.3	101.5	98.1	94.0	92.5	89.4	88.3	91.4	93.2	94.0	92.9	92.8
新　疆		98.7	96.4	94.2	92.1	90.8	88.7	88.9	91.5	94.8	96.1	95.6	96.0

10-5 全国及各省区市年度工业生产者价格指数(2023年)

(上年=100)

地区	工业生产者出厂价格指数	工业生产者购进价格指数
全国	**97.0**	**96.4**
北京	99.2	98.7
天津	96.4	96.0
河北	94.7	93.8
山西	91.3	94.7
内蒙古	92.1	93.0
辽宁	96.6	95.8
吉林	98.1	98.9
黑龙江	95.7	97.5
上海	99.7	98.9
江苏	**96.7**	**96.4**
浙江	97.3	94.8
安徽	96.6	95.1
福建	98.2	96.2
江西	96.6	95.8
山东	96.5	97.0
河南	97.4	95.3
湖北	97.4	95.9
湖南	98.5	97.5
广东	98.5	97.6
广西	97.0	95.7
海南	97.3	100.5
重庆	97.8	97.0
四川	97.6	97.1
贵州	98.1	95.7
云南	96.7	96.8
西藏	101.1	
陕西	94.9	100.9
甘肃	95.9	99.4
青海	96.3	102.9
宁夏	92.7	102.3
新疆	93.5	98.7

10−6 全国70个大中城市商品住宅销售价格指数(2023年)

(上年=100)

地区	新建商品住宅销售价格指数	二手住宅交易价格指数
北京	103.5	101.6
天津	99.9	96.1
石家庄	99.2	97.6
唐山	98.4	94.2
秦皇岛	95.9	96.1
太原	98.5	97.0
呼和浩特	98.8	95.3
包头	97.1	96.2
沈阳	97.0	94.3
大连	95.6	95.4
丹东	97.3	94.1
锦州	98.1	94.9
长春	95.9	93.9
吉林	97.6	92.1
哈尔滨	96.8	94.2
牡丹江	96.6	92.3
上海	104.4	99.8
南京	**99.8**	**97.5**
无锡	**98.7**	**98.5**
徐州	**99.8**	**97.4**
扬州	**99.5**	**97.2**
杭州	104.2	98.3
宁波	102.8	97.7
温州	95.4	96.0
金华	96.8	95.5
合肥	102.6	98.7
蚌埠	99.2	97.8
安庆	98.7	95.5
福州	98.6	97.1
厦门	97.4	95.7
泉州	97.2	93.9
南昌	101.2	97.0
九江	99.4	96.9
赣州	98.0	99.4
济南	102.8	97.6

注：各地年度数据是根据国家各月反馈数据进行简单平均计算得出。新建商品住宅不包含保障性住房。

10-6 续表

（上年=100）

地　　区	新建商品住宅销售价格指数	二手住宅交易价格指数
青　岛	101.6	96.2
烟　台	99.7	97.8
济　宁	97.1	94.8
郑　州	98.9	94.9
洛　阳	97.5	94.7
平顶山	98.1	96.5
武　汉	99.0	95.7
宜　昌	96.4	93.9
襄　阳	98.3	95.4
长　沙	103.4	100.6
岳　阳	95.8	96.0
常　德	97.0	96.5
广　州	98.8	97.4
深　圳	97.7	98.2
韶　关	98.7	96.7
惠　州	96.8	97.5
湛　江	98.5	96.5
南　宁	97.9	94.6
桂　林	97.2	96.5
北　海	97.9	94.8
海　口	102.0	96.6
三　亚	101.8	99.7
重　庆	101.1	96.5
成　都	107.0	105.8
泸　州	98.0	97.9
南　充	100.0	100.4
贵　阳	98.4	97.5
遵　义	100.5	96.4
昆　明	98.7	99.4
大　理	97.1	96.8
西　安	102.3	99.4
兰　州	98.1	95.7
西　宁	99.0	98.6
银　川	101.6	97.7
乌鲁木齐	100.7	97.0

注：各地年度数据是根据国家各月反馈数据进行简单平均计算得出。新建商品住宅不包含保障性住房。

10-7 全国及各省区市城乡居民人均可支配收入和消费支出(2023年)

地 区	人均可支配收入(元)								
	全体居民			城镇居民			农村居民		
	2023年全年	2022年全年	增速(%)	2023年全年	2022年全年	增速(%)	2023年全年	2022年全年	增速(%)
全 国	**39218**	**36883**	**6.3**	**51821**	**49283**	**5.1**	**21691**	**20133**	**7.7**
北 京	81752	77415	5.6	88650	84023	5.5	37358	34754	7.5
天 津	51271	48976	4.7	55355	53003	4.4	30851	29018	6.3
河 北	32903	30867	6.6	43631	41278	5.7	20688	19364	6.8
山 西	30924	29178	6.0	41327	39532	4.5	17677	16323	8.3
内蒙古	38130	35921	6.1	48676	46295	5.1	21221	19641	8.0
辽 宁	37992	36089	5.3	45896	44003	4.3	21483	19908	7.9
吉 林	29797	27975	6.5	37503	35471	5.7	19472	18134	7.4
黑龙江	29694	28346	4.8	36492	35042	4.1	19756	18577	6.3
上 海	84834	79610	6.6	89477	84034	6.5	42988	39729	8.2
江 苏	**52674**	**49862**	**5.6**	**63211**	**60178**	**5.0**	**30488**	**28486**	**7.0**
浙 江	63830	60302	5.9	74997	71268	5.2	40311	37565	7.3
安 徽	34893	32745	6.6	47446	45133	5.1	21144	19575	8.0
福 建	45426	43118	5.4	56153	53817	4.3	26722	24987	6.9
江 西	34242	32419	5.6	45554	43697	4.2	21358	19936	7.1
山 东	39890	37560	6.2	51571	49050	5.1	23776	22110	7.5
河 南	29933	28222	6.1	40234	38484	4.5	20053	18697	7.3
湖 北	35146	32914	6.8	44990	42626	5.5	21293	19709	8.0
湖 南	35895	34036	5.5	49243	47301	4.1	20921	19546	7.0
广 东	49327	47065	4.8	59307	56905	4.2	25142	23598	6.5
广 西	29514	27981	5.5	41287	39703	4.0	18656	17433	7.0
海 南	33192	30957	7.2	42661	40118	6.3	20703	19117	8.3
重 庆	37595	35666	5.4	47435	45509	4.2	20820	19313	7.8
四 川	32514	30679	6.0	45227	43233	4.6	19978	18672	7.0
贵 州	27098	25508	6.2	42772	41086	4.1	14817	13707	8.1
云 南	28421	26937	5.5	43563	42168	3.3	16351	15147	8.0
西 藏	28983	26675	8.7	51900	48753	6.5	19924	18209	9.4
陕 西	32128	30116	6.7	44713	42431	5.4	16992	15704	8.2
甘 肃	25011	23273	7.5	39833	37572	6.0	13131	12165	7.9
青 海	28587	27000	5.9	40408	38736	4.3	15614	14456	8.0
宁 夏	31604	29599	6.8	42395	40194	5.5	17772	16430	8.2
新 疆	28947	27063	7.0	40578	38410	5.6	17948	16550	8.4

10-7 续表

地区	人均消费支出(元)								
	全体居民			城镇居民			农村居民		
	2023年全年	2022年全年	增速(%)	2023年全年	2022年全年	增速(%)	2023年全年	2022年全年	增速(%)
全国	**26796**	**24538**	**9.2**	**32994**	**30391**	**8.6**	**18175**	**16632**	**9.3**
北京	47586	42683	11.5	50897	45617	11.6	26277	23745	10.7
天津	34914	31324	11.5	37586	33824	11.1	21553	18934	13.8
河北	22920	20890	9.7	27906	25071	11.3	17244	16271	6.0
山西	19756	17537	12.7	24524	21923	11.9	13684	12091	13.2
内蒙古	27025	22298	21.2	32249	26667	20.9	18650	15444	20.8
辽宁	24865	22604	10.0	29091	26652	9.1	16040	14326	12.0
吉林	21411	17898	19.6	26677	21835	22.2	14354	12729	12.8
黑龙江	22052	20412	8.0	25882	24011	7.8	16453	15162	8.5
上海	52508	46045	14.0	54919	48111	14.2	30782	27430	12.2
江苏	**35491**	**32848**	**8.0**	**40461**	**37796**	**7.1**	**25029**	**22597**	**10.8**
浙江	42194	38971	8.3	47762	44511	7.3	30468	27483	10.9
安徽	23607	22542	4.7	27900	26832	4.0	18905	17980	5.1
福建	31869	30042	6.1	37674	35692	5.6	21746	20467	6.3
江西	23379	21708	7.7	27733	25976	6.8	18421	16984	8.5
山东	24293	22640	7.3	30251	28555	5.9	16075	14687	9.5
河南	21011	19019	10.5	25570	23539	8.6	16638	14824	12.2
湖北	27106	24828	9.2	31500	29121	8.2	20922	18991	10.2
湖南	25462	24083	5.7	31035	29580	4.9	19210	18078	6.3
广东	34331	32169	6.7	39333	36936	6.5	22209	20800	6.8
广西	19749	18343	7.7	24427	22438	8.9	15435	14658	5.3
海南	23752	21500	10.5	28930	26418	9.5	16924	15145	11.7
重庆	26515	25371	4.5	31531	30574	3.1	17964	16727	7.4
四川	23550	22302	5.6	29280	27637	5.9	17901	17199	4.1
贵州	20161	17939	12.4	27693	24230	14.3	14260	13172	8.3
云南	20995	18951	10.8	28338	26240	8.0	15147	13309	13.8
西藏	17220	15886	8.4	28858	28265	2.1	12619	11139	13.3
陕西	22012	19848	10.9	27303	24766	10.2	15647	14094	11.0
甘肃	19013	17489	8.7	27044	25207	7.3	12575	11494	9.4
青海	20327	17261	17.8	25373	21700	16.9	14790	12516	18.2
宁夏	21629	19136	13.0	27076	24213	11.8	14649	12825	14.2
新疆	19715	17927	10.0	26134	24142	8.2	13645	12169	12.1

11 工作大事记

大事记（2023）

一月

1月3日，总队党组书记、总队长仲柯主持召开全省调查队系统新年首场会议，提振干事精气神。

1月5日，总队党组书记、总队长仲柯主持召开专题研究全面从严治党工作党组会议。

1月7日，总队荣获2022年度全省党委信息工作先进单位，石荣杰获评先进个人，1篇调研报告获评优秀信息。

1月9日，总队印发《国家统计局江苏调查队系统统计数据安全管理规定》。

1月9日，江苏省副省长方伟对总队1篇调查专报作出批示。

1月10日，总队党组书记、总队长仲柯主持召开调查工作务虚会，统筹谋划2023年工作思路和具体举措。

1月13日，总队党组书记、总队长仲柯调研指导南京地区调查队工作，在南京调查队主持召开调查工作座谈会。

1月17日，总队机关开展“迎新春、健身心”主题活动。

1月18日，总队开展春节前“送温暖”走访慰问。

1月28日，江苏省统计局党组书记、局长王汉春率局全体领导班子成员到总队机关交流共商。

1月28—30日，总队开展节后制造业复工复产调研。

1月30日，总队印发《国家统计局江苏调查队系统2023年统计分析、调查研究和经济信息报送指导要目》。

1月30日至2月1日，总队开展年初集中调研，总队班子成员分别参加分管部门调研。

1月31日，总队与江苏省委办公厅信息处召开企业调查工作座谈会。

二月

2月1日，江苏省委办公厅经济处一行来总队座谈交流主要调查数据生产和统计调查工作。

2月1日，江苏省委副书记、省长许昆林对总队1篇调研报告作出批示。

2月3日，总队召开全省企业调查年定报培训视频会。

2月8日，总队印发《关于全面开展住户调查集中访户督导活动的通知》，部署开展全省范围新一轮住户调查网点集中访户督导工作。

2月5—15日，总队开展农民就业意愿专题调研。

2月7—9日，总队开展新冠康复居民生活和就业情况调研。

2月8日，总队党组书记、总队长仲柯主持召开2022年度党员领导干部民主生活会，国家统计局机关党委常务副书记孙学光到会督导。

2月10日，江苏省委副书记、省长许昆林对总队报送的1篇调研报告作出批示。

2月14日，总队二支部与南京地区调查队党支部及江宁区横溪街道红旗社区党支部开展“春到横溪党旗红 携手共进助三农”主题党日活动。

2月16日，总队召开党组会议谋划2023年度江苏调查队系统对口援藏援疆工作。

2月16—28日，总队开展春耕备耕专项调研。

2月19—21日，总队在常州举办全省统计执法证资格考试培训班，组织开展全省统计执法证资格考试。

2 月 20–24 日，总队在南京举办全省调查队系统县处级以上领导干部学习贯彻党的二十大精神集中轮训班。

2 月 21 日，江苏省委副书记邓修明对总队报送的 1 篇调查分析作出批示。

2 月 22 日，总队在南京举行全省调查队系统新任职领导干部宪法宣誓仪式，并进行集体廉政谈话。

2 月 23 日，总队在南京召开江苏调查队系统全面从严治党工作会议。总队党组书记、总队长仲柯作全面从严治党工作报告。

2 月 23 日，总队在南京召开全省调查工作暨系统党建工作会议。总队党组书记、总队长仲柯作工作报告。

2 月 27 日，总队印发《2023 年国家统计局江苏调查队系统工作要点》。

2 月，总队荣获 2022 年度全省政务信息工作先进单位，曾献东、白燕获评先进个人，1 篇调研报告获评优秀信息。

三月

3 月 1 日，总队召开机关党委会议暨党建工作领导小组专题会议，研究部署 2023 年度总队机关党建工作。

3 月 1 日，总队印发《关于开展总队机关党支部“推磨式”互学互查工作的通知》《关于在总队机关党支部开展实施“党建业务融合发展”书记项目的通知》。

3 月 1–2 日，总队召开全省房价数据联审暨业务培训会，国家统计局城市司房地产价格处有关同志出席会议进行数据联审。

3 月 1–3 日，国家统计局城市司副司长王琦一行来苏开展房地产市场调研。

3 月 2 日，总队召开专题会议，传达学习全国农村统计调查工作会议精神，研究部署具体贯彻落实举措。总队党组书记、总队长仲柯出席会议并讲话。

3 月 3 日，总队召开党组扩大会议，传达学习统计造假屡禁难绝专项治理行动动员部署会精神，研究部署贯彻落实工作。

3 月 7 日，总队与兵团调查总队、兵团第四师（可克达拉）调查队在南京召开统计对口援疆对接工作座谈会。

3 月 9 日，总队与西藏、新疆、兵团相关调查队在昆山召开统计对口援藏援疆推进工作座谈会。

3 月 13 日，总队党组书记、总队长仲柯主持召开安全保密与网络数据安全专题会议。

3 月 15 日–4 月 5 日，总队在南京、徐州、无锡、泰州、盐城等地分别召开宁镇扬片区、徐宿连片区、苏锡常片区、通泰片区、淮盐片区财务管理专题培训会议。

3 月 16 日，总队召开数据质量和基层基础专题会议。

3 月 16 日，总队召开遥感测量项目验收暨创新应用研讨会。

3 月 16–17 日，江苏局队联合召开全省畜牧业调查业务暨畜禽样本轮换培训会。

3 月 17 日，总队与江苏省市场监督管理局召开座谈会，商谈市场主体高质量发展统计监测调查工作。

3 月 18–24 日，总队开展 2023 届高校毕业生就业创业情况调研。

3 月 19–20 日，总队党组书记、总队长仲柯一行赴无锡、常州进行调研督导。

3 月 20 日，总队召开新闻宣传与政务信息专题会议。

3 月 20 日，总队召开统计科研与统计服务专题会议。

3 月 20–24 日，总队联合省发改委开展新生代农民工发展情况专题调研。

3 月 21 日，总队机关青年理论学习小组联合劳模先进工作室赴高淳开展“国调尖兵，‘春’到田间”学习活动。

3 月 22 日，江苏无人机智慧调查系统正式部署上线。

3月22—24日，国家统计局工业司二级巡视员杨玉民一行来苏调研小微企业和个体经营户生产经营恢复情况。

3月23日，总队印发《2023年中共国家统计局江苏调查总队党组理论学习中心组学习计划》。

3月24日，总队党组书记、总队长仲柯会见到访的江苏省统计局党组书记、局长王显东一行，座谈交流江苏统计调查等工作。

3月24日，总队召开2023年全国统计建模大赛选拔赛暨江苏调查队系统“金陵杯”统计建模大赛工作推进会议。

3月27—28日，总队召开信息化工作专题会议。

3月28日，总队党组书记、总队长仲柯与设区市调查队队长进行集体谈话。

3月29日，总队召开系统党建工作专题会议。

3月30日，江苏省委副书记邓修明对总队报送的1篇调查分析作出批示。

3月，总队机关工会被确定为省直机关工会“模范职工之家”，总队机关第一、八、九三个工会小组被确定为“先进职工小家”。

3月，《2022年里的五个动人瞬间——记国家统计局江苏调查总队机关第二党支部》被《中国统计》杂志采用。

四月

4月3日，总队联合省统计局在常州召开全省居民收支形势座谈会。

4月4日，总队印发《江苏调查队系统2023年新闻宣传工作要点》。

4月6日，总队印发《2023年全省调查队系统党的建设工作要点》。

4月7日，总队印发《国家统计局江苏调查队系统2023年纪检工作要点》。

4月7日，总队召开纪检工作协调贯通与体制完善专题会议。

4月10日，总队以“统计建模事迹宣讲及交流培训”为主题，举办2023年度第1期机关讲坛。

4月10—24日，总队开展餐饮浪费情况专题调研。

4月11日，总队党组书记、总队长仲柯主持召开队务会议，部署推进二季度重点工作。

4月11日，总队召开江苏调查队系统学习贯彻习近平新时代中国特色社会主义思想主题教育动员部署视频会。

4月11—30日，总队开展退役军人就业情况调研。

4月13日，总队召开一季度经济形势分析会。

4月14日，总队举办江苏调查队系统首批公职律师颁证仪式。

4月17日，总队召开党组理论学习中心组学习会暨主题教育第一次集中学习会。

4月19—21日，总队在南京举办全省农业统计调查培训暨无人机遥感技能大赛，国家统计局农村司副司长刘锋华莅临指导。

4月20日，总队印发《2023年国家统计局江苏调查队系统法治工作要点》《2023年国家统计局江苏调查队系统统计制度方法及基层基础工作要点》。

4月20—21日，总队举办学习贯彻习近平新时代中国特色社会主义思想主题教育第一期读书班。

4月20—30日，总队开展种粮主体收益保障情况专题调研。

4月21日，总队召开全省调查队系统警示教育视频会议。

4月21日，总队二级巡视员宋卫彬以《振奋精神 永吹冲锋号》为题，为所在支部党员讲授专题党课。

4月21日，总队机关党委荣获鼓楼区挹江门街道“疫情防控优秀共建党组织”称号。

4月24日，总队召开机关党委（扩大）会议，专题研究部署主题教育相关工作。

4月26—28日，总队在淮安举办江苏调查队系统统计建模培训班暨“金陵杯”统计建模大赛评审会。

4月27日，江苏省委常委、苏州市委书记刘小涛对总队报送的1篇调查专报作出批示。

4月中上旬，总队联合省政府研究室开展民营经济高质量发展调研。

4月，江苏省副省长胡广杰对总队与省政府研究室联合报送的1篇调研报告作出批示。

4月，江苏省委副书记、省长许昆林，江苏省委常委、常务副省长马欣，先后对总队报送的1篇调研报告作出批示。

4月中旬至5月中旬，总队组织全省调查队系统开展“纪法教育月”活动。

五月

5月4日，总队机关青年理论学习小组联合南京队青年理论学习小组开展“学新思想建立新功 廉洁奉公树立新风”主题活动。

5月5-6日，总队举办学习贯彻习近平新时代中国特色社会主义思想主题教育第二期读书班。

5月9日，总队依托在线调查平台组织全省近千名劳动力调查员开展技能测试。

5月10-16日，总队开展“非粮化”整治情况调研。

5月11日，总队党组成员、副总队长栗瑞梅以《凝心聚魂 学以致用 用新思想引领新时代统计调查工作新航向》为题，为分管领域党员干部讲授专题党课。

5月12日，江苏省委常委、苏州市委书记曹路宝对总队报送的1篇调查信息作出批示。

5月17-21日，总队开展2023年度第一轮统计执法检查。

5月22日，总队召开党组理论学习中心组学习会暨主题教育第二次集中学习研讨会。

5月22日，江苏省副省长胡广杰对总队报送的1篇调查专报作出批示。

5月22-25日，总队一级巡视员王忠华带队赴西藏调查总队及拉萨调查队开展座谈交流、业务培训和对口援助工作调研。

5月22-23日，国家统计局统计设计管理司副司长吕庆喆一行到江苏调研未设国家调查队的国家样本县调查业务开展情况。

5月23-24日，总队在泰州举办全省调查队系统纪检干部队伍教育整顿推进会暨纪检业务技能竞赛。国家统计局机关纪委（党廉办）副书记李星，总队党组书记、总队长仲柯，总队党组成员、副总队长张晓卫，总队党组成员、党组纪检组组长韩爱兵和泰州市纪委副书记、监委副主任田春荣出席有关活动并担任竞赛评委。

5月23-25日，总队在南通召开全省调查队系统政务管理工作会议。

5月24-26日，总队开展2023届高校毕业生就业情况跟踪调研。

5月29-30日，总队召开2023年第一场党建基础工作现场推进会。

5月30日，江苏省委副书记邓修明对总队报送的1篇调查信息作出批示。

5月31日，总队修订印发《国家统计局江苏调查总队监督工作联席会议制度》。

5月，江苏省委书记信长星对总队报送的1篇调查专报作出批示。

5月，总队组织开展学习贯彻习近平新时代中国特色社会主义思想主题教育整改整治工作。

5-7月，围绕主题教育工作要求，总队领导带队赴全部市县调查队进行座谈研讨、谈心谈话、跟班工作。

5-7月，总队组织青年干部开展“关键小事”调研攻关活动。

六月

6月1日，总队与省人力资源和社会保障厅就江苏就业失业统计监测工作进行座谈交流。

6月3日、5日，江苏省委副书记、省长许昆林，副省长徐缨先后对总队报送的1篇调查专报作出批示。

6月5日，总队党组书记、总队长仲柯主持召开巡察工作领导小组会议，部署2023年度巡察工作。

6月5日，总队和省统计局联合印发《关于开展2023年秋冬播春播作物统计调查基础工作和数据质量核查的通知》。

6月5-6日，总队召开全省劳动力调查工作推进暨业务培训会议。

6月6日，总队在全国遥感测量空间信息技术数据处理软件培训班上作交流发言。

6月6-9日，总队举办学习贯彻习近平新时代中国特色社会主义思想主题教育第三期读书班。

6月8日，总队召开党组理论学习中心组学习（扩大）会暨主题教育第三次集中学习研讨会。

6月9日，总队召开全省调查队系统警示教育视频会议。

6月9日，江苏省委副书记邓修明对总队报送的1篇调查信息作出批示。

6月12-16日，总队与省政府研究室联合开展“苏政42条”贯彻落实情况调研。

6月14日，总队党组书记、总队长仲柯在江阴主持召开部分县级调查队队长座谈会，并与部分市县队负责人和干部进行谈心谈话。

6月14-15日，总队在南京召开全省夏粮生产形势分析会。

6月15日至7月15日，总队开展粮食新型农业经营主体专题调研。

6月16日，总队召开会议部署并正式启动《2023江苏调查年鉴》编辑出版工作。

6月16日，省级机关工委作风办主任刘振华一行到总队调研机关作风建设工作。

6月16日，总队印发《中共国家统计局江苏调查总队党组巡察整改和成果运用办法》《中共国家统计局江苏调查总队党组巡察工作领导小组工作规则》《国家统计局江苏调查总队巡察人员库管理办法》。

6月19-20日，国家统计局城市司司长王有捐一行到江苏开展价格调查大数据应用调研。

6月20日，总队志愿服务队与驻地社区联合开展“浓情端午关爱老人”志愿服务活动。

6月20日，总队召开全省调查队系统财务管理专题视频培训会议。

6月25日，总队印发《关于进一步推进干部队伍教育整顿走深走实的通知》。

6月26日，总队荣获鲁迅园社区“优秀共建单位”称号。

6月29日，总队召开庆祝建党102周年暨总队机关“七一”表彰大会。总队党组书记、总队长仲柯出席会议并讲专题党课。

6月29日，总队印发《关于进一步开展统计数据质量核查的通知》。

6月30日，国家统计局党组成员、副局长、主题教育第三巡回指导组组长盛来运一行来苏指导总队专题研究全面从严治党工作党组会议、学习贯彻习近平新时代中国特色社会主义思想主题教育和党建工作。

6月，总队机关第一党支部荣获“省级机关先进基层党组织”称号。

七月

7月4-5日，总队召开党组2023年巡察工作动员暨培训会议。总队党组书记、总队长、巡察工作领导小组组长仲柯出席会议并讲话。

7月7日，总队印发《关于在全省调查队系统开展“国调尖兵”评选表彰活动的通知》。

7月10日，总队党组书记、总队长仲柯主持召开队务会议，部署推进三季度重点工作。

7月10日，总队召开上半年经济形势分析会。

7月12-13日，国家统计局人事司副司长郝胜龙一行在江苏开展援藏援疆工作和干部队伍建设调研。

7月13日，总队在全国智慧统计座谈视频会议上作交流发言。

7月13日，总队党组成员、副总队长丁志平以《勇担时代使命 争做调查先锋 在学深悟透新思想中推进统计现代化》为题，为分管领域党员干部讲授专题党课。

7月13日 国家统计局统计执法监督局副局长杨洁一行在江苏开展加强和改进国家调查队系统执法监督工作调研。

7月17日，江苏省副省长方伟对总队报送的1篇调查专报作出批示。

7月18–19日，国家统计局机关党委（巡视办）副主任史晓海一行在江苏开展巡视整改和巡察工作调研。

7月19日，总队党组成员、副总队长张晓卫以《强化思想引领，严守纪律规矩，积极履职担当，持续推进统计调查工作高质量发展》为题，为分管部门党员干部讲授专题党课。

7月19日，江苏省委书记信长星对总队报送的1篇调查专报作出批示。

7月21日，总队党组书记、总队长仲柯和党组成员、党组纪检组组长韩爱兵分别对新提任的市级调查队领导干部开展集体任职谈话和廉政谈话。

7月21日，总队受邀出席江苏省政府举行的新闻发布会，与江苏省统计局联合发布2023年上半年江苏经济发展主要数据。

7月24日，总队召开主题教育调研情况研讨交流会暨总队党组理论学习中心组主题教育第四次集中学习研讨会。

7月25–28日，总队在泰州组织召开统计云价格调查相关系统测试培训会议。

7月27日，总队党组书记、总队长、党组巡察工作领导小组组长仲柯赴句容调查队督导巡察工作。

7月27日，总队一级巡视员王忠华以《调查研究是做好各项工作的基本功》为题，为所在支部党员讲授专题党课。

7月27日，总队召开全省大豆玉米带状复合种植调查业务培训视频会。

7月28日，总队联合省统计局召开全省住户调查业务视频培训会。

7月31日，国务院领导对总队报送的一篇调查信息作出批示。

7月31日，总队党组成员、党组纪检组组长韩爱兵以《以案释纪明纪 忠诚干净担当》为题，为系统纪检干部及所在支部党员讲授专题党课。

7月31日，总队党组成员、总统计师许家东以《以高质量调查研究服务经济社会高质量发展》为题，为分管部门党员干部讲授专题党课。

7月，江苏省委副书记、省长许昆林对总队报送的1篇调研报告作出批示。

7月，国家统计局副局长盛来运对《江苏总队立足支部标准化规范化建设推进“党建+”》作出批示，该文分别被国家统计局《党建工作情况交流》和省级机关工委《江苏机关党建工作简报》采用推介，被《中国统计》和《中国信息报》转载。

7月，总队组织开展主题教育调研成果验收工作。

7月，总队机关荣获2022年度南京市“健康机关”荣誉称号。

7–8月，总队选派3人参加国家统计局专项统计督察。

7月上旬至9月上旬，总队党组对4个市级调查队党组、9个县级调查队党组进行常规巡察。

八月

8月1日，受江苏海警局邀请，总队党组成员、副总队长、机关党委书记张晓卫带队参加江苏海警局舰艇开放日活动。

8月2日，总队召开党组理论学习中心组学习会暨主题教育第五次集中学习研讨会。

8月2–3日，总队举办学习贯彻习近平新时代中国特色社会主义思想主题教育第四期读书班。

8月7日，总队召开党组理论学习中心组学习会暨主题教育第六次集中学习会。

8月7–8日，总队党组成员、副总队长丁志平带队赴扬州地区调研督导住户调查工作。

8月10日，总队在全省省级机关政务信息培训班上做经验交流。

8月14–18日，总队举办江苏调查队系统第十二期新录用公务员初任培训班。

8月15日，总队开展主题教育专题民主生活会会前集中学习。

8月18日，总队与省发展和改革委员会召开会商会，交流价格形势，推进重要民生商品价格指数应用。

8 月 20 日至 9 月 8 日，总队开展新就业形态劳动者就业情况专题调研。

8 月 23 日，国家统计局党组书记、局长、局主题教育领导小组组长康义来苏指导总队党组学习贯彻习近平新时代中国特色社会主义思想主题教育专题民主生活会。

8 月 28–30 日，总队召开全省劳动力调查业务培训会。

8 月 29 日，总队召开基层基础工作研讨会。

8 月 29–31 日，总队开展 2023 年第二轮统计执法检查。

8 月 30 日，总队党组书记、总队长仲柯赴泰州调查队调研。

8 月 30–31 日，总队党组成员、副总队长栗瑞梅带队赴南京地区调研秋粮生产形势并督导粮食数据质量核查工作。

8 月 31 日，总队党组书记、总队长、主题教育领导小组组长仲柯一行赴南京调查队指导学习贯彻习近平新时代中国特色社会主义思想主题教育专题民主生活会，并召开座谈会调研相关工作。

8 月 31 日，总队印发《关于进一步强化主题教育调查研究成果转化运用的通知》。

8 月，江苏省委副书记、省长许昆林，江苏省委常委、常务副省长马欣，江苏省副省长胡广杰先后对总队报送的 2 篇调研报告作出批示。

8 月，总队党建创新案例《以“四有”推“四强”全面提升党支部政治功能和组织功能》被江苏省委省级机关工委选为优秀案例（全省 8 个）。

8 月下旬至 9 月，总队机关各党支部组织召开学习贯彻习近平新时代中国特色社会主义思想主题教育专题组织生活会。

九月

9 月 1–10 日，总队开展高标准农田建设专题调研。

9 月 4 日，江苏省副省长胡广杰对总队报送的 1 篇调查专报作出批示。

9 月 4–22 日，总队开展大豆全产业链专题调研。

9 月 5 日，总队召开推进数据审核评估办法制定工作座谈会。

9 月 5–7 日，总队党组书记、总队长仲柯一行赴淮安、宿迁调研督导住户调查工作，开展基层基础工作与源头数据质量核查。

9 月 7–8 日，总队与省政府研究室组成联合调研组，赴省国资委和省属国有企业开展专题调研。

9 月 8 日，总队党组书记、总队长仲柯在总队会见南京市委常委、常务副市长霍慧萍，就当前经济发展、民生保障和统计调查等工作进行深入交流。

9 月 12 日，总队召开专题会议，研究落实国家统计局贯彻落实党的二十大战略部署 21 项统计专项任务的具体措施。

9 月 15 日，总队在扬州举办第十四届“中国统计开放日”活动。

9 月 20 日，总队召开党组扩大会议，专题研究进一步推进国家统计局贯彻落实党的二十大战略部署 21 项统计专项任务落实的具体措施。

9 月 20 日，总队在全国农业统计调查及遥感测量技术和方法培训班上作交流发言。

9 月 22 日，总队印发《进一步推进国家统计局 21 项统计专项任务落实的具体措施》。

9 月 22 日，总队印发《中共国家统计局江苏调查总队党组关于优化市县级调查队管理更好发挥市县领导班子职能作用的意见》《中共国家统计局江苏调查总队党组关于进一步加强基层党组织建设的意见》《国家统计局江苏调查总队党组成员分管调查队工作制度》《关于进一步推进内部监督贯通协同及纪检“嵌入式”监督的意见》《江苏调查队系统全日制辅助调查员管理办法》《江苏调查队系统非全日制辅助调查员管理办法》《关于进一步发挥“三情”观察员作用的意见》等制度文件，巩固深化第一批主题教育成果。

9 月 22 日，总队印发《关于表彰全省调查队系统“国调尖兵”的决定》，表彰系统道德尖兵、实干尖兵、担当尖兵、敬业尖兵、业务尖兵共98名。

9月25日，总队在南京召开全省调查队系统法治工作会议。总队党组书记、总队长仲柯作报告。

9月25日，总队在南京召开全省调查队系统学习贯彻习近平新时代中国特色社会主义思想主题教育推进会。总队党组书记、总队长仲柯出席会议并讲话。

9月25日，总队在南京召开全省调查队系统全面从严治党工作会议。总队党组书记、总队长仲柯出席会议并讲话。

9月26日，总队在南京召开全省调查队系统“国调尖兵”暨优秀“三情”观察员表彰会。总队党组书记、总队长仲柯出席会议并讲话。

9月26–27日，总队在南京举办“健康向未来，奋进新时代”2023年江苏调查队系统全员健身运动会。

十月

10月7日，总队党组书记、总队长仲柯一行赴江苏省纪委监委沟通联系工作。江苏省纪委副书记、省监委副主任刘海涛，江苏省纪委常务委员会委员、省监委委员孙青会见了仲柯一行。

10月11–16日，总队党组成员、党组纪检组组长韩爱兵带队赴新疆总队、兵团总队和伊犁、霍城、兵团第四师（可克达拉）调查队开展座谈交流、业务培训和对口援助工作调研。

10月11–26日，总队开展市场化就业服务发展情况专题调研。

10月13日，总队召开三季度经济形势分析会。

10月16–27日，总队在南京举办两期无人机飞行员培训班。

10月23–24日，总队受邀与省商务厅组成联合调研组，赴广交会调研当前外贸进出口情况。

10月26日，国家统计局第三巡回指导组副组长、人事司司长陈悟朝一行赴苏州、昆山调查队督促指导第二批主题教育工作。

10月28日，江苏省委常委、常务副省长马欣对总队报送的1篇调查专报作出批示。

10月，总队《民企“智改数转”亟待破解“四重挑战”》《江苏退役军人就业满意度较高 需精准创业帮扶、优化岗位供给》分获国家统计局青年理论学习小组“关键小事”调研攻关活动成果一等奖、优秀奖。

10–12月，总队领导分赴各市县调查队指导第二批主题教育工作，并开展调研。

十一月

11月1–3日，总队召开2023年度系统课题研究推进会。

11月8–10日，国家统计局机关党委常务副书记、巡视办主任孙学光一行来苏督导。

11月9日，中央主题教育领导小组第18巡回指导组组长钟山一行来苏督导江苏调查队系统主题教育工作。

11月13–17日，总队开展2023年第三轮统计执法检查。

11月14–15日，总队在南京召开全省秋粮生产形势分析会。

11月15日，总队党组书记、总队长仲柯主持召开主题教育整改整治工作专题会议。

11月15–20日，新疆总队党组成员、副总队长王伟一行来苏调研交流。

11月16–17日，总队机关第九党支部与淮安地区调查队党支部联合开展“学思想汲取精神伟力 强党性汇聚奋进力量”联动共建。总队党组书记、总队长仲柯参加并讲话。

11月21–22日，总队在无锡召开2023年度全省调查队系统第二场分片区党建基础工作现场推进会。

11月21–23日，总队联合省统计局在泰州召开全省住户调查年定报工作布置暨业务培训会。

11月22日，总队在全国采购经理调查视频培训班上交流发言。

11月23日，总队在全国农产品价格调查和中间消耗调查视频培训会议上作交流发言。

11月24日，江苏省副省长胡广杰对总队报送的1篇调研报告作出批示。

11 月 24 日，总队印发《关于加强第一批、第二批主题教育整改整治衔接联动的通知》。

11 月 26—29 日，总队开展国家医保药品谈判专项调研。

11 月 28 日，江苏省委副书记、省长许昆林对总队报送的 1 篇调研报告作出批示。

11 月 29 日，总队印发《关于进一步推动第二批主题教育有关工作的通知》。

11 月，总队《民企“智改数转”亟待破解“四重挑战”》荣获中央和国家机关青年理论学习小组“关键小事”调研攻关活动三等奖（省级层面 3 家）。

11 月，总队编辑的第一部年度调查年鉴——《江苏调查年鉴 2023》由中国统计出版社出版面世。

11—12 月，总队选派 5 人参加国家统计局常规统计督察。

十二月

12 月 4 日，总队党组书记、总队长、主题教育领导小组组长仲柯主持召开主题教育督促指导情况交流座谈会。

12 月 4 日，江苏省副省长方伟对总队报送的 1 篇调研报告作出批示。

12 月 4—7 日，总队在淮安举办全省调查队系统纪检干部队伍教育整顿集中学习班。总队党组书记、总队长仲柯出席会议并讲话，国家统计局机关党委（巡视办）副主任史晓海作专题讲座。

12 月 6 日，总队联合省统计局印发《江苏省住户调查平台数据监管细则》《江苏住户调查一本通台账（试行本）》。

12 月 6 日，总队召开机关工会委员会（扩大）会议选举总队机关工会主席、副主席。

12 月 7—8 日，总队以“弘扬法治精神，坚持依法治统”为主题，在无锡举办庆祝《统计法》颁布 40 周年系列宣传活动。

12 月 8 日，总队在南京举办江苏调查队系统 2023 年“金陵杯”统计建模大赛总结培训会。

12 月 11—15 日，总队在南京举办劳模先进创新工作室第一期技能培训班。

12 月 15 日，总队党组书记、总队长仲柯主持召开队务会议，部署岁末年初工作。

12 月 17 日，江苏省委副书记沈莹对总队报送的 1 篇调研报告作出批示。

12 月 18 日，总队印发《江苏劳动力调查工作管理办法》《江苏劳动力调查基础工作和数据质量检查办法》《江苏劳动力调查数据质量控制办法》。

12 月 20 日，总队在南京召开全省调查队系统财务内控工作会议暨新任职队长专题培训会。总队党组书记、总队长仲柯出席会议并讲话。

12 月 21—22 日，总队在南京举办全省调查队系统新任党支部书记培训班。

12 月 25—27 日，总队在南京召开全省劳动力调查工作会议。

12 月 2[illegible] 日，总队党组书记、总队长仲柯主持召开第二批主题教育调研成果交流会。

12 月 28 日，总队党组书记、总队长仲柯主持召开全省调查工作务虚会。

12 月 29 日，总队召开 2023 年度总队机关党支部书记述职暨支部工作评议会。

12 月，总队组织开展全省调查队系统 2023 年度干部职工思想动态调查。